SPACES

DEUTSCHER KUNSTVERLAG

SPACES ist als Ein-Personen-Initiative gestartet und geht nun in die zweite Runde: um einige Erfahrungen reicher, mit Wissen um Bewährtes und Verbesserungswürdiges sowie voller Lust, dem Zweitling seine eigene Finesse zu geben. Die aktuelle Ausgabe ist um 84 Räume gewachsen und zählt nun 250 Spaces in 41 Städten. Das wären genug Ziele, um ein Jahr lang durch Deutschland zu reisen und alle ein bis zwei Tage einen neuen Raum zu entdecken.

—

Durch eigene Erfahrungen weiß ich, wie viel Zeit und Arbeit in einen Projektraum fließen können – und dass nicht selten gegen Widrigkeiten angekämpft werden muss. Umso größer ist die Freude über jeden einzelnen Teilnehmer und über jeden Raum, mag er noch so klein und abgelegen sein. Natürlich gibt es auch einige „hidden spaces", die der Redaktion zwar bekannt sind, die jedoch weiterhin als Insider agieren möchten. Da liegt es am Reisenden selbst, diese aufzuspüren und für sich zu kartografieren.

—

Im klassischen Format des Reiseführers angelegt, lässt sich SPACES auch anders wahrnehmen und nutzen, etwa als persönliches Adressbuch eines kollektiven Netzwerks oder als Inspirationsquelle zur Gründung eines eigenen Projektraums. So wächst SPACES mit seinem Thema, das sich selbst ständig wandelt: mit wechselnden Formaten, Personenkonstellationen oder Finanzierungsmöglichkeiten der Räume. Dabei bleibt SPACES ein erprobter Begleiter durch die Offspace-Szene, bei dem die Redaktion, Koordination und Gestaltung aus einer Hand kommen.

—

Marina Gärtner

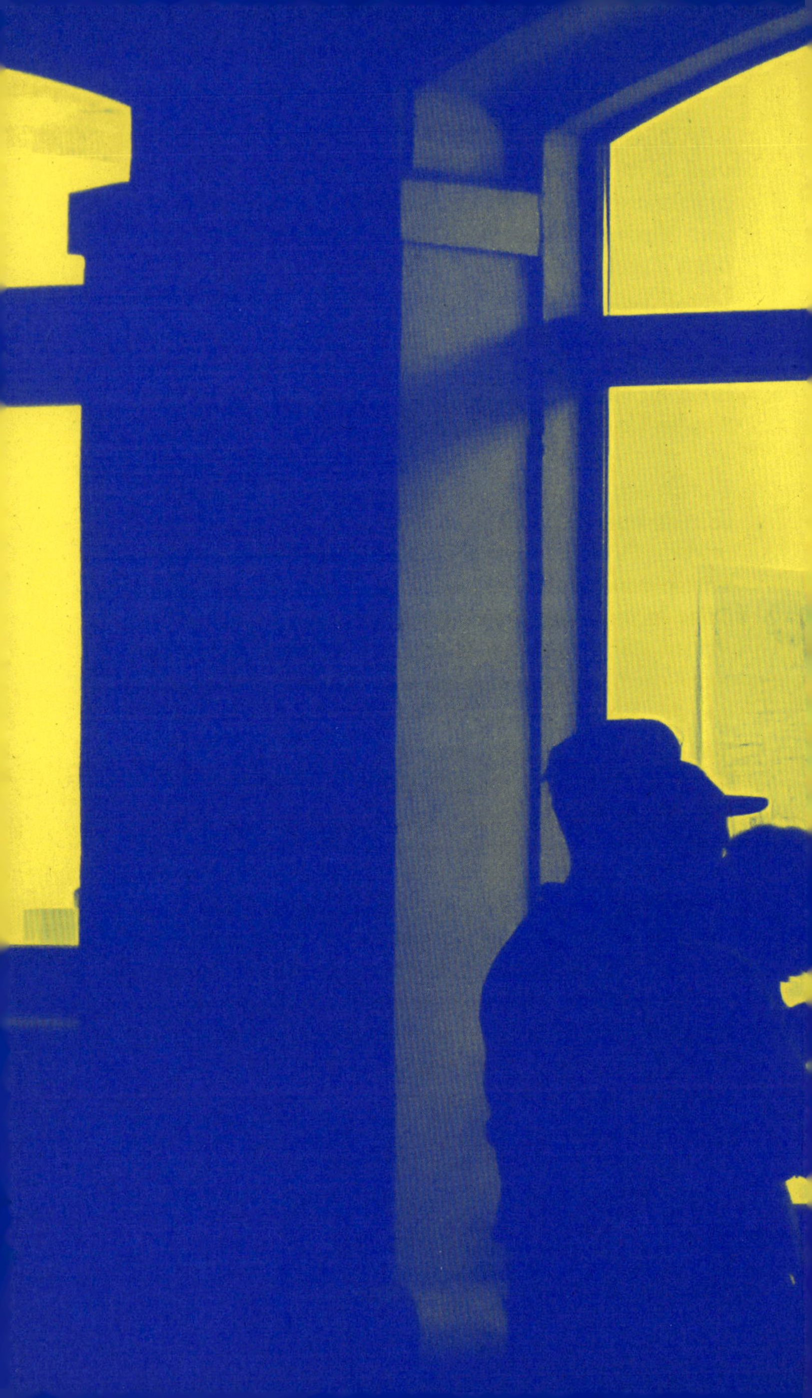

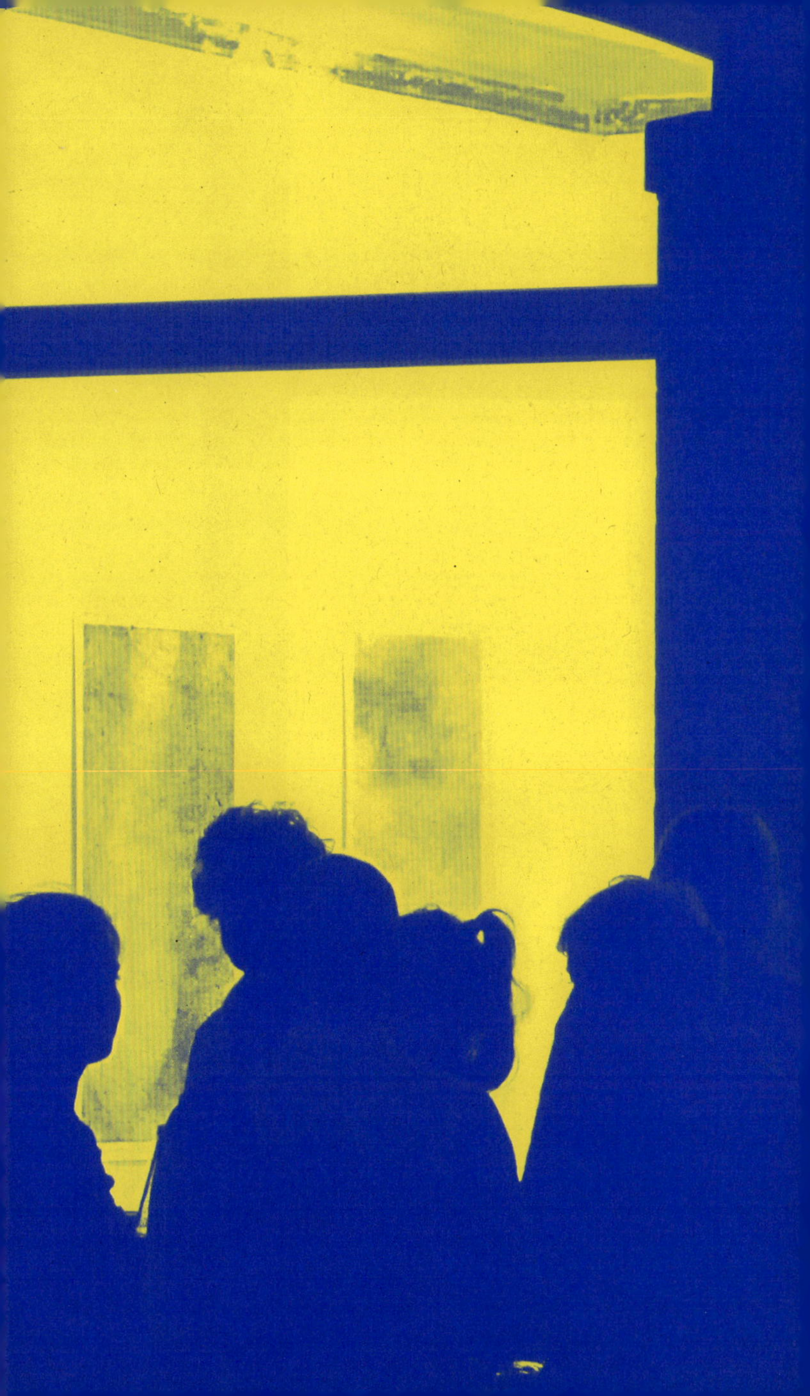

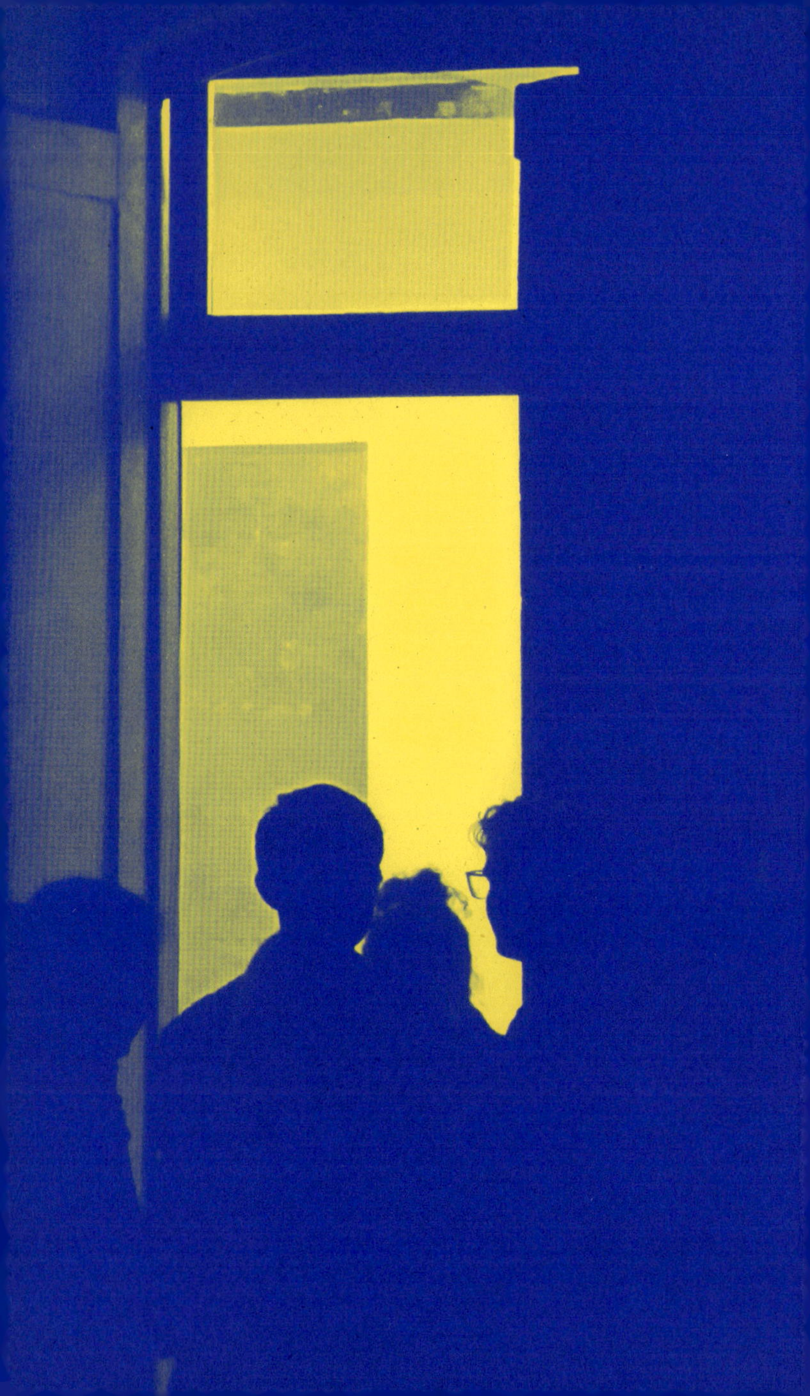

Augsburg

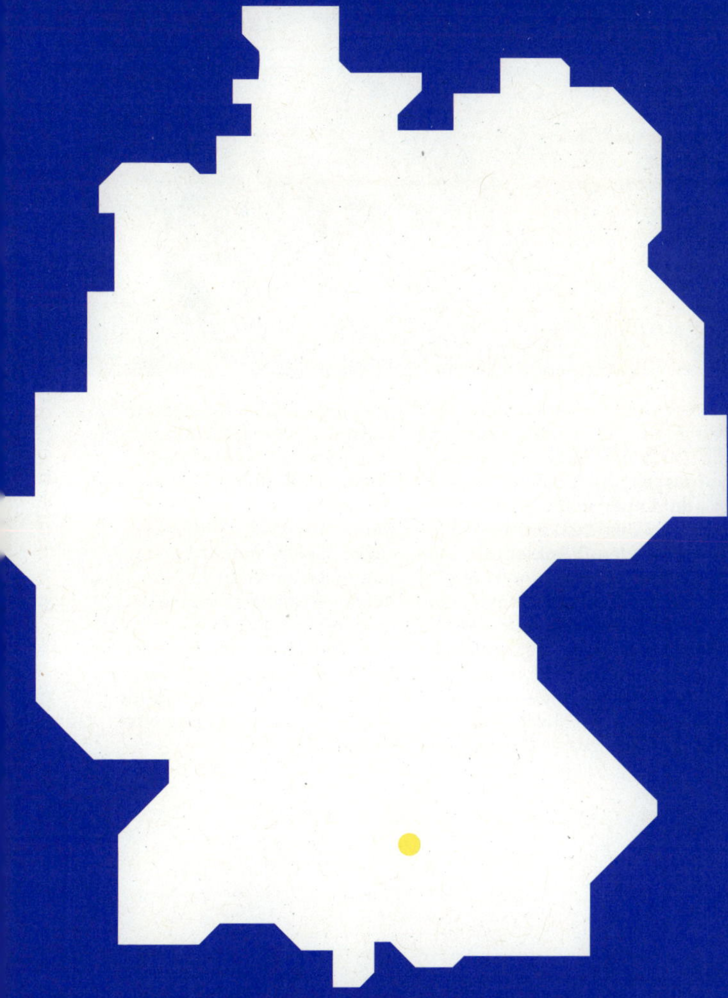

A die metzgerei

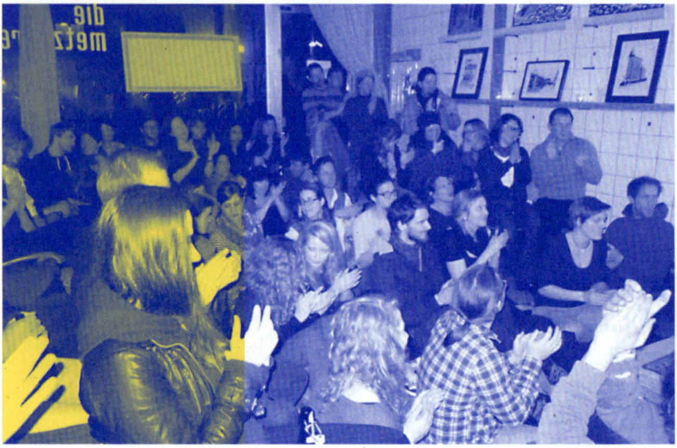

Früher war hier einmal eine Metzgerei. 35 Jahre lang stand sie leer, verstaubte und wurde vergessen. Doch auf einmal kam wieder Leben in die Metzgerbude! Im Juni 2011 eröffnete die Designstudentin Fabienne Lange hier die metzgerei, einen Laden für allerlei Handgemachtes, vom T-Shirt bis zur Tasche. In den Kühlkammern der metzgerei – noch in dem Zustand, in dem sie vorgefunden wurden – hängen nun Kunstwerke an Fleischerhaken. Auf den Sofas im Verkaufsraum finden Wohnzimmerkonzerte statt. Im Sommer 2013 wurde die metzgerei in die Hände des raumpflegekultur e. V. übergeben, der es sich zur Aufgabe macht, Räume für die Öffentlichkeit zugänglich zu machen und für kulturelle und kreative Zwecke zu nutzen. Schließlich wurde die metzgerei zur Galerie. In regelmäßigen Abständen finden Ausstellungen statt, die von Konzerten, Lesungen, Workshops und Theaterstücken begleitet werden.

www.die-metzgerei.com

Haunstetterstraße 23
86153 Augsburg

Auf Anfrage

csmija • yahoo.de

① ⑨ ② ⑨

fotodiskurs

A

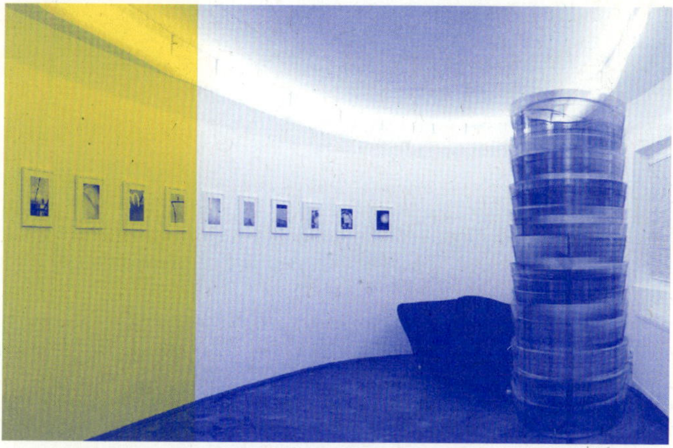

www.fotodiskurs.info

fotodiskurs ist ein Raum für künstlerische Fotografie und Gespräche über Fotografie in Augsburg. Im Pavillon am Berghof wird den ausgestellten Werken eines Fotokünstlers ein Einzelwerk eines anderen Künstlers gegenübergestellt. Dieses kann zeitgenössisch sein oder eine fotografie- und kunsthistorische Position markieren. Auch künstlerische Ausdrucksformen wie Malerei, Plastik oder Literatur sind dabei denkbar. Um den Diskurs aufrechtzuerhalten, finden weitere Veranstaltungen statt, die das jeweilige Thema aufgreifen, vertiefen, erweitern und von verschiedenen Seiten beleuchten. Dazu gehört beispielsweise der Jour fixe, bei dem sich andere Künstler vor Publikum über die gezeigten Arbeiten austauschen. Zu jedem Diskurs erscheint eine Publikation, die neben den Fotografien auch Textbeiträge versammelt und Anstoß gibt zum Weiterdenken.

2014

Bergstraße 12-1
Pavillon am Berghof
86199 Augsburg

Während der Ausstellungen:
Do–So
17–19 Uhr
+ auf Anfrage

mail • fotodiskurs.info

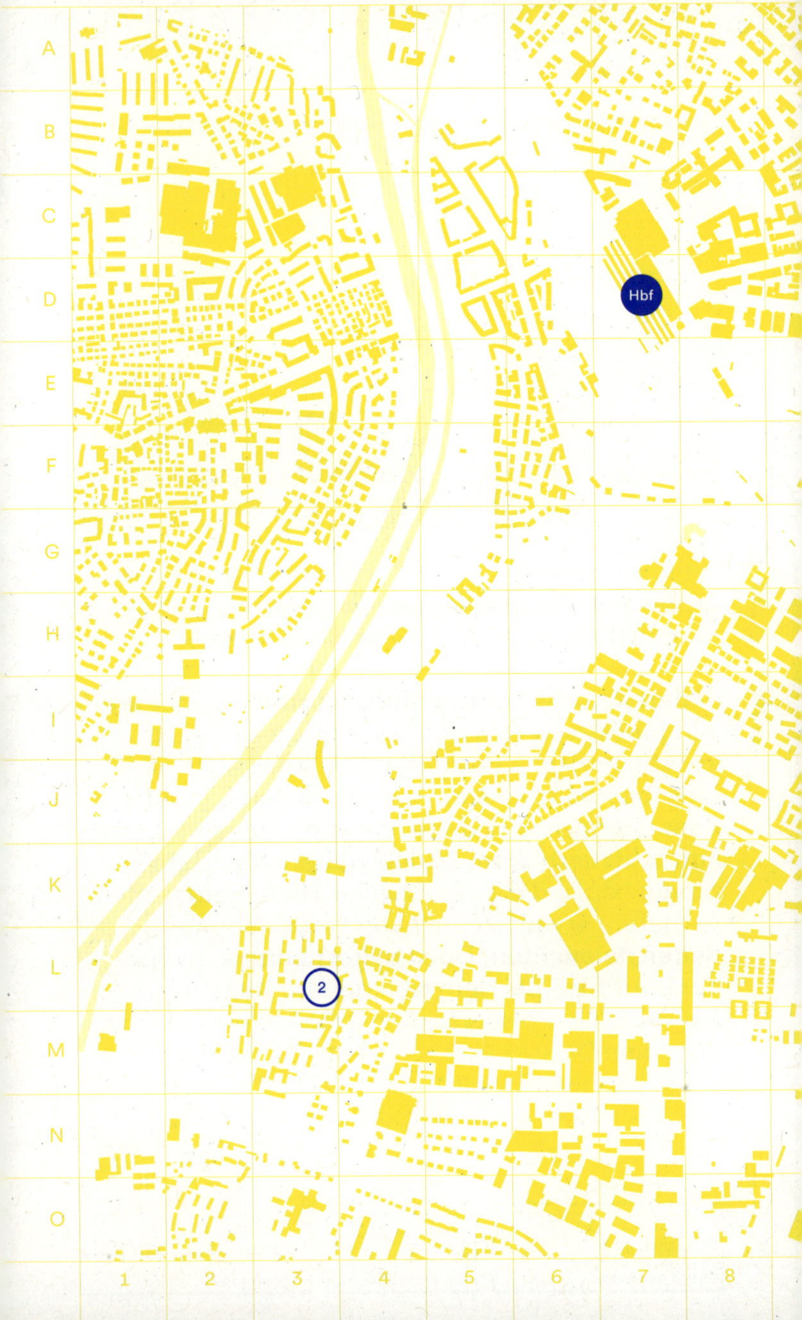
A
B
C
D
E
F
G
H
I
J
K
L
M
N
O
1
2
3
4
5
6
7
8
Hbf
2

A

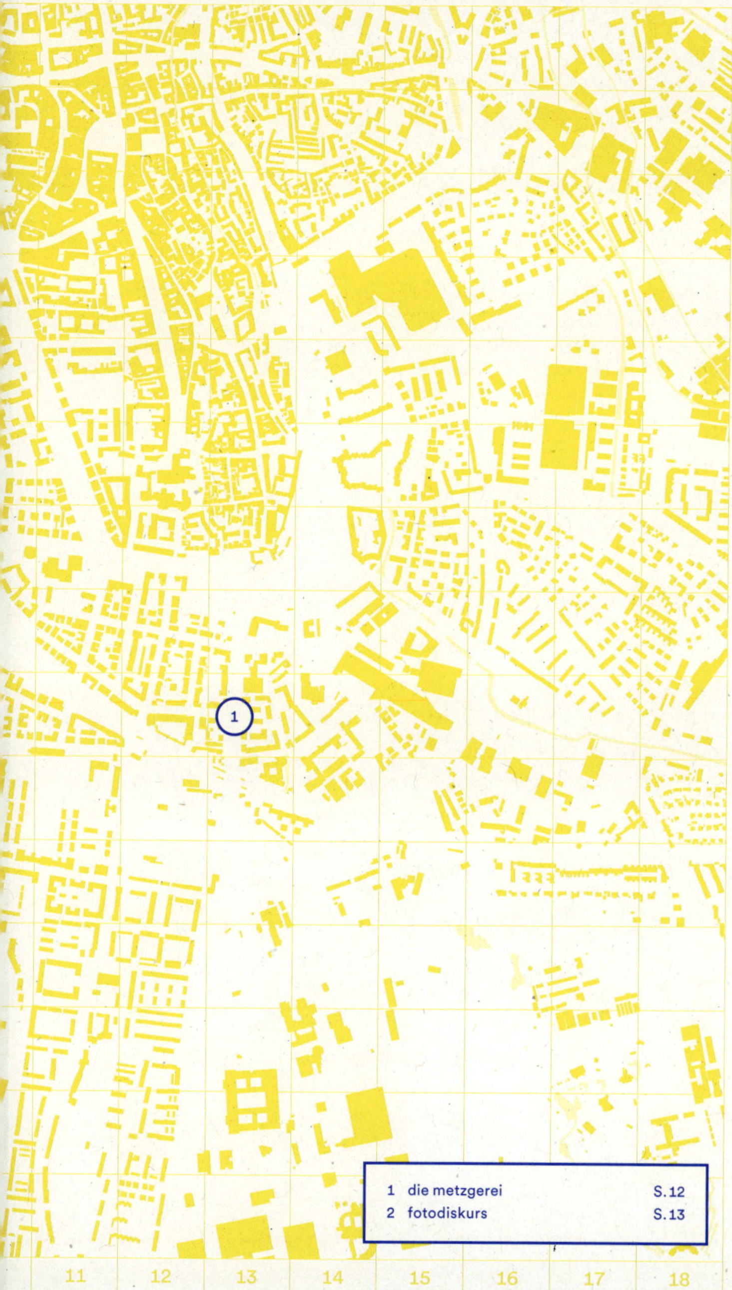

Berlin

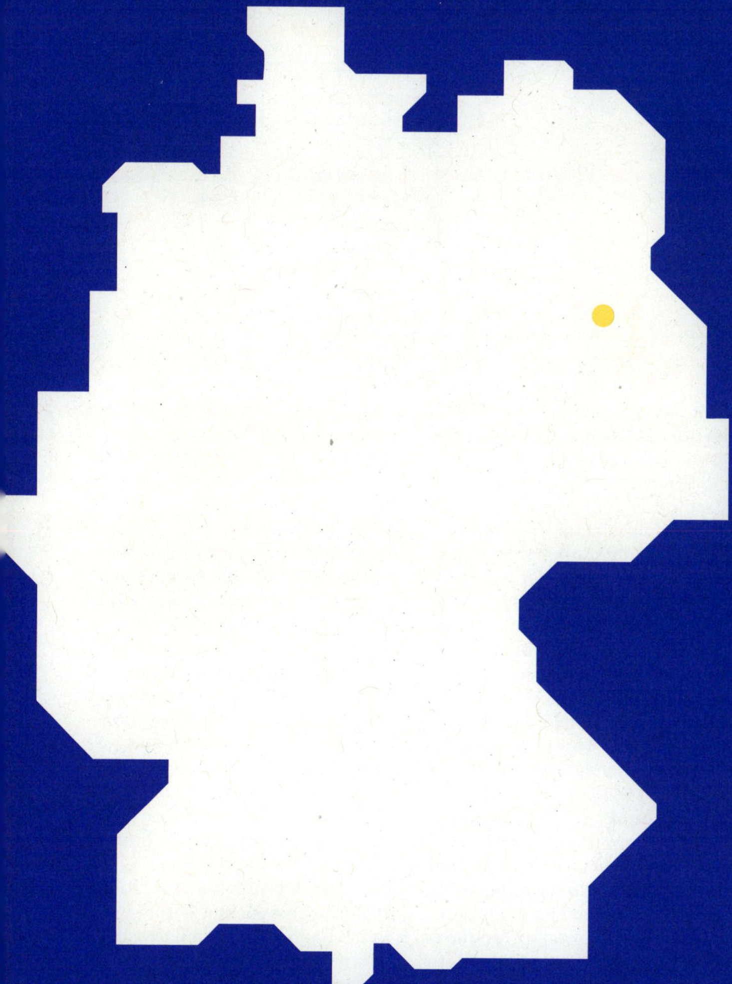

B

A TRANS

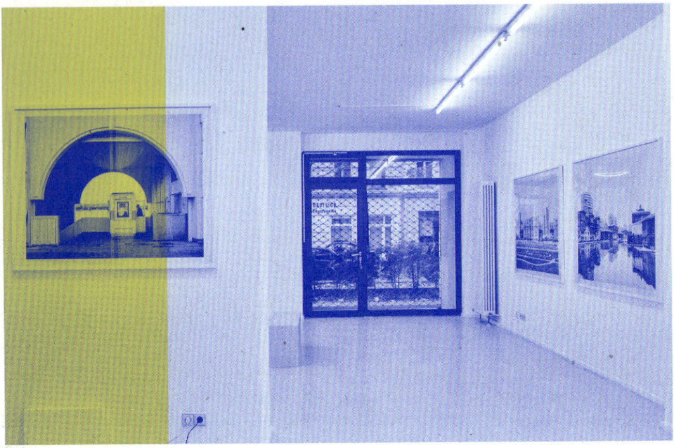

Seit der Gründung von ATRANS im Jahr 2006 gestaltet die Architektin und Kuratorin Isolde Nagel ein Programm für alle, die die Verbindung von künstlerisch-architektonischen Visionen und sozialer Achtsamkeit schätzen. Mit Eigensinn, auf der Suche nach Verbündeten und über die Grenzen der Disziplinen hinaus präsentiert sie innovative Strategien und Interventionen zum urbanen Raum und seiner Wahrnehmung. ATRANS bietet ein öffentliches Forum für aktuelle Diskurse und verschiedenste kulturelle Belange mit einem Schwerpunkt auf den Themen Stadt, Raum und Architektur. Die Installationen dienen der Erforschung kultureller Paradigmen, zeitgenössischer Lifestyles und neuer experimenteller Tendenzen urbaner Praktiken und Identitäten. Unter einem Jahresthema werden Positionen zur Stadt vorgestellt, die den künstlerisch-transdisziplinären Dialog als kulturelle Aufgabe verstehen. In Kooperation mit zahlreichen freien Gruppen, Institutionen, Universitäten und Landesvertretungen entstehen innovative Projekte, die weit über die Stadtgrenzen Berlins ausstrahlen. Neben Künstlergesprächen („Happy Talks"), Performances, Musikveranstaltungen und Buchpräsentationen werden auch Diskussionsrunden und „Happy Walks" zur Kunst und Baukultur initiiert. Von 2006 bis 2011 diente der ATRANS Pavilion in den Hackeschen Höfen als Anhaltspunkt für die Ausstellungskonzepte. Seit 2012 tritt ATRANS an unterschiedlichen Orten, in vielfältigen Formaten und auch international in Erscheinung.

www.atrans.org

Lehrter Straße 37
10557 Berlin

Fr–Sa
14–19 Uhr
+ auf Anfrage

in • atrans.org

2006

AGORA

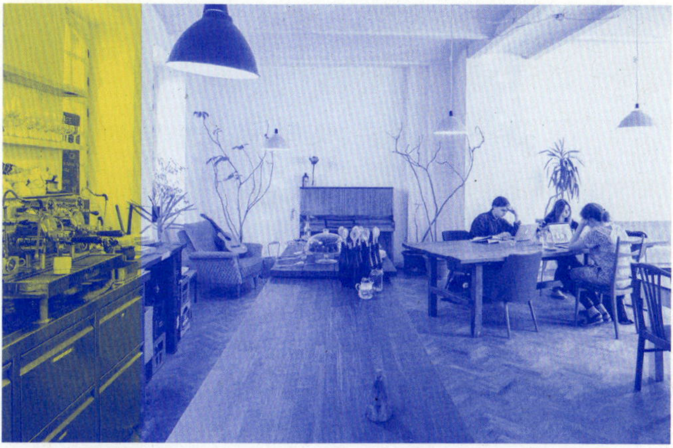

B

www.agoracollective.org

AGORA ist ein Raum in Berlin-Neukölln, der Personen und Projekte nach der Philosophie und den Werten seiner internationalen Gemeinschaft zusammenbringt: Vielfalt, Selbstorganisation und soziale Bindungen. AGORA entwickelt und lebt innovative Formate mit einem Fokus auf den Bereichen Essen, Nachhaltigkeit, Arbeiten, Kunst und Weiterbildung. Mit seinen hellen Coworking-, und Eventflächen sowie dem einladenden Café und Garten belebt AGORA seit 2011 eine Altbauvilla mit vielfältigem Publikum. Die Erschließung weiterer Kreativorte ist in Planung.

2
0
1
1

Mittelweg 50
12053 Berlin

Mo–Fr
10–17 Uhr
Sa–So
auf Anfrage

hello • agoracollective.org

AgvA[1] – ᑫ⊢, CIAT

Kategorie des Möglichen: Initiieren / etwas beginnen, sich in die Welt einbringen, handeln:[2]

B

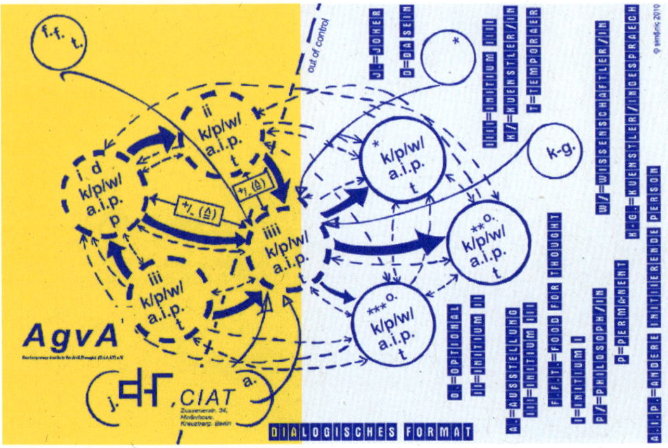

„AgvA ist performativ. AgvA ist Kunst. AgvA ist Diskurs.
AgvA ist denken. AgvA ist Experiment.
AgvA ist Heterotopie, ist verwirklichter Ort.
AgvA konstruiert, konzipiert, kreiert Wirklichkeiten und befindet sich ständig in einer Transformation.
AgvA ist Ort des Austauschs von künstlerischen Tätigkeiten, des Mitteilens und Teilens.
AgvA ist Ort unterschiedlichster immaterieller und materieller künstlerischer Praxis / Recherche.
AgvA ist Dialog.
AgvA ist Ort der Pluralitäten, ist Raum der unterschiedlichsten Potentiale.
AgvA ist heterogenes Programm.
AgvA ist Initium.
ᑫ⊢, CIAT ist verwirklichter Ort, ist Heterotopie.
ᑫ⊢, CIAT konstituiert das Format des Performativen.
ᑫ⊢, CIAT ist Teilen in Form von Mitteilen und Austausch – ein Netzwerk für die Polis.
ᑫ⊢, CIAT ist AgvA ist Initium."

[2] „Wir möchten auf Hannah Arendts Buch ‚Vita Activa' verweisen und beziehen uns auf den Prozess des ‚Sich-Einschaltens' in die Welt, die vor uns existierte, in die wir also hineingeboren wurden, um Verantwortung für sie zu übernehmen und etwas Neues zu beginnen. Diese Tätigkeiten werden weder erzwungen, wie die Tätigkeit der Arbeit, noch durch das Versprechen auf Nutzen oder durch Leistungszwang hervorgebracht." (Vgl. Hannah Arendt, Vita Activa oder vom tätigen Leben, München 1981, S. 215)

www.agva-ciat.de

Zossener Straße 34, HH
10961 Berlin

Siehe Website
unter: jetzt/zuletzt

kontakt • agva-ciat.de

2012

alpha nova-kulturwerkstatt & galerie futura

B

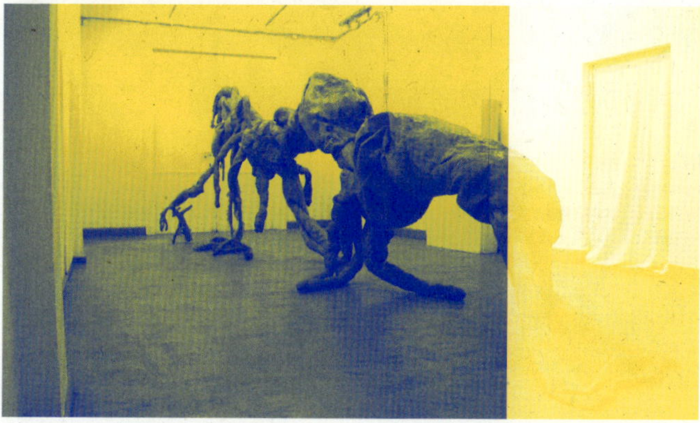

www.alpha-nova-kulturwerkstatt.de

alpha nova-kulturwerkstatt & galerie futura ist ein seit 1986 bestehender Ausstellungs- und Veranstaltungsort in Berlin, der aus einer dezidiert geschlechterkritischen Perspektive die kulturproduzierende und kulturvermittelnde Praxis verschränkt. Der Schwerpunkt liegt auf der Zusammenarbeit mit Künstlerinnen. alpha nova-kulturwerkstatt & galerie futura stellt einen Raum für die Verknüpfung von politischer Intervention und künstlerischer Praxis her, um daraus kritische Standpunkte für die Kunst, Wissenschaft und Gesellschaft zu entwickeln. Die galerie futura zeigt themenbezogene Ausstellungen mit Installationen, Netzkunst, audiovisueller und bildender Kunst. In der alpha nova-kultur-werkstatt finden Veranstaltungen aus den Bereichen Film, Performance, Musik, Literatur und Diskussion statt. Die kulturwerkstatt bietet außerdem thematische Workshop-Reihen (Video, Sound, Foto, Rhetorik) sowie moderierte Round-Table-Gespräche zum professionellen Austausch von Kulturproduzentinnen an. Beratung und Unterstützung in Konzeption und Netzwerkausbau für Frauen in künstlerischen Bereichen gehören ebenfalls zu den Angeboten. alpha nova-kulturwerkstatt & galerie futura arbeitet seit Jahren lokal, überregional und international mit unterschiedlichen Partnerinstitutionen und Einzelpersonen im Rahmen temporärer Projekte zusammen.

①⑨⑧⑥

Am Flutgraben 3
12435 Berlin

Mi–Sa
16–19 Uhr
+ zusätzlich bei Veranstaltungen

mail • alpha-nova-kulturwerkstatt.de

another vacant space.

B

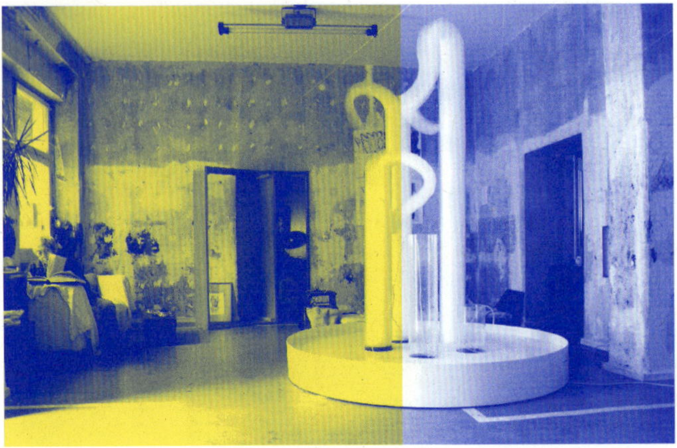

another vacant space. ist ein temporäres Galerie-Konzept, das sich seit seinem Beginn 1992 in einem aufgegebenen Laden in der Mercer Street in Soho (New York), in Kopenhagen, London und bei den Liverpool Biennalen 2004 und 2006 in unterschiedlicher Weise manifestierte. Verschiedene Programme und Einladungen geben Künstlern einen Raum für Multi-Media und installative Arbeiten und/oder Präsentationen. Künstlergespräche und Filmnächte sowie eine umfassende Überblicksreihe zu multidisziplinären Kunstperformances und Interventionen sind geplant.

www.anothervacantspace.blogspot.de

Biesentalerstraße 16
13359 Berlin

Fr–So
14–19 Uhr

adam.nankervis • gmail.com

① ⑨ ⑨ ②

Apartment Project

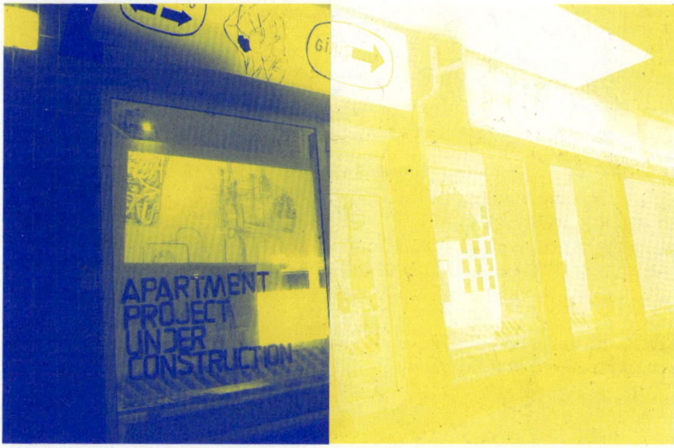

B

www.apartmentproject.org

Apartment Project bietet eine offene Plattform für interdisziplinären und internationalen künstlerischen Austausch, für kommunale Begegnungen, kollektive Produktion und prozessorientiertes Arbeiten. Apartment Project wurde bereits 1999 als eine der ersten unabhängigen türkischen Künstlerinitiativen von der Künstlerin Selda Asal in Istanbul gegründet. Seit 2012 fungiert Apartment Project in Berlin-Neukölln als Arbeits-, Wohn- und Ausstellungsort, dessen Fundament die Kollaboration mit interdisziplinär arbeitenden Künstlern und Forschern ist. In den Projekten spielen die Produktionsprozesse und die durch sie initiierten Begegnungen die wichtigste Rolle. Durch projektbezogenes, temporäres Zusammenleben und -arbeiten werden diese Prozesse intensiviert.

Hier bekommen u. a. die Videokünstler vom „Kollektiv Film Projekt – KFP“, die Architektur- und Situationsforscher von „On-Off“, die Urban-Research-Plattform „Spacedigger“, die Musik- und Video-Projektgruppe „2+1“ und die Virtual-Reality-Forscher der Gruppe „Uncanny Dreams“ zusammen. Sie entwickeln gemeinsam Ideen und realisieren Ausstellungen, Performances, urbane Interventionen und Workshops. Thematisch widmet sich Apartment Project besonders aktuellen und internationalen sozio- und geopolitischen Themen und bezieht in vielen seiner Projekte eine aktivistische Haltung. In diesem Kontext organisiert Apartment Project auch mobile Studio-Praxis-Projekte in Zusammenarbeit mit Initiativen aus dem Südkaukausus und den Balkanländern.

2012

Hertzbergstraße 13
12055 Berlin

Fr–Sa
16–19.30 Uhr
+ auf Anfrage

info•apartmentproject.org

Archive Kabinett

B

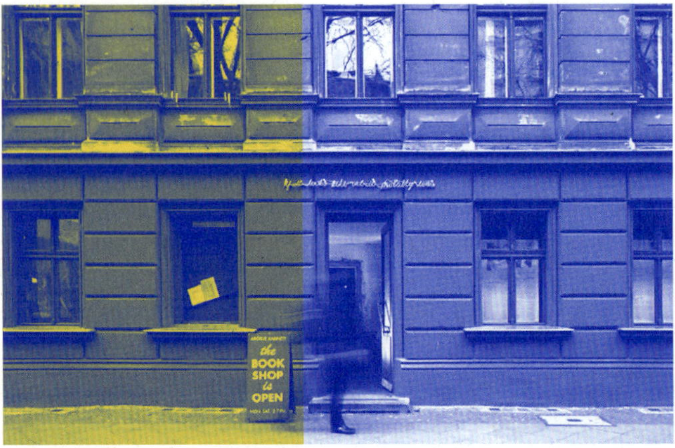

Archive ist ein Non-Profit-Projekt, das sich als interdisziplinäre Plattform für künstlerisch-kulturelle Recherche und publizistische Praxis sowie als Ort der Diskussion und Wissensproduktion bzw. -aneignung versteht. Archive gliedert sich in die Bereiche Books, Journal, Appendix und Kabinett. Archive Books und Journal widmen sich der Publikation und Distribution von Forschungs- und Recherchematerial, Archive Appendix fungiert als Designbüro, das Formen der Darstellung und Gestaltung untersucht und erprobt. Archive Kabinett in Berlin-Kreuzberg ist der Ort, an dem man sich trifft. Hier finden Ausstellungen, Performances, Screenings, Vorträge, Diskussionsrunden, Buchpräsentationen und Arbeitstreffen statt. Auch die Bücher können hier gelesen oder erworben werden. Die offene architektonische Struktur der Räumlichkeiten erlaubt eine Vielzahl unterschiedlicher Veranstaltungen und Tätigkeiten. Archive widmet sich der künstlerischen Forschung und Reflexion und hat es sich zur Aufgabe gemacht, vielfältiges theoretisches Material zu künstlerischen, sozialen und politischen Praktiken zusammenzutragen, zu übersetzen oder bereits vergriffene relevante Publikationen neu aufzulegen, um sie im ständigen Archiv wieder zugänglich zu machen.

www.archivekabinett.org

Dieffenbachstraße 31
10967 Berlin

Mo–Sa
14–19 Uhr

info • archivekabinett.org

2009

Baeckerei

B

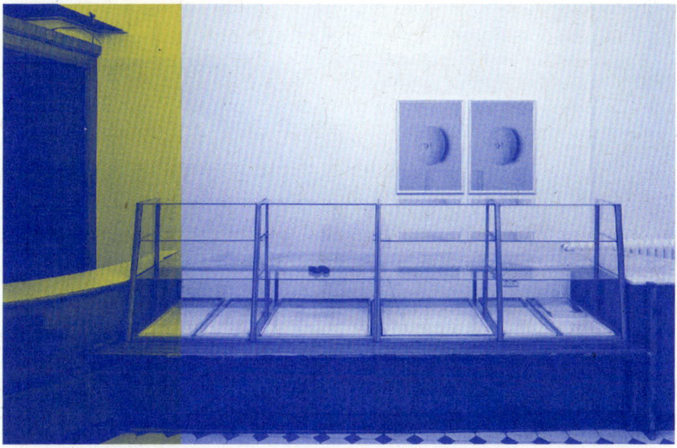

www.baeckerei-moabit.de

Die Baeckerei ist ein freier Kunstraum, der sich mit künstlerischen Positionen zum Thema Speisen beschäftigt. In die Räume einer ehemaligen Bäckerei in Moabit werden vornehmlich Künstler eingeladen, sie sich im weitesten oder auch engeren Sinne mit dem Essbaren, dem Konsum oder damit zusammenhängenden Phänomenen beschäftigen, sei es als Material, Thema oder Ausgangspunkt ihrer Arbeiten.

2013

Gotzkowskystraße 33
10555 Berlin

Fr–Sa
13–18 Uhr
+ auf Anfrage

info•baeckerei-moabit.de

BERLIN-WEEKLY

B

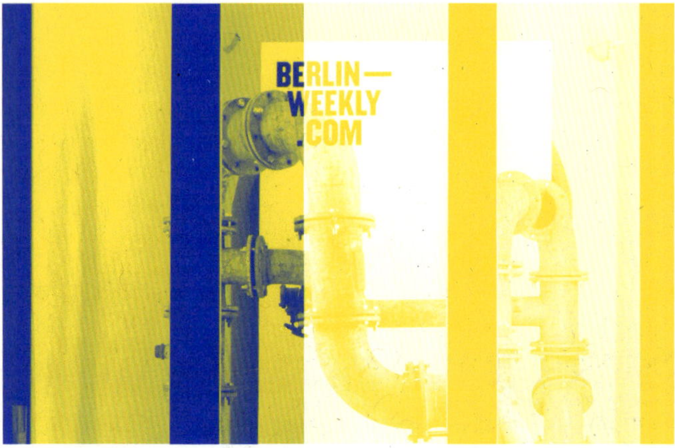

BERLIN-WEEKLY ist ein Non-Profit-Projektraum, der Künstlern eine Projektionsfläche im öffentlichen Raum bietet. Es handelt es sich dabei um ein großes Schaufenster mit angeschlossenem kleinen Galerieraum in exponierter, hoch frequentierter Lage in Berlin-Mitte. Der hohe, helle Schaufensterraum kann als eine Art Bühne betrachtet werden, auf derdie Künstler ihre Arbeit repräsentativ installieren und für eine breite Öffentlichkeit inszenieren können. Durch die direkte Ausrichtung zum öffentlichen Raum fungiert BERLIN-WEEKLY somit als künstlerische Intervention im Stadtraum über das Format „Schaufenster". BERLIN-WEEKLY funktioniert im öffentlichen Raum gleichermaßen wie als Internetplattform. Die Installationen im Fenster des BERLIN-WEEKLY sind von außen bis spät nachts gut sichtbar. Der Raum selbst ist dagegen nur zu den regelmäßigen Eröffnungen, für spezielle Veranstaltungen und auf persönliche Vereinbarung geöffnet. Im Internet findet man unter berlin-weekly.com die Installationen mit Detailbildern, einer kurzen Beschreibung und der direkten Verlinkung zur Website des jeweiligen Künstlers. Der Projektraum wird von Stefanie Seidl kuratiert, doch in enger Zusammenarbeit mit den jeweils ausstellenden Künstlern betrieben. BERLIN-WEEKLY bietet vielen Künstlern schon in der frühen Phase ihres Schaffens einen öffentlichen Präsentationsraum. Dies ermöglicht eine kritische Resonanz vom Publikum und von anderen Künstlern.

www.berlin-weekly.com

Linienstraße 160
10115 Berlin

24/7 von außen (beleuchtet bis 24 Uhr) + bei Eröffn. + auf Anfrage

info • berlin-weekly.com

2010

Center

B

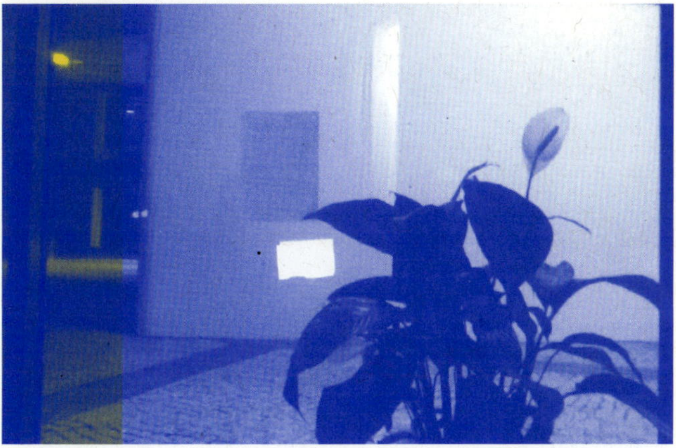

www.center-berlin.info

Center ist ein unabhängiger Ausstellungsraum, der im Jahr 2003 von der Künstlerin Lin May im Erdgeschoss eines Gebäudes des sozialen Wohnungsbaus in der Kurfürstenstraße gegründet wurde. Center möchte eine Vielzahl von ästhetischen Ansätzen zulassen und Künstlern und Kuratoren die Möglichkeit geben, im selben Raum für eine gewisse Zeitspanne zu arbeiten. Seit 2013 wird Center von den Künstlern Clemence de La Tour du Pin und Antoine Renard organisiert.

2003

Kurfürstenstraße 174
10785 Berlin

Auf Anfrage

send • coeval.gen.in

B

Centrum

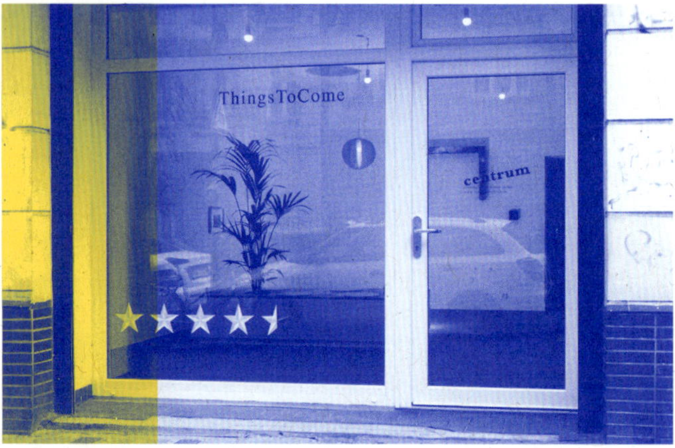

Centrum ist ein Projektraum für zeitgenössische Kunst in Berlin-Neukölln. Das Programm wird in Dialog und enger Zusammenarbeit mit internationalen und lokal ansässigen Künstlern initiiert und entwickelt. Centrum bietet dabei in Form verschiedener Formate wie Ausstellungen, Filmscreenings, Vorträgen und Performances den Raum und die Unterstützung, um künstlerische Arbeitsprozesse einem größeren Diskurs gegenüber zu öffnen. Centrum wurde 2009 von der Künstlerin Kate Squires und dem Musikproduzenten David Moynihan gegründet und steht seit September 2014 unter der kuratorischen Leitung von Mareike Spendel – seit März 2015 unterstützt von Natalie Weiland.

www.centrumberlin.com

Reuterstraße 7
12053 Berlin

Während der Ausstellungen, siehe Website

info•centrumberlin.com

2009

Club Real

B

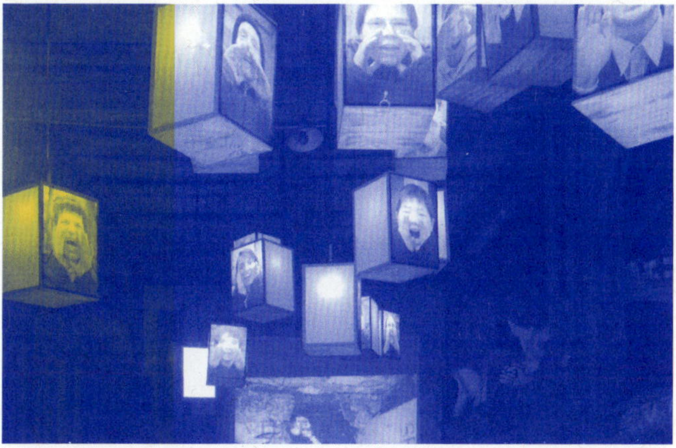

Club Real ist ein Künstlerkollektiv, das transdisziplinär in den Bereichen interaktive Performance, Installation und Intervention im öffentlichen Raum arbeitet. Die Beteiligten kommen aus den Bereichen Performance/darstellende Kunst, Architektur, Musik und bildende Kunst. 2000 in Berlin von Marianne Ramsay-Sonneck, Georg Reinhardt und Thomas Hauck gegründet, besteht Club Real momentan aus drei ständigen und mehreren assoziierten Mitgliedern. Für die vorwiegend partizipatorisch und ortsspezifisch ausgerichteten Projekte arbeitet Club Real immer mit lokalen Akteuren und anderen Künstlern, Wissenschaftlern und Kulturarbeitern zusammen. Eine mehrjährige Kooperation verbindet Club Real mit der finnischen Gruppe Todellisuuden Tutkimuskeskus und mit dem kubanischen Zentrum für Arte Contextual LASA in Havanna. In der Neuköllner Kirchgasse befindet sich seit einigen Jahren der Projektraum von Club Real, in dem mehrmals im Jahr Veranstaltungen stattfinden.

www.clubreal.de / www.clubrealblog.com

2000

Kirchgasse
(Gebäude ohne Hausnummer)
12043 Berlin

Mehrmals
pro Jahr,
unregelmäßig

info • clubreal.de

die raum

B

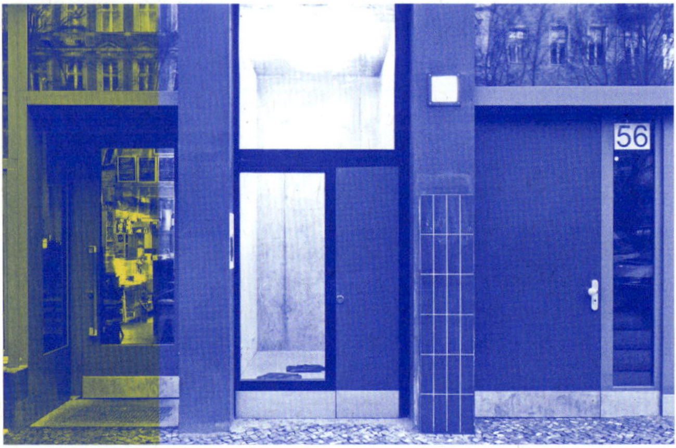

die raum ist ein fünf Quadratmeter großer Non-Profit-Projektraum in einem Neubau in Berlin-Prenzlauer Berg. 2011 wurde er von dem Künstler Jesper Dyrehauge und der Kuratorin Lotte Møller in Kooperation mit den BARarchitekten, die den physischen Rahmen konzipiert haben, gegründet. Alle Projekte sind ortsspezifische Neuproduktionen. Ein Poster, das von den jeweiligen Künstlern mitgestaltet wird, begleitet die Projekte als zusätzliche Plattform zur Kontextualisierung und Vermittlung. die raum wird zurzeit von Lotte Møller geleitet.

www.dieraum.net

Oderberger Straße 56 10435 Berlin	Variabel	lotte • dieraum.net

2 0 1 1

District Berlin

B

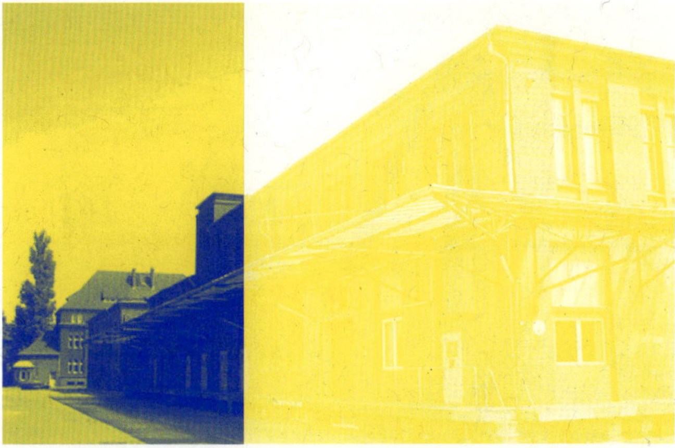

www.district-berlin.com

Gegründet im Jahr 2010 auf dem Gelände der historischen Malzfabrik bietet District einen interdisziplinären Denk- und Arbeitsraum im Schnittfeld von bildender Kunst und anderen Arten der Wissensproduktion. In Zusammenarbeit mit lokalen und internationalen Produzenten, Organisationen und einem heterogenen Publikum produziert District Kunstprojekte, Ausstellungen, diskursive und performative Formate, Workshops, Interventionen und Performances im öffentlichen Raum und engagiert sich in Bildungsprojekten. Die Arbeit von District definiert sich durch das Interesse, den Kunstraum als einen Ort zu denken, in dem unterschiedliche gesellschaftliche Problematiken, kritische Sichtweisen und Ideen zum Ausdruck gebracht und verhandelt werden können. Künstlerisches Experimentieren und Forschen ist hier verknüpft mit dem Versuch, Kontexte für verschiedene Formen des Engagements und der Auseinandersetzung mit nachhaltigeren und gerechteren Lebens- und Gesellschaftsmodellen zu schaffen. Ausgehend von seiner dezentralen städtischen Lage innerhalb der sozialen, stadträumlichen und kulturellen Diversität des Berliner Bezirks Tempelhof-Schöneberg liefert District eine Plattform zur Artikulation von Perspektiven, die sich gegenwärtig an den Rändern der politischen und kulturellen (Selbst-)Repräsentation eröffnen.

②⓪①⓪

Bessemerstraße 2–14
12103 Berlin

Bürozeiten:
Di–Do
10–18 Uhr

post • district-berlin.com

Endmoräne e. V.

B

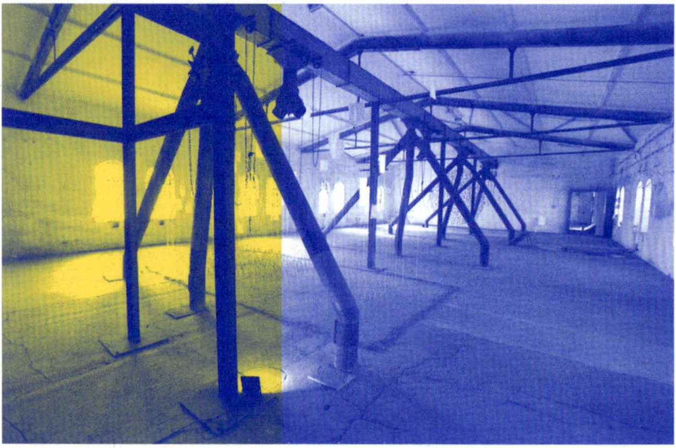

Der Verein Endmoräne ist eine Plattform für die künstlerische Zusammenarbeit professioneller Künstlerinnen aus Berlin und Brandenburg. Sie verstehen ihre Arbeit als Mittel der gesellschaftlichen Partizipation und Einflussnahme und das Wirken des Vereins als gemeinschaftlichen Beitrag zur Entwicklung ihres Aktionsraumes – dem Land Berlin-Brandenburg. In ihren Werken setzen sich die Künstlerinnen mit der sozialen Realität auseinander und nehmen brisante gesellschaftliche Fragestellungen auf. Das Ziel ihrer künstlerischen Interventionen ist es, inhaltliche Impulse für einen Diskurs zur jeweiligen Thematik zu geben und die regionale Entwicklung mittelbar und unmittelbar auf verschiedenen Ebenen zu fördern.

www.endmoraene.de

Jährlich wechselnd

info • endmoraene.de

1993

Erratum

B

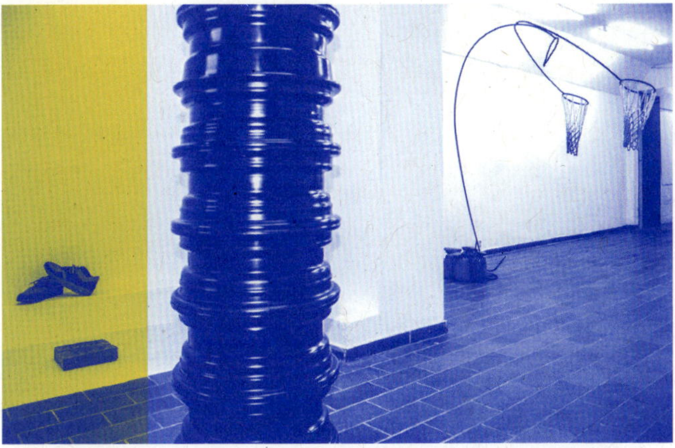

www.erratumgalerie.tumblr.com

In den Jahren 2012 und 2013 haben sich James Verhille, Damien Sayer und Fiona Valentine Thomann in Berlin zusammengetan und den Plan für einen Ort ausgearbeitet, an dem Künstler Künstler sein können. Daraus entstand folgendes Konzept: Ausgewählte nationale und internationale Künstler arbeiten zusammen, um in einer gemeinsamen Ausstellung eine einzigartige künstlerische Landschaft zu schaffen. Jede Gruppenausstellung wird von einem der Erratum-Gründer kuratiert, jedoch meist in Zusammenarbeit mit einem oder mehreren der Künstler, die zum Projekt beitragen. Dieses Kuratorenteam nimmt oft aktiv an den Ausstellungen teil und steuert seine Fähigkeiten und Inspirationen zu den anstehenden Aufgaben bei. Das ist ganz im Sinne des Raumes: Bei Erratum geht es nicht nur um Kunst, sondern auch um Gemeinschaft und Zusammenarbeit.

2013

Böckhstraße 40
10968 Berlin

Do–Sa
14–19 Uhr
+ auf Anfrage

erratumgalerie • gmail.com

B

exp12 / exposure twelve

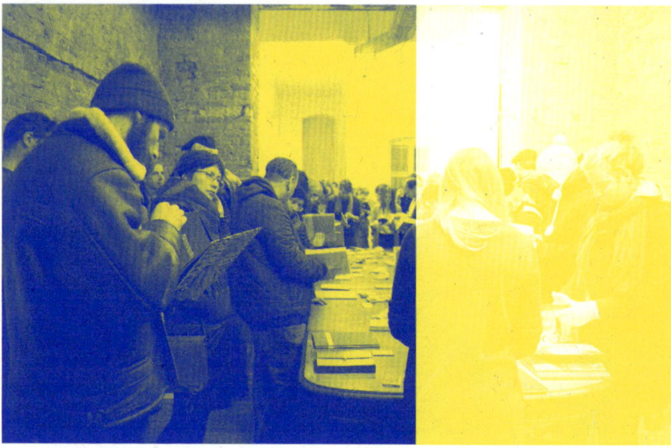

exp12 ist ein Zusammenschluss mehrerer Fotografen mit dem Ziel, dem Diskurs und Austausch über zeitgenössische Fotografie sowie deren Autoren ein Forum zu schaffen: „Dabei sind wir unterschiedlichen Themen, Stilrichtungen und Bildsprachen gegenüber offen. Fotografie wird für uns dann bedeutsam, wenn in ihr eine langfristige Auseinandersetzung mit einem Thema und Engagement für die persönliche Arbeit und Sichtweise erkennbar wird.“ exp12 versteht sich als ein Projektraum für Fotografie und veranstaltet Ausstellungen, Projektionen, Künstlergespräche und Vorträge. Die Präsentation neuer und bereits vollendeter Fotobuch-Projekte bildet einen besonderen Schwerpunkt. Ziel ist es, „work in progress“ erlebbar zu machen und den Dialog zwischen Fotografen, Kuratoren, Sammlern und dem fotointeressierten Publikum zu fördern.

www.exp12.com

Greifswalder Straße 217
10405 Berlin

Sa
15–19 Uhr
+ auf Anfrage

news • exp12.com

2010

B

Experimentalsystem

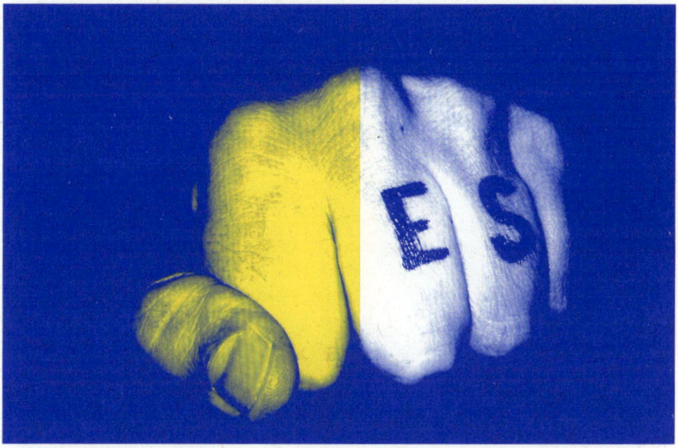

Experimentalsystem ist ein künstlerisch-diskursiver Projektraum mit einem schwärmerischen Faible für die Malerei. Der Begriff „Experimentalsystem" ist dem Repertoire des Wissenschaftshistorikers Hans-Jörg Rheinberger entlehnt und kristallisiert sich in folgendem Satz aus seinem Buch „Experimentalsysteme und epistemische Dinge" (2001): „Experimentalsysteme sind nicht Anordnungen zur Überprüfung und bestenfalls zur Erteilung von Antworten, sondern insbesondere zur Materialisierung von Fragen."

www.experimentalsystem.net

2014

Lenaustraße 23
12047 Berlin

Auf Anfrage

hello • experimentalsystem.net

B

G.A.S-station Berlin

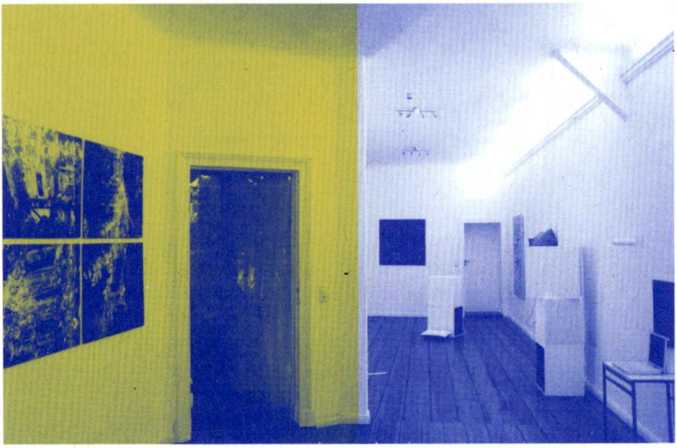

G.A.S-station Berlin – Tankstelle für Kunst und Impuls wird künstlerisch von Elisa Asenbaum und organisatorisch von Thomas Maximilian Stuck geleitet, die beide auch selbst künstlerisch und kuratorisch tätig sind. Sie versteht sich als experimentelles und interdisziplinäres Projekt zur Entwicklung und Erschließung von künstlerischen und wissenschaftlichen Aspekten. Themenspezifisch angelegte Ausstellungsprojekte greifen gemeinsame Fragen der Kunst und Wissenschaft auf und ziehen Korrespondenzlinien. Der Fokus liegt auf der formalen Vielfalt und thematischen Auffächerung durch Beiträge verschiedener Disziplinen der Kunst, Literatur und Wissenschaft. Entgegen der schnell konsumierbaren Event- und Namedropping-Kultur setzt das Team gemäß seinen Werten („Wider besseres Wissen, besessen von Vision“) auf über einen längeren Zeitraum angelegte, durchdachte Projekte. Während der Ausstellungszeit findet ein begleitendes Veranstaltungsprogramm mit (populär-)wissenschaftlichen Vorträgen, Performances, Konzerten, Diskussionen und Filmabenden statt. Zusätzliche Projekte wie die Ausstellungsreihe X|Y|Z:Raumprojekte, Das Fenster u. a. sowie Gastveranstaltungen erweitern das Ausstellungsprogramm. G.A.S-station Berlin setzt innovative Impulse im Kunstfeld, entwickelt und erprobt ausgefallene Formen der Kunstpräsentation und -vermittlung und initiiert auf vielfältigen Ebenen Kooperationen im In- und Ausland.

www.2gas-station.net

Tempelherrenstraße 22
10961 Berlin

Di–Fr 14–18 Uhr
Sa 14–17 Uhr

info • 2gas-station.net

2008

Galerie ALLES MÖGLICHE Betriebsteil Berlin

B

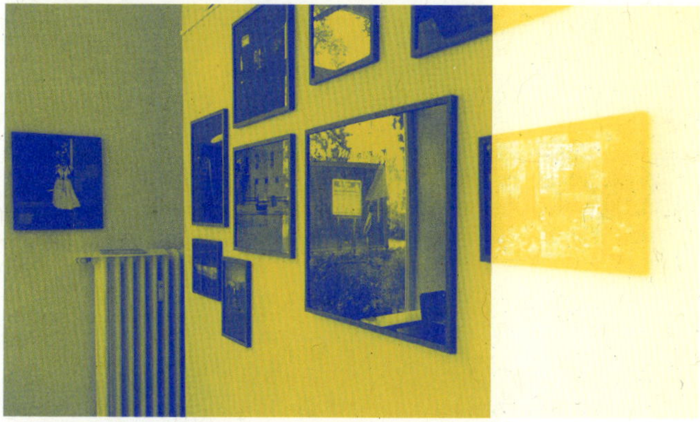

ALLES MÖGLICHE zeigt in Berlin zeitgenössische Fotografie zum Thema Mensch, wobei die große Höhe des Raumes vor allem für installative Anordnungen von Vorteil ist. Der Betriebsteil Leipzig konzentriert sich auf Malerei und Grafik. Pro Jahr werden vier bis fünf Ausstellungen mit einer Vernissage eröffnet.

www.alles-moegliche.com

Odenwaldstraße 21
12161 Berlin

Täglich geöffnet, Terminvereinbarung ist empfehlenswert

ericpawlitzky•web.de

B

Galerie Axel Obiger

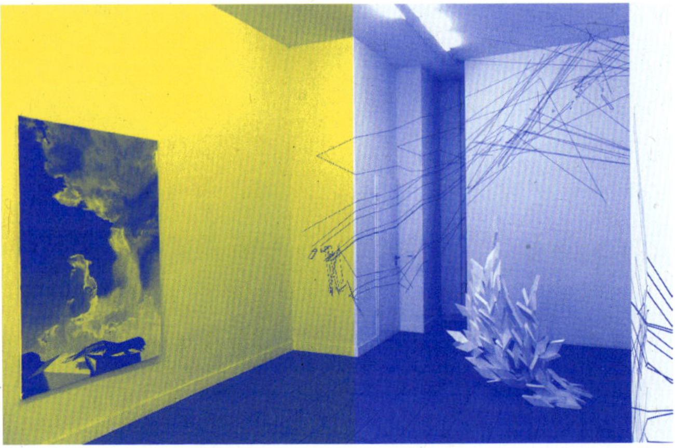

Die Galerie Axel Obiger wurde im Sommer 2009 als Produzentengalerie für aktuelle Kunst gegründet. Der Name „Axel Obiger" ist ein Anagramm der Buchstaben des Vorläufer-Projektraumes „Galerie Box" und benennt einen fiktiven österreichischen Galeristen: „Das Spiel mit unserem fiktiven Galeristen ermöglicht, den Kunstbetrieb kritisch zu hinterfragen und darin verschiedene Rollen einzunehmen." Die damit verbundene Erforschung der Mechanismen und Funktionsweisen des Betriebssystems Kunst bildet den ersten Strang der Projektarbeit. Der zweite Strang ermöglicht Gästen und Projektgruppen, ihre Arbeit zu präsentieren. Der dritte Strang zeigt die künstlerische Produktion der an der Projektgalerie beteiligten Künstler. Diese Arbeitsfelder werden in jährlich zehn bis zwölf Doppel- bzw. Gruppenausstellungen mit themenbezogenem Rahmenprogramm (Künstlergespräche, Performances, Lesungen, Vorträge, Diskussionen) und offen angelegten Experimenten zu relevanten Themen des aktuellen Kunst- und Wissenschaftsdiskurses verfolgt. Axel Obiger zeigt ausschließlich zeitgenössische Kunst.

www.axelobiger.com

Brunnenstraße 29
10119 Berlin

Do–Sa
14–19 Uhr
+ auf Anfrage

info • axelobiger.com

2009

Galerie Kurt im Hirsch

B

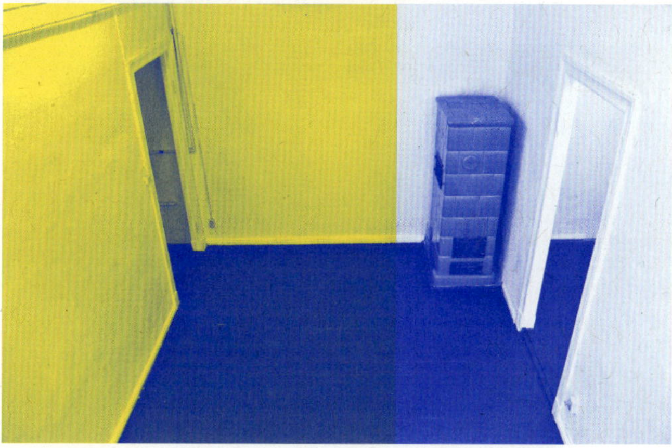

www.kurt-im-hirsch.de

„Kurt im Hirsch befindet sich in den historischen Hirschhöfen in Prenzlauer Berg.
Kurt im Hirsch ist ein nicht kommerzieller Ort für zeitgenössische Kunst.
Kurt im Hirsch ist ein Kuratoren-Kollektiv aus Kunst- und Medienwissenschaftlern und Künstlern.
Kurt im Hirsch ist ein gemeinnütziger Verein. Alle Mitglieder engagieren sich ehrenamtlich.
Kurt im Hirsch untersucht aktuelle kunsttheoretische und gesellschaftliche Fragen.
Kurt im Hirsch legt einen Schwerpunkt des Programms auf experimentelle und interaktive Ansätze.
Kurt im Hirsch schreibt einmal im Jahr einen „Call for Artists“ aus.
Kurt im Hirsch zeigt thematische Ausstellungen sowie Einzelausstellungen.
Kurt im Hirsch ergänzt sein Programm durch Talks, Performances und Filmscreenings.
Kurt im Hirsch fördert und unterstützt aufstrebende Künstler.“

①
⑨
⑨
⑨

Hirschhöfe Berlin
Kastanienallee 12, 2. Hof
10435 Berlin

Sa–So
14–17 Uhr

info • kurt-im-hirsch.de

B

Gitte Bohr
Club für Kunst und politisches Denken

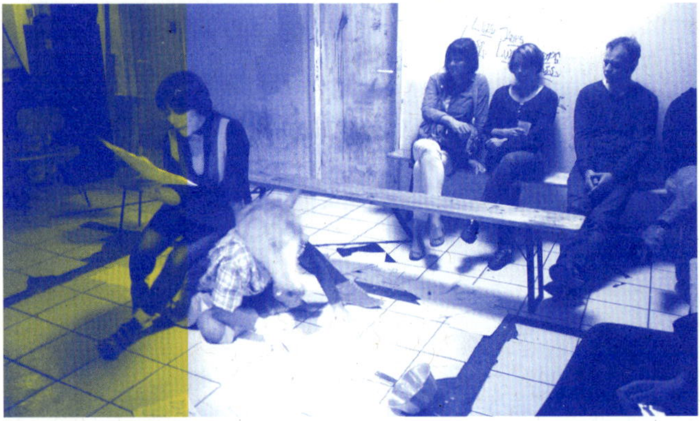

Das Programm von Gitte Bohr, bestehend aus Ausstellungen, Vorträgen, Diskussionen, Screenings und mehr, konzentriert sich auf aktuelle politische und soziale Fragen im Spiegel der Kunst. Getragen von der Überzeugung, den Antagonismus zwischen Avantgarde und bürgerlicher Konsensgesellschaft aktualisieren zu müssen, wird gefragt, wie Politik mit Kunst und wie Kunst politisch gedacht werden kann. Aus der Aufrechterhaltung dieser Konfliktfelder erhofft sich Gitte Bohr, in der Begegnung mit Kunst und Kunstschaffenden Momente fundamentaler Demokratie zu erzeugen: „Wir arbeiten oft mit Themen, die über die Bezugsfelder des Kunstbetriebs hinausweisen und Fragen behandeln, die eben nicht nur für die Kunst und die ästhetische Erfahrung relevant sind. Gleichermaßen überlegen wir, inwiefern Ästhetik und Alltagserleben sich überschneiden." Die Veranstaltungen sind als Serien angelegt. Neben Ausstellungen und Diskussionsveranstaltungen ist auch die eigene Recherche ein Bestandteil der Arbeit. Im Zusammenwirken mit Künstlern, Theoretikern, Aktivisten und Menschen aus unterschiedlichsten Bereichen wird versucht, gleichberechtigte Dialoge den institutionellen Diskursstandards gegenüberzustellen: „So hoffen wir, vom bloßen Rezipieren zum Austausch anregen zu können."

www.gittebohr.de

c/o
WestGermany
Skalitzer Straße 133
10999 Berlin

gittebohr • gmx.de

2010

Green Hill Gallery

B

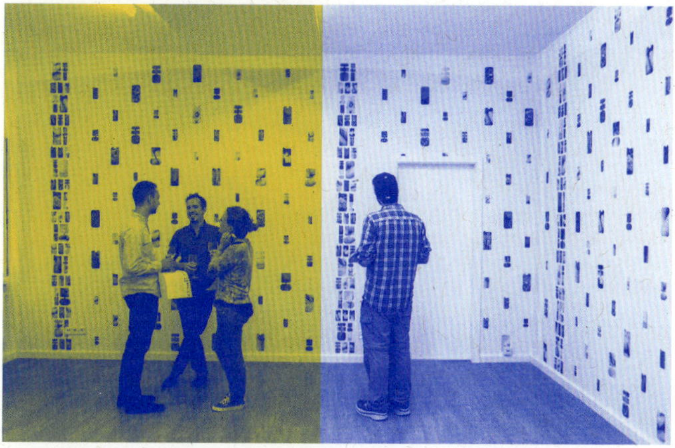

www.kulturschoepfer.de

Green Hill Gallery ist eine nicht kommerzielle Galerie für zeitgenössische Kunst, die im Jahr 2013 vom Kulturschöpfer e. V. in Berlin-Friedrichshain ins Leben gerufen wurde. Die Galerie wird von einem Team aus internationalen Künstlern und Kuratoren geführt und besitzt keine feste thematische Ausrichtung. Sie versteht sich als Raum für aufstrebende sowie etablierte Künstler, um Ausstellungsprojekte abseits des Mainstreams durchzuführen und damit auch unterrepräsentierte Spielarten der Kunst einer breiten Öffentlichkeit zugänglich zu machen. Neben monatlich wechselnden Ausstellungen und Künstlergesprächen werden Workshops, Kurse und Konzerte angeboten.

2
0
1
3

Grünberger Straße 13
10243 Berlin

Mo–Fr
9–17 Uhr

greenhillgallery •
kulturschoepfer.de

Group Global 3000

B

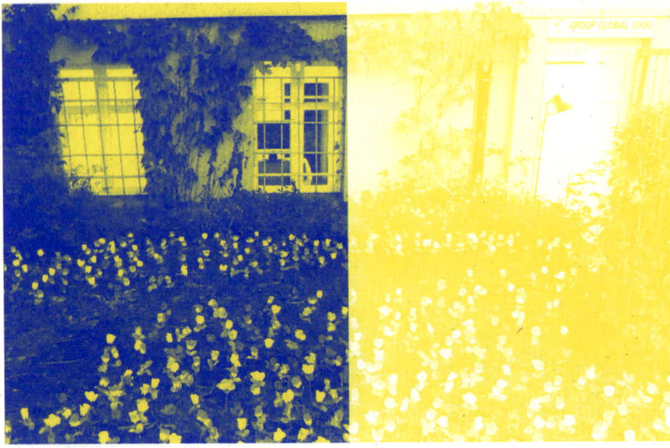

Group Global 3000 betreibt einen öffentlichen Projektraum in Berlin-Kreuzberg mit den Formaten bildende Kunst, Performance, Video, Film, Fachvortrag, Diskurs und Lesung. „Kunst und andere Nachhaltigkeiten" ist das zentrale Thema: „Zukünftige Generationen sollen dieselben Chancen auf ein erfülltes Leben haben wie wir. Nachhaltige Entwicklung verbindet wirtschaftlichen Fortschritt mit sozialer Gerechtigkeit und dem Schutz der natürlichen Umwelt. Soziale und/oder wirtschaftliche Themen verbinden wir mit ökologischen Fragen. Wir arbeiten künstlerisch z. B. mit

- dem Tempo der Gesellschaft und des Individuums,
- der Ent- und Beschleunigung,
- unserem Umgang mit der inneren Natur, d. h. unserem Körper und
- unserem Umgang mit der äußeren Natur, der Energie und den Stoffen,
- unserem Wirtschaften in der Verschwendung, der Ausbeutung von Mensch und Natur,
- der globalen sozialen, wirtschaftlichen und ökologischen Entwicklung und unserer Reaktion darauf,
- Verlust und Gewinn von Heimat,
- dem Spannungsverhältnis zwischen Natur und Kultur,
- Lust und Leidenschaft an eigenen Veränderungen.

Unser Logo drückt den verschwenderischen Umgang mit der Welt aus. Wir leben und wirtschaften, als ob wir über eine zweite Welt verfügten. Unser Name zeigt, dass Menschen gemeinsam lokal handeln, aber global und für die Zukunft denken."

www.groupglobal3000.de

Leuschnerdamm 19
10999 Berlin

Während der Ausstellungen:
Fr 17–20 Uhr

kontakt • groupglobal3000.de

2013

grüntaler9
a space towards the performative

B

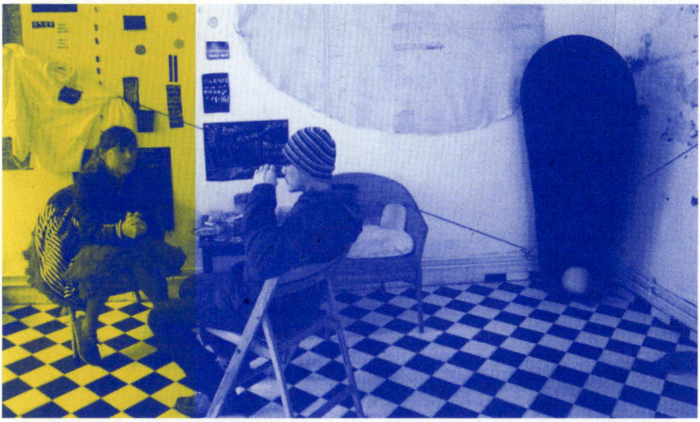

Seit 2011 ist grüntaler9 ein Raum in ständiger Transformation, der sich ausschließlich der Performance-Kunst und zeitbasierten Kunstprojekten widmet. Er ist keine Galerie, kein White Cube und keine Black Box, sondern vielmehr ein Raumkonzept, das sich diskursiv-dialogisch dem Performativen zuwendet. grüntaler9 versteht sich selbst als eine kontinuierliche, kollaborative Performance, als ein Kunstwerk und -ereignis mit multiplen Autorschaften und einer kritischen Haltung zu Originalität und Authentizität. Jedes Ereignis hinterlässt sichtbare und unsichtbare Spuren, die übernommen und be- oder überarbeitet werden, um sich dann palimpsestartig erneut zu zeigen. Künstler und Nicht-Künstler können sich für die performativen Projekte bewerben. Ihnen sind dabei fast keine Grenzen gesetzt, sie müssen sich lediglich der Herausforderung der vorgefundenen, raumspezifischen Situation stellen. Jede Transformation ist erlaubt, solange sie innerhalb der angekündigten Performance-Zone stattfindet. Vorbereitungen oder Proben, die zu einer „geplanten" Präsentation führen, sind nicht vorgesehen. Der Künstler Nikhil Chopra gründete grüntaler9 in enger Zusammenarbeit mit Teena Lange, die den Raum künstlerisch leitet. Es gibt keine festen Öffnungszeiten: Während der Performances ist er jederzeit zugänglich; zusätzlich erlauben die Schaufenster durchgehend Einblick. Freitags lädt der Fridäy Süpperclüb zu Essen und Begegnungen ein.

www.gruentaler9.com

2011

Grüntaler Straße 9
13357 Berlin

Auf Anfrage

info • gruentaler9.com

B

HilbertRaum

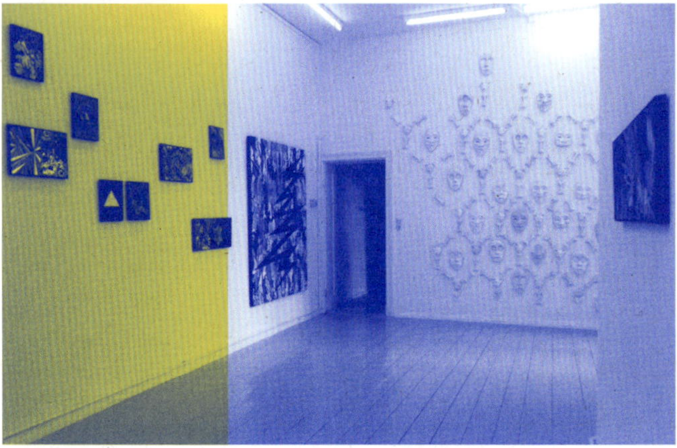

HilbertRaum ist ein unabhängiger, nicht kommerzieller und von Künstlern betriebener Projektraum, der im Januar 2015 im Reuterkiez in Berlin-Neukölln eröffnet wurde. Alle zwei Wochen wird eine neue Ausstellung gezeigt, wobei sich die insgesamt 16 Künstler und die kuratorische Leitung abwechseln. Präsentiert wird ein breites Spektrum an Malerei, Fotografie, Skulptur, Video, Installation und Performance. HilbertRaum ist nach einem Konzept des Mathematikers David Hilbert benannt: dem unendlich dimensionierten Hilbertraum. Für die Betreiber repräsentiert dieser Raum eine offene, nicht festgelegte und sich weiter entwickelnde Struktur der Selbstorganisation, die das Unerwartete erwarten lässt.

www.hilbertraum.org

Reuterstraße 31
12047 Berlin

Fr 18–22 Uhr
Sa–So 14–19 Uhr

info • hilbertraum.org

IMPORT Projects

B

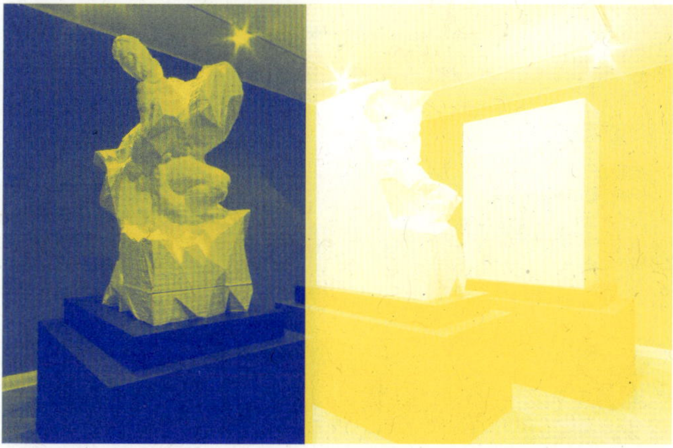

IMPORT Projects ist eine kuratorische Initiative, die 2012 von Anja Henckel und Nadim Samman gegründet wurde. Durch ein Angebot aus Ausstellungen, Performances und Konferenzen bietet IMPORT eine experimentelle Plattform für zeitgenössische Kulturproduktion und -debatten, die in erster Linie die Verflechtung von Technologie, persönlicher Identität und Gemeinschaft erforscht.

www.import-projects.org

2012

Keithstraße 10
10787 Berlin

Während der Ausstellungen:
Di–Sa 12–18 Uhr
+ auf Anfrage

info • import-projects.org

insitu

B

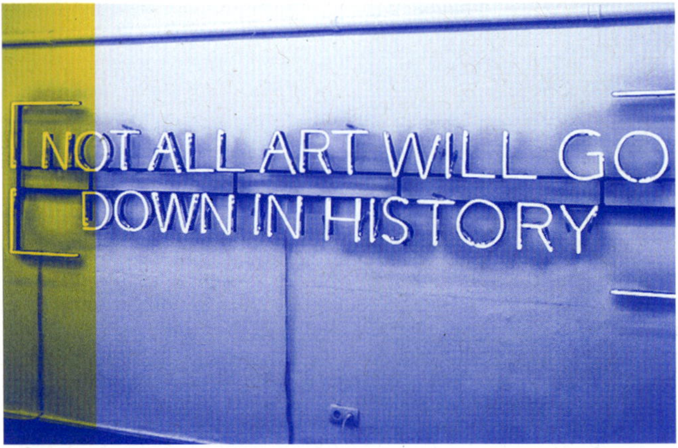

insitu wurde als Projektinitiative im November 2012 von den Kuratoren Marie Graftieaux, Nora Mayr und Gilles Neiens gegründet und befindet sich im Schöneberger Galerieviertel. 2014 schloss sich die Kuratorin Lauren Reid dem Team an. insitu arbeitet mit internationalen und in Berlin lebenden Künstlern zusammen. Das Team bezieht sich mit dem Name (in situ = vor Ort) auf das eigene Verständnis der kuratorischen Arbeit in Hinblick auf kulturelle, soziale und geografische Räume. insitu erforscht dabei grundlegende Fragestellungen rund um die Herstellung von Kunst sowie die Feingliedrigkeit von Beziehungen und Netzwerken. Die Ausstellungen selbst werden von Vorträgen, Performances, Lesungen und Videovorführungen begleitet.

www.insitu-berlin.com

Kurfürstenstraße 21–22
10785 Berlin

Mi–Fr 16–19 Uhr
Sa 14–18 Uhr

info • insitu-berlin.com

2012

B

Institut für Alles Mögliche

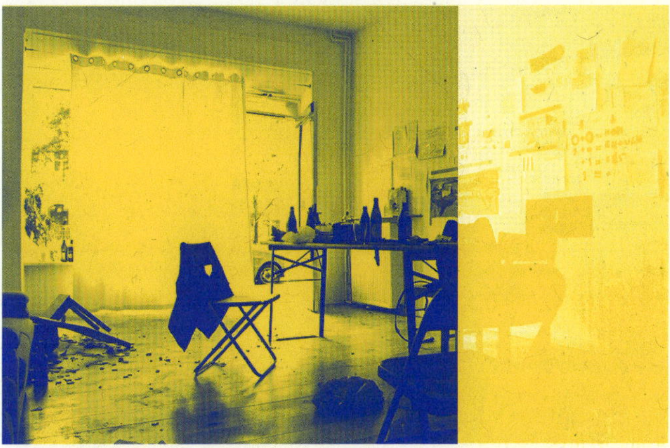

www.i-a-m.tk

Das Institut für Alles Mögliche betreibt Projekträume, organisiert Veranstaltungen und eröffnet Freiräume für Experimente und Versuche aller Art. Getreu dem Namen geht es darum, Möglichkeitsräume zu entwickeln, in denen Erfahrungen, Verknüpfungen und Austausch stattfinden können. Das Projekt kann als Organismus, als künstlerischer Versuch verstanden werden, Nischen zu finden und in die kommerzielle Struktur des städtischen Raumes ein nicht kommerzielles Programm zu implantieren. Es soll eine Haltung, eine Vorstellung, ein Angebot formulieren, wie künstlerisches Zusammenarbeiten, Zusammentreffen und Zusammenleben gestaltet werden können. Projekte, die im Institut umgesetzt werden, sind nicht kommerziell und nicht marktorientiert: „Wir legen Wert auf künstlerische Praktiken und Ausdrucksweisen, die abseits der Kunstmessen und Galeriehäuser stattfinden." In den bewusst kurz gehaltenen Veranstaltungen – meist nicht länger als drei Tage – können Versuchsanordnungen, Prozesse, unfertige Konzepte und spielerische Ansätze ausprobiert und umgesetzt werden. Die dabei realisierten Arbeiten und Projekte dürfen funktionieren und scheitern.

2010

17 Orte
(Adressen auf Website)

info•i-a-m.tk

Kleine Humboldt Galerie

B

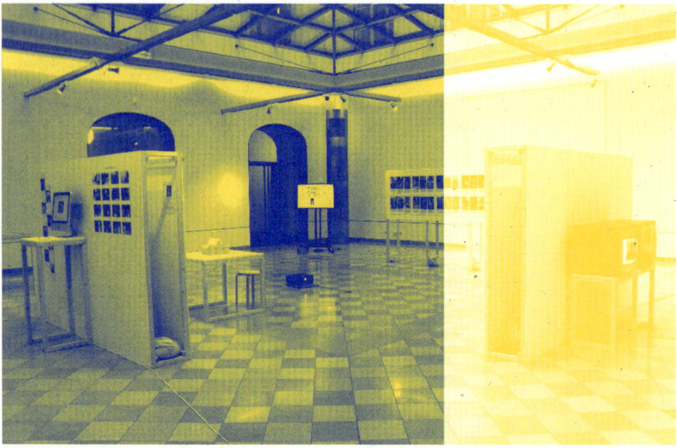

Die Kleine Humboldt Galerie ist eine studentische Initiative zur Konzeption und Durchführung von Ausstellungen an der Humboldt-Universität zu Berlin. Seit ihrer Neugründung im Jahr 2009 organisiert die KHG jährlich drei thematische Gruppenausstellungen in Räumen der Universität. Ihr Ziel ist ein experimenteller Umgang mit dem Ausstellungsformat. In der Vergangenheit wurden dabei so diverse Themen wie Bildungspolitik, der Traum von einer Universalsprache, Kulturen des politischen Protests und wissenschaftliche Visualisierungstechniken in der zeitgenössischen Kunst behandelt. Die Ausstellungen finden regelmäßig im Lichthof Ost des Hauptgebäudes der Universität statt und werden von einem Rahmenprogramm begleitet. Darüber hinaus realisierte die KHG bereits zahlreiche kürzere Ausstellungsprojekte in anderen historischen, der Öffentlichkeit meist verborgenen Räumlichkeiten der Universität.

www.kleinehumboldtgalerie.de

Unter den Linden 6
10099 Berlin

Während der Ausstellungen:
Mi–Sa
12–18 Uhr

info•
kleinehumboldtgalerie.de

2009

Kotti-Shop

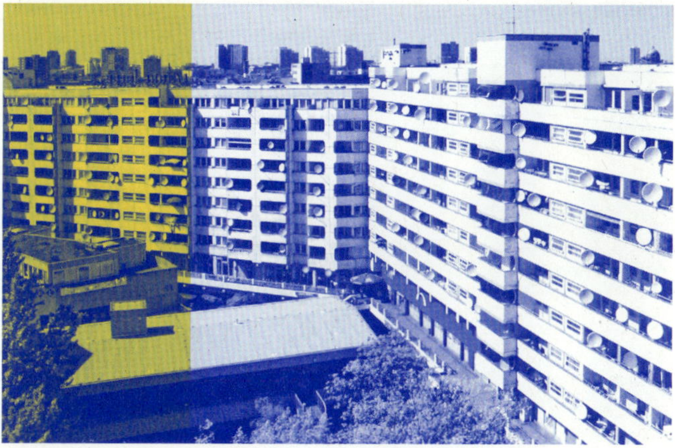

B

Der Kotti-Shop ist ein experimenteller Non-Profit-Kunst- und Projektraum, der im Dezember 2008 von Annette Knol und Stefan Endewardt gegründet wurde. Er liegt direkt am Kottbusser Tor, im Erdgeschoss des Neuen Kreuzberger Zentrums, und ermöglicht somit nicht nur den künstlerischen Austausch zwischen Kunst- und Kulturschaffenden aus Berlin und dem internationalen Ausland, sondern auch den Dialog zwischen Künstlern und den Bewohnern der Häuser rund um das Kottbusser Tor. Regelmäßig finden im Kotti-Shop Ausstellungen, Performances, Filmvorführungen und Konzerte statt. Das Besondere am Kotti-Shop ist neben der Vielschichtigkeit der Aktivitäten seine Rolle im Kiez und seine starke Verbindung zur Nachbarschaft. Er ist ein spielfreudiger Experimentierraum, ein Bezugs- und Aktivitätsraum – gerade auch für die Kinder im Neuen Kreuzberger Zentrum. Der Kotti-Shop besitzt außerdem eine eigene kleine Druckwerkstatt („Copyroboter") mit maschinellen Siebdruckmaschinen (Schablonenvervielfältigern) für die künstlerische Produktion und die Herstellung von Künstlerbüchern, Plakaten und Flyern. Der Kotti-Shop ist nicht nur Projektraum innerhalb seiner festen Architektur, sondern auch Ausgangspunkt von größer angelegten künstlerisch-kollaborativen Projekten im In- und Ausland, wie z. B. Projektwochen in Berliner Schulen, Zeichen-Festivals („Big Draw Berlin", „Ausgezeichnet" in Oldenburg), Workshops und partizipative Projekte in anderen Kunsträumen.

www.kotti-shop.net

2008

Adalbertstraße 4
10999 Berlin

info • kotti-shop.net

Kreuzberg Pavillon

B

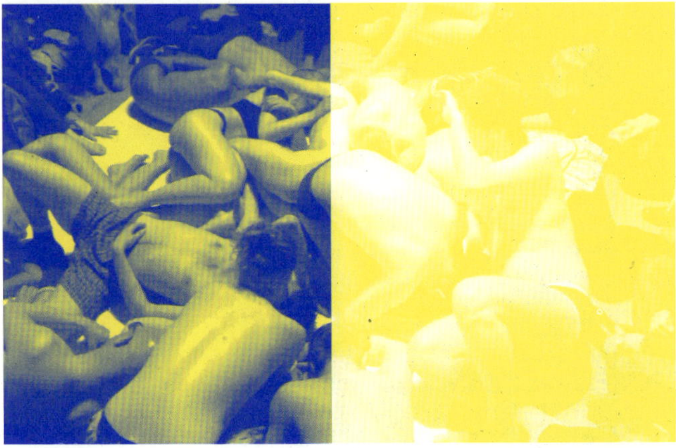

Mit mehr als 80 Ausstellungen und 500 Künstlern hat sich der Kreuzberg Pavillon seit September 2010 zu einem sehr aktiven freien und unkommerziellen Projektraum in Berlin mit regelmäßigen, an jedem Samstag stattfindenden, neuen Ausstellungen entwickelt. Die Interessengemeinschaft des Kreuzberg Pavillons betreibt aktive Netzwerkarbeit und nachhaltigen Austausch mit Künstlern, Ausstellungsmachern, Aktivisten und künstlerischen und sozialen Projekten in und außerhalb Berlins. Das prozessoffene Umfeld entspricht dem Wunsch aller Beteiligten, den Pavillon aus Kreuzberg als System der Kunst zu etablieren, das möglichst wenig ausschließt.

www.kreuzbergpavillon.de

Naunynstraße 53
10999 Berlin

Jeden Samstag
20–1 Uhr

info • kreuzbergpavillon.de

2010

KUNSTHALLE am Hamburger Platz lab for tomorrow

B

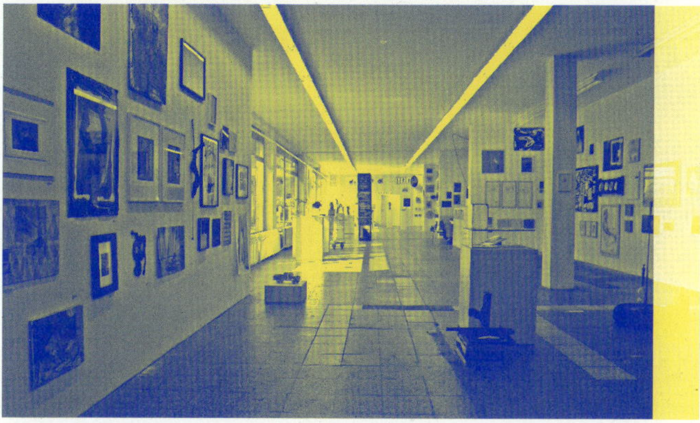

Die KUNSTHALLE am Hamburger Platz ist ein Projektraum der Kunsthochschule Berlin Weißensee, der in dichter Folge Ausstellungen, Workshops, Vorträge, Symposien, Filmvorführungen, Konzerte u. Ä. in Kooperation mit Weißensee und der (Kunst-)Welt realisiert. Der Projektraum wird fachgebietsübergreifend genutzt und liegt am zentralen Kreisverkehr des Hamburger Platzes in fußläufiger Entfernung zum Campus der Kunsthochschule. Anfang der 1960er Jahre in der DDR als Kaufhalle für das angrenzende Wohngebiet errichtet, wird der 500 Quadratmeter große Flachbau seit Oktober 2011 unter dem Stichwort „lab for tomorrow" betrieben. Inhaltlicher Schwerpunkt der KUNSTHALLE bildet die Frage nach der Schnittstelle zwischen Hochschulstudium und freier Praxis als Künstler oder Designer.

www.kunsthalle.kh-berlin.de

2011

Gustav-Adolf-Straße 140
13086 Berlin

Variieren je nach Ausstellung, siehe Website

kunsthalle•kh-berlin.de

Kunstverein Neukölln

B

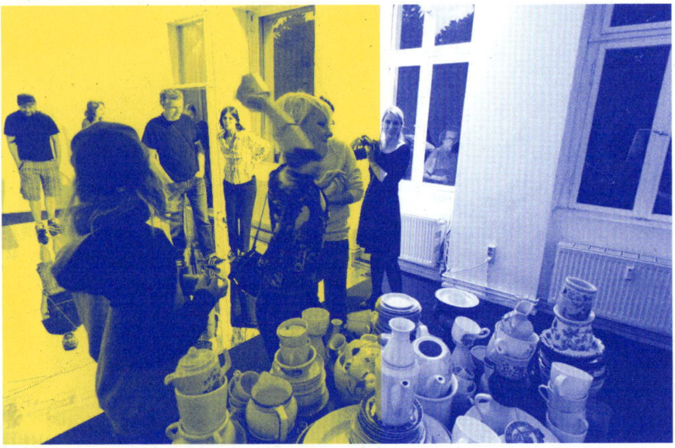

Der Kunstverein Neukölln versteht sich als offenes Forum für Berliner und internationale Künstler. Er möchte den Austausch fördern und ihre Arbeiten einer größeren Öffentlichkeit bekannt machen. In seinen Räumen finden im Turnus von fünf Wochen Ausstellungen mit zeitgenössischer Kunst aller Gattungen statt. Die Ausstellungen sind themenorientiert und führen verschiedene künstlerische Positionen und Ausdrucksformen zusammen. Ziel ist es, facettenreiche Einblicke in die aktuelle Kunstentwicklung zu gewähren und intensive künstlerische Dialoge anzuregen. Mittlerweile hat der Kunstverein Neukölln in mehr als 100 Ausstellungen Arbeiten von ca. 400 Künstlern zeigen können. Darüber hinaus ist der Kunstverein offen für weitere Sparten der Kunst. So finden Lesungen, Konzerte und Performances als interdisziplinäre Erweiterung der Ausstellungen statt. Auch auf dem Feld der Kunst- und Kulturvermittlung ist der Verein aktiv: Mit Vorträgen und Künstlergesprächen soll das Verständnis für die Gegenwartskunst gefördert werden.

www.kunstverein-neukoelln.de

Mainzer Straße 42
12053 Berlin

Mi–So
14–20 Uhr

info●
kunstverein-neukoelln.de

2008

Kurt-Kurt
Kunst und Kontext im Stadtlabor Berlin-Moabit

B

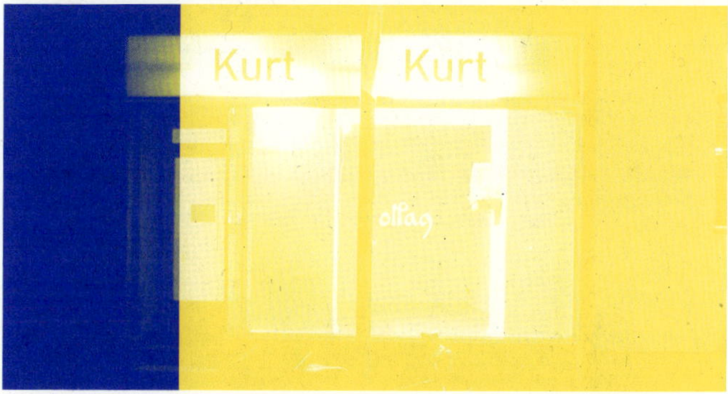

www.kurt-kurt.de

Kurt-Kurt | Kunst und Kontext im Stadtlabor Berlin-Moabit ist ein Kunstprojekt, das sich explizit mit urbanem Raum auseinandersetzt. Kurt-Kurt untersucht, verfolgt und durchleuchtet Strategien und Entwicklungen in der Auseinandersetzung mit Öffentlichkeit und öffentlichem Raum. Die Interventionen und Präsentationen des Projekts sind immer auch Ort für Begegnungen zwischen Stadtraum/Alltag und Kunstort/Kunst, zwischen Planung/Modell und Tatsache/Realität, zwischen ansässiger Bevölkerung und überregionalen Gästen, zwischen Produzent und Konsument. Die Frage nach den Möglichkeiten, mit denen Räume und Öffentlichkeit als Gegenbewegung zur Privatisierung und Ökonomisierung, z. B. über künstlerische Eingriffe und Reaktionen, temporär wieder erschlossen und besetzt werden können, ist zentral für das Projekt Kurt-Kurt. Die gewohnten Formen der Rezeption im Kunstraum werden durchbrochen, so dass die Besucher in den ortsbezogenen, öffentlichen Dialog integriert werden und daran teilhaben können.

2006

Lübecker Straße 13
10559 Berlin

info • kurt-kurt.de

L'Atelier–KSR

B

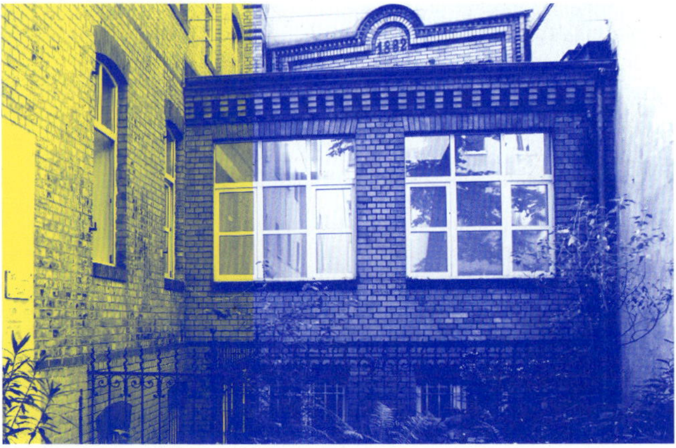

www.latelier-ksr.com

L'Atelier–KSR ist eine Galerie und Projektplattform in Berlin-Kreuzberg, die 2011 von der heutigen Geschäftsführerin Stefania Angelini gegründet wurde. L'Atelier–KSR vertritt dabei internationale Künstler bei Einzelausstellungen und Kunstmessen. Außerdem präsentiert sie sich als Plattform, die zweimal im Jahr Gastkuratoren einlädt und ein Bewohner-Programm veranstaltet, das sich durch „unfertige" Arbeiten mit experimentellen Formaten beschäftigt. Die 160 Quadratmeter Grundfläche, die sich auf zwei Stockwerke verteilen, bieten den Bewohnern dabei sowohl Wohnraum als auch Zugang zu Ausrüstung und Materialien. L'Atelier–KSR entwickelt seine künstlerische Linie dabei rund um visuelle Kunst, das Beleben gegenwärtiger Forschung sowie Performances und Klangproben.

Großbeerenstraße 34
10965 Berlin

Do–Sa
14–19 Uhr

info • latelier-ksr.com

2011

L’oiseau présente

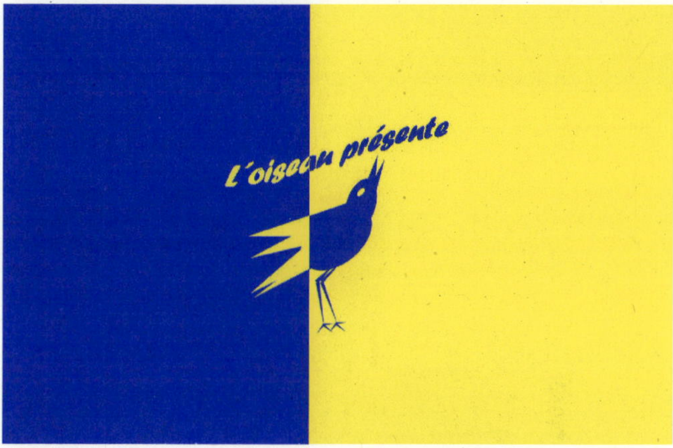

B

www.loiseaupresente.blogspot.de

„L’oiseau présente ... ist eine nicht kommerzielle Projektinitiative der Berliner Künstlerinnen Gunna Schmidt, Nicola Stäglich und Anke Völk.

L’oiseau présente ... kuratiert Ausstellungen in Berlin und anderen Städten, ist international und generationsübergreifend und vernetzt sich auch mit bereits bestehenden Institutionen und Projekträumen.

L’oiseau présente ... lotet in immer neuen Konstellationen die Abstraktion in der Malerei aus, medial über ihre Grenzen zur Skulptur und Installation hinaus. Dazu bietet das Projekt eine Plattform für Diskussion und Austausch.“

2010

Pappelallee 15
3. Etage, HH
10437 Berlin

Siehe Website

loiseaupresente • gmail.com

LAGE EGAL

B

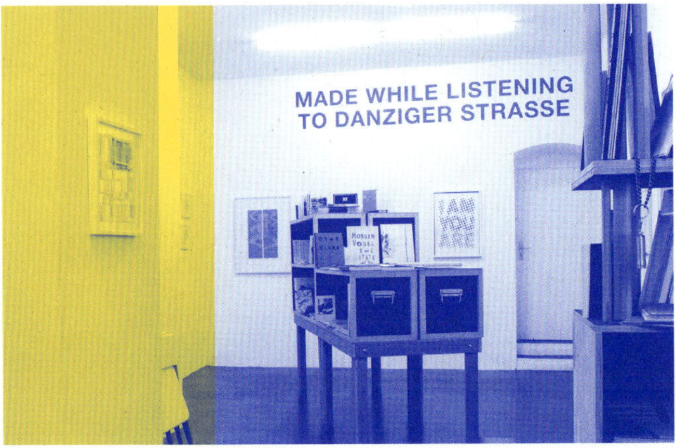

www.lage-egal.de

LAGE EGAL ist ein Produktions- und Ausstellungsort, der 2010 von Künstlern mit dem Ziel gegründet wurde, sich auf experimentelle, spielerische Weise mit den Mechanismen der Präsentation und Vermarktung von Kunstwerken und dem dazugehörigen Diskurs auseinanderzusetzen bzw. sich diese neu anzueignen. Der französische Konzeptkünstler Pierre Granoux ist Mitgründer und seit 2012 künstlerischer Leiter. Es ist ihm wichtig, als Künstler nicht auf seine Rolle als Kunstschaffender festgelegt zu werden, sondern aktiv an der Vermittlung von Kunst teilzuhaben. Ganz im Sinne von Marcel Duchamp stehen Produktion und Vermittlung der Kunst in einem durch kritische Ironie und Distanz geprägten Zusammenhang. Wie in einem Labor werden in LAGE EGAL Ausstellungsformate und Präsentationsformen erprobt, dokumentiert und dem Publikum vorgestellt. Während Granoux selbst kuratierte Ausstellungen minutiös plant und durchführt, wird Gastkuratoren freie Hand gewährt. Das Ausstellen an sich wird zum kreativen Akt, der dem Publikum immer wieder neue Sichtweisen auf die ausgestellte Kunst verschafft. Als nicht marktorientierter, unabhängiger Projektraum hat sich LAGE EGAL langfristig zum Ziel gesetzt, Künstlern die Möglichkeit zu geben, ihre Arbeit außerhalb des kommerziellen Kunstmarktes oder der institutionellen Kunstvermittlung zu zeigen und Gastkuratoren einen experimentellen Raum zur Verfügung zu stellen.

Danziger Straße 145
10407 Berlin

off-space • lage-egal.de

2010

LOGE

B

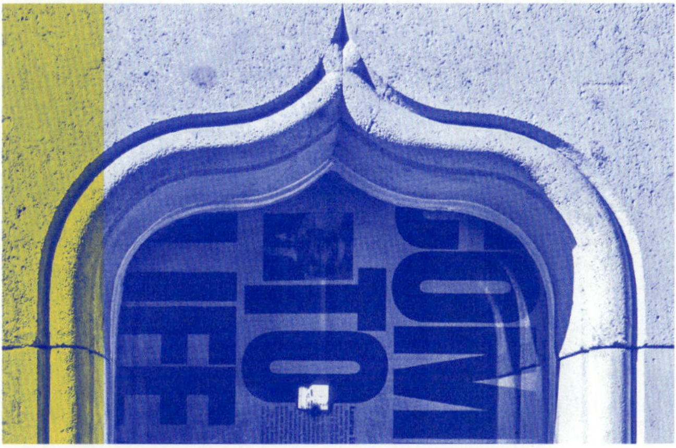

„LOGE:
Dreieinhalb Quadratmeter.
Immer nur eine Arbeit.
Keine Beratung.
Kein Verkauf.“

www.loge-berlin.com / www.thepeoplesproject.de

2006

Friedrichstraße 210
Checkpoint Charlie
10969 Berlin
(nicht begehbar, nur zum Hineinschauen)

Mo–Fr
10–19 Uhr

info•loge-berlin.com

m3 Kunsthalle Atelierhaus Mengerzeile

B

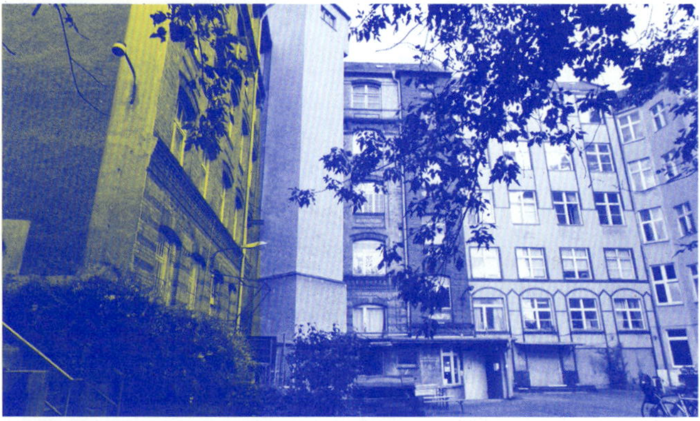

Die Kunsthalle m3 ist der Ausstellungsraum des Atelierhauses Mengerzeile e. V. 2001 renovierte ein Mieter des Atelierhauses, der schwedische Künstler Thomas Henrikson, die verfallende Remise im Hinterhof des Hauses und erfüllte sich den Traum von einer eigenen Galerie. Nachdem Henrikson im ersten Jahr sieben Ausstellungen mit hauptsächlich skandinavischen Künstlern organisiert hatte, bildete sich im zweiten Jahr ein Gremium von Mietern des Hauses, die das Ausstellungsprogramm fortführten. Seit 2006 ist das Programm offen.

Neben jährlichen Ausstellungen der Künstler des Hauses („Housesalon“) und jenen, die in diesem Zeitraum in den Gastateliers arbeiten, bietet die knapp 152 Quadratmeter große Halle auch externen Kuratoren ein Forum. Hier kann experimentiert und ausprobiert werden, unabhängig vom Druck des Kunstmarktes und des Mainstreams. So manche Kunstschaffenden, die inzwischen gut im Geschäft sind, hatten hier ihre erste Einzelausstellung oder haben das erste Mal in Berlin ausgestellt.

www.atelierhaus-mengerzeile.de

Mengerzeile 3
12435 Berlin

Auf Anfrage

info •
atelierhaus-mengerzeile.de

2001

Manière Noire

B

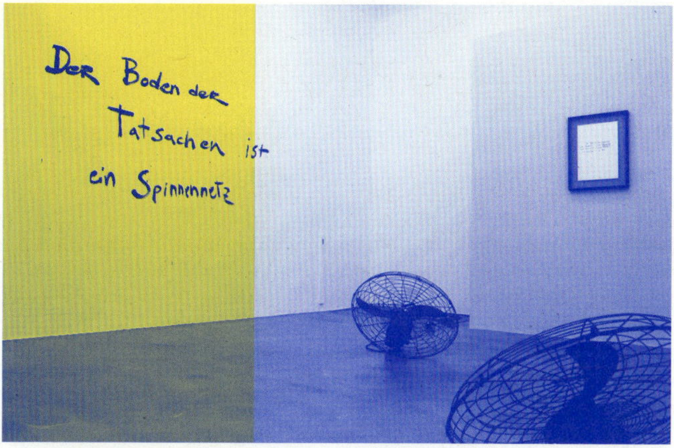

www.manierenoire.net

„Worte, Gedichte und das kreative Spiel mit der Sprache ermöglichen eine direkte Kommunikation zwischen Personen; zwischen denjenigen, die Wörter erschaffen, und jenen, die diese empfangen. Diese Kommunikation hilft uns zu verstehen, wer wir sind und unseren Platz in der Welt aufzuzeichnen. Das Setzen der Wörter dort, wo Bilder einmal waren, ersetzt die Anwesenheit des Autors, nimmt den Platz der Subjektivität ein, ersetzt Erfahrungen durch Beschreibungen und Spontaneität durch Meditation." Die Präsentationen im Ausstellungsraum Manière Noire zeigen, wie bildende Künstler die Poetik als Mittel für ihren visuellen Ausdruck heranziehen. Die konzeptuellen Arbeiten enthalten Ideen, die tief in die Aufmerksamkeit des Empfängers eingreifen: „Sprache ist politisch, Sprache ist poetisch, Sprache ist philosophisch", so die Betreiberin Majla Zeneli. In Manière Noire werden die Grenzen der Sprache in Bezug auf Schnittpunkte mit der bildenden Kunst erkundet. Dabei beruft man sich auf Dave Beech, der in einem Aufsatz über die Verwendung von Text in der Kunst sinngemäß sagt: Ein textbasiertes Kunstwerk beschränkt sich nicht nur auf die Sprache. Die Sprache stellt uns die Frage, wie wir denken, wie wir leben, wie wir beurteilen, wie wir uns fühlen, wie wir uns unterscheiden und wie wir versuchen, unsere Differenzen zu lösen.

2
0
1
1

Waldenserstraße 7a
10551 Berlin

Do
9.30–16 Uhr

info • manierenoire.net

montanaberlin

B

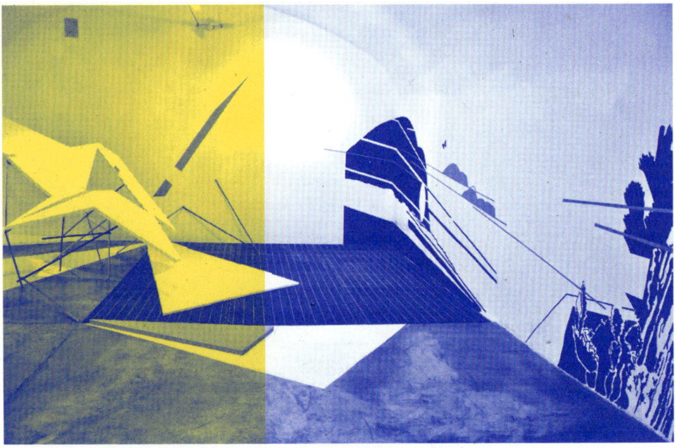

www.montanaberlin.de

montanaberlin ist eine Künstlergruppe und ein Kunstprojekt. Gegründet wurde es 2006 von den Berliner Künstlern Esther Horn und Christian Heilig, die mit Birgit Hölmer, Klaus Geigle und Thomas Schiela den gleichnamigen Raum in der Brunnenstraße 29, Berlin-Mitte eröffneten. Seit 2008 bis heute besteht die Formation aus den Künstlern Jörn Gerstenberg, Christian Heilig, Esther Horn, Oliver Krähenbühl, Sebastian Nebe, Nadine Rennert, Matthias Röhrborn, Richard Schütz, Tassilo Sturm und arbeitet seit 2009 als freies Kunstprojekt. Aus dem Raum wurde eine frei agierende Formation, eine Art geistige Bewegung, die eine temporäre Heimstätte in anderen Institutionen findet. In Environments und raumbezogenen Ausstellungssituationen spielt montanaberlin ein Austellungsthema durch – oft mit geladenen Gastkünstlern. Der Fokus liegt dabei auf dem Dialog der Arbeiten miteinander, der das Thema steigert und bereichert. Dabei entsteht mitunter eine grenzgängerische Kommunikation der Arbeiten, die den oft schmalen Grat von Autonomie und Fusion in einer neuen Situation im Raum auslotet, wobei nie die Autorenschaft einer einzelnen Position aufgegeben wird. „Klammer und Schwerpunkt" sind das zentrale Anliegen der Ausstellung. Seit 2008 zeigt montanaberlin Ausstellungsprojekte in nationalen und internationalen Institutionen.

2006–2009:
Brunnenstraße 29,
seitdem freies Kunstprojekt
ohne Raum

galerie • montanaberlin.de

2006

B

mp43
projektraum für das periphere

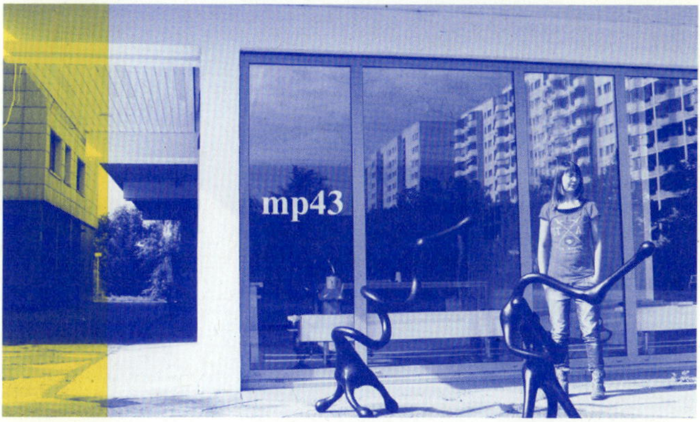

www.mp43.culturebase.org

„Im Gegensatz zum einfachen Atelier, das mit reinen Alleingängen angetrieben wird, besitzt der Projektraum einen Motor. Der gestartete Zweitaktmotor (Betreiberinnen: Carola Rümper und Marnie Müller) gibt in dieser ersten Phase des Antriebes den Impuls. In der zweiten Phase startet dann der Verbrennungsmotor (‚Subtrahieren von Ödnis jeglicher Art'), ermöglicht durch die Vielzahl der auswärtigen Besucher (nationalen und internationalen), deren Ideen sich in dem synergetischen Austausch von Gedanken zu einem rauschhaften Fest verbreiten. Die Antriebskraft via Kette (klassisch) oder Riemen (modern) wird erweitert durch das Zeitgenössische. Hierbei darf nicht unterschätzt werden: das Wankelmütige, das dazu führt, einen multiplen Ausgang zu erreichen. Die Vollautomatik macht das Kuppeln (Interaktion) und Schalten (Kommunikation) nicht überflüssig, sondern erreicht ihre höchste Eleganz. Wie das Atelier hat der klassische Projektraum Pedalen (architektonische Landschaft und Urbanität), allerdings dienen sie nicht zum Treten, sondern zum Starten des Motors. Der Projektraum ist ein flexibles Verkehrsmittel. Weitere Vorteile des Projektraumes sind eine entspannte, aufrechte Sitzhaltung, eine gute Federung und ein bequemer Sattel bzw. eine Sitzbank."

2010

Marzahner Promenade 43
12679 Berlin

Projektbezogen
+ auf Anfrage

mp43 • carola-ruemper.eu

Neue Berliner Räume

B

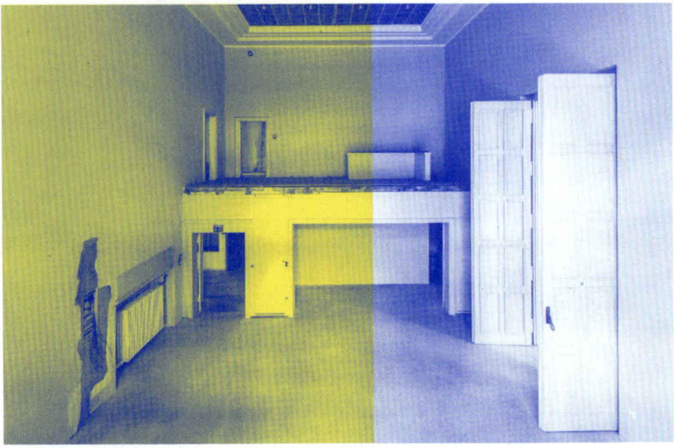

Neue Berliner Räume ist eine 2011 gegründete kuratorische Initiative in Berlin. In Anerkennung der sich stark verändernden Bedingungen kulturreller Produktion wählt Neue Berliner Räume bewusst eine nomadische Position und arbeitet ohne festen Ort.

www.neueberlinerraeume.de

Keine feste Adresse (Berlin)

info • neueberlinerraeume.de

2011

oqbo | raum für bild wort und ton

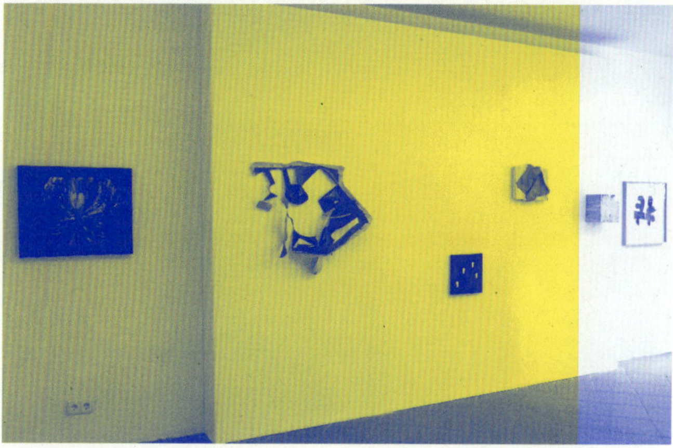

www.oqbo.de

Die Produzentengalerie oqbo | raum für bild wort und ton ist ein Projektraum von Künstlern und steht für ein Programm des Dialogs kunstnaher Disziplinen. Der Diskussionsbedarf über Kunst trägt die Arbeit von oqbo seit der Gründung. Dabei setzt oqbo auf künstlerische Zusammenarbeit, auch international. Seit 2008 haben in den Räumen in der Brunnenstraße im Wedding über 100 Veranstaltungen stattgefunden: Ausstellungen im Rhythmus von fünf Wochen, Vorträge, Diskussionen, Lesungen und Konzerte. Die Betreiber von oqbo kuratieren die Ausstellungen gemeinsam, einzeln oder laden externe Kuratoren ein. Exemplarisch und gewachsen sind Kooperationen mit Instituten, Hochschulen, anderen Projekträumen, Verlagen und außergewöhnlichen Persönlichkeiten. Im Zentrum von oqbo steht paperfile, ein wachsendes Archiv mit Papierarbeiten von über 100 Künstlern. Es geht hier um den Prozess der Annäherung und Betrachtung von Kunst, die bei diesem Ausstellungsformat immer im Fokus der Gespräche bleibt.

2008

Brunnenstraße 63
13355 Berlin

Do–Sa
15–18 Uhr

info•oqbo.de

B

ORi
Bar*Galerie*Projektraum

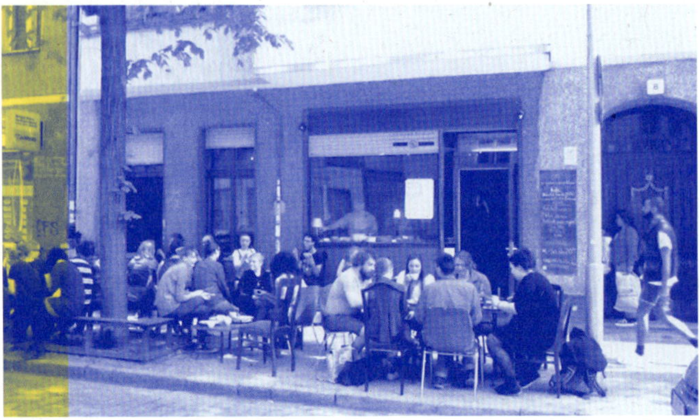

Mitten im Reuterkiez, in der Friedelstraße 8, liegt ein Ladengeschäft, in dem früher ein Goldwarenhändler, ein Waschmaschinenreparateur, dann niemand mehr ansässig war. Vor über fünf Jahren öffnete hier das ORi seine Türen. Eine Gruppe von jungen Menschen, darunter Studierende der Ostkreuzschule für Fotografie und Gestaltung, suchte nach eigenen Räumlichkeiten für die Einrichtung eines Fotolabors als Ort für die Präsentation ihrer Werke. Es entstand ein selbstorganisierter Projektraum, der zugleich Ausstellungsort und Ideenwerkstatt, Bar und offener Raum für künstlerische Aktivitäten, Kulturveranstaltungen und gesellschaftspolitische Diskurse ist.

www.ori-berlin.de

Friedelstraße 8
12047 Berlin

Do–Sa ab 20 Uhr
Mi+So (14-tägig)
ab 20 Uhr

info • ori-berlin.de

2007

Patrick Thomas Studio Berlin

B

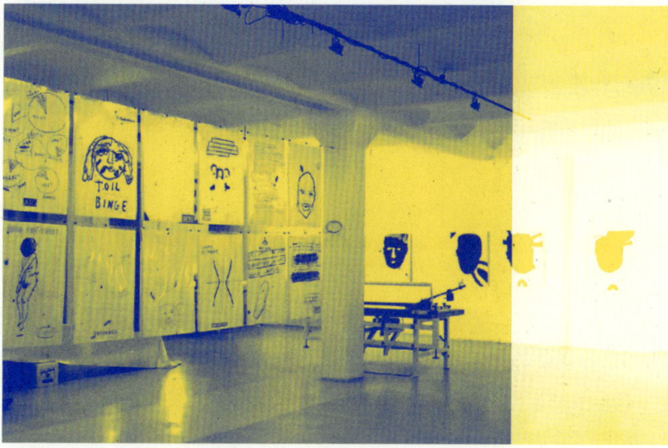

Der englische Grafiker Patrick Thomas betreibt in Berlin eine Galerie und ein Atelier mit Siebdruckpresse. Dort kuratiert er Ausstellungen, organisiert Workshops und lädt Gastkuratoren sowie Teilnehmer seiner Klasse der Staatlichen Akademie der Bildenden Künste Stuttgart ein.

www.patrickthomasstudio.com

2015

Weichselplatz 3–4
1. Hof, 2. OG
12045 Berlin

Auf Anfrage

info •
patrickthomasstudio.com

B

Platform-Berlin

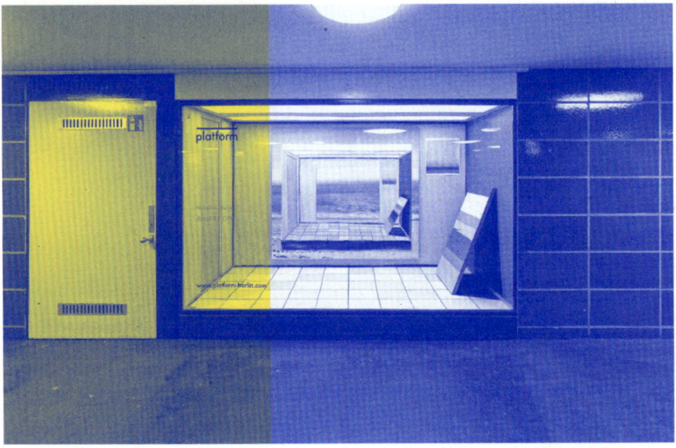

Platform-Berlin wurde im September 2015 gegründet und zeigt Kunstinstallationen in den Berliner U-Bahn-Stationen. Die umfunktionierten Flächen werden normalerweise zu kommerziellen Zwecken genutzt oder bleiben leer und verwahrlosen. Platform-Berlin möchte diese Flächen neu beleben und Künstlern als Raum anbieten. Damit wird Kunst außerhalb der weißen Box sichtbar und jedem zugänglich. Die Kunst, als Form der Kommunikation, soll die alltägliche Routine der Passanten irritieren, aufbrechen und inspirieren.

Das Projekt arbeitet hauptsächlich mit in Berlin lebenden Künstlern zusammen, zeigt vereinzelt aber auch internationale Künstler. Jede Installation wird mit einer Vernissage auf der U-Bahn-Plattform eröffnet und bleibt vier bis sechs Wochen bestehen. Als mobiles Projekt werden im Laufe des Jahres verschiedene Stationen des Berliner U-Bahn-Netzes aktiviert, um die unterschiedlichen Communities und Nachbarschaften zu erreichen. Die Öffnungszeiten orientieren sich an der Berliner U-Bahn: 24/7.

www.platform-berlin.com

Wechselnde Stationen des gesamten Berliner U-Bahn-Netzes

24/7

info • platform-berlin.com

2015

Radicant Networks

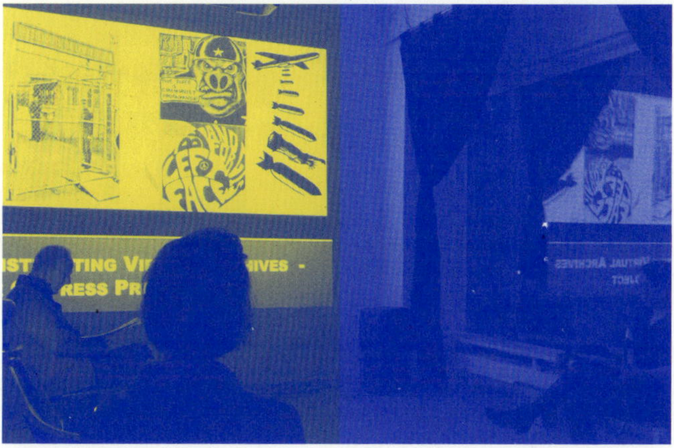

B

www.radicant-networks.net

Radicant Networks ist eine interdisziplinäre Austausch-, Forschungs- und Kooperationsplattform für gegenwärtige Kunst und kritischen Diskurs. Radicant Networks reflektiert die Komplexität von Kunst- und Kulturproduktion multiprofessioneller Künstler und Kulturschaffender, die sich zwischen Orten und Ländern bewegen. Mit diversen Formaten wie Workshops, Präsentationen oder Round Tables werden die Wirkungsfelder, die sich durch die kontinuierliche Verschiebung von Bezugspunkten ergeben, im kulturellen und politischen Raum erforscht und beleuchtet. Aktuelle Situationen und Fragestellungen vor Ort werden diskutiert und in Relation zu Entwürfen kollektiven, künstlerisch-aktivistischen Handelns gesetzt. Radicant Networks erschließt durch die multiperspektivische Thematisierung seiner Inhalte wertvolles Wissenspotential ähnlicher, sich überlappender künstlerischer Arbeitsweisen. Mechanismen der Kunstproduktion werden innerhalb ihrer sozialen, kulturellen, politischen und theoretischen Kontexte untersucht, die Rolle von Kunst, Künstlern und kulturellen Initiativen in Zeiten politischer Umbrüche erörtert und Fragen nach möglichen Bezugsmodellen zwischen unabhängigen Initiativen und der Gesellschaft bzw. dem Staat diskutiert. Persönliche Begegnungen, Dialog, Austausch und Zusammenarbeit mit interessierten Personen aus Kunst, Wissenschaft und Theorie sind Radicant Networks operative Basis und beeinflussen unmittelbar die Profil- und Visionsgestaltung dieses kollektiven Projekts.

2011

Schönwalder Straße 30/1
13347 Berlin

Auf Anfrage

exchange •
radicant-networks.net

Raum für drastische Maßnahmen

B

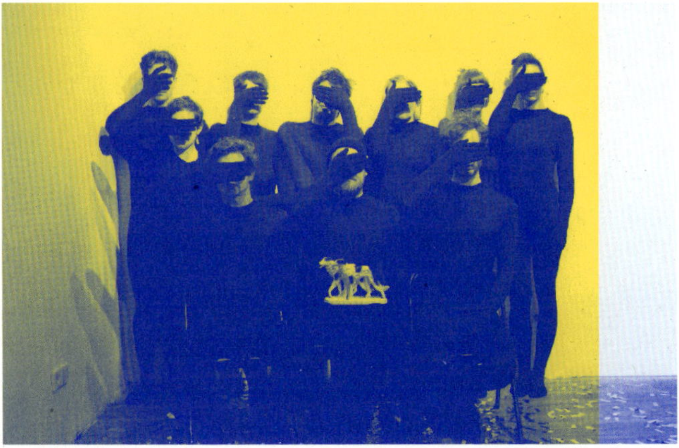

Der Raum für drastische Maßnahmen e. V. versteht sich als Ort der Vermittlung zwischen der künstlerischen Idee und ihrer Verwirklichung. Er bietet bildenden Künstlern wie auch anderen Kulturschaffenden die Möglichkeit, ihre Arbeiten zu präsentieren und auf diese Weise in einen Dialog mit der Öffentlichkeit zu treten. Den Namen des Raumes erklären die Betreiber so: „Drastisch bezieht sich vor allem auf eine radikale Offenheit. Dies bedeutet zunächst ein extensives Verständnis von der Kunst selbst, von ihrer Freiheit, abstrakt oder konkret, bedeutsam oder sinnentleert zu sein. Offenheit meint außerdem eine Entgrenzung der Kunst innerhalb ihrer Disziplinen und Genres, aber auch das Transzendieren ihrer äußeren Grenzen, das Hineinragen der Kunst in den Alltag."

www.rpunkt.org

Oderstraße 34
10247 Berlin

Siehe Website

mail • rpunkt.org

2011

REH-transformer Berlin

B

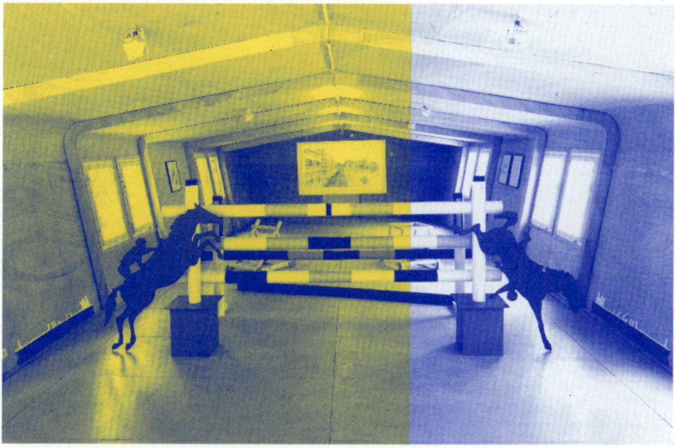

www.rehtransformer.com

REH-transformer Berlin ist ein neuer Projektraum, geführt von Marcus Kettel, in einer früheren „Raumerweiterungshalle“. Hergestellt und benutzt wurde sie als eine flexibel ausziehbare Halle in der DDR. Der Name fungiert als Metapher für das innovative Programm, das in diesem Raum präsentiert wird. REH-transformer Berlin kombiniert nicht nur unterschiedliche künstlerische Praktiken mit den unverwechselbaren Eigenschaften der Ausstellungshalle, sondern fördert und untersucht auch die neuesten Möglichkeiten der Präsentation in ihren speziellen räumlichen und zeitlichen Dimensionen. Dieser dynamische Raum funktioniert auf der einen Seite als experimentelles Labor und Generator, um künstlerische Produktionsprozesse zu unterstützen, und andererseits als Transformer für die Präsentation aktueller zeitgenössischer künstlerischer Inhalte für die Öffentlichkeit. 2016 zeigt Marcus Kettel ein internationales und interaktives Programm mit Künstlern und Gastkuratoren – unter Berücksichtigung der räumlichen, zeitlichen und sozialen Bedingungen –, das traditionelle Grenzen der zeitgenössischen Kunst in Frage stellt.

2
0
1
4

Kopenhagener Straße 17
10437 Berlin

Do–Sa
14–19 Uhr
+ auf Anfrage

REH-transformer • email.de

rosalux

B

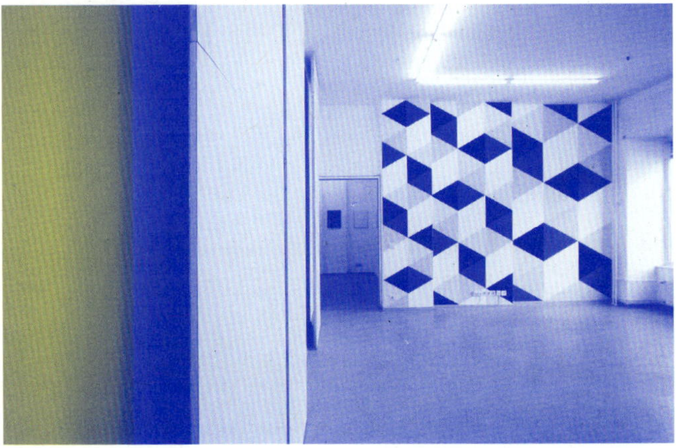

rosalux ist als offene Plattform für Berliner und internationale Künstler in der Produktion, Präsentation und Vermittlung aktiv. rosalux ist ein Bottom-up-Projekt, in dem künstlerisches Tun unabhängig von kommerziellen, akademischen oder institutionellen Kriterien und Arbeitsweisen stattfinden kann. rosalux bietet Künstlern und Kuratoren den notwendigen Freiraum für Experimente, Austausch und Begegnungen mit dem Publikum in einem professionellen Kontext. Performance, Installation und transdisziplinäre Projekte (z. B. an der Schnittstelle zwischen Kunst, Musik, Design und Mode oder Videoperformance) sind wichtige Bestandteile des Programms. rosalux fördert die Sichtbarkeit und Autonomie der Künstler und unterstützt ihre professionelle Entwicklung in Form von kuratorischer Beratung, Betreuung, Vernetzung, PR-Arbeit und Vermittlung. Oft agieren die Betreiber als (Ko-)Produzenten der Ausstellungen und ermöglichen so die Entstehung und Konkretisierung der Projekte.

www.rosalux.com

Wriezener Straße 12
13359 Berlin

info • rosalux.com

1997

Salon am Moritzplatz

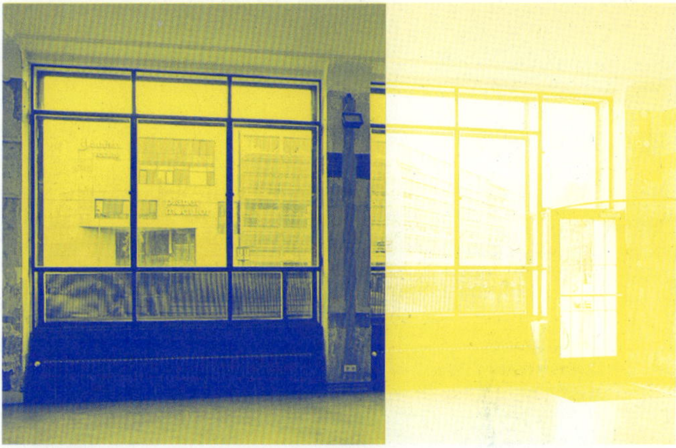

B

Der Salon am Moritzplatz befindet sich in den ehemaligen Räumlichkeiten einer alten Bank, direkt am Moritzplatz in Berlin-Kreuzberg. Seit 2013 werden Ausstellungen, Konzerte, Performances, Screenings, Dinner, Lesungen u. Ä. organisiert.

www.salonammoritzplatz.de

2013

Oranienstraße 58
10969 Berlin

Auf Anfrage

info • salonammoritzplatz.de

B

SAVVY Contemporary

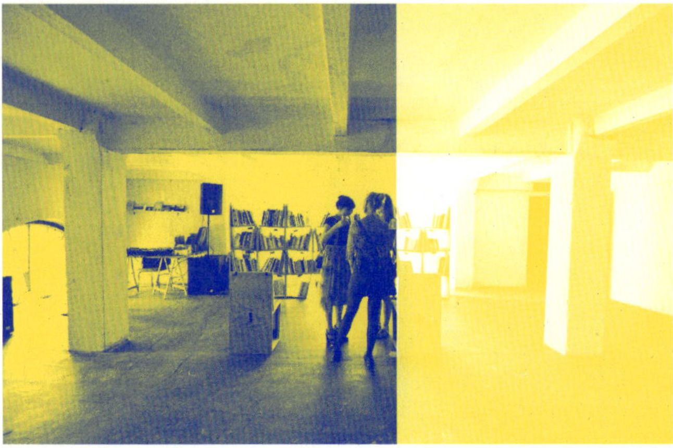

SAVVY Contemporary – Das Laboratorium für Form-Gedanken ist ein Kunst- und Projektraum, der den Diskurs zwischen „Westkunst“ und „Nicht-Westkunst“ kritisch widerspiegelt und ins öffentliche Bewusstsein bringt. Ziel ist es, mit Kunstausstellungen, Symposien und Performances Inklusion und Interaktion von Künstlern und Rezipierenden zu bewirken und voranzutreiben. Diskussionsforen und eine für alle Interessierten zugängliche Bibliothek unterstützen dieses Ziel, einen „Polylog“ zwischen Kulturen zu ermöglichen.

www.savvy-contemporary.com

c/o Silent Green
Gerichtstraße 35
13347 Berlin

Siehe Website

communications•
savvy-contemporary.com

2009

Scotty Enterprises Produzentenraum für zeitgenössische Kunst und experimentelle Medien

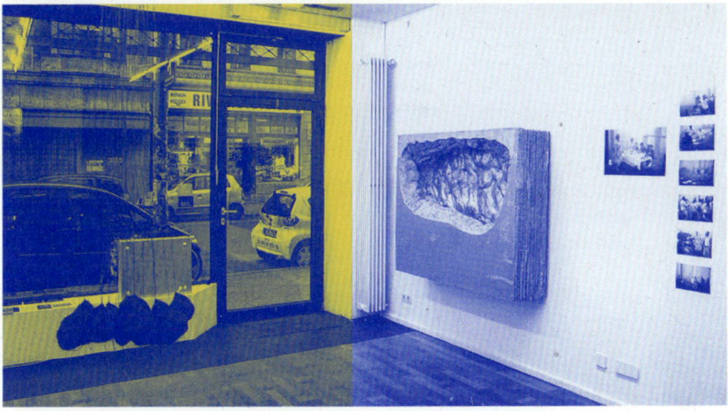

Scotty Enterprises wurde 2006 gegründet. Der Produzentenraum in der Oranienstraße im kleinsten Haus Kreuzbergs wird von 15 Künstlern organisiert. Scotty bietet beteiligten als auch geladenen Künstlern und Kuratoren eine offene Plattform mit größtmöglicher Freiheit bei maximaler Nutzung des Gruppenpotentials. In regelmäßigem Wechsel werden intermediale und interdisziplinäre Einzel- und Gruppenausstellungen gezeigt sowie Performances und Filmabende organisiert. Im Mittelpunkt stehen zeitgenössische gesellschafts- und kulturpolitische Fragestellungen. Der Produzentenraum agiert marktunabhängig, selbstbestimmt und ohne Hierarchien. Über die Arbeit im Kreuzberger Raum hinaus initiieren und organisieren die Mitglieder von Scotty Enterprises überregionale und internationale Kooperationen mit anderen Projekträumen, wodurch die Position autonom arbeitender Künstler durch Sichtbarkeit und Vernetzung gestärkt wird. Bei aller Individualität der Mitglieder ist es gemeinsames Bestreben, künstlerische Handlungs- und Denkräume zu öffnen. Der Produzentenraum lebt durch die konsequent selbstbestimmte Durchführung demokratischer Vereinbarungen aller Mitglieder bei der Projektplanung und -umsetzung.

www.scottyenterprises.de

2006

Oranienstraße 46
10969 Berlin

Mi–Fr 15–19 Uhr
Sa 14–18 Uhr

mail • scottyenterprises.de

SOMA Art Gallery

B

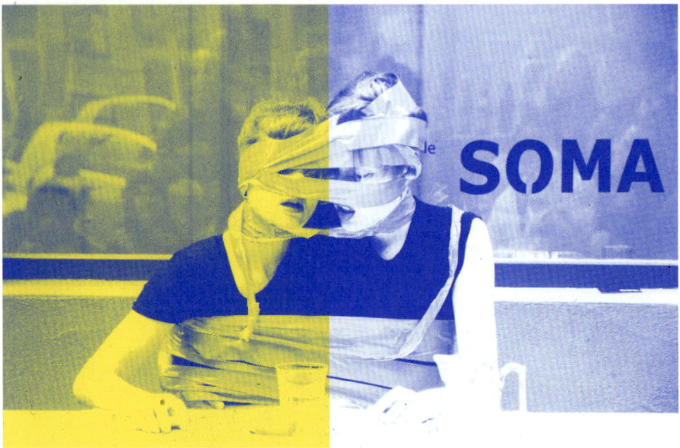

SOMA Art Gallery ist eine unabhängige zeitgenössische Initiative für Kunst und Kultur, die Kollaborationen zwischen Kulturschaffenden, Künstlern, Akademikern und sozial Engagierten aus aller Welt mit dem übergeordneten Ziel fördert, einen nachhaltigen Dialog zu etablieren. „Soma" bedeutet Mondschein im Sanskrit, einer der ältesten Sprachen: „Die Welt des Mondes entspricht eher der Welt der Schatten. Unsere Darstellungen und Themen entstammen der unteren Mondseite: Geschichten von und für Frauen, nicht-westliche oder selten erzählte Geschichten und Angelegenheiten aus weniger erwähnten Regionen. Unser Gründungskonzept steht etablierten Doktrinen und Ideologien entgegen. SOMA ist eine Plattform für Kunstwerke, die stark verbunden sind mit den ältesten Fragen der Menschheit: Wer sind wir, wo sind wir, wo ist unsere Seele? Wir glauben daran, dass der offene, warmherzige Ansatz eher zu unserer Vision führen wird als der Weg des systematischen Denkens." Der nicht gewinnorientierte Sozio-Kunstraum SOMA liegt im multikulturellen Kreuzberg und wurde 2014 von der Journalistin und Künstlerin Nabi Nara gegründet. 2015 hat SOMA innerhalb des ONS-Programmes des Berliner Netzwerkes freier Projekträume und -initiativen im KW Institute for Contemporary Art ausgestellt.

www.somagallery.de

Liegnitzer Straße 34
10999 Berlin

Auf Anfrage

nabinara • berlin.com

Sonntag

B

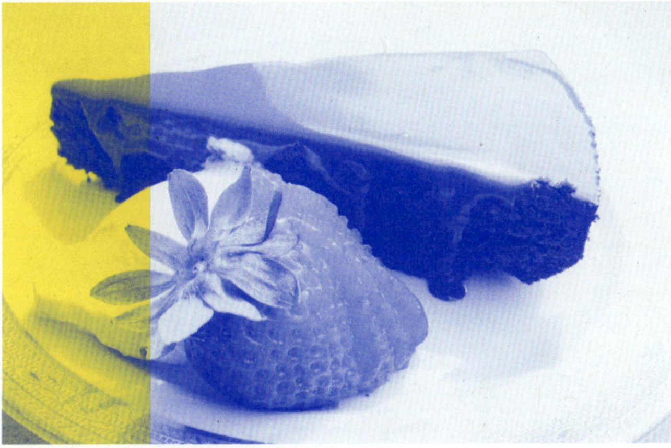

www.sonntagberlin.tumblr.com

Sonntag ist eine soziale Plastik und findet jeden dritten Sonntagnachmittag im Monat in einer Berliner Wohnung statt. Die von April Gertler und Adrian Schiesser eingeladenen Künstler erhalten die Möglichkeit, ihre Arbeiten in einer privaten Wohnung zu zeigen. Dazu wird der Lieblingskuchen der Künstler, gebacken von April und Adrian, zu Kaffee und Tee dem Publikum gereicht. Durch die Teilhabe wird das Publikum zum aktiven und integralen Teil der Veranstaltung: „Publikum, das an einem Austausch teilnimmt oder ein Geschenk erhält, wird entscheidend für die Manifestation des Stückes; man kann damit sagen, dass das Werk ohne ein Publikum nicht existieren kann" (Ted Purves, what we want is free – generosity and exchange in recent art, 2005). Sonntag stimuliert Neugier und erzeugt magische Momente der Entdeckung im Zusammenhang mit Kunst und dem gesellschaftlichen Beisammensein. Es bietet Gelegenheit, den Werken der Künstler im intimen Rahmen einer Wohnung zu begegnen, mit den Künstlern Gespräche zu führen und schließlich gemeinsam bei Kaffee und Kuchen zu feiern. Zwei Jahre lang fand Sonntag ausschließlich in Adrians Wohnung in Berlin-Schöneberg statt. Nun reist das Projekt zu stets wechselnden Berliner Wohnungen. Sonntag hat, seit seinem Beginn im September 2012, mit 26 Künstlern zusammengearbeitet und auch Veranstaltungen in Wohnungen in London, Paris, New York und Kopenhagen durchgeführt.

2012

Ohne festen Raum	3. Sonntag im Monat 14–16 Uhr	sonntagberlin • gmail.com

SOX

B

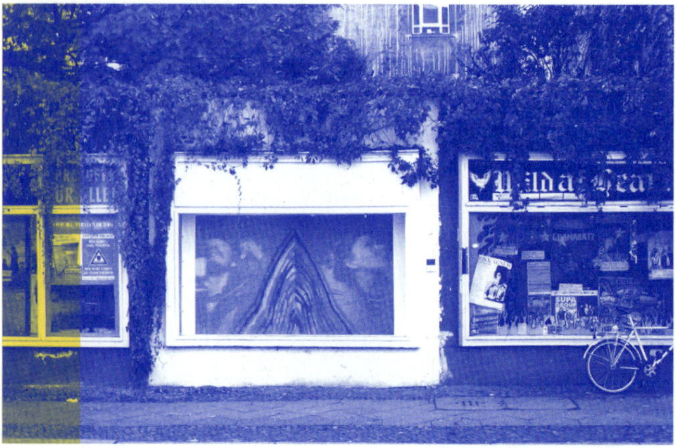

SOX (früher sox36) ist ein nicht kommerzielles, gemeinnütziges Projekt für zeitgenössische Kunst. Es ist ein alternativer Ausstellungsort im öffentlichen Raum: eine Vitrine in der Oranienstraße 175 in Kreuzberg, 225×300×60 Zentimeter groß. Sie befindet sich auf einer der lebendigsten Shopping- und Nachtleben-Meilen in Berlin, so dass sich jede Ausstellung einem 24-Stunden-Publikum gegenübersieht. Die Ausstellungen wechseln alle sechs bis sieben Wochen und sind sowohl inhaltlich als auch in der Form breit gefächert.

www.sox-berlin.com

Oranienstraße 175
10999 Berlin

24/7

soxberlin • gmail.com

2000

SPEKTRUM | art science community

B

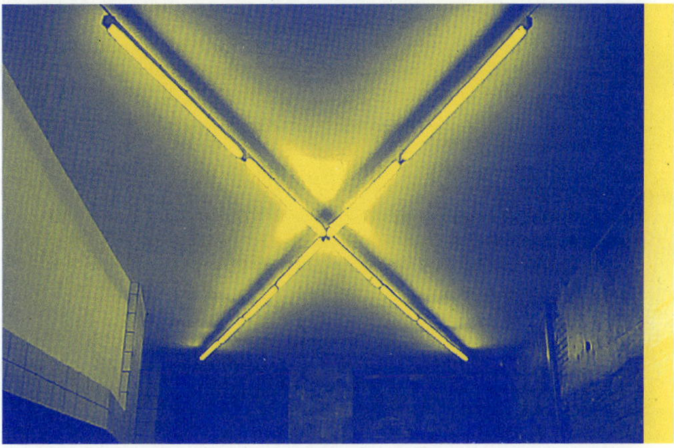

www.spektrumberlin.de

Der Kunstraum SPEKTRUM schafft einen sozialen und physischen Ort zur Vermittlung von Kunst an der Schnittstelle zur Wissenschaft. Er soll Neugier wecken und kritisches Denken anregen. Organisiert werden Veranstaltungen und Ausstellungen mit einem Fokus auf technologiebasierter Kunst, neuer Medienkunst und der Mischung von Kunst und Wissenschaft. SPEKTRUM setzt sich für den Aufbau neuer Gemeinschaften und Netzwerke ein sowie für den Austausch von Künstlern und Wissenschaftlern, vor allem mit Blick auf ihre unterschiedlichen Kompetenzen.

2
0
1
4

Bürknerstraße 12
12047 Berlin

Di–Do+So
19.30–0 Uhr
Fr–Sa
19.30–2 Uhr

info•spektrumberlin.de

super bien!
gewächshaus für zeitgenössische kunst

B

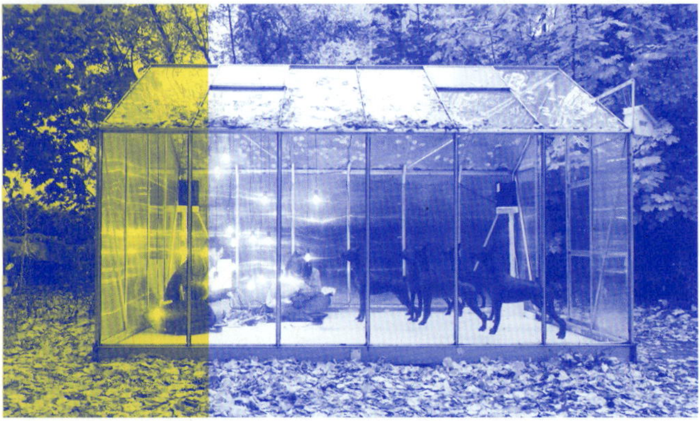

super bien! ist ein Projektraum, konstruiert aus einem gewöhnlichen Gewächshaus. Das Gewächshaus schafft einen Ort, einen Platz zum Sein: Eine lange Holzbank lädt zum Verweilen ein und die eigens für den Ort geschaffenen Installationen sind 24 Stunden einsehbar. Das Haus selbst fungiert als Skulptur im öffenlichen Raum, die mit ihrer Umgebung kommuniziert. Die einfache, modulare Struktur des Hauses bietet Künstlern die Möglichkeit, es für jede Ausstellung radikal neu zu definieren. Klimatische Bedingungen spielen eine Rolle, das Außen und Innen stehen in einer immer wieder neu zu deutenden Beziehung. super bien! wird seit September 2007 von Anne Katrin Stork kuratiert und organisiert.

www.superbien.de

Schwedter Straße 232
10435 Berlin

24/7

superbien • gmx.de

2006

tamtamART BERLIN

B

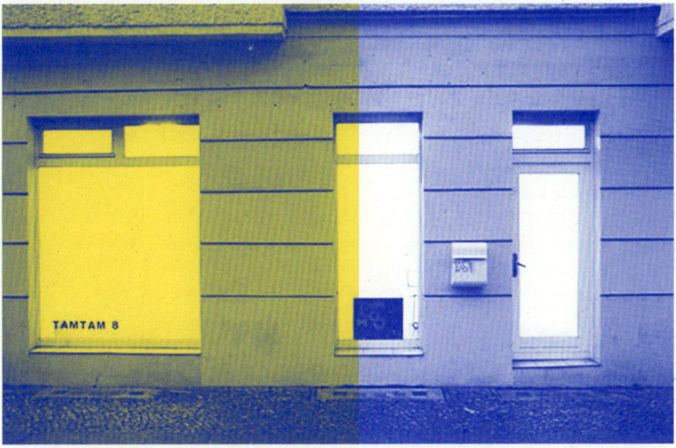

„tamtamART startete im Jahr 2009, und wir hofften, nicht nur freie, offene und abwechslungsreiche Gespräche zu führen, sondern auch ein cross-kulturelles und fächerübergreifendes Kunstzentrum zu erschaffen." Die Mitglieder der tamtamART-Gruppe (Yun-Ting Hung, Hsuan Huang, I-Chen Tsou, Ya-Wen Fu, Ying-Chih Chen) kommen aus unterschiedlichen Bereichen, einschließlich bildender Kunst, Musik, Fotografie, Theater, Kunstgeschichte und Kulturwissenschaften. Sie beabsichtigen, neue Gedanken und Konzepte zu entwickeln und durch Gespräche mit dem lokalen Publikum in Berlin und mit Künstlern und Kuratoren aus anderen Teilen der Welt einen einzigartigen „tamtamART-Stil" zu entwickeln.

www.tamtamart.de

2009

Weichselstraße 8
10247 Berlin

Auf Anfrage

info • tamtamart.de

tête

B

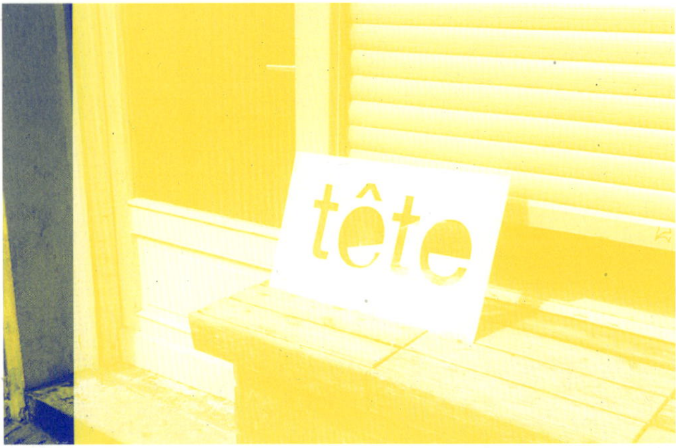

tête startete im März 2012 in den Projekträumen des ehemaligen TÄT in der Schönhauser Allee in Berlin-Prenzlauer Berg. Geführt, d. h. zeitlich und finanziell organisiert, wird tête von einer Gruppe Künstler. Jedes Gruppenmitglied organisiert eigenständig ein Projekt pro Jahr, das einen Monat lang gezeigt wird. tête testet aus, was ein Projektraum sein kann. Während von Künstlern betriebene Räume in der Regel kollektiven Entscheidungsprozessen unterliegen, will tête einen Querschnitt künstlerischer Interessen zeigen und jegliche Vorstellungen von Eigentum und Kollektiv, sowohl im Ausstellungsraum als auch zwischen den Organisatoren selbst, untersuchen und dekonstruieren. Vor diesem Hintergrund sieht tête das Potential, vielleicht gar die Bestimmung, ein soziales Experiment zu werden: „Blieben ökonomische und finanzielle Vereinbarungen ausschließlich ökonomisch und finanziell, könnte die Welt nicht so interessant und beweglich sein!"

www.tete.nu

Schönhauser Allee 161a
10435 Berlin

Auf Anfrage

info • tete.nu

2012

TOOLBOX
Finnisch-deutscher Kunstraum

B

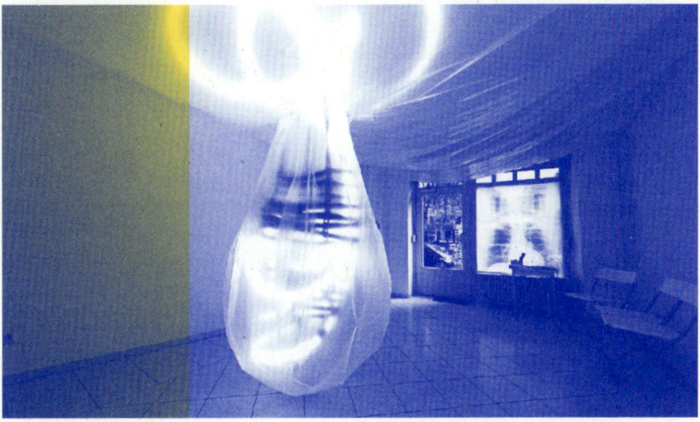

TOOLBOX ist ein unabhängiges künstlerisches Kooperationsprojekt mit Ausstellungen zur Förderung des internationalen künstlerischen Austauschs. Im monatlichen Wechsel wird auf 40 Quadratmetern zeitgenössische Kunst in ihren vielfältigen Erscheinungsformen präsentiert. Kunst verstehen die Künstler von TOOLBOX als Werkzeug, um die Gegenwart zu reflektieren und das soziale Miteinander zu verändern bzw. erst zu schaffen. Der Schwerpunkt des Projektraums liegt auf der Präsentation zeitgenössischer finnischer Kunst in Berlin und auf der Gegenüberstellung von Sichtweisen finnischer und deutscher Künstler auf relevante Themen des Menschen wie Ideologien, Grenzen der Wahrnehmung, der Wert von Emotionen oder Ordnungssysteme. TOOLBOX ist Teil der Kolonie Wedding, einem Zusammenschluss von ca. 30 Kunst-Projekträumen im Soldiner Kiez.

www.galerietoolbox.com

2012

Koloniestraße 120
13359 Berlin

Di–Sa
14–18 Uhr

mail • galerietoolbox.com

uqbar

B

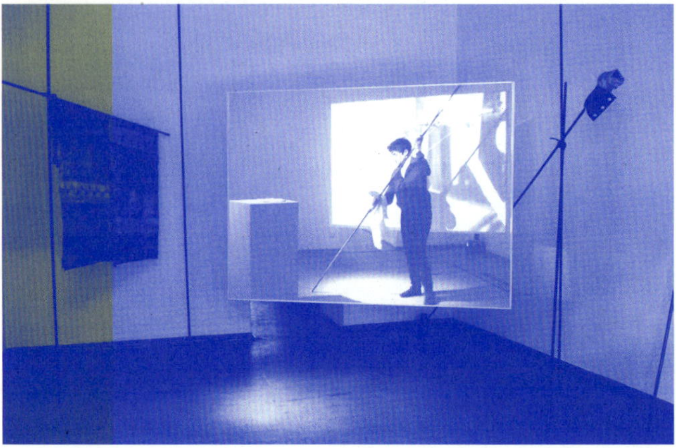

Der Projektraum uqbar zeigt regelmäßig Ausstellungen von internationalen wie auch von Berliner Künstlern. Parallel dazu finden Film- und Videovorführungen, Workshops, Präsentationen und Künstlervorträge statt. uqbar ist als flexible, interdisziplinäre Plattform konzipiert und stellt experimentelle Arbeiten vor, die nicht einem fertigen, leicht verkäuflichen Produkt verpflichtet sind und oft auf komplexen Recherchen aufbauen. Dazu gehören auch partizipatorische, prozessuale Praktiken, die Kunst als ein Mittel der Wissensproduktion begreifen. Ein roter Faden, der die formal und medial sehr unterschiedlichen Arbeiten verbindet, ist die inhaltliche Auseinandersetzung mit gesellschaftspolitischen Fragen und Phänomenen. Das Spektrum umfasst so heterogene Themen wie: Migration und Mobilitätsdiskurse, Raumproduktion am Schnittpunkt von Architektur und Stadt, Geschichtspolitik und Erinnerungsproduktion, Identitätskonstruktion und kulturelles Gedächtnis. uqbar wurde im Frühjahr 2007 von den Kulturproduzentinnen Dorothee Bienert, Dortje Drechsel, Marina Sorbello und Antje Weitzel gegründet, die bereits seit 2004 in dem gemeinnützigen Verein Uqbar – Gesellschaft für Repräsentationsforschung e. V. zusammen Projekte realisiert hatten. In den Jahren 2007–2012 wurde das Programm im Kollektiv entschieden, seit 2013 kuratiert und organisiert Antje Weitzel die Ausstellungen. Der Name uqbar ist der Erzählung „Tlön, Uqbar, Orbis Tertius“ (1940) des Schriftstellers Jorge Luis Borges entliehen.

www.uqbar-ev.de / www.projectspace.uqbar-ev.de

Schwedenstraße 16
13357 Berlin

Unterschiedlich,
zurzeit: Fr
14.30–18.30 Uhr

projectspace • uqbar-ev.de

2007

Vesselroom Project

B

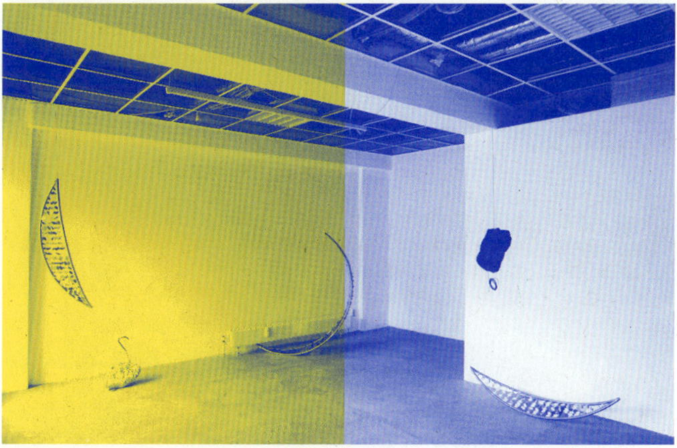

www.vesselroomproject.com

Vesselroom Project ist eine Plattform für die Förderung interdisziplinärer Projekte und Kollaborationen, aufstrebender internationaler Künstler sowie für die Reflexion zeitgenössischer Diskurse. Die Lage am Kottbusser Tor, inmitten des multikulturellen Bezirks Kreuzberg, prägt sowohl die Identität des Veranstaltungsorts als auch sein vielfältiges Programm. Vesselroom Project ist in erster Linie ein Treffpunkt für Enthusiasten und Praktizierende, der eine Auseinandersetzung auf Augenhöhe ermöglicht. Dabei ist es dem Projekt besonders wichtig, Kooperationen und Ideenaustausch von lokalen und internationalen Künstlern zu fördern: „Uns geht es um einen Austausch mit Partnern und anderen Projekträumen, die sich ebenfalls den außerordentlich pluralistischen Stimmen zuwenden, die die Sprache der zeitgenössischen Kunst bestimmen.“ Nicht nur Ausstellungen, sondern auch eine dauerhafte, stetig wachsende Bibliothek mit Künstlerbüchern und Zines sowie Aktivitäten im Rahmen der Kunstvermittlung, etwa Künstlergespräche, Filmvorführungen oder Musikperformances, sind Bestandteile des Vesselroom Project.

2014

Adalbertstraße 4
1. OG
10999 Berlin

Do–Sa
15–19 Uhr

vesselroom • gmail.com

WW48 Studio Berlin

B

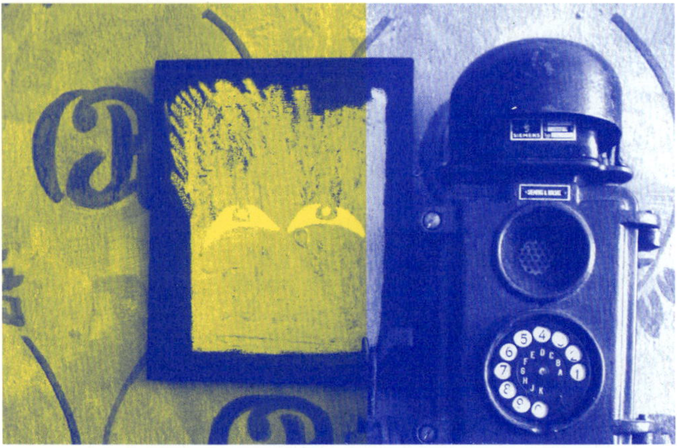

Das WW48 Studio ist ein Projektraum für Kunst und Dokumentation. 2009 in Berlin-Neukölln von der internationalen Künstlergruppe Virus Bambinos gegründet, ist der Raum in erster Linie ein Ort des freien Ausdrucks, des interkulturellen Austausches sowie der experimentellen Produktion von Objekten und Projekten im zeitgenössischen Kunstbereich. Das Studio verfügt über einen Ausstellungsraum, drei Atelierräume, ein Archiv, eine Fachbibliothek und seit 2014 auch über eine Druckwerkstatt. WW48 ist eine interdisziplinäre Werkstatt, in der sich Ideen, Projekte, Experimente und Kooperationen mit Kuratoren, Künstlern und Kulturinstitutionen aus Europa, dem Mittelmeerraum und dem Nahen Osten kreuzen und verbinden.

www.ww48studio.com

Weichselstraße 48
12045 Berlin

Auf Anfrage

info • ww48studio.com

2009

Zentrum für Kunst und Urbanistik

B

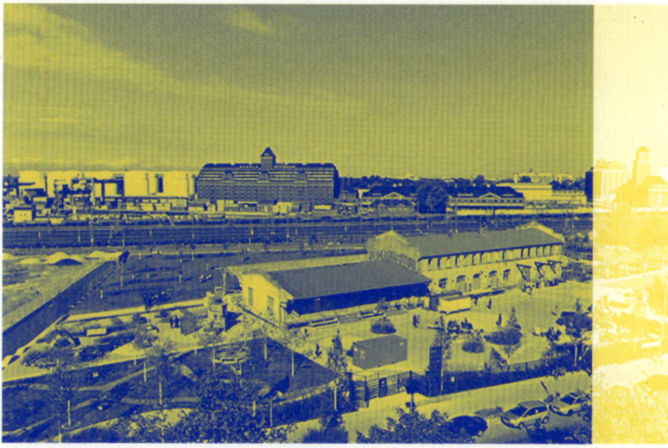

www.zku-berlin.org

Das 2012 eröffnete Zentrum für Kunst und Urbanistik ist ein unabhängiger Denk- und Produktionsraum im ehemaligen Güterbahnhof Berlin-Moabit. Geprägt vom Warenverkehr, ist der Ort nun ein lebendiger Umschlagplatz zeitgenössischer postindustrieller Werte, ein Labor intermedialer und interdisziplinärer Aktivitäten, die sich künstlerisch und wissenschaftlich mit dem Phänomen Stadt auseinandersetzen – in Symposien, Workshops, Konferenzen, Konzerten, Ausstellungsprojekten und anderen experimentellen Formaten. Das ZK/U bietet mit 14 Studio-Apartments Platz für zwei- bis achtmonatige Residenzen von Künstlern, Aktivisten und Forschern aus aller Welt.

2
0
1
2

Siemensstraße 27
10551 Berlin

Mo–Fr 10–19 Uhr
Sa–So
veranstaltungsabhängig
+ auf Anfrage

info • zku-berlin.org

Zirkumflex

B

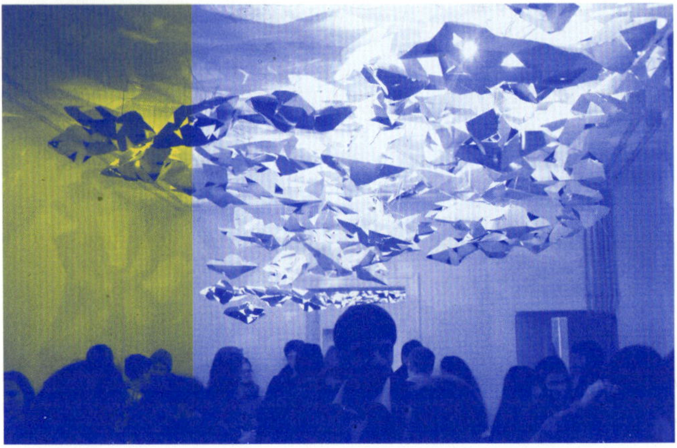

Zirkumflex, eine facettenreiche und kreative Firma, ist sowohl Designstudio als auch Projektplattform in Berlin. Mit dem Hintergrund in der Designszene und dem Einsatz im Bereich Kunst bietet sie dabei einen umfassenden Einblick und Professionalität, die in die einzelnen Projekte einfließt. So werden Bücher, Magazine, Logos, Websiten, Ausstellungen, Displaydesigns, Plakate, Broschüren und Kataloge geplant und gestaltet, in denen das Wissen der Bereiche Kommunikation, Marketing und Kunst zusammenfließt. Seit der Gründung im April 2010 ist Zirkumflex aber auch eine Projektplattform, die Ausstellungen, Veranstaltungen und Buchveröffentlichungen organisiert. Ziel ist dabei die Verbindung zwischen Kunst und innovativer visueller Kultur durch die Veröffentlichung und Ausstellung von Projekten internationaler Künstler, die die zeitgenössische und interdisziplinäre Kunstpraxis weiterentwickeln und so einen „Summenpunkt" für den Diskurs zwischen Design und Kunst schaffen. Die Veröffentlichungen von Zirkumflex sind das Ergebnis aus Zusammenkünften von Künstlern, Fotografen, Illustratoren und Designern, die in diesen Räumlichkeiten ausgestellt haben und so die Grundlage für die Produktion einer Reihe von Veröffentlichungen mit limitierter Auflagen schaffen, die selbst wiederum als Kunstwerke wahrgenommen werden.

www.zirkumflex.com

Fontanestraße 25
12049 Berlin

Mo–Fr
10–19 Uhr

info • zirkumflex.com

2010

zqm – zwanzigquadratmeter

B

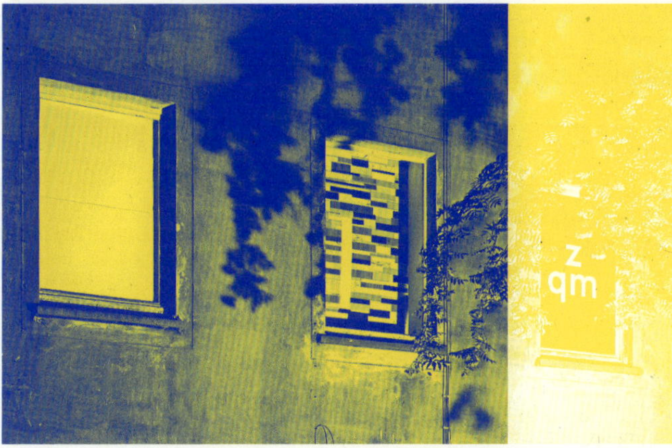

www.zqmberlin.org

„Es kommt doch auf die Größe an.
Eine Stellungnahme.
zwanzigquadratmeter = 20 qm
= kleiner geht's nicht kleiner Raum
= geringe Miete geringe Miete
= macht es seit Jahren möglich."

zqm ist ein kleiner Kunstraum in Berlin-Friedrichshain, der Künstler seit 2007 dazu einlädt, in seinem strukturellen Gefüge zu arbeiten und zu leben. zqm wird weder von einer Stiftung subventioniert, noch bekommt es andere Zuschüsse. Die geringe Miete ermöglichte es, in den letzten sieben Jahren ein Programm aufrechtzuerhalten, das aufregend und neuartig ist sowie meist vor Ort produziert.

Der Aufbau: eine Einzimmerwohnung, voll möbliert, und ein kleiner weißer Würfel darunter, bereitgestellt von Eric Emery, dem Leiter und Geschäftsführer. Ihre Kunstwerke finanzieren die teilnehmenden Künstler selbst – und es funktioniert. Der begrenzte Raum ermöglicht eine wirkungsvolle Ausstellung mit reduzierten Mitteln, aber ohne Kompromisse: „Ohne finanzielle Förderung auszukommen gewährleistet eine größere Freiheit im Ausdruck – niemandem etwas schuldig, keine Rechnung zu begleichen, nichts zu verkaufen. Es kommt eben doch auf die Größe an."

2007

Petersburger Straße 73
Seitenflügel, 1. OG
10249 Berlin

Auf Anfrage

info • zqmberlin.org

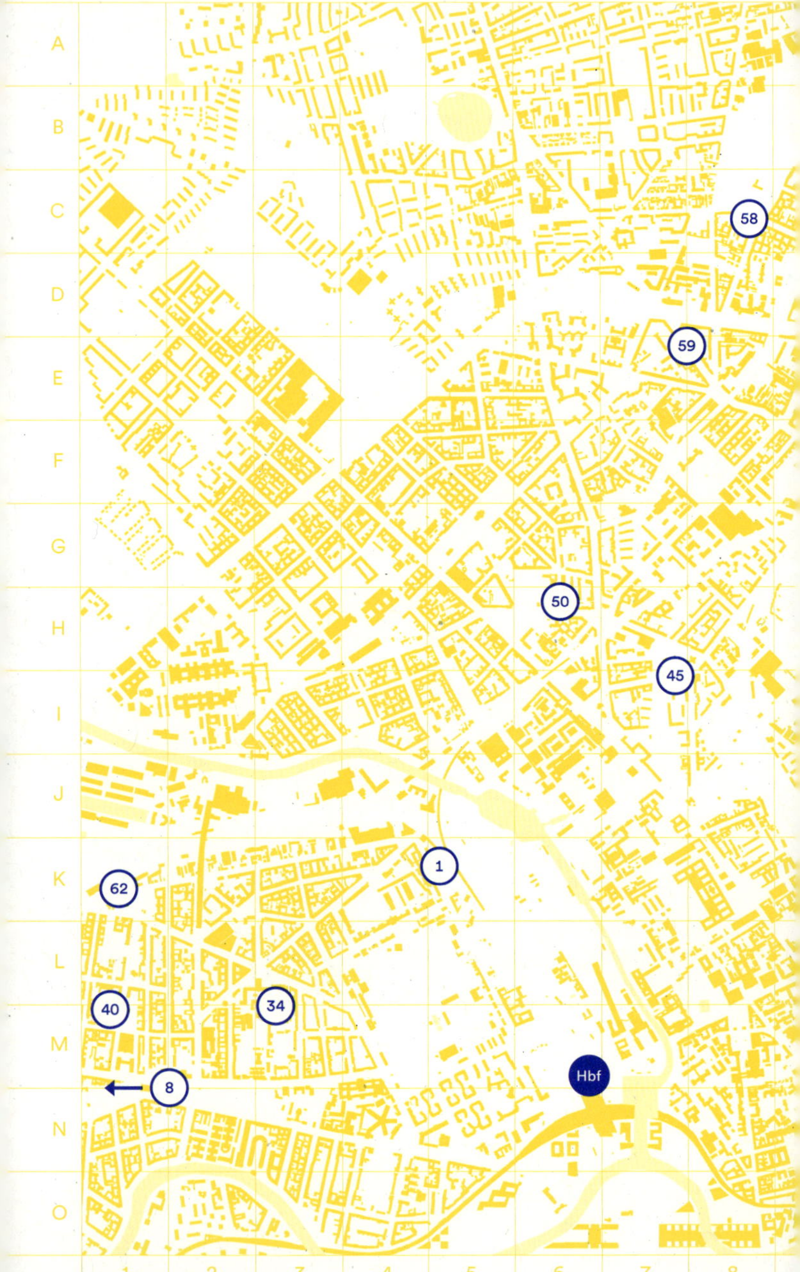
A
B
C
D
E
F
G
H
I
J
K
L
M
N
O
1
2
3
4
5
6
7
8
58
59
50
45
1
62
40
34
8
Hbf

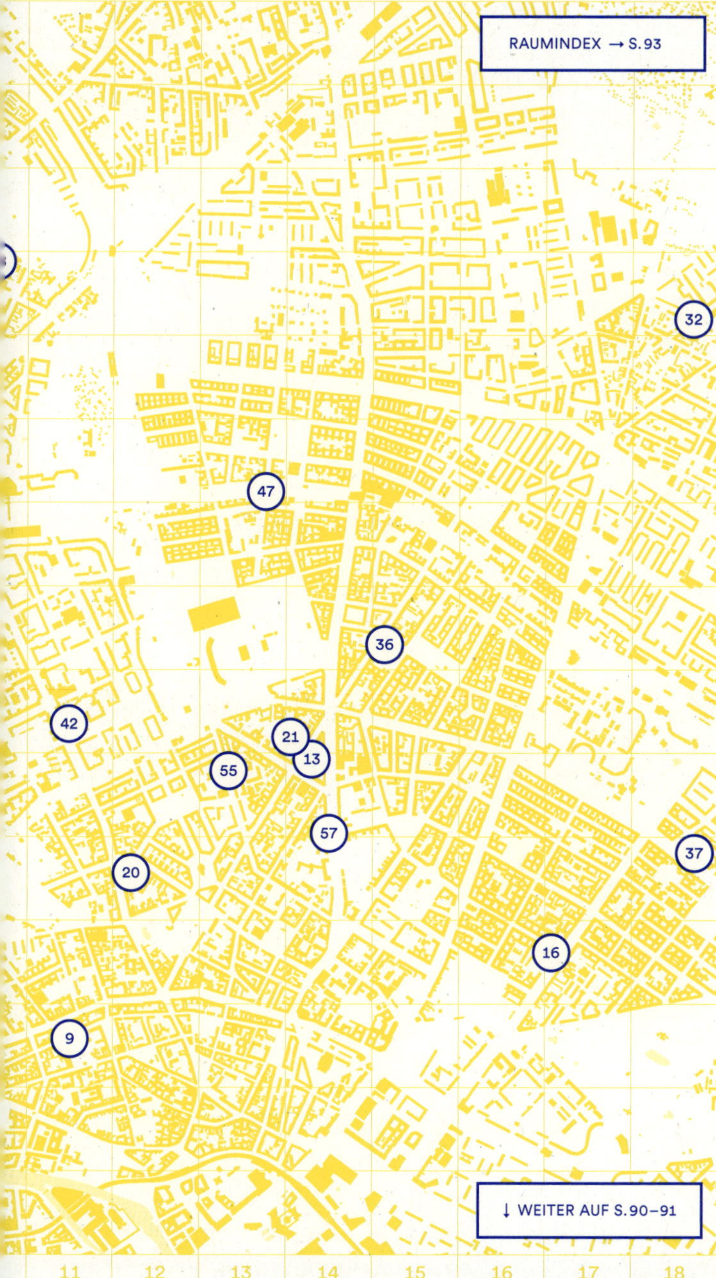

RAUMINDEX → S. 93

↓ WEITER AUF S. 90–91

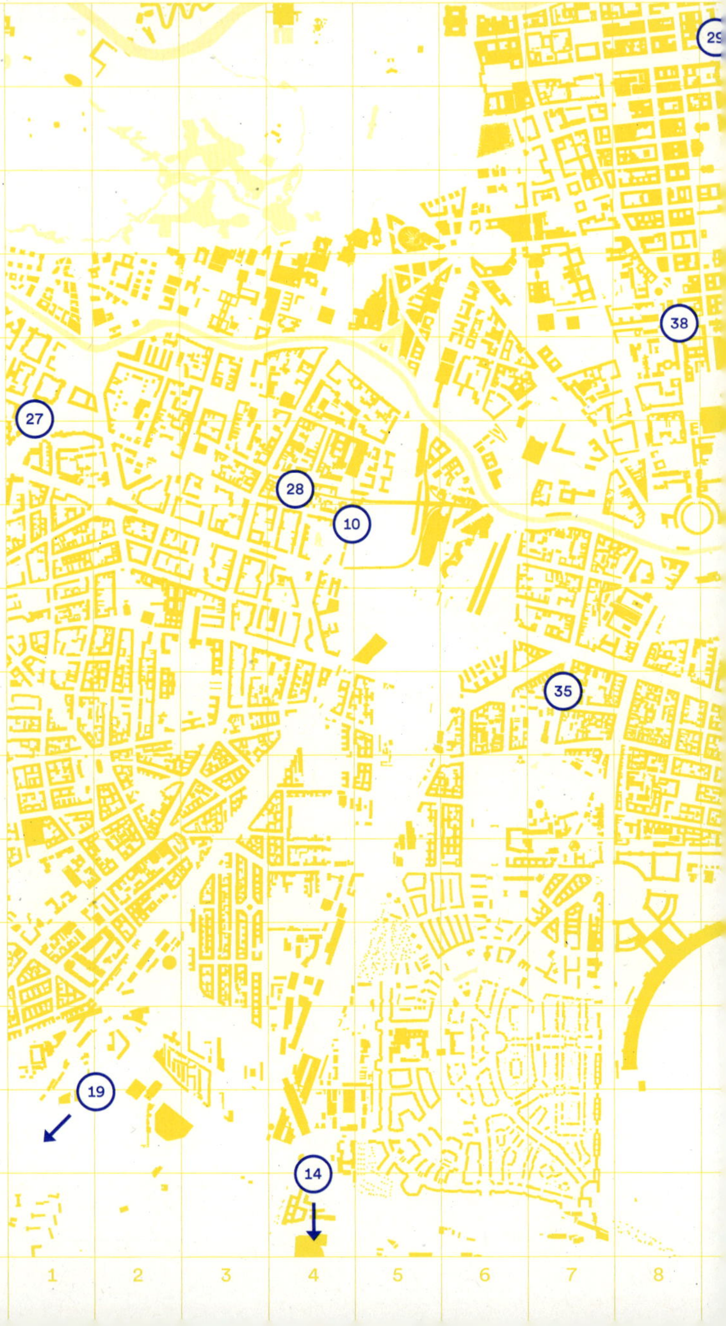
P
Q
R
S
T
U
V
W
X
Y
Z
AA
AB
AC
AD
1
2
3
4
5
6
7
8
29
38
27
28
10
35
19
14

RAUMINDEX → S. 93

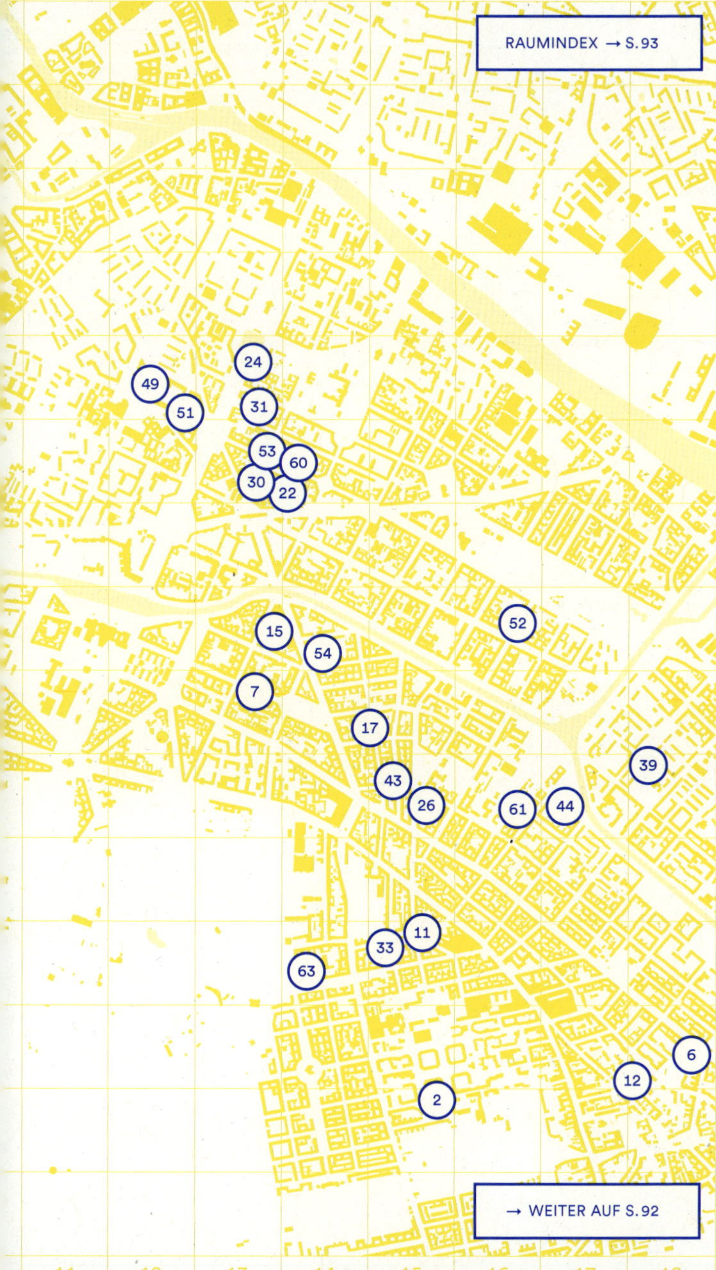

→ WEITER AUF S. 92

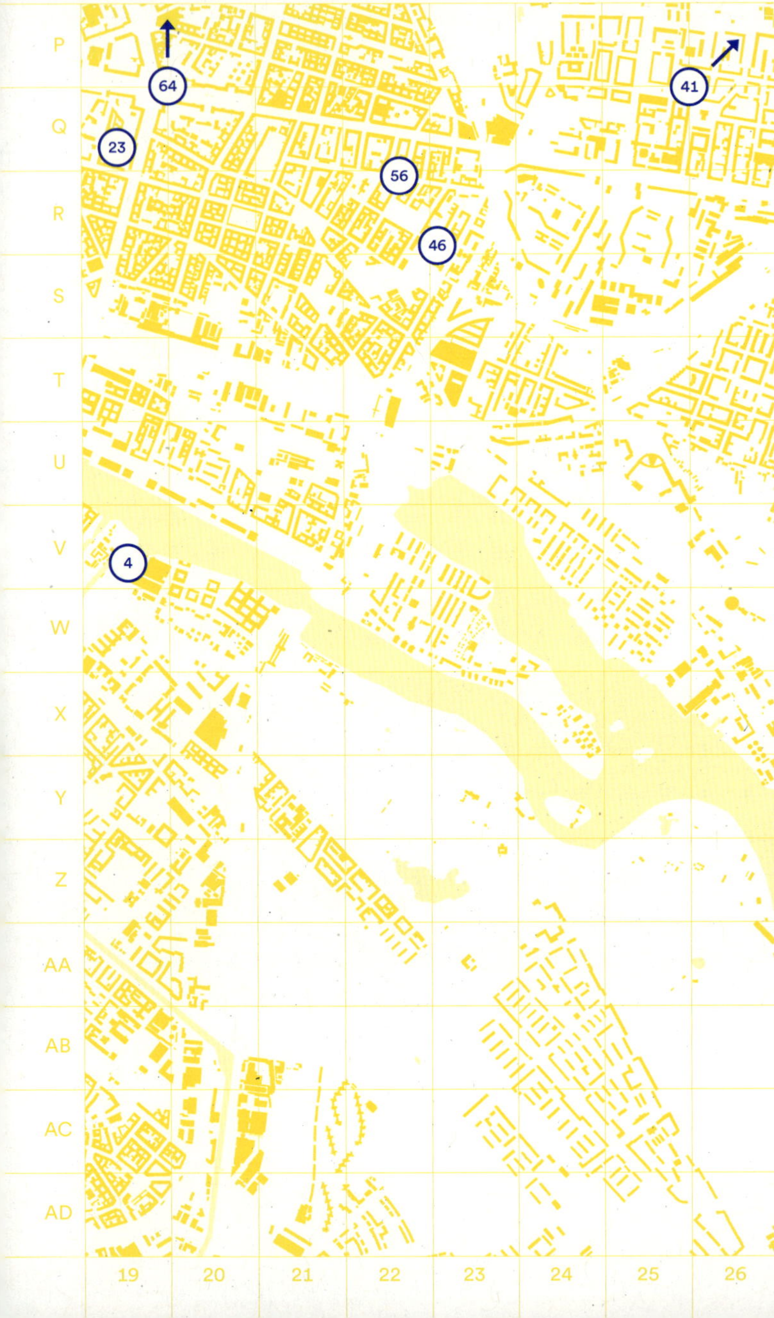
P
Q
R
S
T
U
V
W
X
Y
Z
AA
AB
AC
AD
19
20
21
22
23
24
25
26
64
41
23
56
46
4

Bielefeld

Artists Unlimited e. V. und lAb

B

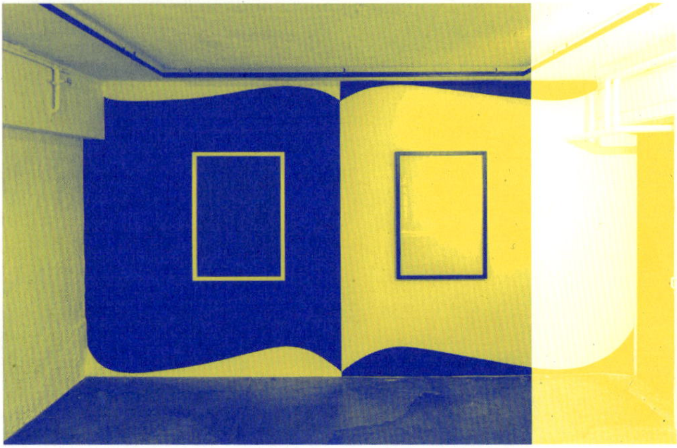

Seit über 30 Jahren bietet der gemeinnützige Verein Artists Unlimited in einer ehemaligen Papierfabrik Platz zum künstlerischen Arbeiten und gemeinsamen Wohnen. Heute ist der Verein eine etablierte Institution, die das Bielefelder Kulturleben nachhaltig geprägt und durch zahlreiche Initiativen bereichert hat. Neben Ausstellungen regionaler und internationaler Künstler in der eigenen Galerie vergibt Artists Unlimited seit 1987 dreimonatige Arbeitsstipendien an internationale Gastkünstler. Das vielseitige Programm des Vereins umfasst Workshops, Vermittlungs- und Publikationsprojekte, Konzerte, Performances, Filmscreenings sowie Lesungen und Vorträge. Zurzeit wohnen, arbeiten und engagieren sich 30 Künstler und Theoretiker in dem Gebäude in der Bielefelder Innenstadt, ergänzen und bereichern sich gegenseitig und schaffen auf ehrenamtlicher Basis einen Platz für freie Künste und zeitgenössischen wissenschaftlichen (Kunst-)Diskurs. Seit Oktober 2015 bespielt der Verein unter dem Namen lAb zudem einen Ausstellungspavillon im Bielefelder Stadtteil Brackwede.

www.artists-unlimited.de / www.lab-artistsunlimited.de

August-Bebel-Straße 94
33602 Bielefeld

Germanenstraße 22, Pavillon
33647 Bielefeld

Siehe Websites

press • artists-unlimited.de

info • lab-artistsunlimited.de

①⑨⑧⑤

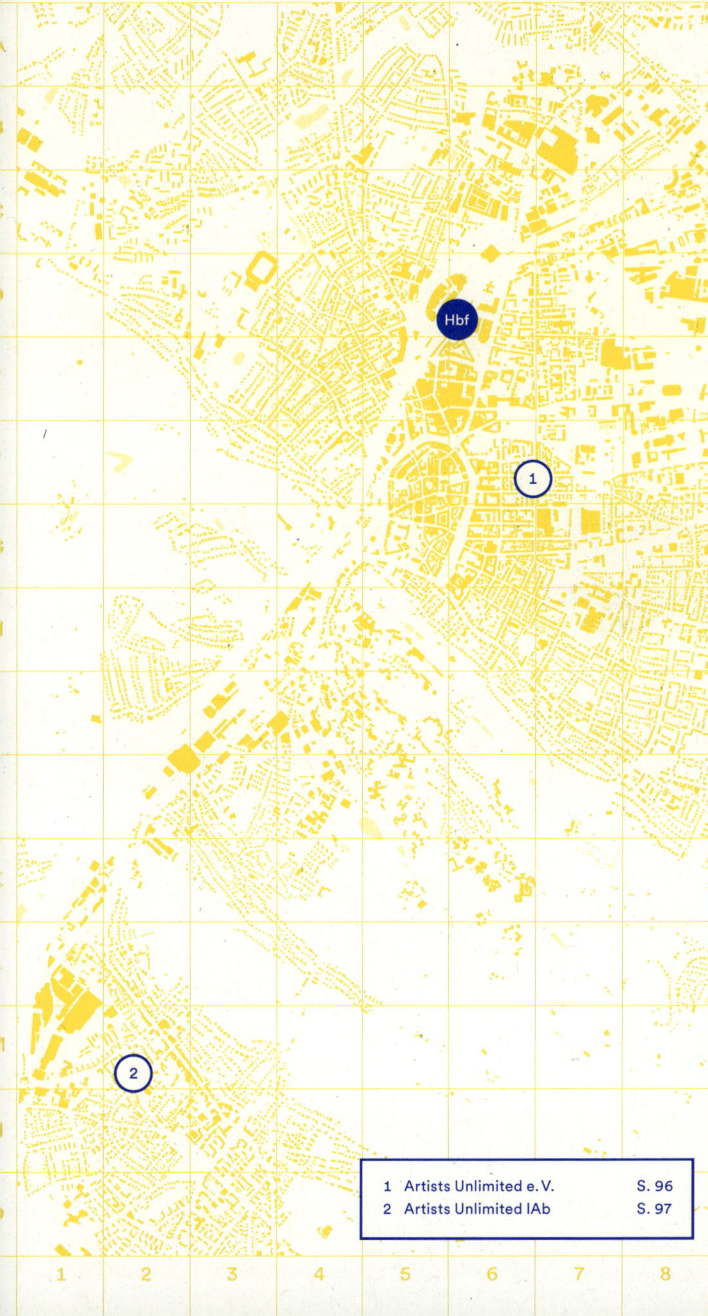
Hbf
1
2
1 Artists Unlimited e. V. S. 96
2 Artists Unlimited lAb S. 97
1 2 3 4 5 6 7 8

Bochum

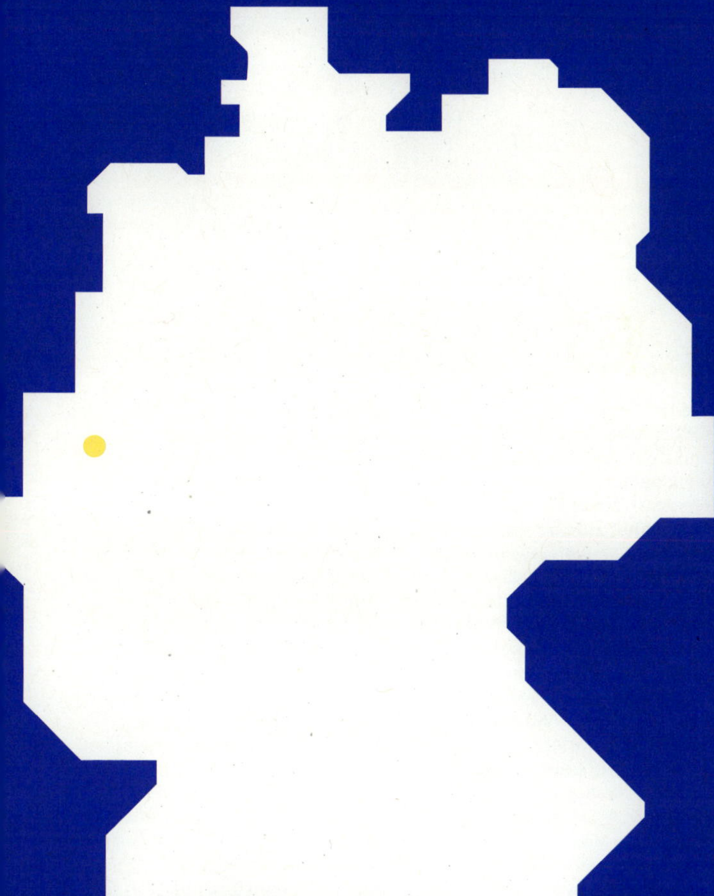

AD HOC

B

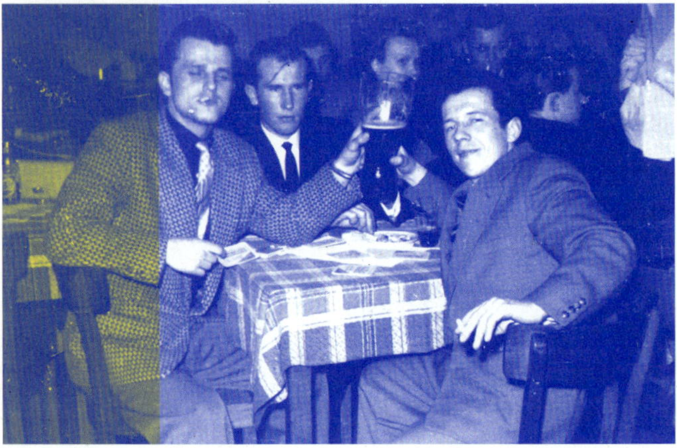

www.adhocraum.com

„‚Ad hoc‘ (lat. für ‚zu diesem, hierfür‘) ist eine lateinische Phrase und bedeutet ‚für diesen Augenblick gemacht‘ oder ‚zur Sache passend‘. Im übertragenen Sinne bezeichnet ‚ad hoc‘ improvisierte Handlungen (vgl. ‚aus dem Stegreif‘) und Dinge, die speziell für einen Zweck entworfen wurden oder spontan aus einer Situation heraus entstanden sind. Wir haben in den vergangenen Jahren eine tiefgreifende Veränderung in der Matrix der Ausstellungsraumstruktur erlebt. Die Arbeiten und Interventionen, denen die Aufmerksamkeit des Ausstellungsprojektes AD HOC gilt, gehören nicht mehr den Strömungen des Betriebssystems Kunst an, die auf eine dualistische Auseinandersetzung zwischen dem Ort bzw. dem Raum der Präsentation einerseits und dem präsentierten Gegenstand andererseits setzen. Die Arbeiten, die hier angesprochen und herausgefordert sind, befassen sich mit der Konnexion von Kunst und Kontext. Sie heben somit die Determinierungen zwischen diesen beiden Faktoren der Ausstellungspräsentation auf und werden hinsichtlich dynamischer, ephemerer und flexibler bzw. temporärer Aspekte des (Kunst-)Objektes entworfen. Seit 2013 ist der AD HOC-Projektraum im ViktoriaQuartier der Stadt Bochum ansässig und veranstaltet bis zu sieben orts-, raum- und situationsbezogene Ausstellungen im Jahr.“

(Tobias Prinz, 2014)

Schmidtstraße 35
44793 Bochum

Auf Anfrage

info • adhocraum.com

2013

galerie januar
Verein zur Förderung junger Kunst e. V.

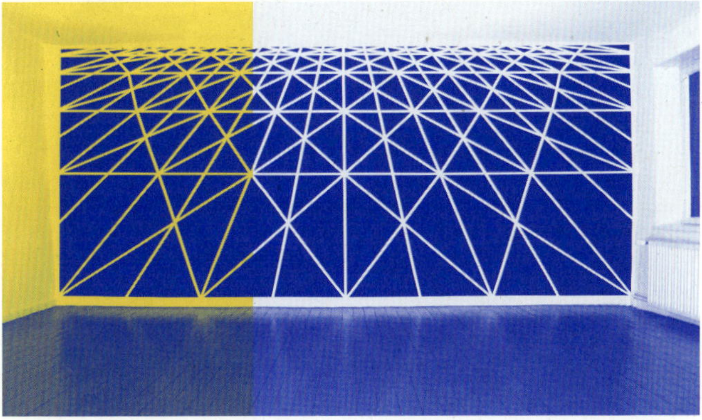

Die 1980 im Umkreis des Kunsthistorischen Instituts der Ruhr-Universität Bochum gegründete galerie januar, die seit 1991 als gemeinnütziger Verein zur Förderung junger Kunst eingetragen ist, zeigt auf den drei Etagen eines Hinterhauses in Bochum-Langendreer in fünf bis sechs Ausstellungen pro Jahr alle Ausdrucksformen zeitgenössischer Kunst. Neben Malerei und Skulptur finden Fotografie und Medienkunst ebenso Berücksichtigung wie ortsbezogene Installationen oder Projekte im öffentlichen Raum. Bis heute besteht das Ziel, die erlernte Theorie an der jeweils aktuellen Kunstpraxis zu überprüfen und zu vermitteln. Das Publikum soll über die vielfältigen Formen der Gegenwartskunst gleichsam auf dem Laufenden gehalten werden. Im Sinne eines möglichst abwechslungsreichen, aber nicht beliebigen Programms richtet sich die Aufmerksamkeit auf das vielversprechende Neue, nämlich vorzugsweise auf diejenigen Künstler, deren Schaffen bereits kurz vor oder nach ihrem Akademieabschluss von erkennbar individuellem Charakter ist.
Da gerade die jüngste Kunst oft ganz anders als unsere Vorstellung von ihr ist, gestaltet sich die Ausstellungstätigkeit offen und flexibel: Die Auswahl richtet sich nach Gesichtspunkten der Qualität und geschieht ohne lokale oder regionale Beschränkung.

1980

Eislebener Straße 9, HH
Ecke In der Schuttenbeck
44892 Bochum

Do
17–19 Uhr
+ auf Anfrage

info • galerie-januar.de

Kunstraum-Unten

B

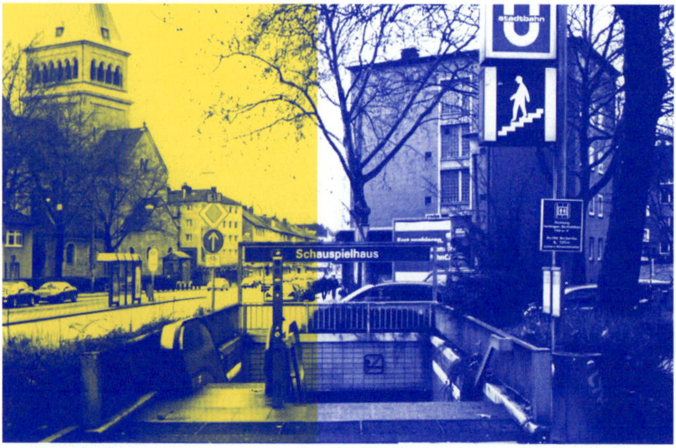

Vorübergehenden, Betrachtern und Besuchern zeigt der Kunstraum-Unten die vielfältigen Möglichkeiten junger Künstler. Sie werden animiert, die Gedanken um das Dargestellte kreisen zu lassen: „Zustimmung ist ebenso willkommen wie Ablehnung. Wichtig ist die Beschäftigung mit den verschiedenen Bereichen der bildenden Kunst außerhalb der ‚erhabenen Situation' einer traditionellen Galerie."

www.kunstraum-unten.de / www.kunstraum-bochum.de

Hattinger Straße 1
Zwischenebene der U-Bahn-Station „Schauspielhaus"
44789 Bochum

Di+Fr
15.30–18.30 Uhr
+ nach Vereinbarung

info • kunstraum-unten.de

2011

Neonhalle im PORTIKUS

B

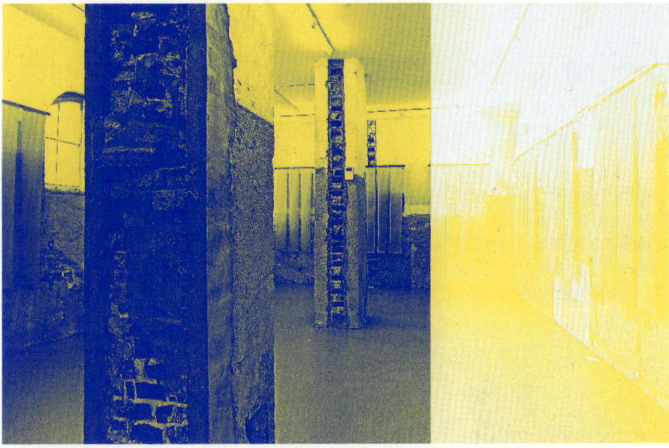

www.neonhalle.de

Neonhalle ist ein nicht kommerzielles Forum für bildende Künstler. Ausstellungsort ist der Portikus, ein heute zum Ausstellungsraum umgebautes, denkmalgeschütztes Bauwerk vor dem Bergbaumuseum in Bochum. Dieser kleine Bau entstand 1912 zusammen mit der angrenzenden Eisenbahnbrücke. Das städtebauliche Ensemble war das Ergebnis eines Architekturwettbewerbs, als die innerstädtische Verkehrssituation entlastet und die Eisenbahn auf Dämme und Brücken verlegt wurde. Hier an der Herner Straße, neben dem damaligen Schlachthof, dem Gelände des heutigen Deutschen Bergbaumuseums, wurde das Gebäude bis 1993 als „stilles Örtchen" genutzt. Gestalterisch ist es an historische Zollhäuschen und Stadteingänge angelehnt. Die von Säulen aus schwerem Naturstein getragene, offene Arkadenhalle gibt der Vorderfront eine portikusgleiche Anmutung.

2010

Herner Straße 42n
44787 Bochum

Auf Anfrage

info • neonhalle.de

raumSchau im PORTIKUS

B

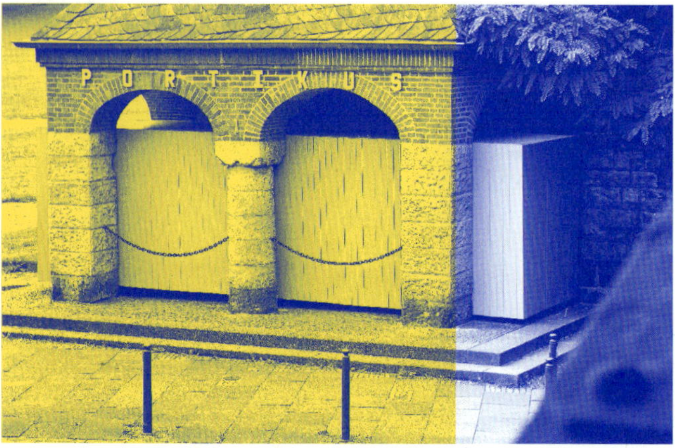

raumSchau, eine Plattform für unkonventionelle Kunstpräsentation, nutzt den Bochumer PORTIKUS während der ausstellungsfreien Zeit der Neonhalle in konsequenter No-Budget-Manier: „aufsichtsfreie Präsenz der künstlerischen Arbeit über 24 Stunden an allen Wochentagen im Innenraum oder Arkardengang mittels individueller Ausstellungstechnik."

www.raumschau.org

Herner Straße 42n 44787 Bochum	Auf Anfrage	info • raumschau.org

2010

B

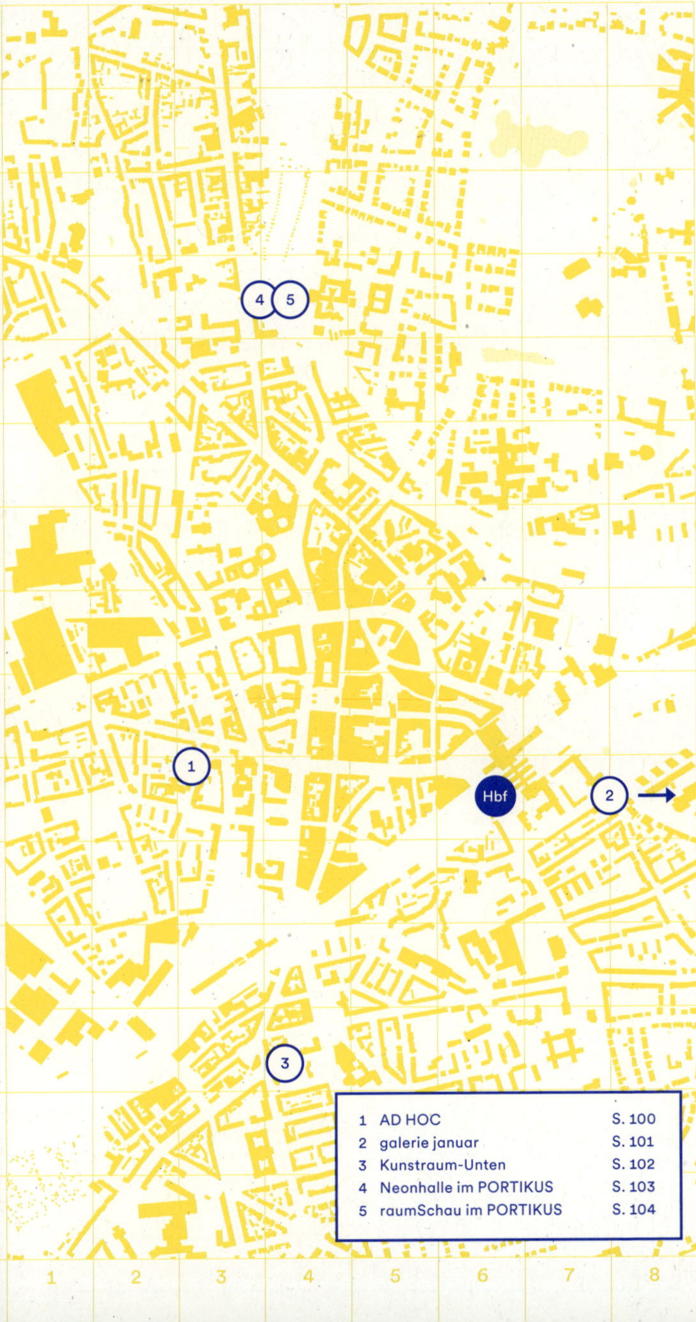
4
5
1
Hbf
2
3
1 AD HOC S. 100
2 galerie januar S. 101
3 Kunstraum-Unten S. 102
4 Neonhalle im PORTIKUS S. 103
5 raumSchau im PORTIKUS S. 104
1 2 3 4 5 6 7 8

Bonn

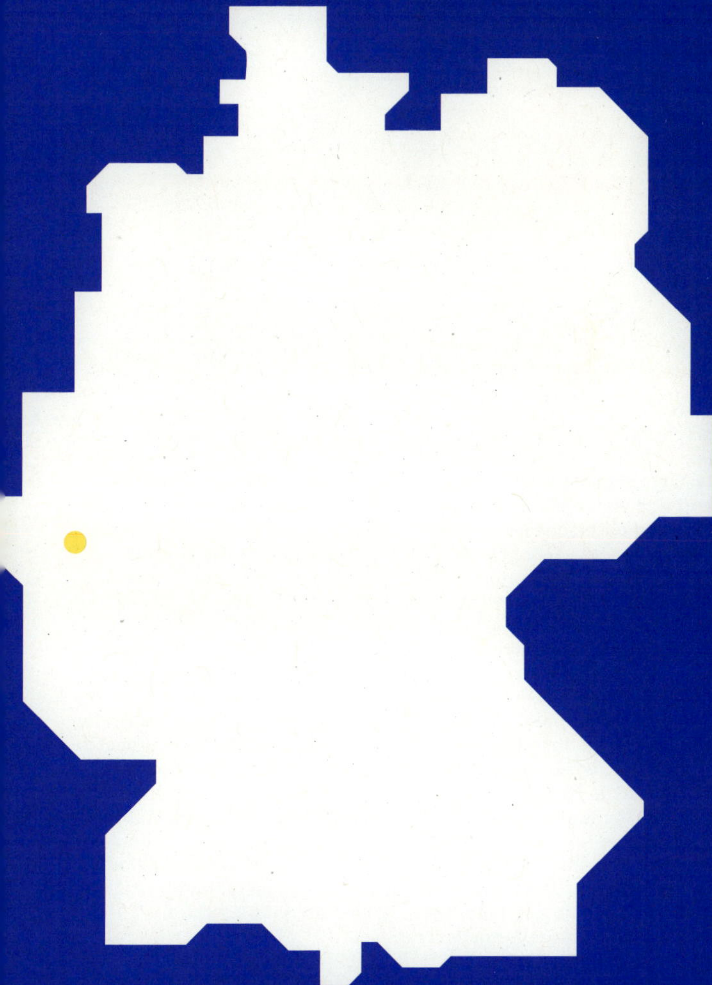

DAS ESSZIMMER
Raum für Kunst

B

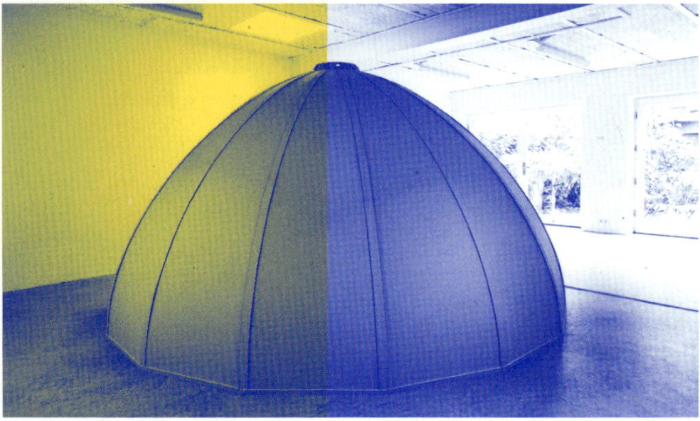

DAS ESSZIMMER versteht sich als „artist-run space", der von der Basler Künstlerin Sibylle Feucht im Oktober 2011 initiiert wurde und sich von rein kommerziellen Galerien unterscheiden will. Sibylle Feucht verzichtet explizit auf eine bestimmte konzeptionelle Ausrichtung des Ausstellungsraumes zugunsten eines breiten Spektrums künstlerischer Positionen, wobei mehrheitlich Einzelpositionen gezeigt werden. Den Ausgangspunkt bildet die Überzeugung, dass Kunst ein Grundnahrungsmittel ist, woraus sich auch der Name des Raumes ableitet. Außerdem ist er eine Referenz an Hans Ulrich Obrists (Ausstellungs-)Küche in St. Gallen in der Schweiz. DAS ESSZIMMER untersucht, ob Kunst außerhalb von (staatlichen) Institutionen und Innenstadtlagen wahrgenommen wird und sich am Diskurs beteiligen kann. Es besteht aus zwei Ausstellungsräumen, die durch einen urbanen Patio miteinander verbunden sind. Der 35 Quadratmeter große Showroom zur Mechenstraße hin war ursprünglich eine Hofeinfahrt und gewährt nun rund um die Uhr Einblicke in die Ausstellung. Der zweite, etwas größere Raum war früher eine Druckerei. Zu jeder Ausstellung erscheint eine Publikation im Eigenverlag mit einem Künstlergespräch und Fotos aus der Ausstellung. Die Publikation ist auch auf der Website abrufbar, die außerdem ausgewählte Arbeiten (Unikate und Editionen) bereits ausgestellter Künstler zum Verkauf bereithält.

www.dasesszimmer.com

Mechenstraße 25
53129 Bonn

Do–Fr
15–18.30 Uhr
+ nach Vereinbarung

info • dasesszimmer.com

2011

raum2810

B

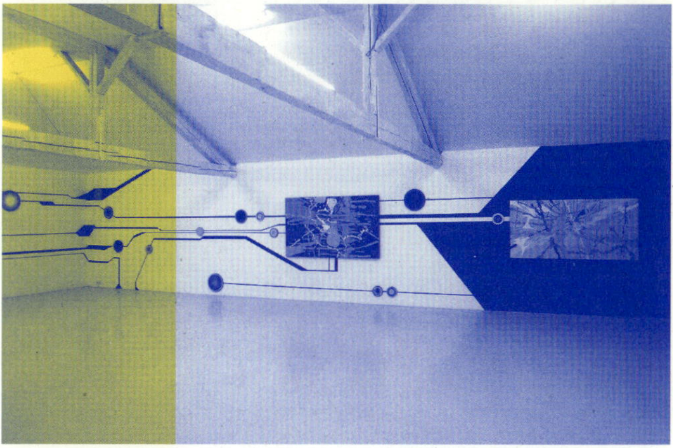

www.raum2810.de

raum2810 ist ein vom Bonner Künstler Christoph Dahlhausen betriebener, nicht kommerzieller Ausstellungsraum in einer alten umgebauten Ziegelei, der internationale zeitgenössische Kunst zeigt. raum2810 bemüht sich, internationale Künstler und Künstlergruppen zu vernetzen und bietet ihnen in zwei Ausstellungen pro Jahr ein Forum, wobei drei Projektstränge verfolgt werden: In den „Dialog Series" werden Künstlerpositionen, die einander meist nicht kennen, dialogisch zusammengebracht. Hieraus erwachsen neue, weltweite Beziehungen. „First View" stellt künstlerische Projekte vor, die in der Region bislang noch nie präsentiert wurden. „Collectors Choice" gibt Sammlern eine Carte Blanche, um entweder ihre Sammlung vorzustellen oder um künstlerische Konzepte, die jenseits ihrer Sammlung liegen, experimentell auszuloten. Damit dreht raum2810 den Spieß einmal um: Der Raum wird dem Sammler zur Verfügung gestellt, nicht dem Künstler. raum2810 wurde 2006 gegründet und hat 280 Quadratmeter Ausstellungsfläche, auf der bislang Künstlerpositionen aus einer Vielzahl von Ländern – Deutschland, Schweiz, Österreich, Niederlande, Frankreich, Belgien, Großbritannien, Island, Finnland, Ukraine, Russland, Japan, USA, Mexico, Chile, Australien und Neuseeland – gezeigt wurden.

2006

Orchideenweg 45a
53123 Bonn

Do 16–19 Uhr
Sa 11–14 Uhr

info • raum2810.de

S.Y.L.A.NTENHEIM KUNSTVERSORGUNGSQUARTIER

B

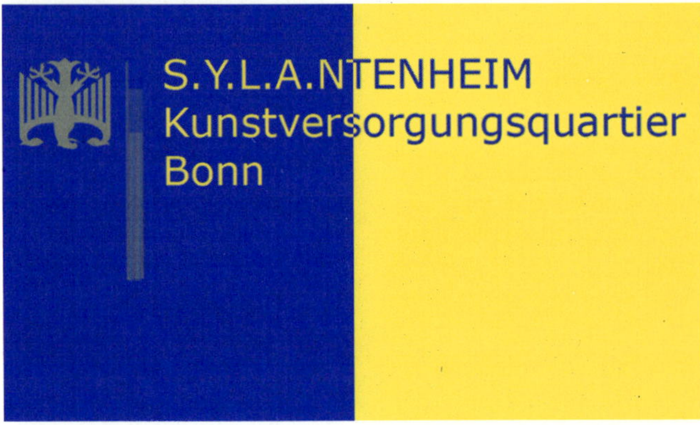

„Das S.Y.L.A.NTENHEIM ist das Kunstversorgungsquartier in Bonn. Es wird bedingungslos S.Y.L.A. (Support Your Local Art) gewährt. Jeder hat das Recht, im Sinne der Kunst, die Galerie temporär zu nutzen. Der seit April 2012 bestehende Raum für Kunstkonzepte und Projekte wurde von DEMECO & PASQUALE initiiert.

1) Jede Person, Gemeinschaft, jedes Tier oder Ding hat im Namen der Kunst ein Anrecht auf S.Y.L.A. (SUPPORT YOUR LOCAL ART).

2) Nach Einreichung eines Sylantrages wird grundsätzlich ein temporäres Aufenthaltsrecht gewährt.

3) Residenzpflicht besteht nicht.

4) Die Absätze 1 bis 3 finden unter Beachtung der Kunstfreiheit nach GG Art. 5, Absatz 3 ihre Anwendung.

Aufgrund der besseren Lesbarkeit verzichtet das S.Y.L.A.NTENHEIM auf eine geschlechtsspezifische Schreibweise.“

www.kunst-bedarf-kunst.de

Maxstraße 55
53111 Bonn

Mi–Fr
15–18 Uhr
+ nach Vereinbarung

syla • kunst-bedarf-kunst.de

2012

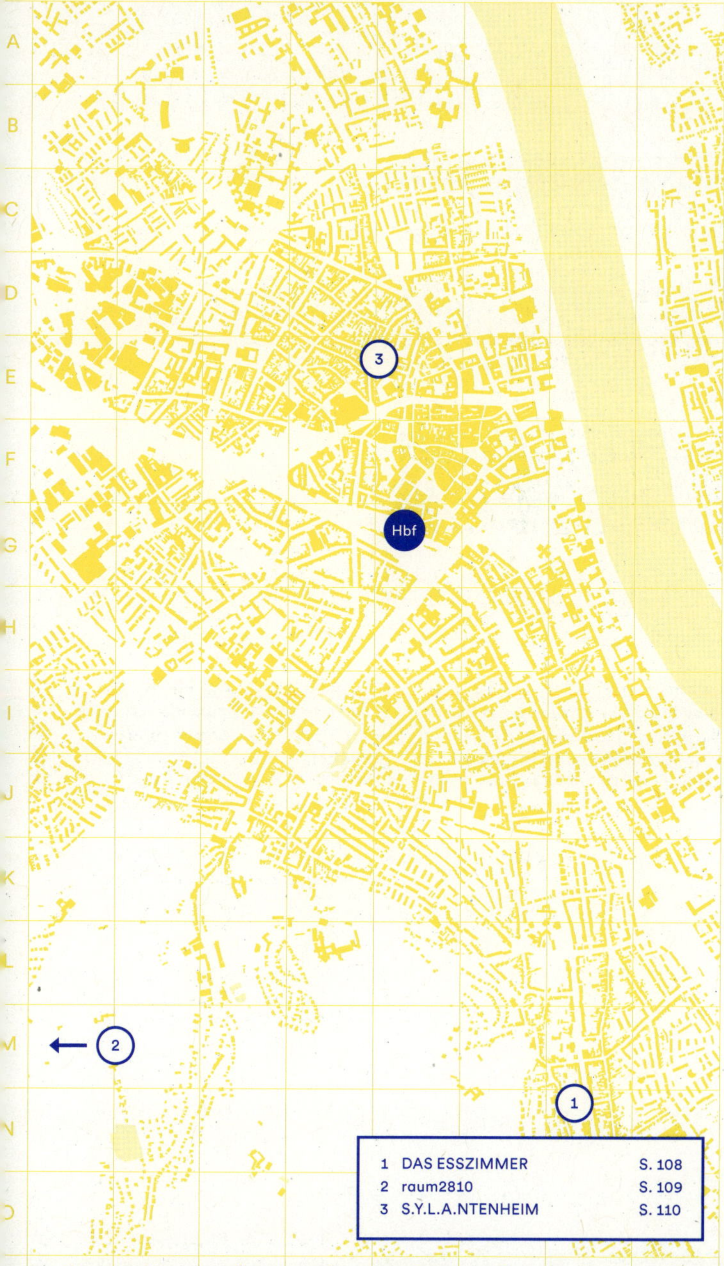
A
B
C
D
E
F
G
H
I
J
K
L
M
N
O
1
2
3
4
5
6
7
8
Hbf
1
2
3
1 DAS ESSZIMMER S. 108
2 raum2810 S. 109
3 S.Y.L.A.NTENHEIM S. 110

Braunschweig

ARTBOX

B

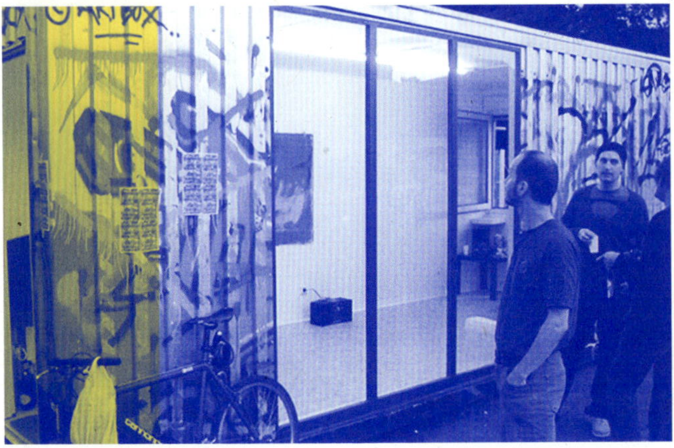

www.artbox.culturebase.org

In der Blumenstraße 1 in Braunschweig steht die ARTBOX. Sie ist Kunstwerk und Ausstellungsraum in einem und bietet Künstlern die Möglichkeit, ihre Kunstwerke auszustellen und zu präsentieren. Die ARTBOX in Braunschweig ist ein Stadtraumverändernder ehemaliger Baucontainer. Daneben ist die ARTBOX aber noch mehr. Sie ist ein Objekt, das Kunst beinhaltet, dabei aber selbst ein sich stetig wandelndes Kunstwerk darstellt. Jeder ist eingeladen, dieses Kunstwerk zu verändern und somit auch den Stadtraum zu gestalten. Dabei gibt es natürlich auch Regeln. So darf die ARTBOX in ihrer Funktion als Kunstbehälter nicht beeinträchtigt werden. Außerdem steht die ARTBOX Künstlern als Ausstellungsraum zur Verfügung. Die ausstellenden Künstler richten eigenständig und selbstverantwortlich die Ausstellungen aus und bringen somit Leben und Inspiration in das Projekt. Die ARTBOX ist offen für neue Ideen und junge Künstler. Dieser Offspace ist ein Gegenpol, ein Freiraum für Experimente jenseits der Gesetze des Kunstmarkts und für viele beteiligte und ausstellende Künstler Schnittstelle zwischen dem Studium und dem Künstlerleben auf dem Kunstmarkt. Mit der ARTBOX wird ein Raum geschaffen, in dem zeitgenössische Kunst sichtbar wird und somit Künstler, Werk und Förderer Kontakt finden.

Blumenstraße 1
38118 Braunschweig

24/7

sch • culturebase.org

Flur11

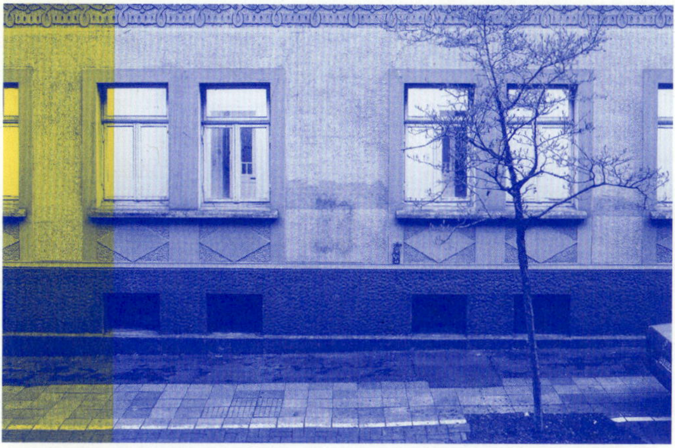

B

www.flur11.com

Im Dezember 2013 gründeten die Kunststudenten Ole Blank, Arne Schmidt, Felix Koberstein und der Designer Max Weinland den Kunstverein Diskurthek e. V., welcher als Träger des Kunstraums Flur11 fungiert. Der Kunstraum in der Jahnstraße 11 ist im Hochparterre eines Wohnhauses gelegen und verbindet über den Hausflur zwei in ihrem Grundriss symmetrisch angelegte Wohnungen. Von einem in dieser Weise erweiterten Flur gehen acht Räume ab, von denen sechs regelmäßig als Ausstellungsfläche genutzt werden. Die Architektur des Ortes wird somit immer auch Teil des Ausstellungskonzeptes. Es wird der Ansatz verfolgt, ausschließlich junge Kunst in Gruppenausstellungen zu präsentieren. Es geht außerdem darum, Kunststudenten und Künstlern vor bzw. nach Absprung von der Kunsthochschule eine Plattform zu bieten. Seit April 2014 finden hier regelmäßig Ausstellungen statt.

②⓪①④

Jahnstraße 11
Hochparterre hintenrum
38118 Braunschweig

Do 18–20 Uhr
So 16–18 Uhr

hallo • flur11.com

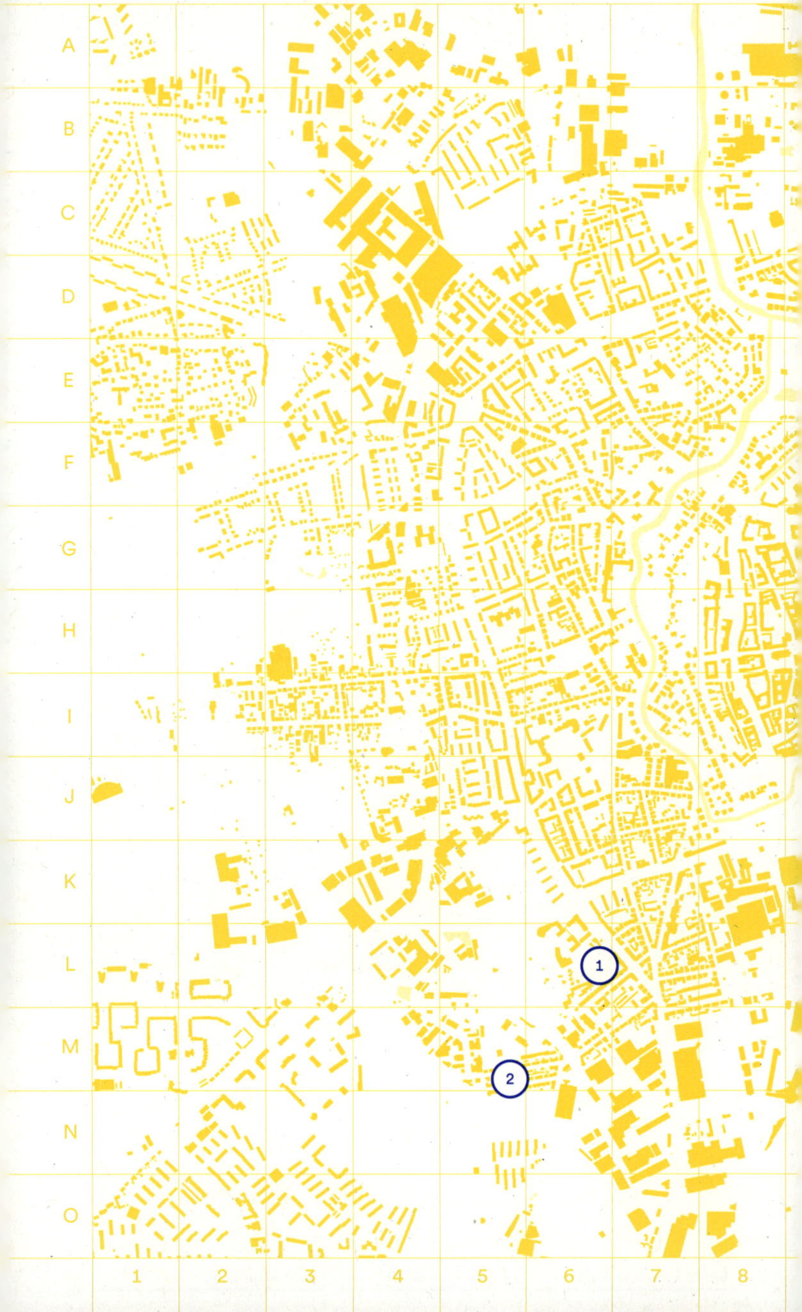
A
B
C
D
E
F
G
H
I
J
K
L
M
N
O
1
2
3
4
5
6
7
8
1
2

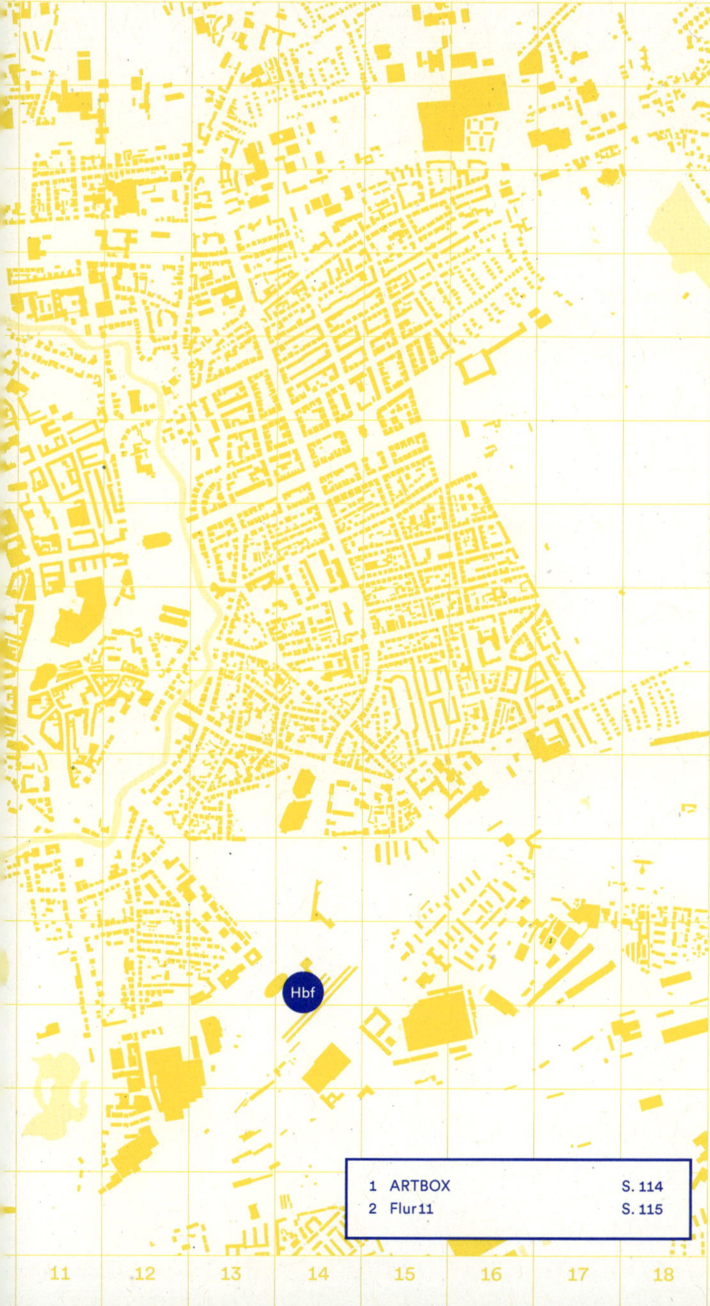

1	ARTBOX	S. 114
2	Flur11	S. 115

Bremen

B

GaDeWe Galerie des Westens e. V.

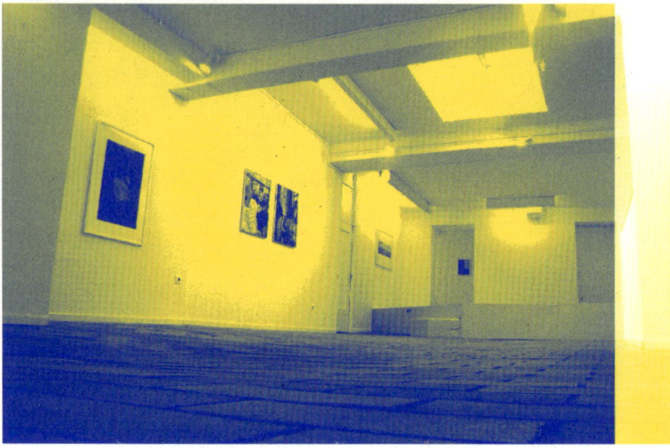

Die Galerie des Westens ist eine Produzentengalerie, die seit 1985 in monatlich wechselnden Ausstellungen ein ausgewähltes Spektrum der Gegenwartskunst zeigt. Insbesondere jungen Künstlern wird die Möglichkeit geboten, aktuelle und experimentelle Positionen im Bereich Installation, Malerei, Skulptur, Fotografie, Video, Zeichnung und Druckgrafik zu präsentieren. Durch qualitativ anspruchsvolle und kontinuierliche Arbeit sowie themenbezogene Gruppenprojekte und vielfache Ausstellungs-Kooperationen mit Galerien in anderen Städten ist die GaDeWe überregional bekannt geworden. Ehrenamtlich geleitet von bildenden Künstlern, trägt die GaDeWe vor Ort zur kulturellen Belebung des Bremer Stadtteils Walle bei. Zwei Kilometer entfernt von der Innenstadt in einer ruhigen Seitenstraße gelegen umsäumen mehrere Ateliers den 80 Quadratmeter großen Ausstellungsraum mit Bühne, ein 15 Quadratmeter großes Kabinett, ein Büro sowie einen teilweise überdachten Innenhof, der auch für Außeninstallationen genutzt werden kann.

www.gadewe.de

Reuterstraße 9–17
28217 Bremen

Mi+Fr 15–19 Uhr
Do 15–21 Uhr

info • gadewe.de

① ⑨ ⑧ ⑤

GALERIE am schwarzen meer / Raum2

B

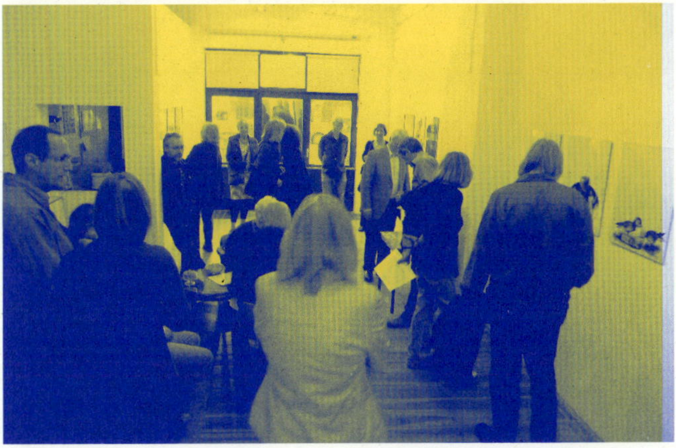

Die GALERIE am schwarzen meer in Bremen-Peterswerder ist seit 25 Jahren ein fester Bestandteil der Kultur des Stadtteils und darüber hinaus. Bis 2007 wurde diese kulturelle Institution in Kooperation mit der VHS Bremen (als VHS-Atelier) geführt, danach übernahm der Verein Kulturhof Peterswerder e. V. die Räumlichkeiten. Der Verein will innerhalb und außerhalb des Stadtteils Peterswerder kulturelle Akzente setzen und setzt sich in seinen Aktivitäten mit künstlerischer Praxis der verschiedenen Sparten auseinander. Im Mittelpunkt steht das Experiment, das Gespräch, die Begegnung. Der Verein organisiert Ausstellungen, Vorträge, Filmvorführungen, literarische, musikalische und sonstige Veranstaltungen. Dazu gibt es Wochenendseminare und Kurse. Schwerpunkte sind: internationale (migrantische) Kunst und Kultur aus Aserbaidschan, Bosnien-Herzegowina, Brasilien, Chile, Finnland, Frankreich, Griechenland, dem Iran, Italien, Japan, Kuba, Mexiko, der Niederlande, Peru, Polen, Russland, Spanien, Südkorea, der Tschechischen Republik und der Türkei. Dazu gehört der Austausch mit einheimischer, lokaler, nationaler Kunst. Der Verein kooperiert überregional und international mit Institutionen und Kunst- und Kulturproduzenten, die ähnliche Ziele verfolgen.

www.kulturhof-peterswerder.de

2007

Am Schwarzen Meer 119–189
28205 Bremen

Fr–So
17–19 Uhr

info•
kulturhof-peterswerder.de

kunstmix
Produzentengalerie im Schnoor

B

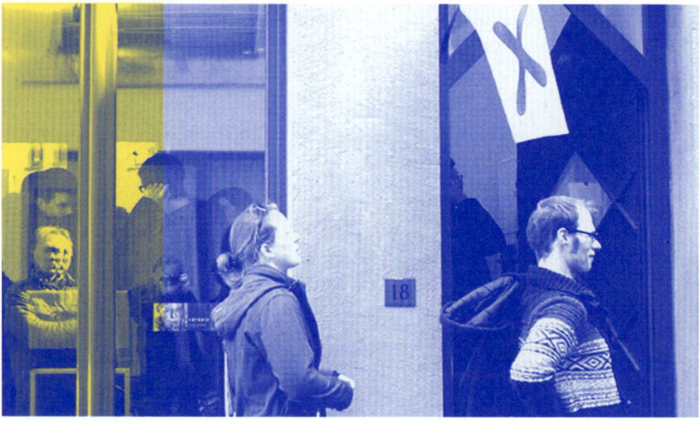

Das kunstmix ist eine kleine, aber feine, nicht profitorientierte Produzentengalerie im Bremer Schnoor. 2008 gründete sich eine Künstlergemeinschaft in Bochum, die temporär Räume für ihre Ausstellungen nutzte.
2009 wurde diese Idee mit nach Bremen genommen. Zunächst konzipiert für einen Zeitraum von sieben Monaten, besteht die Galerie mittlerweile seit fünf Jahren. Die Mitglieder des kunstmix sind im Jahr 2016: Dirk Lohmann (Fotografie), Gero Heitmann (Malerei), Martin Koroscha (Malerei, Fotografie), Fita Chagas (Malerei, Fotografie), Jutta Kritsch (Malerei) und Andrea Imwiehe (Malerei). Der Name der Galerie ist Programm, wenn im vierwöchigen Rhythmus Einzelausstellungen der Mitglieder oder von Gastkünstlern gezeigt werden. Die Ursprungsidee der Vernetzung wurde beibehalten, denn neben eigenen Arbeiten werden seit 2010 auch die Werke von Künstlerkollegen im monatlichen Wechsel gezeigt. Einmal jährlich findet die Ausstellung „querbeet“ statt, bei der die Galeriemitglieder befreundete Künstler einladen und gemeinsam in einer Petersburger Hängung ihre Arbeiten präsentieren.

www.kunstmixbremen.de

Kolpingstraße 18
28195 Bremen

Do–Fr 11–13 Uhr
16–18 Uhr
Sa 11–16 Uhr
+ auf Anfrage

info • kunstmixbremen.de

2008

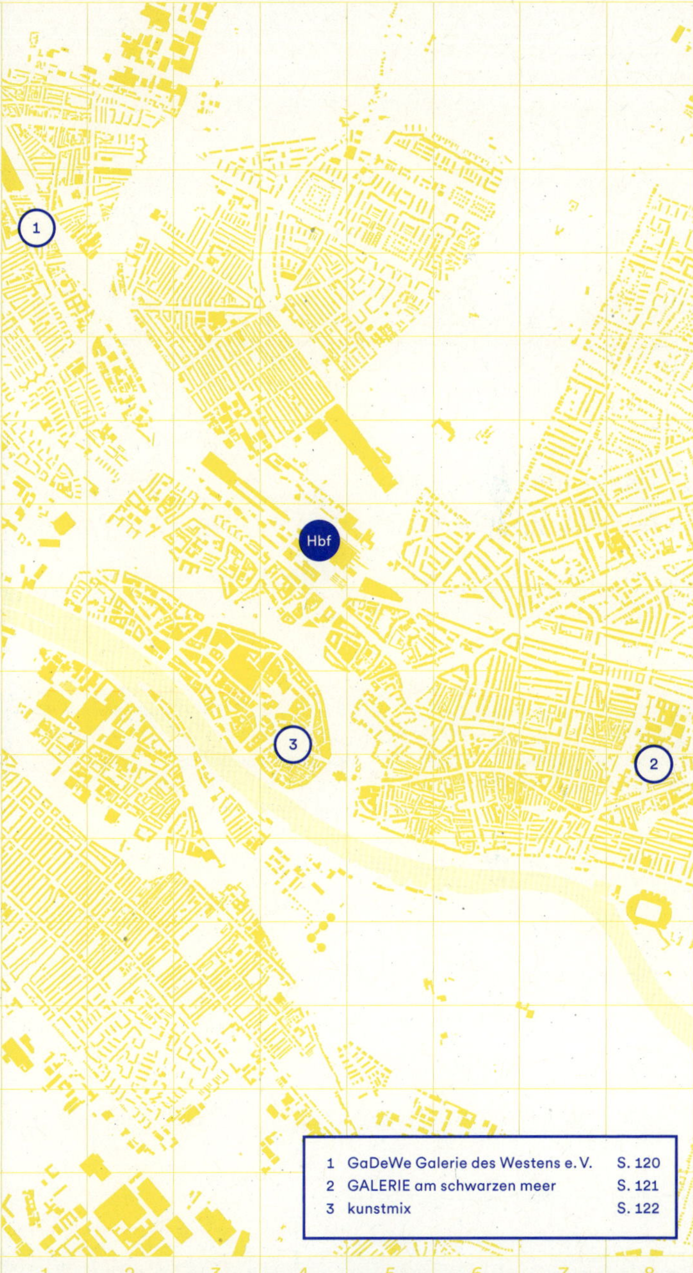
1
2
3
Hbf
1 GaDeWe Galerie des Westens e. V. S. 120
2 GALERIE am schwarzen meer S. 121
3 kunstmix S. 122
1 2 3 4 5 6 7 8

Chemnitz

C

Galerie HINTEN

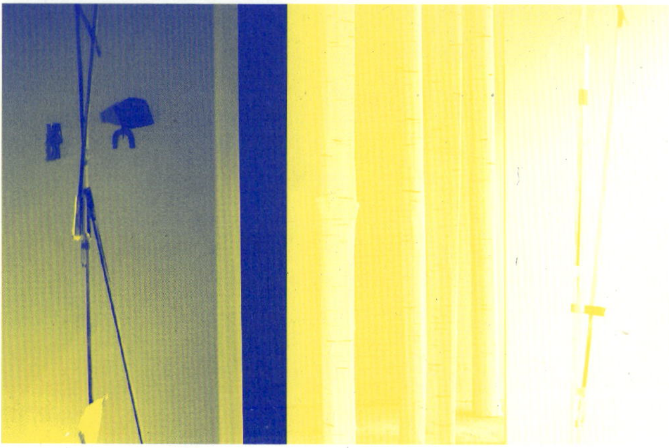

Die Galerie HINTEN ist ein ehrenamtlich organisierter, nicht kommerzieller und daher unabhängiger Projektraum für zeitgenössische Kunst in Chemnitz. Sie ist 2011 aus dem Kunst- und Kulturfestival „Begehungen" heraus entstanden. Mittlerweile unterstützt sie unabhängig vom Festival Nachwuchskünstler. Die Galerie grenzt direkt an den Klubraum LOKOMOV, wo regelmäßig Live-Konzerte und kleinere kulturelle Events stattfinden.

www.galeriehinten.de

Augustusburger Straße 102
09126 Chemnitz

Do–Fr ab 18 Uhr
Sa–So ab 15 Uhr

info • galeriehinten.de

2011

C

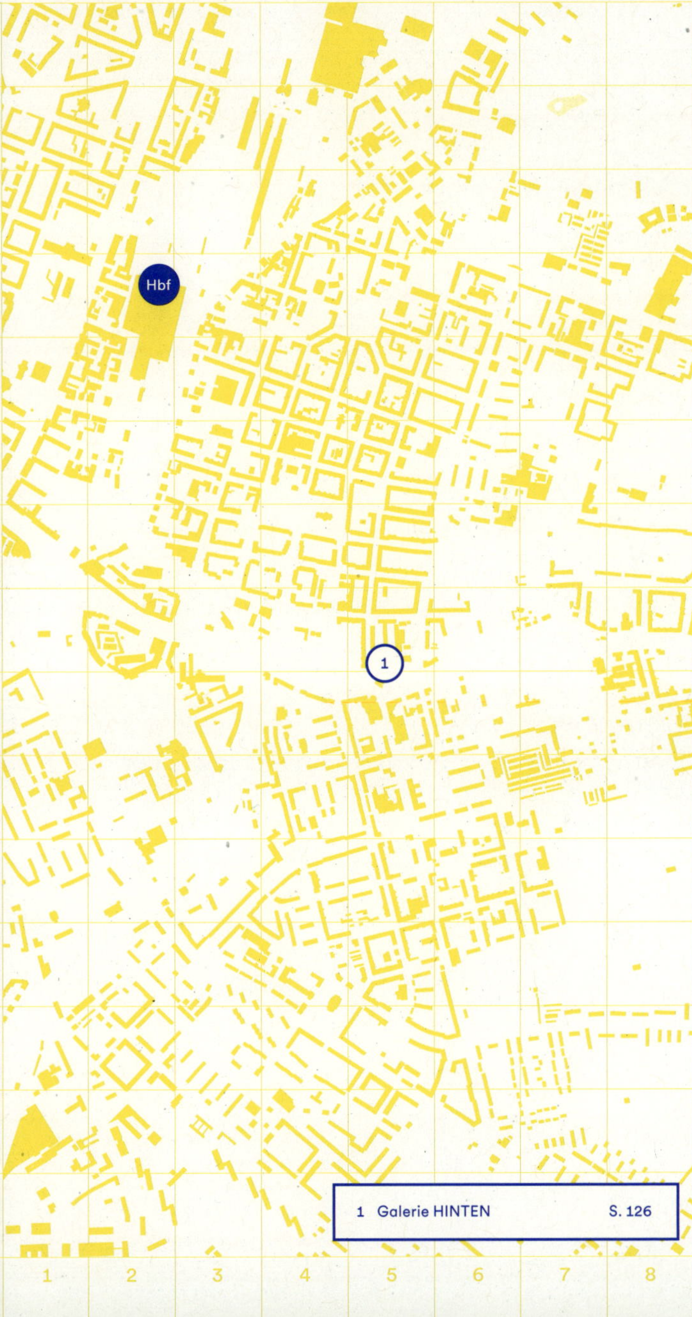

1 Galerie HINTEN S. 126

Dortmund

Projektraum Fotografie

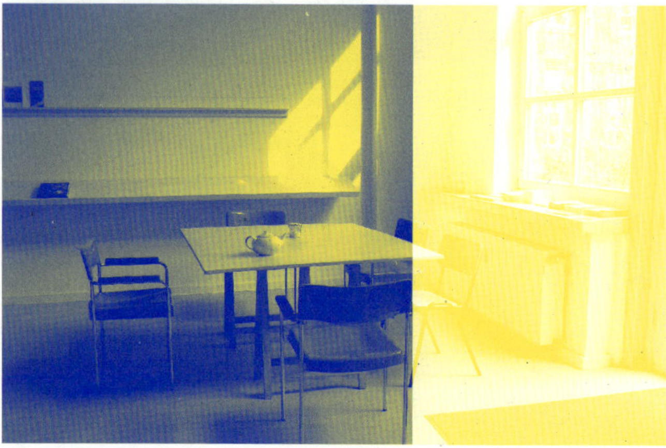

D

Der Projektraum Fotografie ist ein Ausstellungs- und Arbeitsraum im Dortmunder Unionviertel, betrieben und initiiert von der Künstler- und Fotografengemeinschaft Gerhard Kurtz, Daniel Sadrowski, Eisenhart Keimeyer und Donja Nasseri. Sie organisieren jährlich drei bis vier große Ausstellungen mit nationalen und internationalen Künstlern und veranstalten darüber hinaus Gespräche und Seminare zur Fotografie und Kunst. Der Projektraum ist Atelier, Treffpunkt und Ausstellungsraum in einem: „ein Labor im besten Sinne."

www.projektraum-fotografie.de

Huckarder Straße 8–12
44147 Dortmund

Während der Ausstellungen:
Do 16–20 Uhr
+ auf Anfrage

alle •
projektraum-fotografie.de

2 0 1 0

Salon Atelier

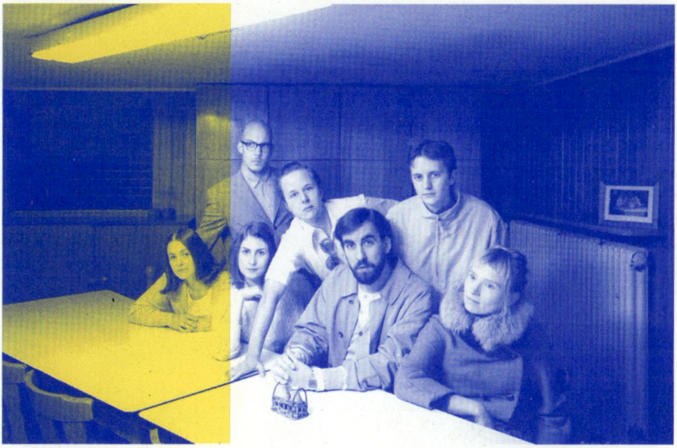

Das Salon Atelier ist eine Ateliergemeinschaft junger Künstler im Dortmunder Unionviertel. Das Ladenlokal eines ehemaligen Friseursalons dient den Mitgliedern als Arbeits-, Ausstellungs-, Erfahrungs- und Kommunikationsraum. In regelmäßigen Intervallen finden hier Ausstellungen statt, die durch partizipative Elemente einen intensiven Austausch mit den Anwohnern ermöglichen. Das Salon Atelier ist seit seiner Gründung stark mit anderen Kunst- und Kulturschaffenden in Dortmund und im gesamten Ruhrgebiet vernetzt, so dass auch über das Unionviertel hinausgehende Ausstellungsprojekte verwirklicht werden. Im Frühjahr 2014 gründeten die Mitglieder des Salon Ateliers den gemeinnützigen Verein Salon Atelier e. V. Das Salon Atelier realisiert seit 2012 auch als Künstlerkollektiv gemeinsame Ausstellungsprojekte, die an der Schnittstelle zwischen darstellender und bildender Kunst anzusiedeln sind. Nach ROMBERGLAND (2012) und FRISEURSALON (2014) entwickelte der Salon im Jahr 2015 den WIEDERGABESALON im Rahmen der Ausstellung OFF im Kunsthaus Essen.

www.salon-atelier.de

D

2009

Adlerstraße 66
44137 Dortmund

info • salon-atelier.de

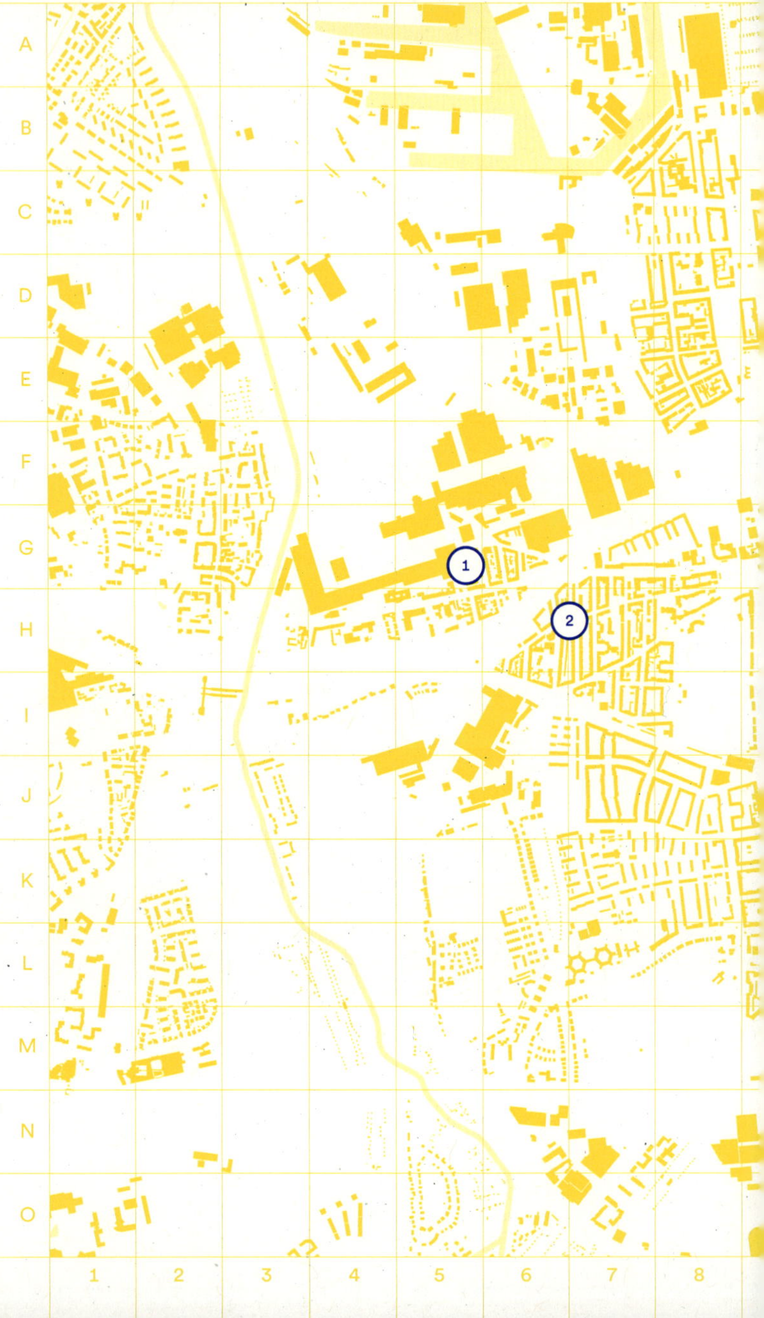
A
B
C
D
E
F
G
H
I
J
K
L
M
N
O
1
2
3
4
5
6
7
8
1
2

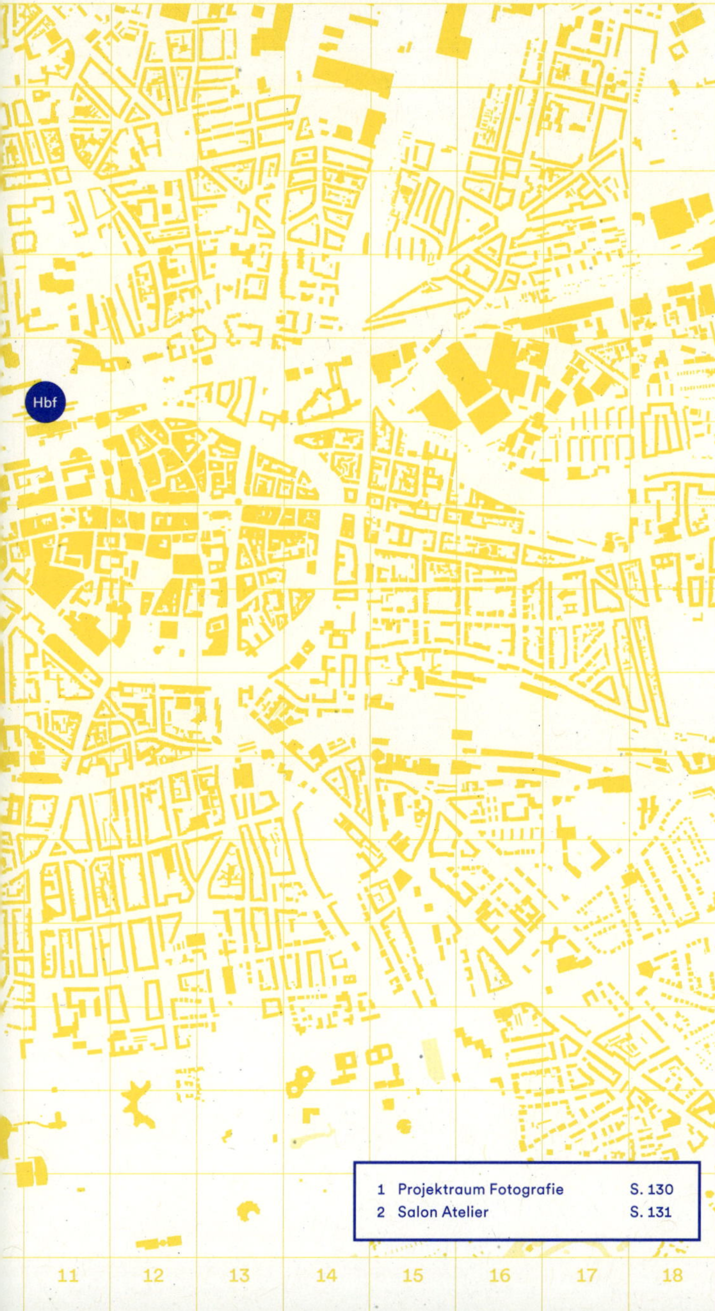
Hbf
1 Projektraum Fotografie S. 130
2 Salon Atelier S. 131
11
12
13
14
15
16
17
18

D

Dresden

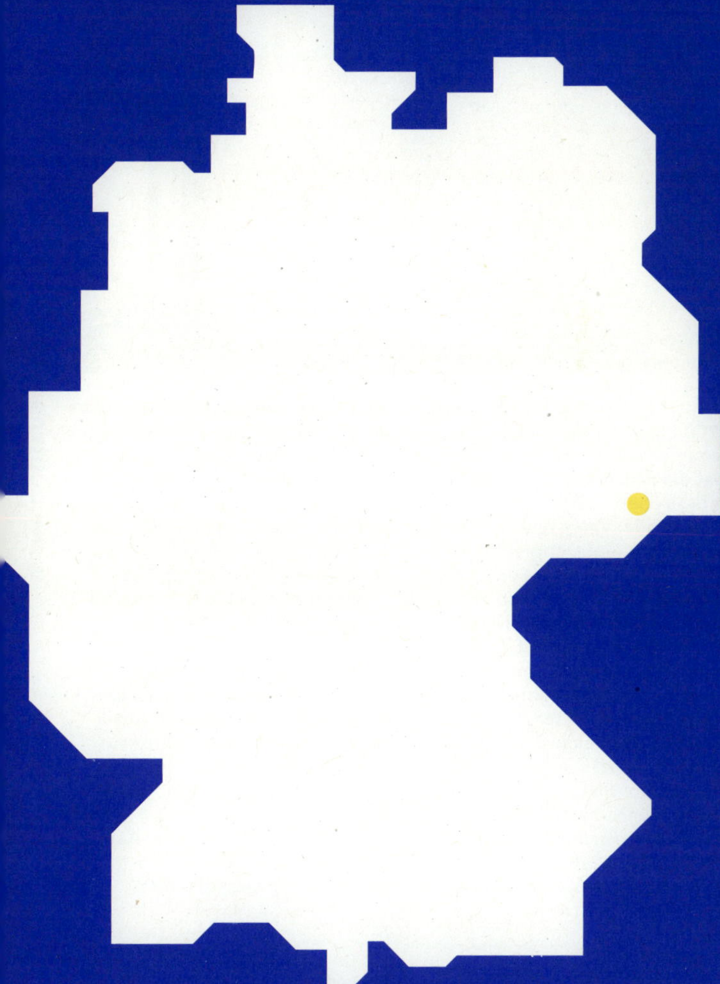

bautzner69

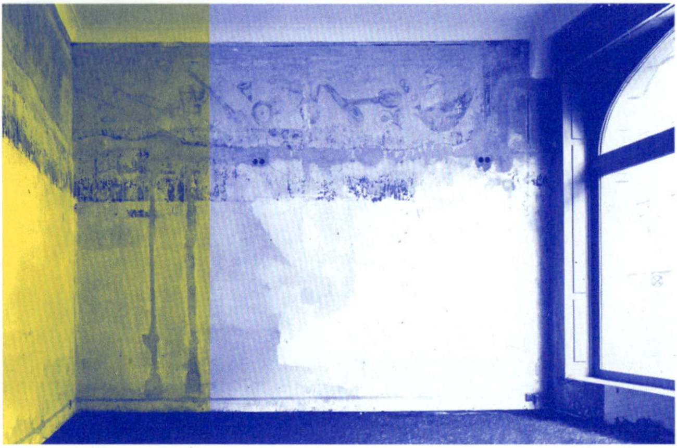

Hauptanliegen des im September 2003 gegründeten Ausstellungsraumes in der Dresdner Neustadt ist die Präsentation von zeitgenössischen Positionen im Bereich Fotografie, Video und Installation innerhalb eines überschaubaren Rahmens. Der Name des Ortes ist sogleich die Adresse, die sich an einer stark frequentierten Hauptstraße befindet. Es gibt zum einen feste Öffnungszeiten, zum anderen gewähren zwei große Schaufenster 24 Stunden am Tag Einblick in den Raum. Der Ausstellungs- und Projektraum bautzner69 ist nicht nur in der Dresdner Kunst- und Kulturszene als Plattform und Experimentierfeld für junge Kreative bekannt, sondern auch außerhalb der Grenzen der Stadt. Darüber hinaus sorgt er aktiv für eine lebendige Vernetzung von Künstlern, Kunstwissenschaftlern und Besuchern aus dem In- und Ausland. Der Offspace ist somit nicht nur ein Spiegel zeitgenössischer Kunst, sondern zugleich Ort des Austausches über aktuelle Tendenzen und Perspektiven. Da beim Verkauf von Werken keinerlei Provision einbehalten wird, werden die Kosten der Ausstellungen über Förderungen sowie über angewandte Projekte in den Bereichen Grafik- und Ausstellungsdesign, Fotografie und Architektur gedeckt.
Seit Oktober 2015 ist dem Ausstellungsraum der hesperus print* Verlag angegliedert.

www.bautzner69.de

Bautzner Straße 69
01099 Dresden

Di 10–12 Uhr
Do 18–20 Uhr
Sa 15–18 Uhr

present•bautzner69.de

2003

C. Rockefeller
Center for the contemporary Arts

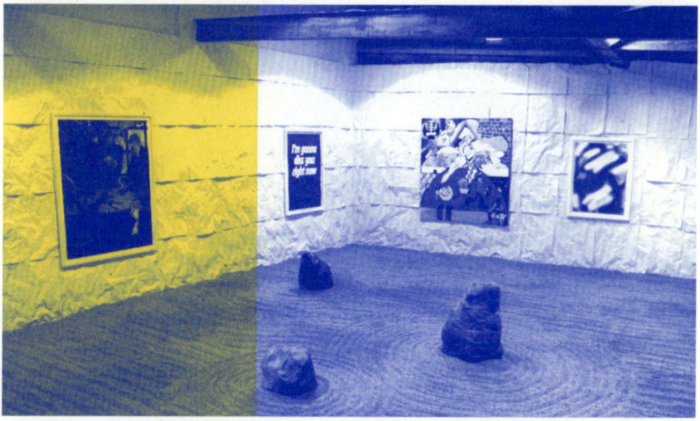

„Eines unserer Hauptanliegen ist es, jungen und experimentell arbeitenden Künstlern und Künstlergruppen eine professionelle Präsentationsmöglichkeit für ihre Arbeiten, Ideen und Fragestellungen zu bieten. Wir unterstützen hierbei speziell medienübergreifende, raum- und kontextbezogene Arbeitsweisen. Wir verstehen uns als unabhängige Vermittler und Vertreter zeitgemäßer regionaler, überregionaler und internationaler Kunstpositionen in Dresden und Deutschland. There is always a higher level!"

D

www.crockefeller.de

2010

Rudolf-Leonhard-Straße 54,
HH (Eingang über Tor Nr. 58)
01097 Dresden

Eröffn. immer Do
ab 19 Uhr + folgender Fr 14–18 Uhr
+ auf Anfrage

clark • crockefeller.de

D

Co-Box

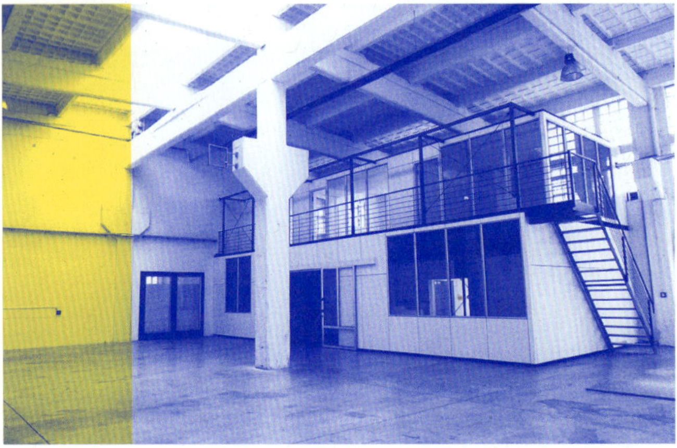

Eine ehemalige Industriehalle steht zur temporären Nutzung für Ausstellungen, Konzerte, Literatur-Events, Tagungen, Konferenzen, Workshops sowie als Arbeitsraum oder Werkstatt zur Verfügung. Die Co-Box hat neben einer knapp 400 Quadratmeter großen Halle drei kleinere Büros, die man auch längerfristig anmieten kann. In unregelmäßigen Abständen finden dort kulturelle Veranstaltungen statt. Betrieben wird die Co-Box von Verena Andreas und Torsten Rommel, Gründer der Agentur galerie module.

www.fb.com/CoBoxDresden

Königsbrücker Straße 96
Halle 7B
01099 Dresden

anfrage•
kreativraumagentur.de

2 0 1 5

District Museum for Contemporary Art e. V.

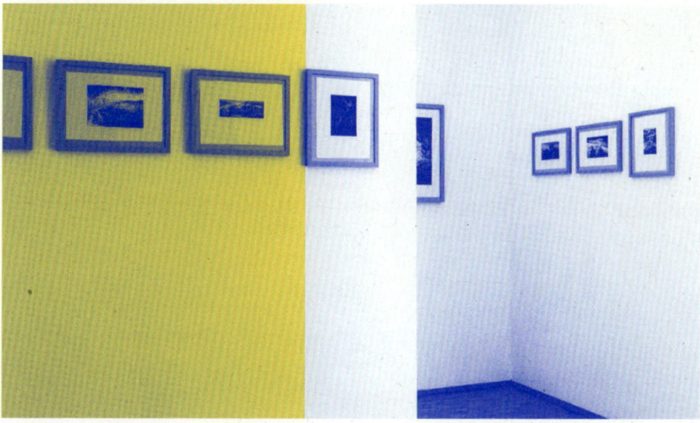

D

District Museum for Contemporary Art e. V. fördert die Künste und das Konzept des integrativen Museums. Dieses umfasst das Sammeln, Bewahren und Erforschen von Kunstobjekten wie auch die Unterstützung talentierter Künstler. Dabei stellt der Verein Platz zum Arbeiten und zum Ausstellen zur Verfügung und ermöglicht eine alltägliche und lokale, aber vielseitige Kunstproduktion. Präsentiert wird eine kleine, feine Auswahl, die zu neuen Projekten anregen soll. Zurzeit kann nur eine begrenzte Anzahl an Arbeiten gezeigt werden, der Verein plant aber, noch 2016 in größere Räumlichkeiten im gleichen Stadtviertel, Dresden-Neustadt, umzuziehen.

www.districtmuseum.com

2014

Rothenburger Straße 13
EG links
01099 Dresden

Mi–Do 16–20 Uhr
Fr 18–22 Uhr
+ auf Anfrage

info • districtmuseum.com

D

EX14
Raum für zeitgenössische Kunst

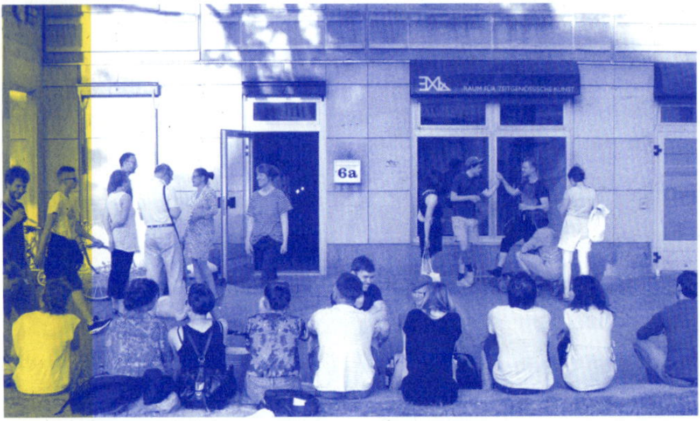

Das EX14 ist ein studentischer Ausstellungsraum, der sich seit Juni 2015 auf der Königsbrücker Straße nahe dem Albertplatz befindet. Zuvor hat das Team vier Jahre lang das F14 auf der Fritz-Reuter-Straße betrieben. Das EX14 stellt die Arbeiten von Studierenden und Absolventen der Hochschule für Bildende Künste aus, lädt junge Künstler aus anderen Städten ein und organisiert größere thematische Gruppenausstellungen. Das Programm wird gelegentlich durch Workshops, Filmabende oder Diskussionsrunden erweitert.

www.ex14.de

Königsbrücker Straße 6a
01099 Dresden

Während der Ausstellungen:
Fr 19–22 Uhr
Sa–So 15–18 Uhr

ex14.dresden • gmail.com

2011

GALERIE TILIART

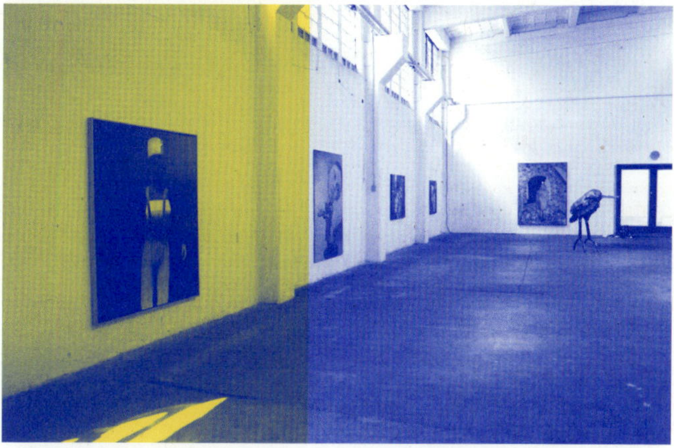

www.galerie-tiliart.de

Die GALERIE TILIART wurde 2012 mit dem Ziel gegründet, die Position des Gastes oder Kommentators zu verlassen und die eigene Idee davon, was Kunst sein kann, gegenüber anderen zu vertreten. „Zu technisch, zu kostenorientiert, zu fremdgesteuert kam mir die Branche vor, in der ich mich bis dahin bewegte: die Landschaftsarchitektur und der Städtebau", sagt Christoph Brückner, der Betreiber. Die Unzufriedenheit darüber, wie staatliche Museen und etablierte Galerien mit der „Seele der Kunst" umgingen, brachte ihn auf den Gedanken, sich eigene Orte zu suchen, um Bilder an die Wände zu hängen und Leute einzuladen. Gerade in einer Zeit, als viele Kunsträume in Dresden verschwanden, kam die Idee auf, etwas Verbindendes in der Kulturlandschaft zu schaffen. Schüler, Kunststudenten, Diplomanden, Profis, Professoren und Autodidakten sollen hier zusammengebracht werden. Außerdem werden vier deutsche Städte bzw. Kunsthochschulen in eine Reihe gestellt: Dresden, Halle, Leipzig und Düsseldorf. Die erste TILIART-Ausstellung fand im September 2012 in einer alten Fabrik in Dresden-Neustadt statt. Aus ihrem Erfolg entstand die Idee, einen unregelmäßigen, aber wiederkehrenden Galeriebetrieb an wechselnden Orten aufzunehmen. Dieses Projekt trägt sich bis heute: Inzwischen hat sich ein gewisser Künstlerstamm entwickelt – und hin und wieder wird auch ein Bild verkauft.

2012

Ohne feste Adresse	Auf Anfrage	kontakt • galerie-tiliart.de

Galerie Ursula Walter

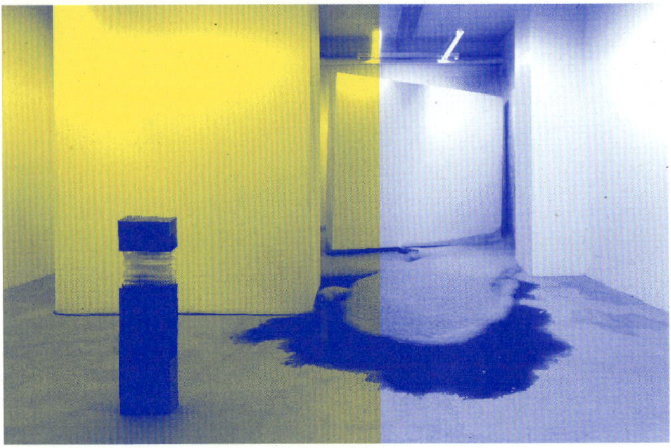

D

Die Galerie Ursula Walter ist ein nicht kommerzieller, temporärer Ausstellungsraum für zeitgenössische Kunst in Dresden. Geleitet wird die Galerie durch einen Zusammenschluss von Künstlern, die bereits verschiedene Ausstellungsprojekte in Leipzig, Berlin und Dresden kuratiert und realisiert haben. Ursula Walter hieß die langjährige Nachbarin der Künstler Patricia Westerholz und Andreas Kempe. Ihr Nachlass machte es 2013 möglich, für einige Monate die Räume am Goldenen Reiter für Ausstellungen anzumieten. Das Folgekonzept beinhaltet einen Förderverein, der die Fortsetzung des Ausstellungsprojektes gewährleistet.

www.galerieursulawalter.de

Neustädter Markt 10
Am Goldenen Reiter
01099 Dresden

Fr–So
15–18 Uhr
+ auf Anfrage

mail •
galerieursulawalter.de

2013

geh8 Kunstraum und Ateliers e. V.

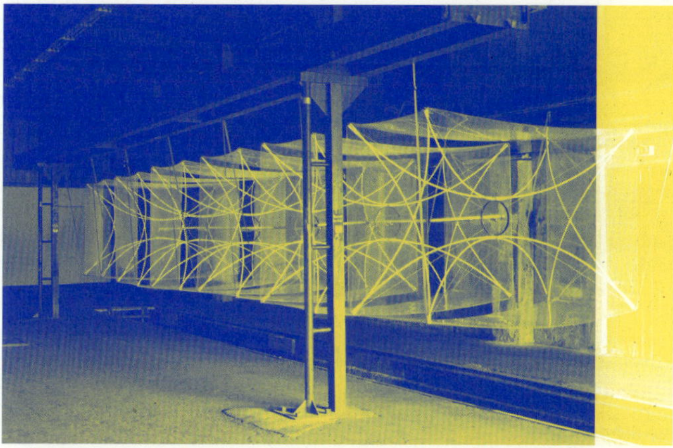

D

www.geh8.de

geh8 Kunstraum und Ateliers e. V. besteht seit 2007 in einer ehemaligen Wagenreparaturwerkstatt der Deutschen Bahn in Dresden. Der seit 2009 als gemeinnützig eingetragene Verein hat sich aus einer Ateliergemeinschaft von Künstlern, Architekten, Designern und Stadtplanern entwickelt und verfolgt das Ziel, aktuelle Positionen zeitgenössischer Kunst und Musik zu fördern. Das Modell der Selbstorganisation sowie der nicht kommerzielle Ansatz als „artist-run space" versetzen den Verein in die Lage, künstlerische Ideen und Konzepte experimentell und unabhängig zu entwickeln. So hat sich der Ort zu einer bedeutenden Größe in der Dresdner Kunstszene entwickelt, der durch eine Vielzahl internationaler Ausstellungskooperationen auch überregionale Bekanntheit erlangte.

2007

Gehestraße 8
01127 Dresden

Auf Anfrage

mail • geh8.de

D

Haifische Dresden Süd-West e.V.

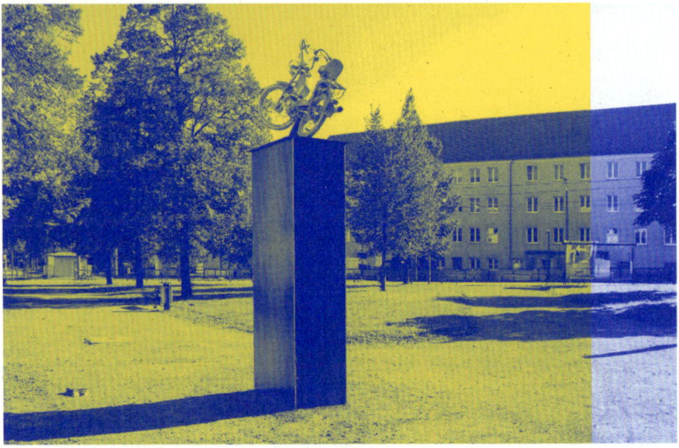

Der Freiluftkunstraum Haifische Dresden Süd-West wurde 2008 von Birgit Schuh initiiert, die ihn seit 2012 gemeinsam mit Christoph Rodde leitet. 2015 bekam das Projekt den Förderpreis der Landeshauptstadt Dresden verliehen. Das zentrale inhaltliche Anliegen ist die Förderung von Kunst und Kultur. Dies soll insbesondere durch Kunstprojekte in öffentlichen Räumen verwirklicht werden, wobei ein enger Bezug zur Stadtlandschaft des Dresdner Süd-Westens gesucht wird. Die Tätigkeit knüpft an eine bedeutende historische Kunsttradition in dieser Region an, die mit den Malern und Dichtern der Romantik, etwa mit Caspar David Friedrich und Adrian Zingg, verbunden ist sowie mit der Mäzenin Ida Bienert, die Anfang des 20. Jahrhunderts bedeutende Künstlerpersönlichkeiten förderte.

www.haifische-dresden.de

Freiluftkunstraum im Dresdner Süd-Westen

24/7

info • haifische-dresden.de

2008

HOLE OF FAME

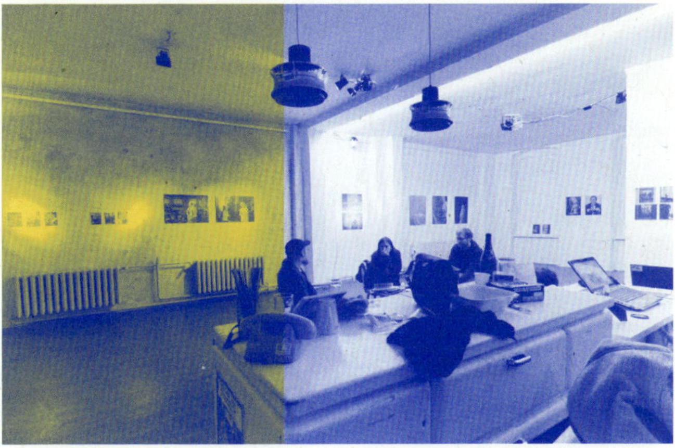

www.holeoffame.de

Am 19. Mai 2012 eröffnete in einem ehemaligen Spielwarengeschäft auf der Königsbrücker Straße der Projektraum HOLE OF FAME. Die Akteure engagierten sich bereits davor in anderen Projekten und organisierten u. a. Kunstausstellungen, Konzerte oder Lesebühnen. Aus dem Bedürfnis, diese Projekte zu vernetzen und daraus neue Ideen zu entwickeln und umzusetzen, erwuchs der Wunsch, einen Raum als ständige Basis und Veranstaltungsort zu erschaffen. Seither treffen im HOLE OF FAME bildende Künstler, Musiker, Schauspieler, Fotografen, Literaten und Lebenskünstler aufeinander. Durch die Vielfalt dieser Akteure entsteht jeden Monat ein vielfältiges Programm von Ausstellungen, Konzerten, Lesungen, Theaterstücken, Film- und Diskussionsabenden, Workshops, Projektpräsentationen und anderen Veranstaltungen im Bereich Kunst und Kultur. Daraufhin gründete sich im März 2014 der gemeinnützige HOLE OF FAME e. V. als Organisationsstruktur hinter dem Projektraum: „Über den Verein möchten wir mehr als zuvor durch ein breites kulturelles Angebot in unser Stadtviertel und unsere Umgebung hineinwirken, sie aktiv mitgestalten und zukünftig Projekte verwirklichen, die zunehmend über den Tellerrand Dresdens hinausgreifen. Gerade weil wir in verschiedenen Themenbereichen und Medien zu Hause sind, verfolgen wir den Wunsch, gemeinsam, basisdemokratisch und ohne hierarchische Strukturen zu arbeiten und mit gegenseitigem Respekt und Interesse für den anderen einen Raum der Möglichkeiten zu erschaffen."

2012

Königsbrücker Straße 39
01099 Dresden

Do–Fr
14–19 Uhr
+ bei Veranstalt.

post • holeoffame.de

D

Karambolage

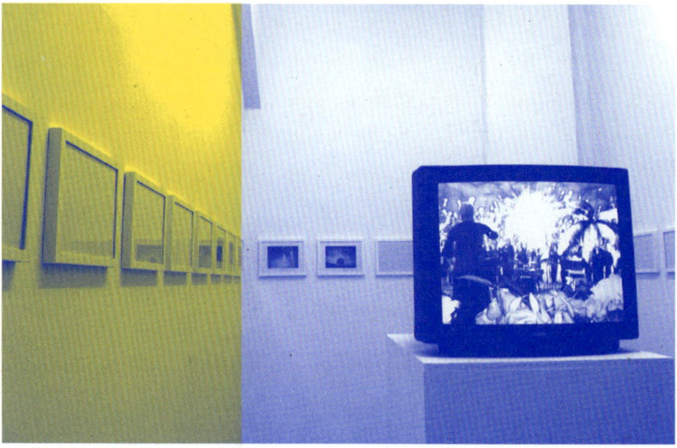

www.karambolage.org

Die Besonderheit des Projektraums Karambolage ergibt sich aus seiner räumlichen Aufteilung: Vorne befindet sich ein großer Raum für Veranstaltungen, hinten ein etwas kleinerer Ausstellungsraum. Der vordere Bereich erinnert an ein Büchercafé: Neben Büchern und Kaffee finden hier regelmäßig Konzerte, Lesungen und Vorträge, aber auch soziokulturelle Aktivitäten wie Vereinstreffen statt.
Der Ausstellungsraum ist davon abgetrennt und bildet einen kleinen White Cube, der sich gut für Videos, Installationen, Lichtkunst sowie für kleine, detailreiche Arbeiten eignet. Studierenden und jungen Künstlern soll ein Raum geboten werden, der Ort lebendigen Miteinanders und ein Treffpunkt für die verschiedensten Menschen ist. Gleichzeitig soll er dabei als Plattform dienen, der künstlerische Arbeiten auch einer eher kunstfremden Öffentlichkeit zugänglich macht. Der Fokus ist auf Kunst gerichtet, die sich nicht nur als dekorativer Zusatz sieht, sondern genuiner Teil der Gesellschaft und der Auseinandersetzung mit ihren Problemen ist. Die Vielfalt der künstlerischen Ausdrucksmöglichkeiten und die Gespräche über Kunst bilden dabei einen wichtigen Teil. Daher wird vor jeder Vernissage eine eigene Radiosendung („Radio Karambolage TV“) produziert, bei der Künstler und Gäste über die Ausstellung, aber auch über ihren individuellen Hintergrund und ihre Meinung zur Kunst sprechen.

Oschatzer Straße 15
Ecke Konkordienstraße
01127 Dresden

Do	16–22 Uhr
Fr–Sa	16–24 Uhr
So	14–20 Uhr

kontakt • karambolage.org

2015

Kukulida e. V.

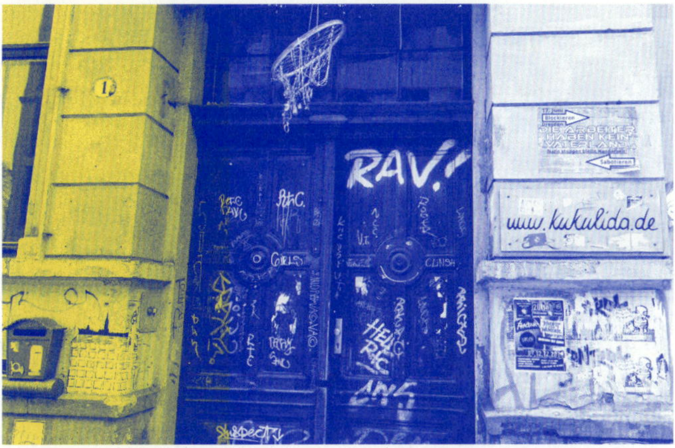

D

www.kukulida.de

Der Kukulida e. V. engagiert sich für unabhängige und nicht kommerzielle Kunst und Kultur in der (immer enger werdenden) Dresdner Neustadt. Neben der Durchführung eigener Veranstaltungen bietet der Verein auch anderen die Möglichkeit, sich zu vernetzen und Ideen zu verwirklichen, indem er z. B. mit Einzelpersonen oder Gruppen zusammenarbeitet oder seine Räume zur Verfügung stellt.
In den Vereinsräumen im Erdgeschoss des Wohnhauses in der Martin-Luther-Straße 1 finden unterschiedlichste Veranstaltungen statt – vom Barabend mit Programm über Vorträge und Filmabende bis hin zu künstlerischen Projekten. Die Arbeit wird ehrenamtlich von den Bewohnern des Hauses und von weiteren Vereinsangehörigen geleistet.
Die Untrennbarkeit von Vereinsarbeit und gemeinsamem Wohnen ist das Fundament des Projektes. Der Kukulida e. V. wird zudem von engagierten Freunden und nicht zuletzt auch von den Nutzern der Räume unterstützt.

2008

Martin-Luther-Straße 1
01099 Dresden

Keine festen Öffnungszeiten, aber regelmäßige Veranstaltungen

info • kukulida.de

D

MIKKY BURG

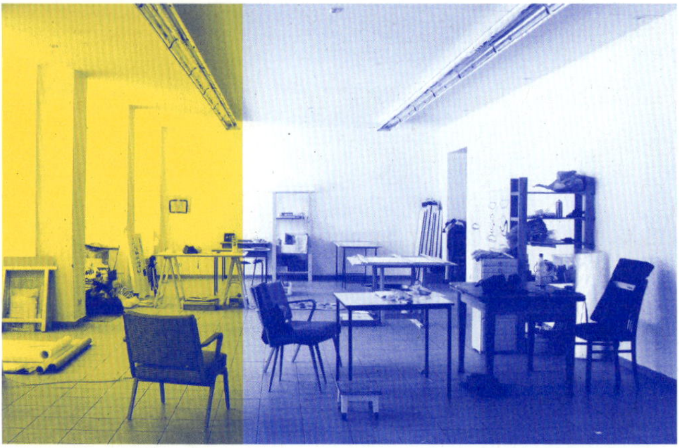

MIKKY BURG begreift sich als offene Ateliergemeinschaft, die künstlerische Konzepte entwickelt und Interessierten zugänglich macht. Das Atelier gestaltet und misst sich an den unterschiedlichen Anschauungen der Gemeinschaft und am Austausch mit seinen Gästen. Zweimal jährlich – im Winter und im Sommer – wird eine Ausstellung geplant und realisiert, die es ermöglicht, aktuelle Arbeitsprozesse zu reflektieren und künstlerische Ergebnisse zu präsentieren. Ein weiterer Raum steht den Künstlern von MIKKY BURG, aber auch anderen Kulturschaffenden für Projekte und Experimente zur Verfügung.

www.mikky-burg.com

Hechtstraße 99
01127 Dresden

Termine siehe Veranstaltungen + auf Anfrage

atelier.mikky.burg•gmail.com

②⓪①③

p.l.o.n.k.-kunstraum

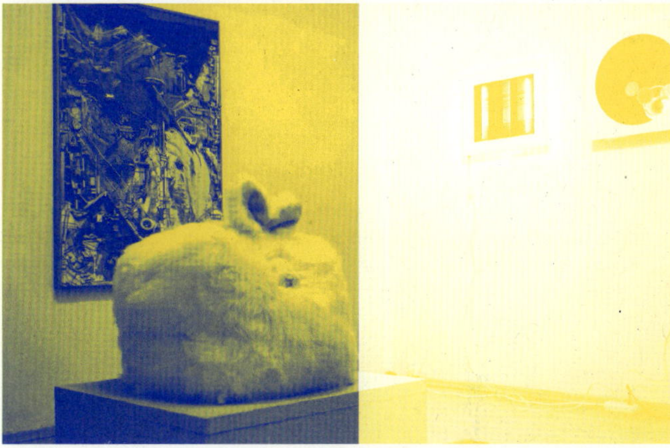

D

p.l.o.n.k.-kunstraum ist ein Raum für Kunst, Netz und Medien am Dresdner Körnerplatz mit Schwerpunkt auf diskursiven Schnittstellen zwischen Generationen, Genres, Gesellschaft und Alltag.

www.plonk-art.de

Schillerstraße 1
01326 Dresden

Auf Anfrage

room • plonk-art.de

D

VASISTAS
Offline Project Space On Contemporary Art

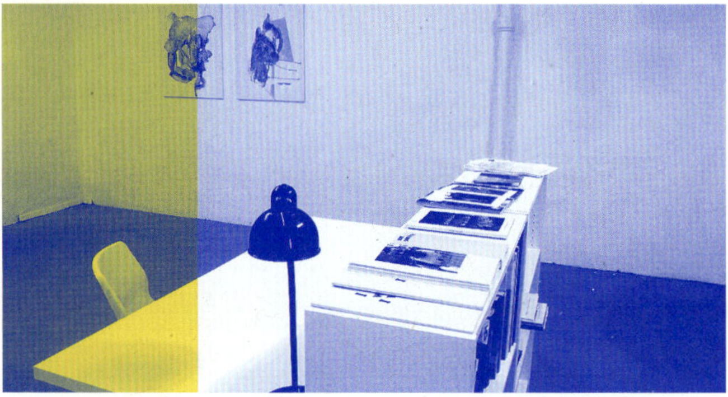

Ursprünglich nur online, seit Herbst 2014 auch offline: Der VASISTAS Project Space war eigentlich ein Blog, auf dem junge, noch unbekannte Künstler in der Rubrik „Featured Art“ die Möglichkeit zur Präsentation eigener Arbeiten hatten. Doch nach einem Tag auf dem Dresdner Trümmerberg entstand die Idee, den Künstlern einen Raum im echten Leben zu geben. Die Gruppenausstellung „currently: VASISTAS offline“ war die erste von vielen, die folgen sollten. „Vasistas“ ist ein türkisches Lehnwort aus dem Französischen und bedeutet Oberlichtfenster. Denn als der Blog im Sommer 2013 in Istanbul online ging, ermöglichte er einen Blick durch das Fenster in die türkische Kunstwelt. Virtuell wie auch real ist VASISTAS ein Raum für Austausch und für Fragen. Im Project Space sollen Menschen miteinander reden: über die Kunst, über sich, aber auch miteinander – die Schnittstelle zwischen der virtuellen und der realen Welt, zwischen Instagram und Offspace wirft viele Fragen auf. Über ein Online-Formular auf der Website kann sich jeder Künstler mit drei Arbeiten bewerben und gelangt so in die „Featured Art“-Rubrik: „Vorhang auf, für den Blick durchs Fenster!“

www.vasistas-magazine.com

Jagdweg 1–3, UG
01159 Dresden

Sa–So
16–19 Uhr
+ auf Anfrage

hello •
vasistas-magazine.com

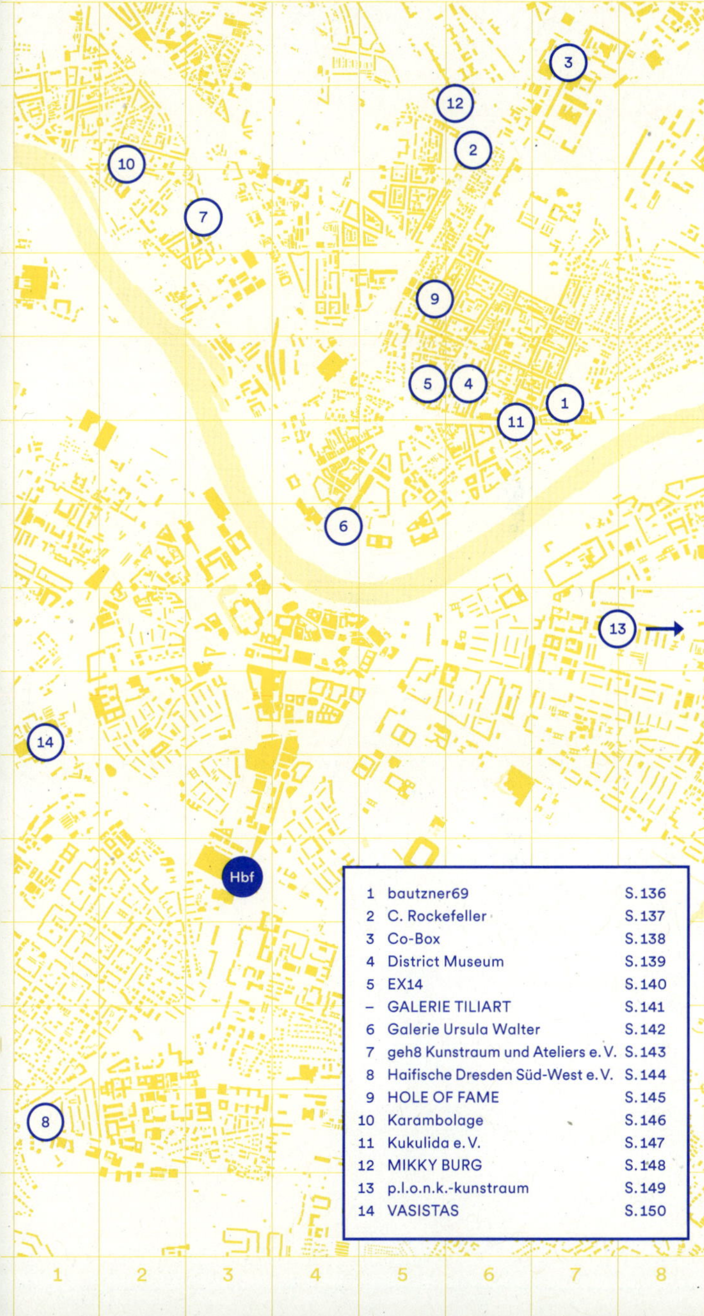

D

Duisburg

D

Hong Kong Derrick Barge

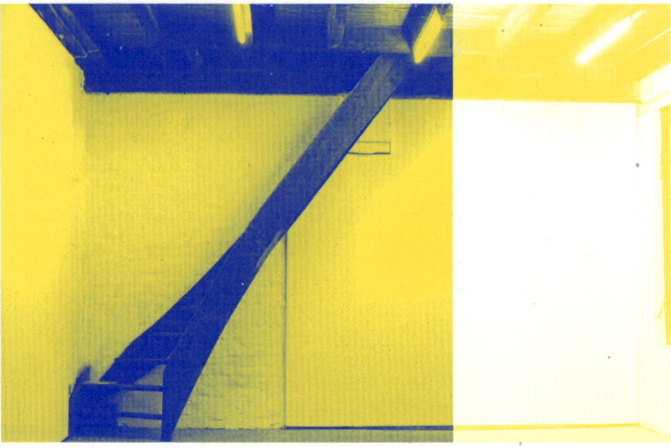

Die Hong Kong Derrick Barge in Duisburg-Hochfeld, unweit des grün leuchtenden Turms der Heizkraftwerke, ist ein unabhängiger Kunstraum, in dem seit 2013 ca. fünf Ausstellungen pro Jahr gezeigt werden. Im ersten Jahr auf Zweierausstellungen spezialisiert, finden auf den 45 Quadratmetern mittlerweile auch Einzel- und kleinere Gruppenausstellungen statt, vorwiegend (aber nicht nur) jüngerer Künstler. Die Hong Kong Derrick Barge setzt keinen Schwerpunkt, was das Material der ausgestellten Arbeiten betrifft. Sie möchte vor allem den regionenübergreifenden Austausch zwischen den Künstlern, aber auch mit den Besuchern fördern und zeigt daher vermehrt Kunst, die nicht aus Nordrhein-Westfalen kommt.

www.hongkongderrickbarge.de

Walzenstraße 13, HH
47053 Duisburg

Während der Ausstellungen:
Do–So
17–20 Uhr

mail • hongkongderrickbarge.de

2013

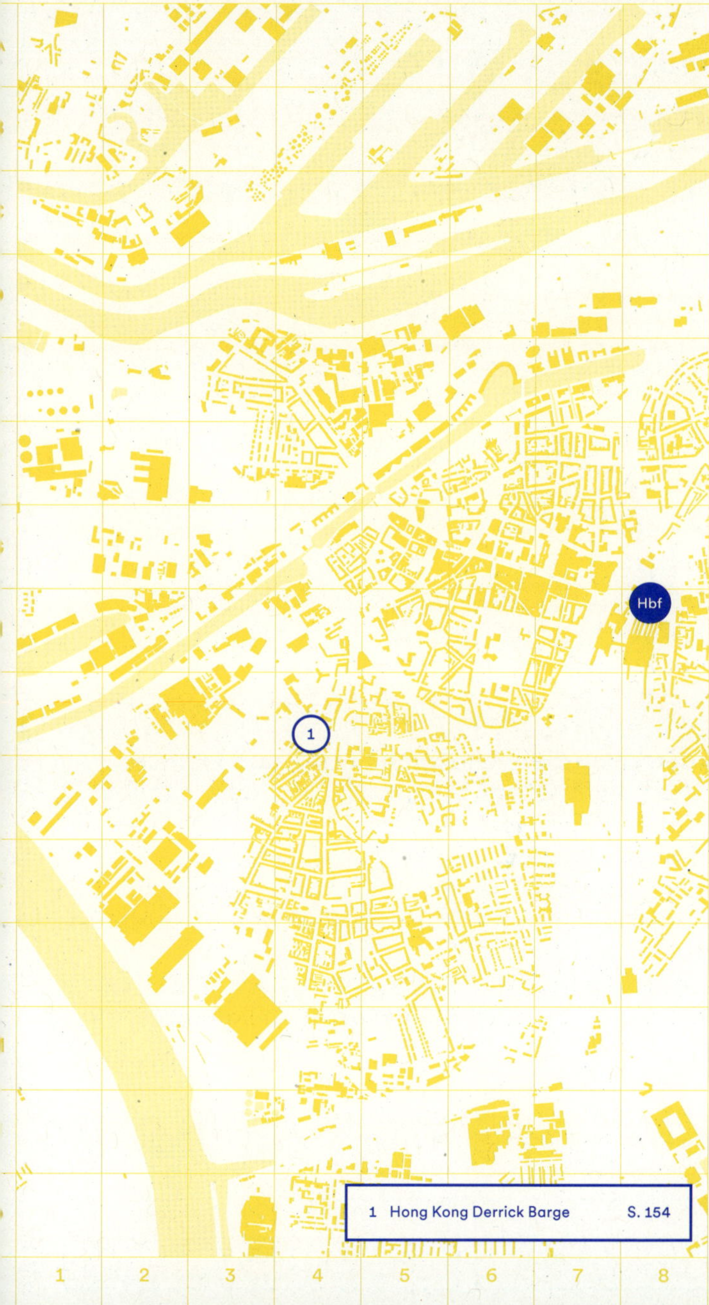

1 Hong Kong Derrick Barge S. 154

Düsseldorf

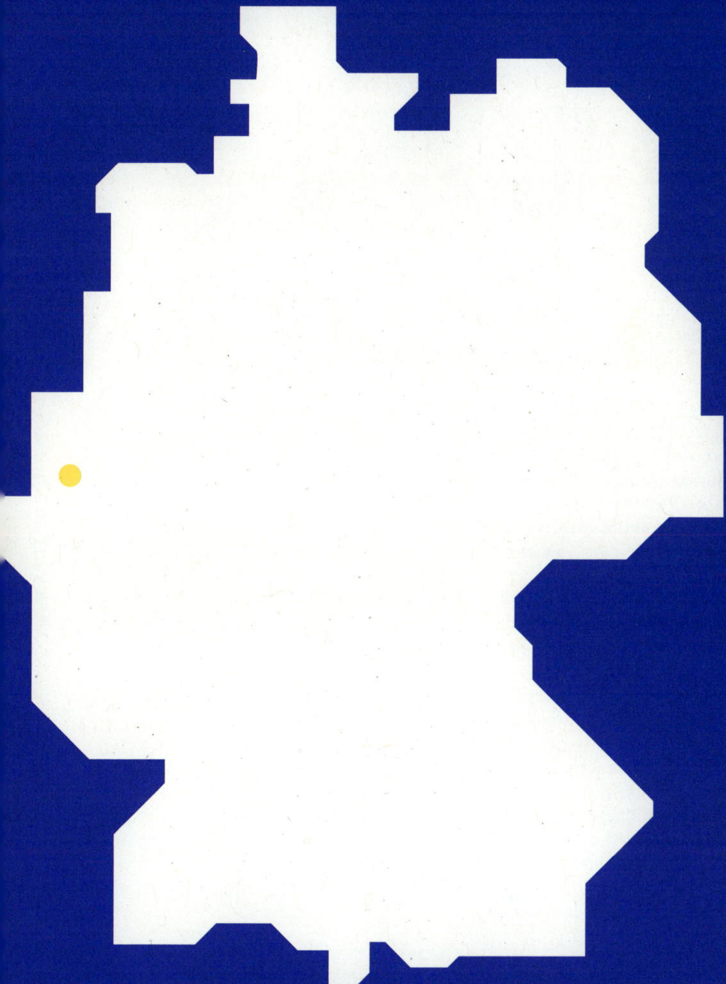

D

Brause
Vereinsheim des Metzgerei Schnitzel e. V.

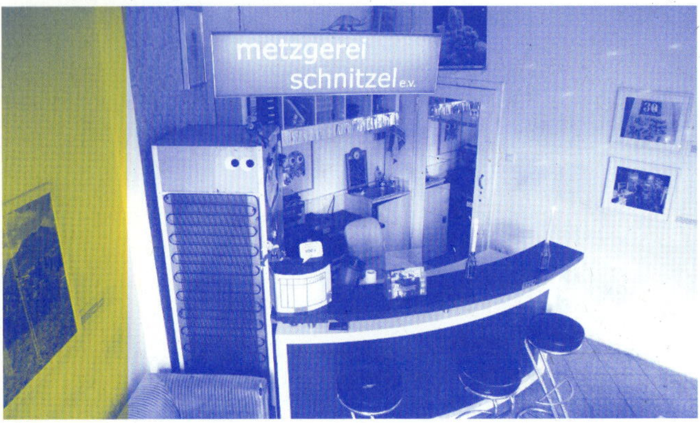

Der Metzgerei Schnitzel e. V. wurde 2001 als Kunst- und Kulturverein mit dem Ziel gegründet, jungen, unbekannten Künstlern eine Plattform zu bieten. Gleichzeitig soll die alternative Szene Düsseldorfs belebt und die Stadtteile Friedrichstadt und Bilk (an deren Grenze das Vereinsheim „Brause" liegt) kulturell gestärkt werden. Besonders wichtig ist dem Verein der kostenlose Zugang zu allen Veranstaltungen. Diese strikt nicht kommerzielle Ausrichtung soll einen im weitesten Sinne barrierefreien Zugang zu Kunst und Kultur schaffen, den alle Bürger ungeachtet ihres Einkommens oder etwaiger Berührungsängste mit etablierten Kulturinstitutionen nutzen können. Hier hat man auch die Möglichkeit, sich selbst aktiv als Mitglied einzubringen, Veranstaltungen zu konzipieren, zu realisieren und so selbst die Kulturlandschaft der Heimatstadt mitzugestalten. Dabei sollen vor allem junge Künstler unterstützt werden, um ihnen die Möglichkeit zu bieten, sich und ihre Arbeit erstmals vor einem größeren Publikum zu präsentieren: „Aufgrund der hohen Einstiegshürden in den etablierten Kulturbetrieb scheint es sinnvoll, wenn nicht gar notwendig, dem Nachwuchs einen ‚niederschwelligen' Einstieg zu verschaffen und ihm so wichtige Erfahrungen zu ermöglichen. Niemand wird ausgeschlossen, jeder ist herzlich eingeladen – der Eintritt beträgt ein Lächeln."

www.metzgereischnitzel.de

Bilker Allee 233
40223 Düsseldorf

Auf Anfrage

info • metzgereischnitzel.de

2001

Coelner Zimmer
Raum für Medienkunst

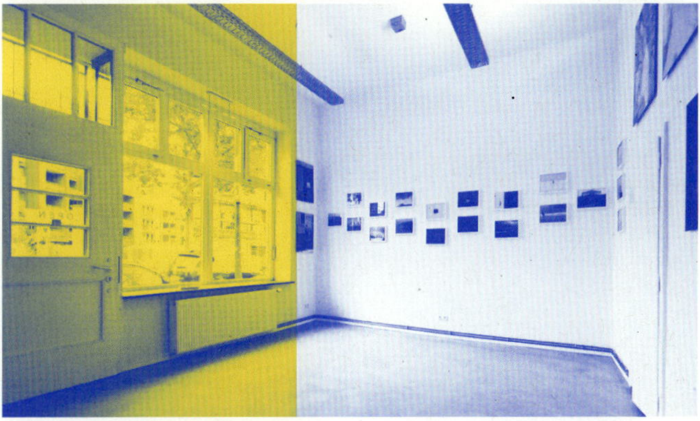

Das Coelner Zimmer in Düsseldorf-Pempelfort wurde im März 2012 von Rainer Rehfeld eröffnet. Als ein Off-Raum für Medienkunst oder artverwandte Genres gedacht, präsentiert Rehfeld hier spannende Künstler fern vom Mainstream und rein verkaufsorientierter Galeriekunst. Rehfeld möchte mit seinem Projekt gerade den in Düsseldorf noch unterrepräsentierten Bereich Medienkunst / Neue Medien / Mixtmedia bekannter machen. Neben schon etablierten Künstlern werden neue junge, experimentierfreudige Künstler gezeigt, ferner einmal im Jahr eine eigene neue Arbeit des Betreibers. Rainer Rehfeld ist selber Fotokünstler und hat 23 Jahre in Köln gelebt, bis er Anfang 2012 nach Düsseldorf zog. Der etwas provokante Name Coelner Zimmer basiert auf dieser Tatsache, dass Rehfeld „ein bisschen Köln" mit nach Düsseldorf brachte. Ein weiterer Aspekt ist, dass er eine Kooperation zwischen Kölner und Düsseldorfer Künstlern anstrebt. Rehfeld verfügt über gute Kontakte in der Düsseldorfer wie auch Kölner Medienkunstszene. Die Präsentation von neuen Kunstgenres und den daraus resultierenden Erfahrungen macht das Projekt kulturell betrachtet besonders interessant und spannend für die Düsseldorfer / Kölner Kunstszene. Der Raum kann außerdem für temporäre Ausstellungen oder Installationen von Dritten angemietet werden.

D

www.coelner-zimmer.de

2012

Schirmerstraße 39
40211 Düsseldorf

Nur nach Vereinbarung / bei Ausstellungen Fr 15–19 Uhr

info • coelner-zimmer.de

D

damenundherren e. V.

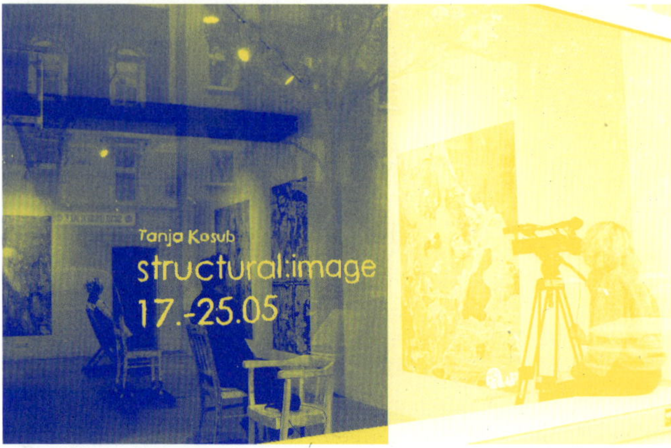

„Prinzipiell ist in unserem ehemaligen Friseursalon alles möglich. Kunst oder Design? Hoch-, Pop- oder Subkultur? Erstmal egal. Wir sind für alles offen und machen das, worauf wir Lust haben. Klassische Formate wie Ausstellungen, Konzerte, Theateraufführungen, Filmabende und Lesungen finden bei uns ebenso statt wie Pingpongund-pogos, Kunst-Aerobics oder Pecha Kucha Nights."

www.damenundherren.de

Oberbilker Allee 35
40215 Düsseldorf

info • damenundherren.de

2003

k-UFO

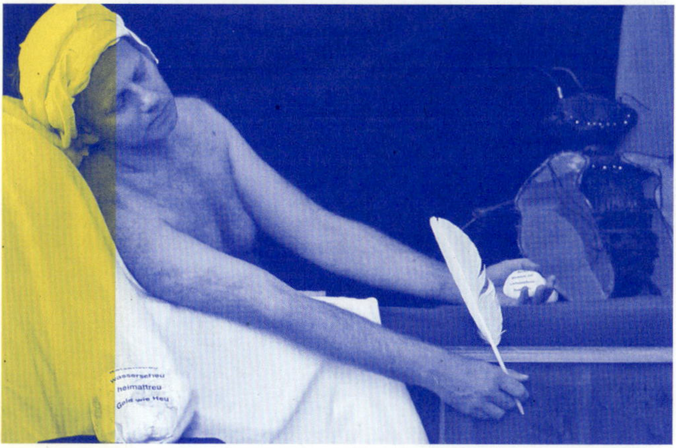

D

www.k-ufo.de

„k-UFO ist … freisinnig … altdadaistisch … neoanalog … anbiederungsfrei … eigen-kultur-freundlich … gegenwartsfuturologisch … oralmodenunabhängig … reimtreu … tierlieb und wetterneutral."

Projektbezogen

stallecker•web.de

D

Kultur Bahnhof Eller

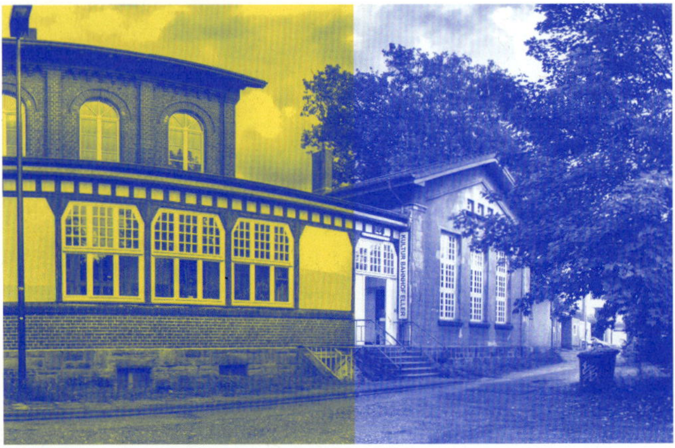

www.kultur-bahnhof-eller.de

Leitgedanke des Kultur Bahnhofs Eller ist die Vermittlung von gegenwärtiger Kunst, nicht die Promotion einzelner Künstler für den Kunstmarkt. Deshalb werden fast immer Themen- oder Gruppenausstellungen gezeigt. Das unterscheidet das Programmkonzept des Bahnhofs von den eher personenbezogenen Ausstellungen der Galerien und vieler anderer Kunstinstitute. Der Schwerpunkt des Programms liegt auf der bildenden Kunst. Weil aber Kunst mit vielen anderen kulturellen Bereichen eng verbunden ist, werden auch Themen aufgenommen, die diese Verbindung einsichtig machen, wie Architektur oder ethnografische und soziale Aspekte der Kunst. Fotografie ist seit der ersten Ausstellung fester Bestandteil des Programms. Das konsequente Konzept hat den Bahnhof Eller im Laufe der Jahre über Düsseldorf hinaus bekannt gemacht. In den rund 160 Ausstellungen seit 1982 konnten Arbeiten von etwa 700 Künstlern gezeigt werden.

Vennhauser Allee 89
40229 Düsseldorf

Während der Ausstellungen:
Di–So
15–19 Uhr

mail • kultur-bahnhof-eller.de

1 9 8 2

pilot projekt für kunst e. V.

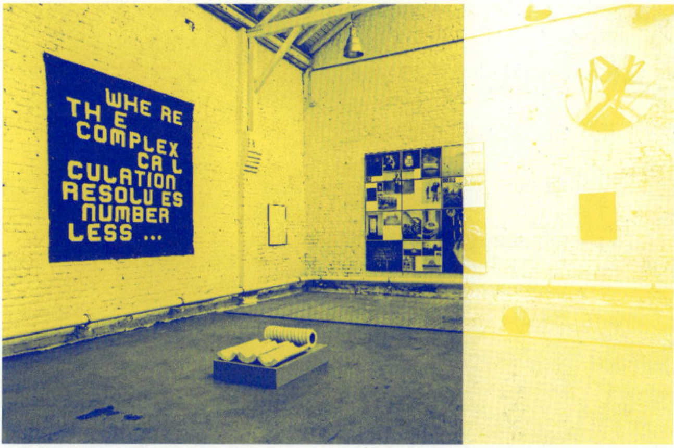

pilot projekt ist ein Raum für Kunstproduktion, Begegnung und Austausch, Experiment und Diskussion. Im Mittelpunkt steht die Präsentation internationaler und regionaler Positionen der Gegenwartskunst. Die Förderung innovativer Kunst und die Auseinandersetzung mit ihren unterschiedlichen Ausdrucksformen ermöglichen eine aktive Teilhabe an brisanten Diskursen der Gegenwart. Die Ausstellungen werden von Vorträgen, Konzerten, Künstlergesprächen und anderen Formen der Auseinandersetzung begleitet.

www.pilotprojekt.org

D

2007

Hansaallee 159
40549 Düsseldorf

Auf Anfrage

mail • pilotprojekt.org

D

plan.d. produzentengalerie e. V.

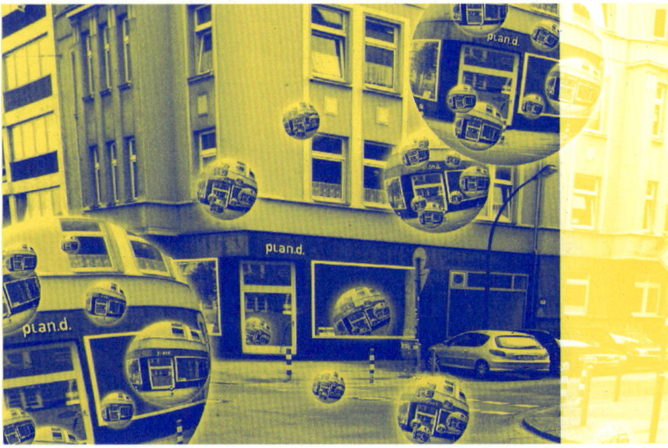

plan.d. ist eine Produzentengalerie, die zurzeit von 13 Künstlern betrieben wird. Sie wurde 1999 von 10 Meisterschülern der Kunstakademie Düsseldorf und einigen Autodidakten gegründet. plan.d. führt im monatlichen Wechsel in vier Galerieräumen Ausstellungen in Zusammenarbeit mit Künstlern aus anderen Städten und Ländern durch. So wurden in den zurückliegenden Jahren über 150 Ausstellungen mit ca. 300 Künstlern realisiert. Ziel ist neben der kommerziellen Galerienlandschaft einen freien Darstellungsraum für interessante und außergewöhnliche Kunstprojekte anzubieten. Dabei steht der Ideenaustausch mit Künstlern im In- und Ausland im Vordergrund. Das Interesse von Seiten der Künstler, der Kunstinteressierten und ähnlich strukturierter Institutionen an dieser Künstlerinitiative hat sich in den fast 10 Jahren passionierter Galeriearbeit ständig vergrößert. Die Idee, als eine Drehscheibe für zeitgenössische Kunst zu fungieren, die den Künstlerdialog fördert und als Multiplikator nicht etablierter Kunst dient, hat sich also durchaus bewährt. Basierend auf den gemeinsamen Projekten pflegt plan.d. derzeit internationale Kontakte nach Japan, Südkorea, Schweden, Polen, Finnland, Norwegen, Dänemark, Frankreich und den Niederlanden. Die Finanzierung erfolgt überwiegend durch Mitgliedsbeiträge, den plan.d. Freundeskreis, gelegentliche Sponsoren und das Kulturamt der Stadt Düsseldorf.

www.galerie-plan-d.de

Dorotheenstraße 59
40235 Düsseldorf

Sa–So
15–18 Uhr
+ auf Anfrage

mail • galerie-plan-d.de

1999

reinraum e. V.

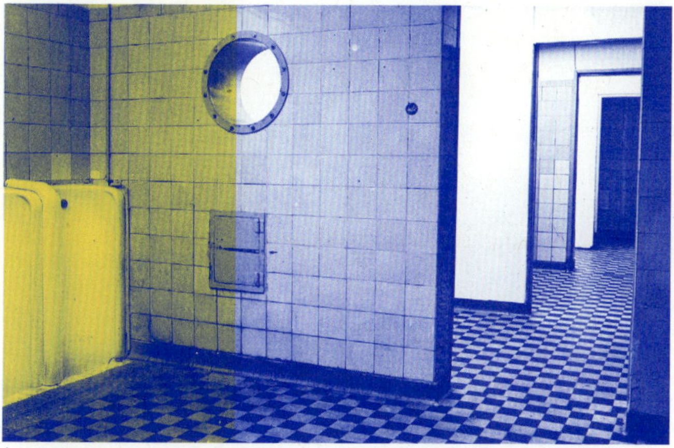

D

www.reinraum-ev.de

„Underground" im wahrsten Sinne des Wortes: Der reinraum war einst eine unterirdische Toilettenanlage. Heute ist er Galerie-, Konzert- und Veranstaltungsraum. Und damit einer der ungewöhnlichsten Ausstellungsorte Düsseldorfs. Der Jahnplatz ist ein Stadtraum der Nachkriegszeit. In unmittelbarer Nachbarschaft des Stadtzentrums, mit dem Vorzeige-Boulevard Königsallee, zeigt sich die Landeshauptstadt hier von ihrer anderen Seite. Eingefasst von Abriss- und Neubauprojekten, Parkplätzen und einem Taxistand präsentiert sich die Mitte des Platzes vernachlässigt und vakant. Zehn Jahre lang war dieser Stadtraum offiziell verwaist. Das in seiner Mitte verborgene, unterirdische Pissoir diente zunächst Drogendealern als Umschlagplatz, später der Schwulenszene als geheimes Örtchen. Heute verweisen Glasbausteine auf seine neue Nutzung und das Leben im Untergrund. Seit 2002 wird das ehemalige Pissoir auf privater, ehrenamtlicher Initiative als Galerie- und Veranstaltungsort betrieben.

2002

Adersstraße 30a
(ehemalige Toilettenanlage unter dem Platz)
40215 Düsseldorf

Jeden ersten Freitag im Monat: ab 19.30 Uhr Vernissage /
Mi 19–22 Uhr

info • reinraum-ev.de

D

Studio For Artistic Research

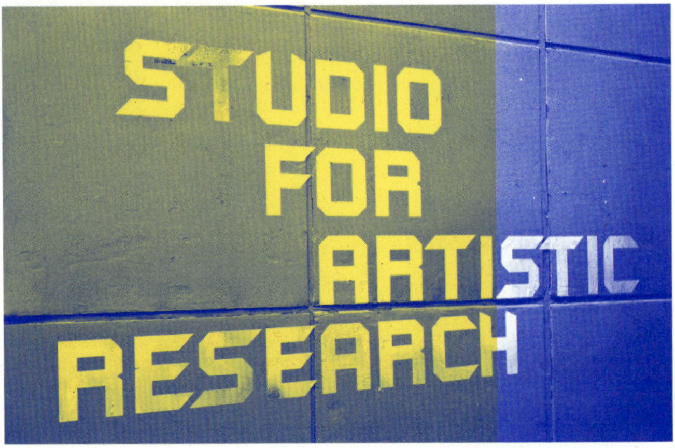

Das Studio For Artistic Research (SFAR) ist ein Ausstellungsprojekt, das die künstlerische Praxis des „artistic research" präsentiert und verhandelt. Innerhalb des diskursorientierten Ausstellungsprojekts werden Künstler eingeladen, die ihre Produktion als künstlerische Forschung verstehen oder mit ihr in Beziehung setzen. Unterschiedliche Ansätze der künstlerischen Produktion werden auf ihre Methoden und Forschungscharakteristika hin untersucht und verglichen.

www.studioforartisticresearch.com

Ackerstraße 33
40233 Düsseldorf

contact•
studioforartisticresearch.com

2013

TheArtSpace
Kunstraum für bewegte Ideen

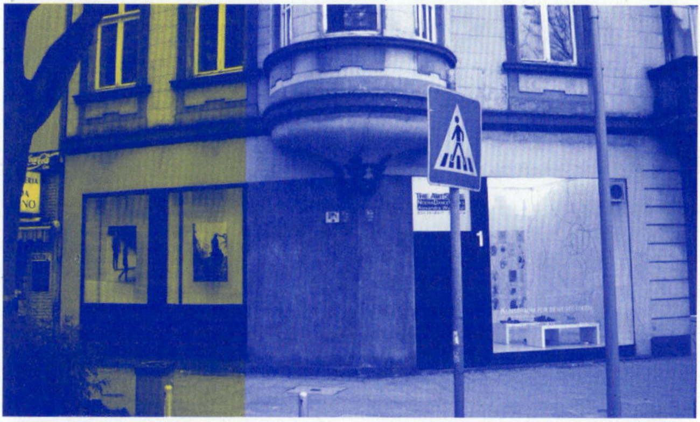

TheArtSpace ist ein Kunstraum für bewegte Ideen – und für Ideen, die bewegen. An diesem Ort werden Übergänge und auch Grenzen zwischen den Kunstformen Tanz, Performance und den visuellen Künsten markiert. Der Raum dient dem Erleben von Projekten und Projektprozessen, in denen die Besucher eigene Befindlichkeiten mit den angesprochenen Themen und Inhalten ausloten können. TheArtSpace wird fortlaufend die Entstehungsprozesse der Tanzproduktionen von Alexandra Waierstall vorstellen und über gegenwärtige Strömungen in den Bereichen Tanz, Performance und den visuellen Künsten informieren. Parallel zu den Veranstaltungen gibt es themenbezogene Präsentationen im großen Fensterbereich und Installationen von Künstlern des TheArtSpace.

www.theartspace-formovingideas.blogspot.de

2010

Fürstenplatz 1
40215 Düsseldorf

alexandra.waierstall•gmail.com

horstweierstall•gmail.com

D

WELTKUNSTZIMMER

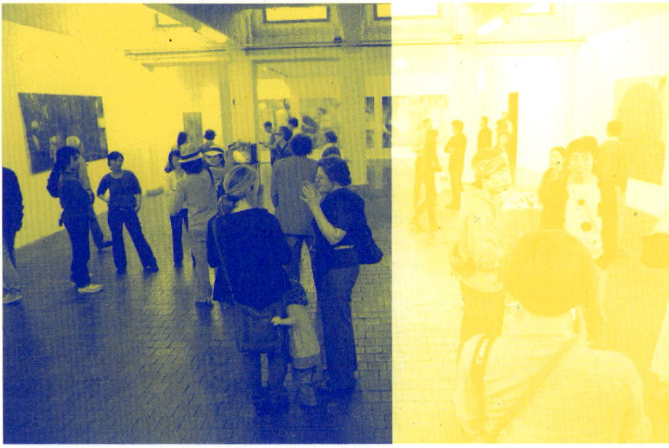

Das WELTKUNSTZIMMER ist das interdisziplinäre Kunstzentrum der Hans Peter Zimmer Stiftung, das im Oktober 2012 zur Förderung bildender Kunst, darstellender Kunst und Musik gegründet wurde. Auf der zweigeschossigen Ausstellungsfläche einer ehemaligen Backfabrik finden mehrmals im Jahr Ausstellungen und Performance-Projekte statt. Junge wie auch erfahrene Kuratoren, Kunsthistoriker und Künstlergruppen sind fortlaufend eingeladen, sich mit ihrem Konzept für ein Gastprojekt zu bewerben. Die monatliche Konzertserie MUSIKZIMMER fördert insbesondere Nachwuchsbands aus Düsseldorf und Umgebung, bietet darüber hinaus jedoch auch experimentellen Musikprojekten eine Auftrittsmöglichkeit. Für die Unterbringung der eingeladenen und vor Ort arbeitenden Musiker, Künstler und Kuratoren unterhält die Stiftung sechs GÄSTEZIMMER. Diese Künstlergaststudios werden einmal im Monat zum Veranstaltungsort der neuen Gesprächsreihe „Labor für Kritik und Weitsicht", die mediale und interdisziplinäre Fragestellungen behandelt und unkonventionelle künstlerische Projekte vorstellt. Das abwechslungsreiche Kulturprogramm, die Gastfreundschaft und Offenheit machen das WELTKUNSTZIMMER zu einem lebendigen, virulenten Ort für Austausch, Diskurs und Experiment, in dem sowohl Künstler als auch Kuratoren als Gäste zu eigenwilligen Installationen und Ideen herausgefordert werden.

www.weltkunstzimmer.de

Ronsdorfer Straße 77a
40233 Düsseldorf

Do–So
14–18 Uhr
(je nach Event)

info • weltkunstzimmer.de

2012

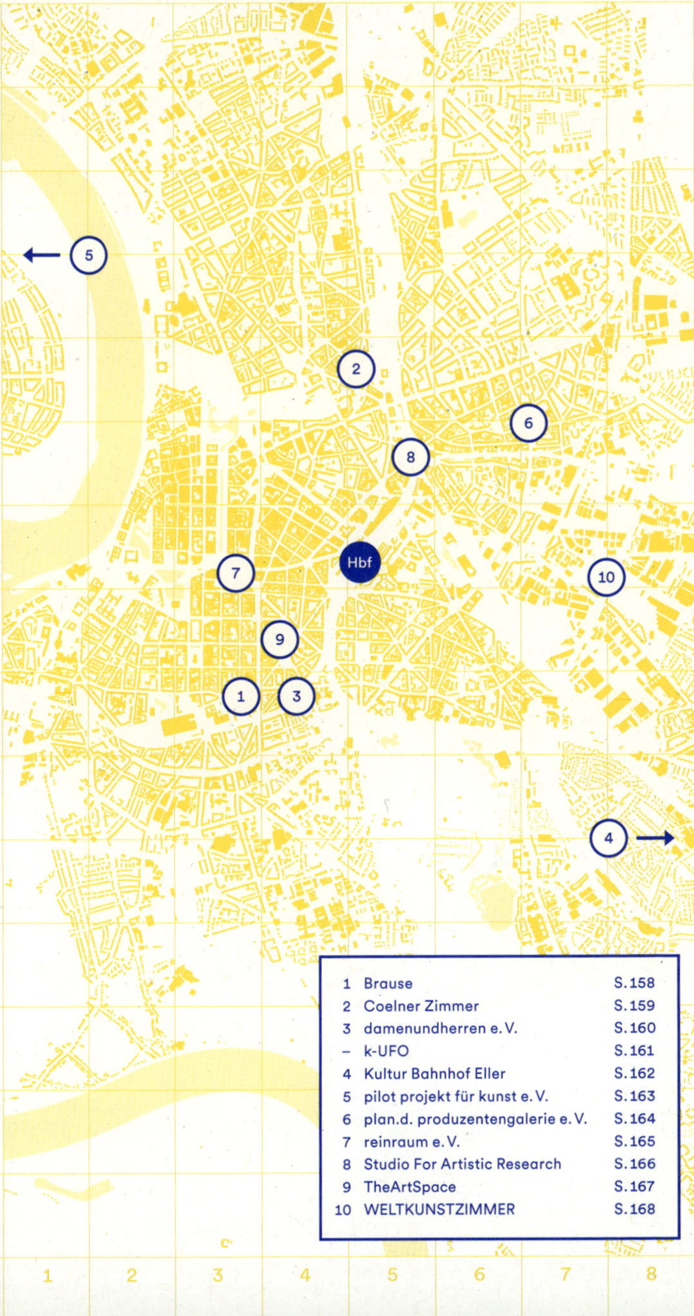

D

1	Brause	S. 158
2	Coelner Zimmer	S. 159
3	damenundherren e. V.	S. 160
–	k-UFO	S. 161
4	Kultur Bahnhof Eller	S. 162
5	pilot projekt für kunst e. V.	S. 163
6	plan.d. produzentengalerie e. V.	S. 164
7	reinraum e. V.	S. 165
8	Studio For Artistic Research	S. 166
9	TheArtSpace	S. 167
10	WELTKUNSTZIMMER	S. 168

Erfurt

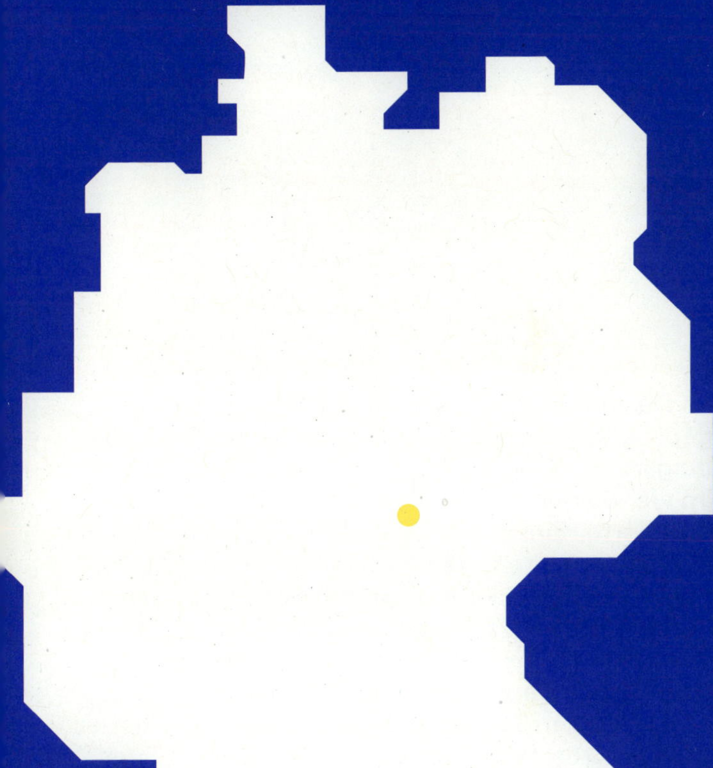

E

HAMMERSCHMIDT + GLADIGAU
contemporary fine arts

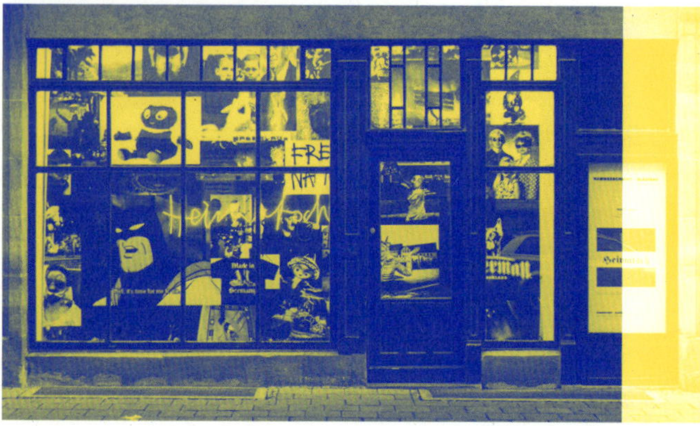

Im Dezember 2013 eröffnete im migrantisch geprägten Erfurter Bahnhofsviertel der Ausstellungsraum HAMMERSCHMIDT + GLADIGAU. Im vierwöchentlichen Wechsel zeigen junge und etablierte Künstler aus dem In- und Ausland aktuelle Arbeiten. Der eigenwillige Charakter der beiden Räumlichkeiten, ein alter Blumenladen und ein Bäckereischaufenster, bestimmen die Auswahl und Präsentation der gezeigten Werke. Durch große, erleuchtete Schaufenster sind die Ausstellungen Tag und Nacht einsehbar. Betrieben wird der Ausstellungsraum von Monique Förster und Dirk Teschner. Nach langjähriger kuratorischer Tätigkeit und der Realisierung unterschiedlicher Ausstellungsformate entstand die Idee, zeitgenössische Kunst in selbstverständlicher Beiläufigkeit einem breiten Publikum zugänglich zu machen.

www.hammerschmidtgladigau.de

Trommsdorffstraße 15
99084 Erfurt

24/7 von außen
+ Eröffnungen
+ nach Absprache

info • hammerschmidtgladigau.de

2013

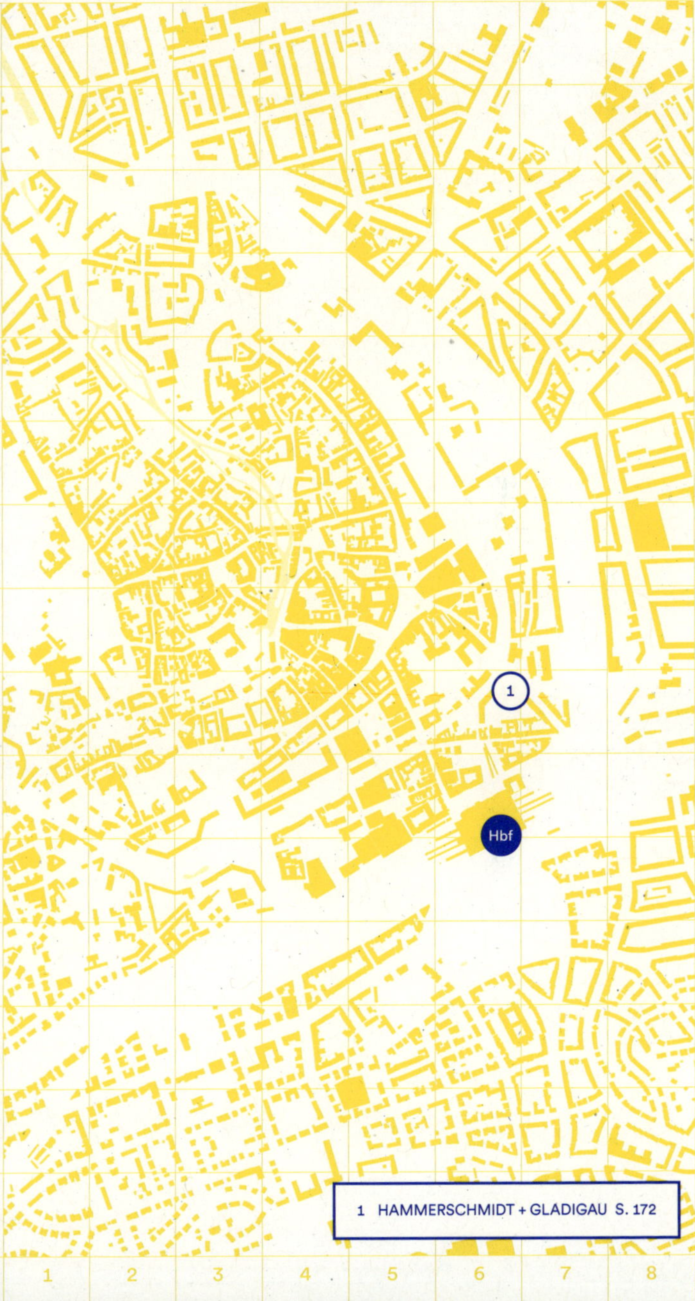
1
Hbf
1 HAMMERSCHMIDT + GLADIGAU S. 172
1
2
3
4
5
6
7
8

Essen

E

Baustelle Schaustelle
Off-Raum für junge Kunst

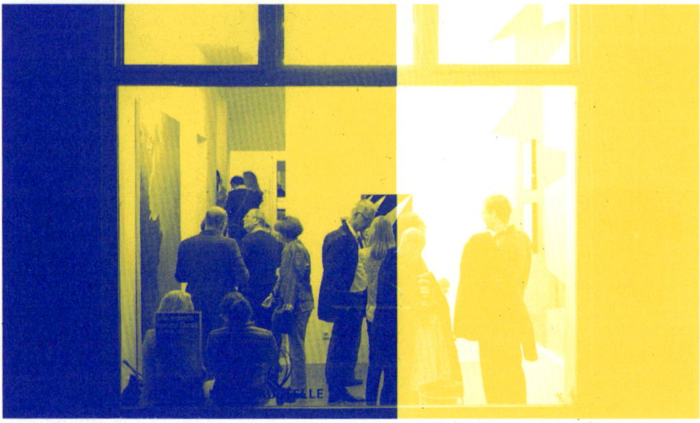

Der nicht kommerzielle Offspace Baustelle Schaustelle ist ein Raum für zeitgenössische Kunst. Seit Oktober 2007, zunächst in der Annastraße 51, dann in der Brigittastraße 9, werden hier Arbeiten junger Künstler aus ganz NRW gezeigt. Anfangs als temporäre Versuchsplattform gedacht, hat sich vor allem der Raum zur Brigittastraße hin als permanenter Ausstellungsort etabliert. Der Raum ist über das große Schaufenster durchgängig einsehbar. Grundsätzlich gibt es keinerlei inhaltliche Vorgaben bei der Gestaltung einer Ausstellung. Es werden alle Arbeiten der bildenden Kunst akzeptiert – auch interdisziplinäre Projekte. Es soll jedoch eine Auseinandersetzung mit dem konkreten Ort stattfinden und eine individuelle Präsentation dargeboten werden.

www.baustelle-schaustelle.de

Brigittastraße 9
45130 Essen

24/7

kunst •
baustelle-schaustelle.de

2007

New Bretagne / Belle Air

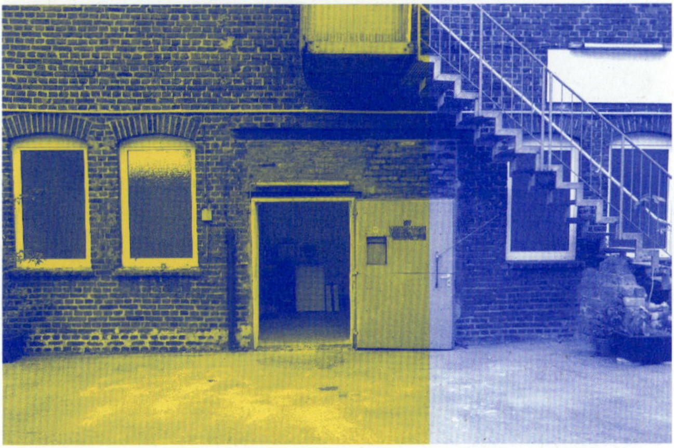

New Bretagne ist eine Gruppe von sieben Künstlern, die seit Juni 2014 in Essen den Kunstraum Belle Air betreiben. Mit zwei Ausstellungsräumen und einer Fläche von insgesamt 65 Quadratmetern befindet sich Belle Air in einer ehemaligen Hinterhofwerkstatt im Essener Südostviertel. Seit der Eröffnung hat New Bretagne Ausstellungen mit u. a. Jan Kiefer, Calla Henkel & Max Pitegoff, Philipp Rühr & Henning Fehr, Dunja Herzog, Max Schneider und Damaris Kerkhoff realisieren können. Außerdem befindet sich im Belle Air eine permanente und stetig wachsende Bibliothek mit Künstlerbüchern sowie im Obergeschoss eine zu den Ausstellungen geöffnete Bar (Bel Etage).

www.newbretagne.de

E

②⓪①②

Spichernstraße 7
45138 Essen

Auf Anfrage

newbretagne • gmail.com

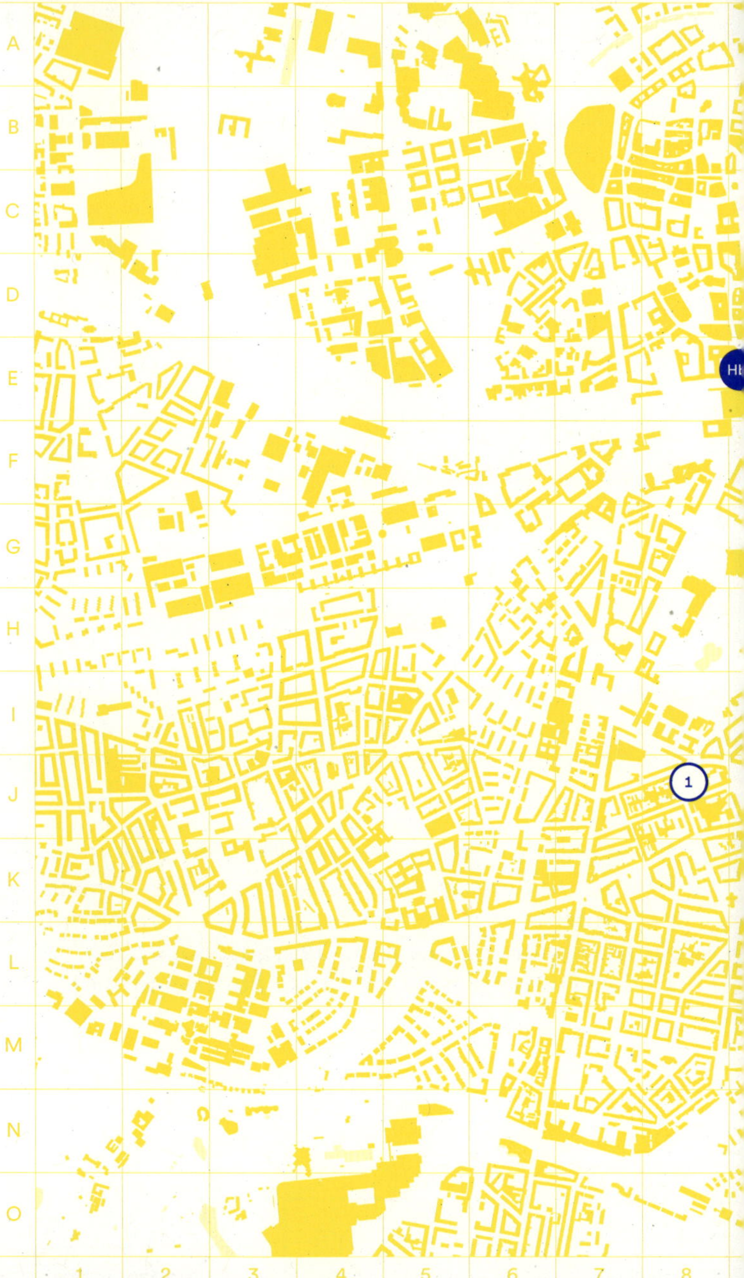
A
B
C
D
E
F
G
H
I
J
K
L
M
N
O
1
2
3
4
5
6
7
8
1

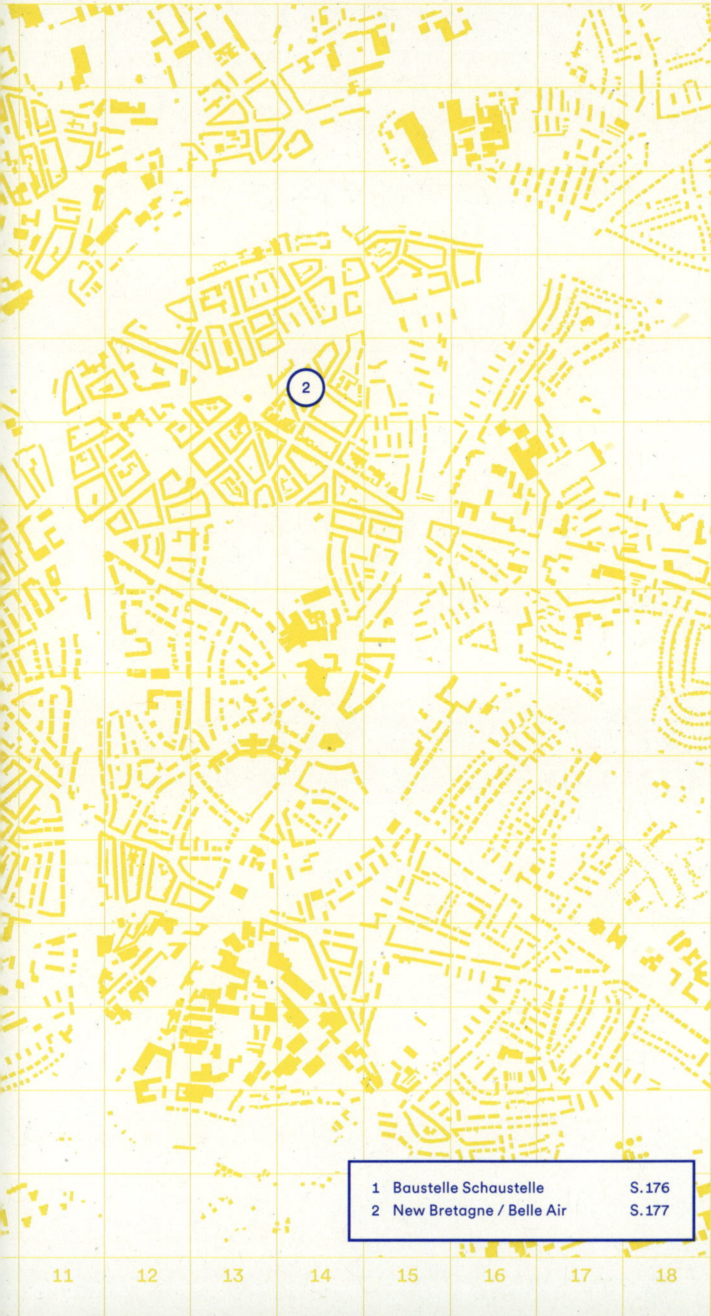

E

1	Baustelle Schaustelle	S. 176
2	New Bretagne / Belle Air	S. 177

Frankfurt am Main

ATELIERFRANKFURT

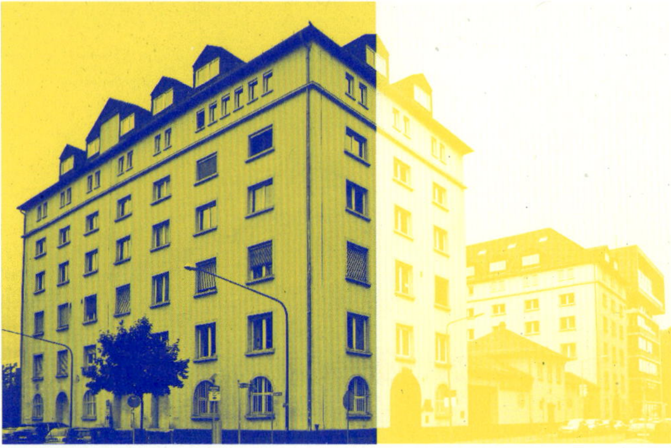

F

Das Atelier- und Ausstellungshaus ATELIERFRANKFURT wird getragen durch den gleichnamigen gemeinnützigen Verein, der zeitgenössische Künstler fördert und Freiräume für die Entstehung von künstlerischen Prozessen schafft. ATELIERFRANKFURT stellt rund 130 kostengünstige Ateliers zur Verfügung, in denen neben bildenden Künstlern u. a. Designer, Theater- und Filmemacher, Performer, Theoretiker, Kuratoren, Musiker und Autoren arbeiten. ATELIERFRANKFURT ist eine internationale Plattform für die Produktion und Präsentation zeitgenössischer Kunst sowie für die Vernetzung zwischen den verschiedenen künstlerischen Disziplinen. Auf 1.000 Quadratmetern Projektfläche konzipiert ATELIERFRANKFURT mehrmals im Jahr wechselnde Ausstellungen sowie Diskussionen, Lesungen, Tanz und Musik. Darüber hinaus bieten geförderte Gastateliers Kulturschaffenden aus dem In- und Ausland neben einer Arbeitsmöglichkeit auch den Vorteil des sich ständig erweiternden Netzwerks des Kunstzentrums. Als gemeinnütziger Verein setzt ATELIERFRANKFURT es sich zum Ziel, eine breite Öffentlichkeit zu erreichen, Diskurse anzuregen und sich mit der lokalen Stadtgesellschaft zu verbinden.

www.atelierfrankfurt.de

Schwedlerstraße 1–5
60314 Frankfurt am Main

Büro:
Mo–Fr
10–18 Uhr

kontakt • atelierfrankfurt.de

2004

EULENGASSE

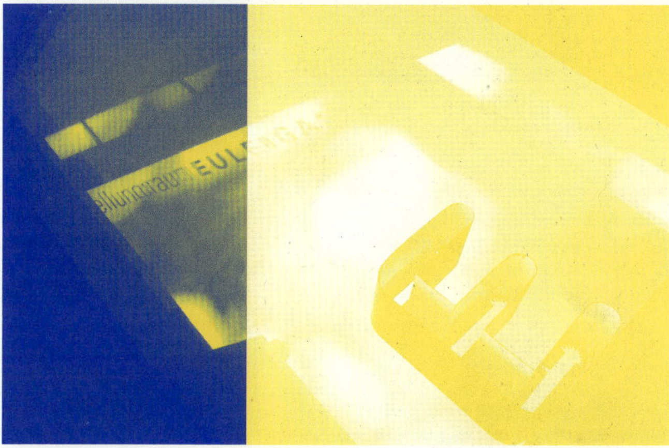

F

www.eulengasse.de

EULENGASSE ist ein Kunstverein in Frankfurt am Main, der Künstlern und Interessierten an zeitgenössischer Kunst und Kultur eine Plattform bietet und sich ihrer Vermittlung widmet. EULENGASSE ist darauf ausgerichtet, einen diskursiven Freiraum zu öffnen, unabhängig vom Kunstmarkt – ein Schaufenster in die Öffentlichkeit. Im Ausstellungsraum werden unterschiedlichste und auch gegensätzliche Sichtweisen auf zeitgenössische Kunst, Kultur und Gesellschaft gezeigt und thematisiert. Viele Ausstellungen werden entlang eines Jahresthemas konzipiert, zu dem Künstler eingeladen werden und gemeinsam die Anforderungen an zeitgenössische Kunst- und Kulturvermittlung vermessen.

Der Kunstverein EULENGASSE schafft dabei adäquate Formate für die Präsentation und die Vermittlung unterschiedlichster künstlerischer Ansätze und Positionen. Neben Ausstellungen organisiert EULENGASSE Diskussionen und Vorträge, Filmprogramme, Performances, Musikveranstaltungen und Exkursionen. Der Kunstverein bietet somit auf verschiedene Art und Weise an, Kunst zu diskutieren sowie Kontakte zwischen Künstlern und zur Öffentlichkeit herzustellen. Ein Schwerpunkt liegt dabei auf der Förderung Frankfurter und Offenbacher Künstler, es werden aber auch überregionale und internationale Kooperationen ermöglicht.

2003

Seckbacher Landstraße 16
60389 Frankfurt am Main

Do 17–21 Uhr
Fr 15–18 Uhr
So 15–19 Uhr
+ auf Anfrage

info • eulengasse.de

Experimentalbüro e57

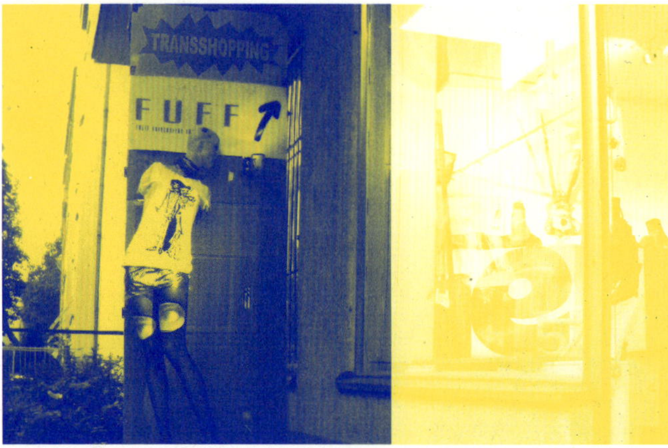

F

„Im e57 entstehen Experimente wie ‚Transshopping' und ‚Freie Universität Frankfurt', welche selbst wieder Ausgangspunkte, Kooperationsplattformen, Betriebssysteme oder Kommunikationsmetaphern für neue einzelne Projekte sind, bei denen verschiedenste Wirkende experimentell agieren."

www.e57.org

Elkenbachstraße 57
60316 Frankfurt am Main

Büro:
Fr ab 19 Uhr
So 16–19 Uhr

mail • e57.org

2005

saasfee*pavillon

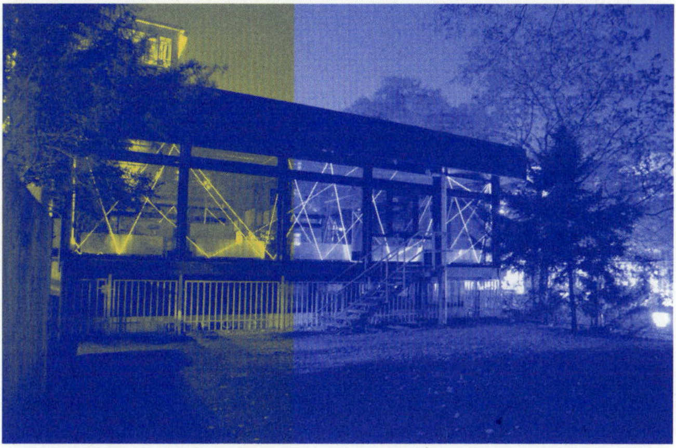

www.saasfee.de/pavillon

F

Der saasfee*pavillon ist Plattform und Kunstraum für experimentelle Medien- und Videokunst, Fotografie, Malerei und elektronische Musik und besteht seit 2008. saasfee* selbst arbeitet als Künstler- und Designkollektiv seit Beginn der 1990er zusammen, immer wieder auch in Kooperation mit anderen, ebenfalls engagierten Künstlern und Gestaltern, die sich am Prozess und der Entwicklung aktiv beteiligen. Das primäre Anliegen ist es, der Stadt Frankfurt und seinen Künstlern mit dem Pavillon eine offene, experimentelle Plattform für Kunst, Design und Musik zu stiften und an der Stärkung des kulturellen Netzwerkes mitzuwirken. Der saasfee*pavillon verfolgt primär keine kommerziellen Interessen und wird ausschließlich aus eigenen Mitteln und durch den Einsatz engagierter Künstler und Gestalter getragen.

2008

Bleichstraße 64–66, HH
60313 Frankfurt am Main

Während der Eröffnung + nach telefonischer Absprache

info • saasfee.de

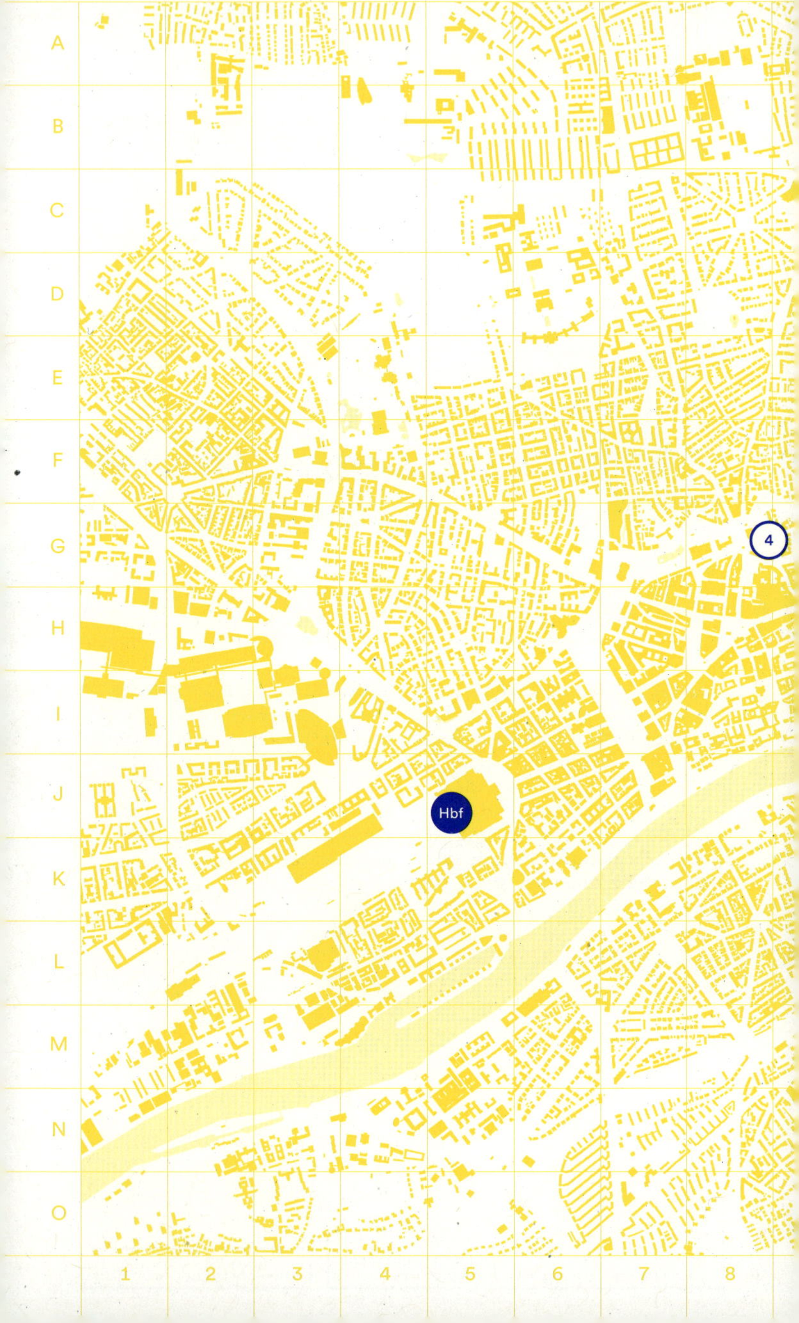
A
B
C
D
E
F
G
H
I
J
K
L
M
N
O
1
2
3
4
5
6
7
8
Hbf
4

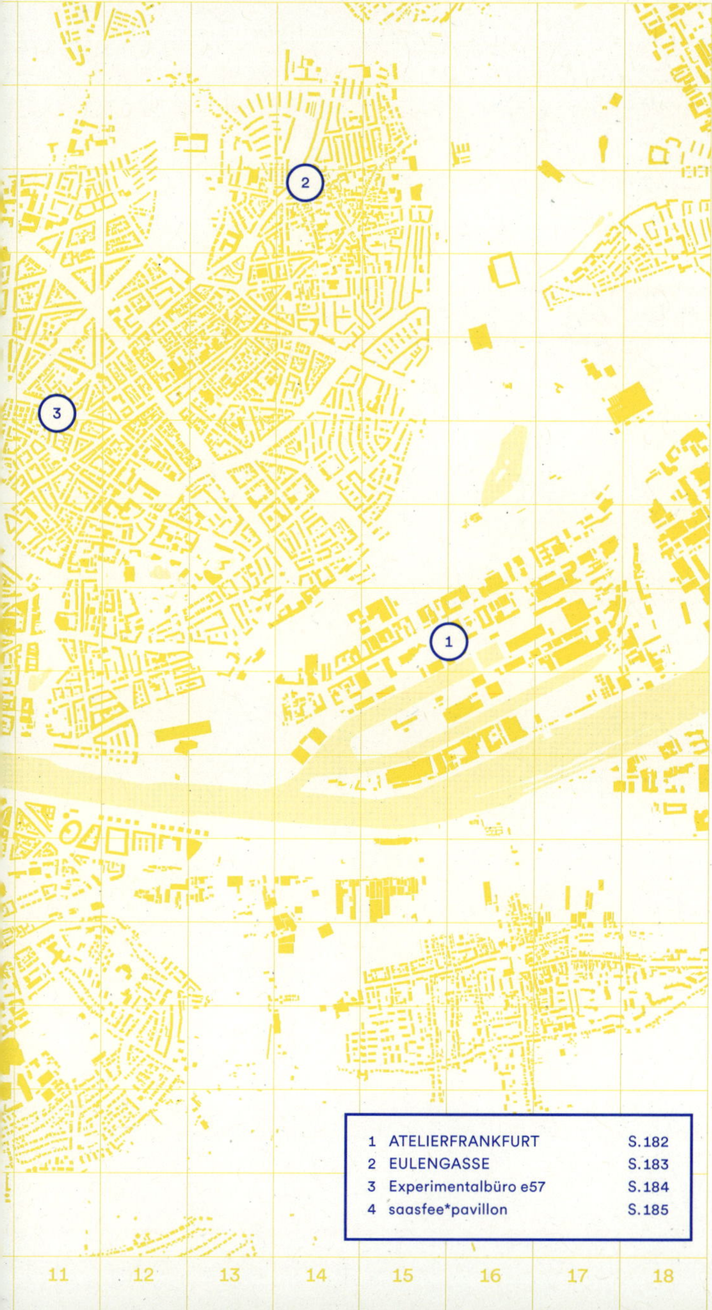

1 ATELIERFRANKFURT S.182
2 EULENGASSE S.183
3 Experimentalbüro e57 S.184
4 saasfee*pavillon S.185

Freiburg im Breisgau

Kunst im Faulerbad
Kunst in der Faulerstraße und auf der Liegewiese

F

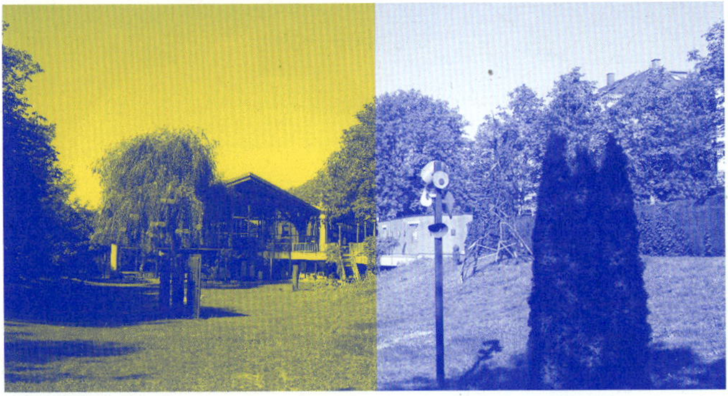

www.kunstimfaulerbad.de

Im Jahr 1999 initiierte der Freiburger Künstler Jörg Siegele mit seinen Künstlerfreunden Manfred Dörner und Peter Zimmermann das Projekt Kunst im Faulerbad. Die Vision war, eine vertraute Umgebung durch die Installation von Skulpturen in eine Kunstlandschaft zu verwandeln. Die Liegewiese – ein grüner Fleck am Rande der Freiburger Altstadt, durch eine hohe Mauer vom Verkehr einigermaßen abgeschirmt, umsäumt von Büschen und Bäumen – wurde neu entdeckt. Das Projekt ist eine Hommage an diese Oase und ein Geschenk der Künstler an die Besucher. Es finanziert sich durch private Spenden und wird von der Stadt Freiburg, die den Ort zur Verfügung stellt, unterstützt. Von September bis Mai gibt es jeweils eine neue Ausstellung.

Faulerstraße 1
Eingang „Pool Café"
im Faulerbad
79098 Freiburg im Breisgau

Mo–So
12–20 Uhr

info • kunstimfaulerbad.de

1999

Pförtnerhaus

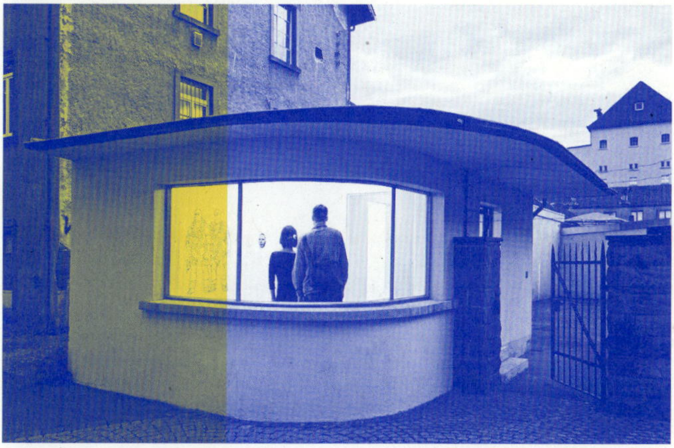

Mit dem über 50 Jahre alten und längere Zeit leer stehenden Pförtnerhaus der Brauerei Ganter in Freiburg haben die Künstler Jürgen Oschwald und Florian Thate einen kleinen, aber prägnanten Raum für einen unbefristeten Zeitraum zur Verfügung gestellt bekommen. Das Haus besticht durch seine klare, an Bauhausgedanken angelehnte Architektur. Eine große, geschwungene Scheibe ermöglicht dem Besucher, die Installationen, Malereien, Videoarbeiten oder Zeichnungen auch von außen zu betrachten. Jährlich werden acht künstlerische Positionen aller Gattungen gezeigt, ergänzt um Gruppenpräsentationen zu verschiedenen Themen. Zu jeder Ausstellung erscheint eine zweifarbig gestaltete Postkarte, einmal im Jahr zusätzlich eine Dokumentationsbroschüre.

www.fb.com/pfoertnerhaus.kunst.freiburg

F

2015

Fabrikstraße
(rückwärtiger Eingang der Ganter Brauerei Freiburg)
79102 Freiburg im Breisgau

So nach der Eröffn.
16–19 Uhr
So, Finissage
16–19 Uhr
+ auf Anfrage

osch • owald.com

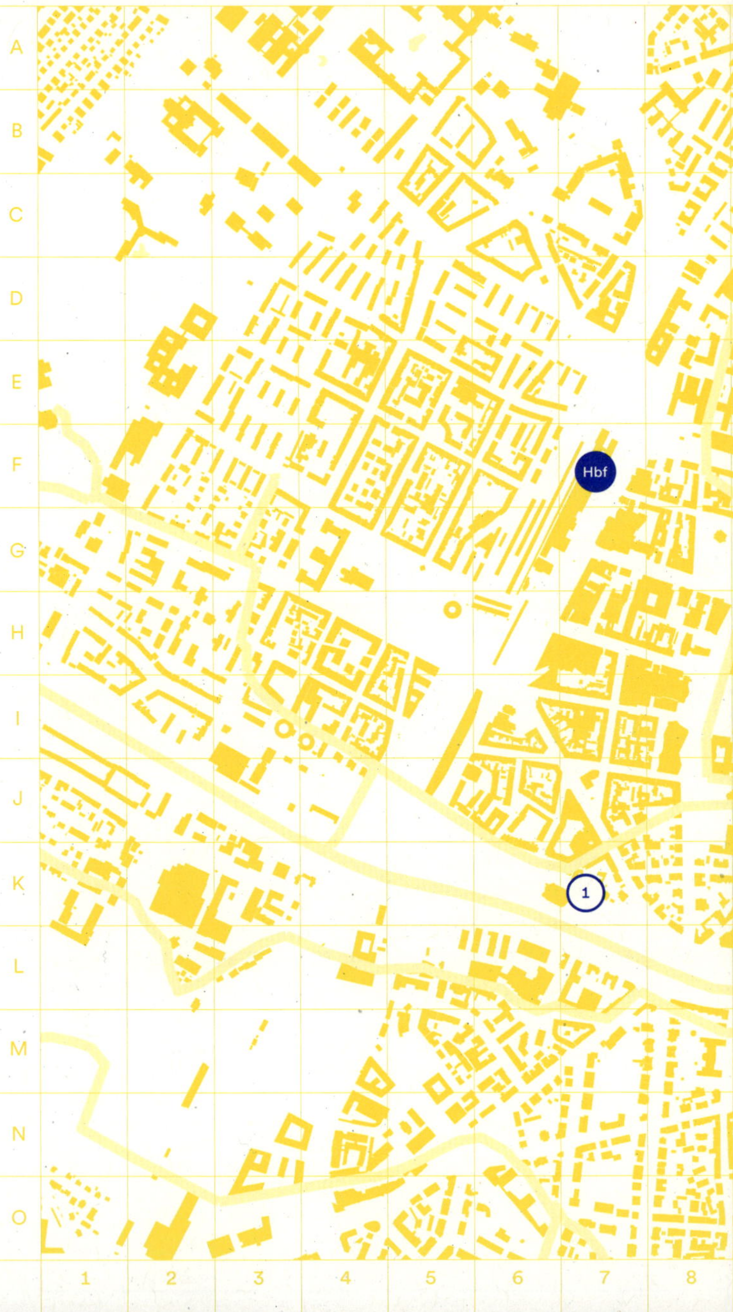
A
B
C
D
E
F
G
H
I
J
K
L
M
N
O
1
2
3
4
5
6
7
8
Hbf
1

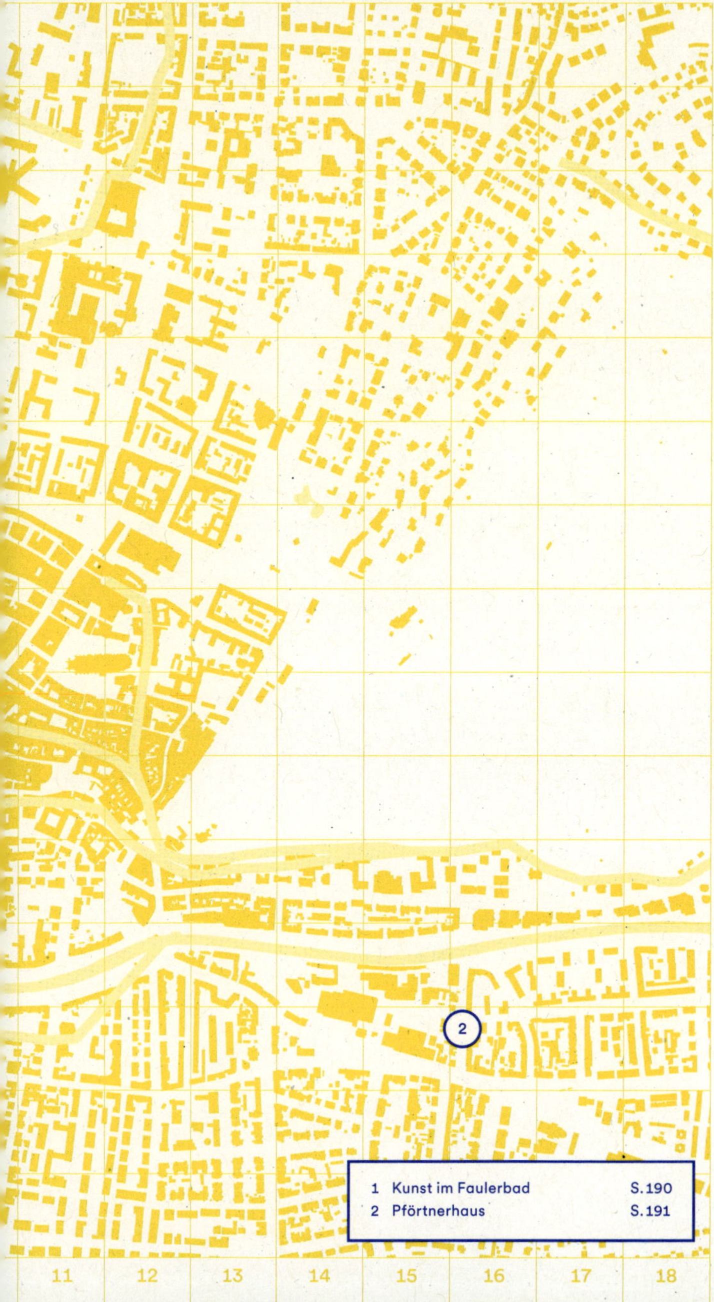

2
1 Kunst im Faulerbad S.190
2 Pförtnerhaus S.191
11
12
13
14
15
16
17
18

F

Friedrichshafen

VITRINE-FN

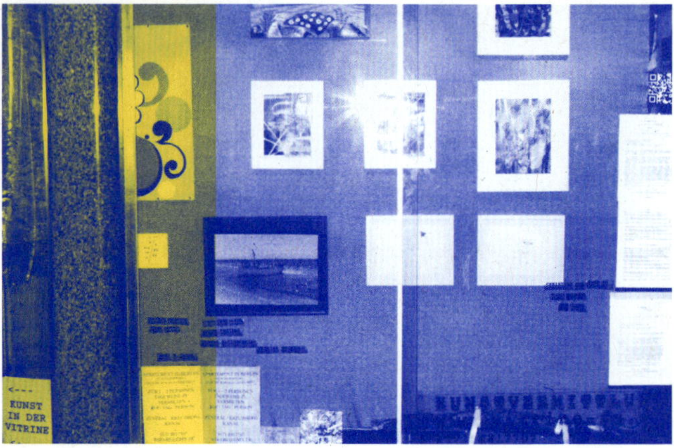

F

Der Projektraum VITRINE-FN ist ein nicht kommerzielles Angebot an die kunstinteressierte Bevölkerung. Im durchschnittlichen Wechsel von sechs Wochen wurden bislang etwa 70 Künstler vorgestellt. Die VITRINE-FN bietet mit ihrer Öffentlichkeit – sie ist 24 Stunden einsehbar – jederzeit und jedem einen Blick auf aktuelle Kunst. Gezeigt werden Neuentdeckungen, Anregungen über Kunst und die Welt und vor allem Ausschnitte aus der spannenden, quirligen zeitgenössischen Kunstszene in Berlin. Interessante aufstrebende Künstler werden neben noch unbekannteren vorgestellt. In unterschiedlichen thematischen Ausstellungen treten ihre aktuelle Arbeiten in einen Dialog: Sie hinterfragen, bestätigen, ergänzen sich gegenseitig und werden in der Konfrontation verständlich. Der Raum ist eine geräumige Wandvitrine mit rund neun Quadratmetern Hängefläche in der Passage zur Altstadt. Die Lage am Beginn der Fußgängerzone eignet sich gut: „Jeder kommt daran vorbei, es gibt keine ‚Schwelle', keine Zeitnot als Ausrede, nur den zufälligen, interessierten Blick." Und so wird das Angebot auch genutzt. Der Betreiber Hubi W. Jäger ist selbst Künstler und darüber hinaus ein faszinierter und informierter Betrachter des aktuellen Kunstgeschehens.

www.vitrine-fn.de

Obere Passage Buchhornplatz – Romanshorner Platz (Unterführung)
88045 Friedrichshafen

24/7

who-be•gmx.de

2012

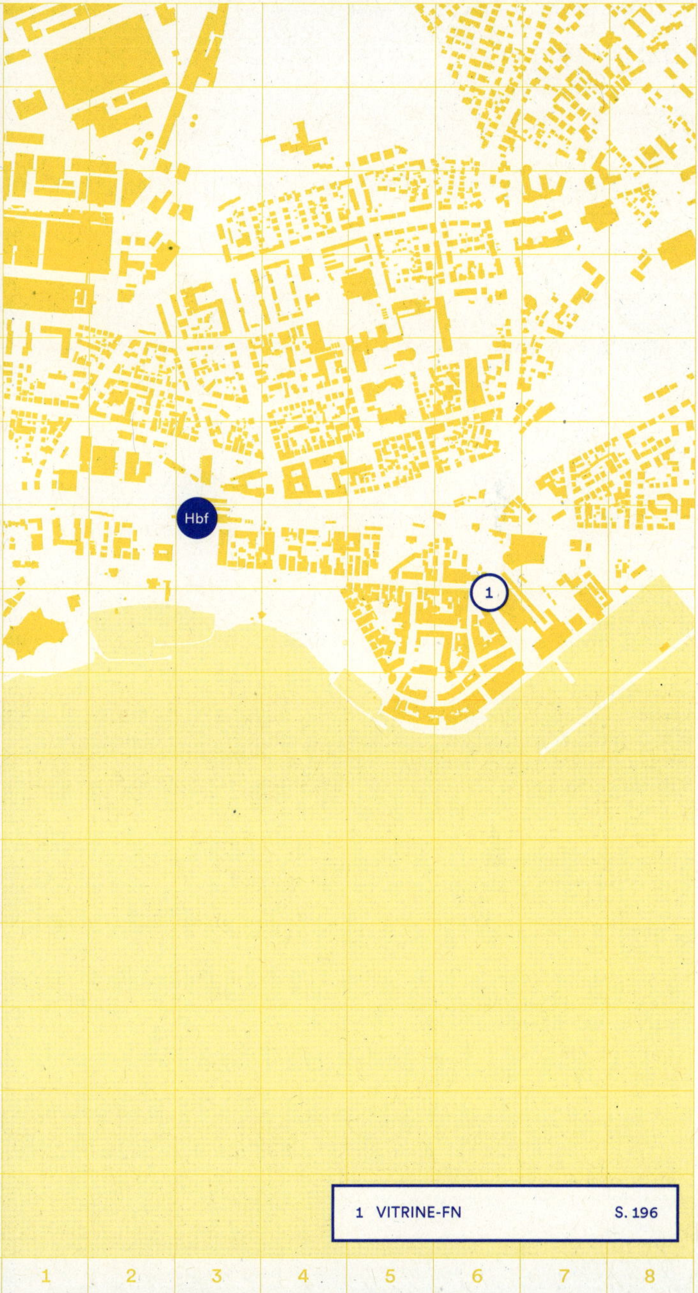

F

1 VITRINE-FN S. 196

Greifswald

art-cube
Raum für zeitgenössische Kunst e. V.

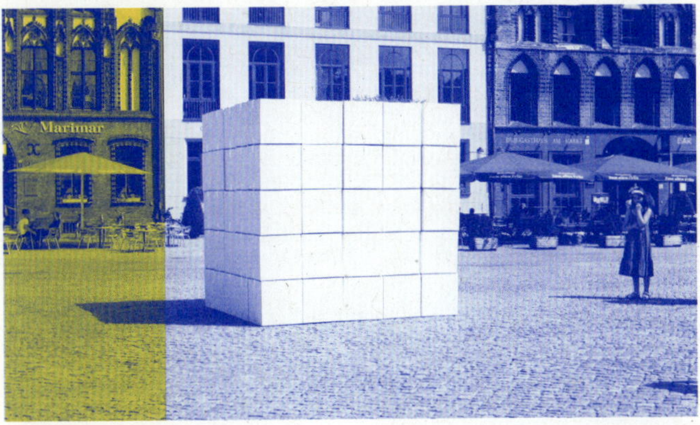

www.art-cube.eu

art-cube hat sich der künstlerischen Bearbeitung und Untersuchung der Verhältnisse von Kunst zu Raum zu Zeit verschrieben. Dabei wird versucht, den Raum für Kunst und Ausstellungsprojekte bzw. deren Wirkung und Wahrnehmung in der Öffentlichkeit zu erweitern. art-cube möchte den Raum wechseln und sucht nach neuen Kontexten und künstlerischen Positionierungen. Freie Läden werden als Galerieräume für Ausstellungen und zur Erarbeitung von raumbezogenen Konzepten genutzt – Skulpturen werden im Raum präsentiert, der wiederum als Skulptur erfahrbar wird. art-cube bespielt alte Fabrikhallen oder leer stehende Plattenbauwohnungen, aber auch ein öffentlicher Platz, das Wohnzimmer oder die Landschaft sind Orte und Räume für die künstlerischen Interventionen. In Ausstellungen und Projekten von regionalen und überregionalen Künstlern ergänzen überlagern und erweitern sich die Bereiche Malerei, Zeichnung und Fotografie sowie Objekt und Skulptur zu raumgreifenden Installationen und interdisziplinären Mixed-Media-Präsentationen. Der Raum ist dabei Ort und Plattform für Ausstellungen und Projektpräsentationen, aber auch Bezugspunkt, Gegenstand und Teil von konzeptuellen Kunstformen wie Installationen, Performances und Inszenierungen. art-cube ist ein Zusammenschluss von Künstlern, Kunstwissenschaftlern und Kunstpädagogen mit dem Ziel, neue und interdisziplinäre zeitgenössische Kunstformen zu entwickeln und zu präsentieren.

2007

Ohne feste Adresse	Auf Anfrage	art-cube • gmx.de

Halle (Saale)

hr.fleischer e.V.

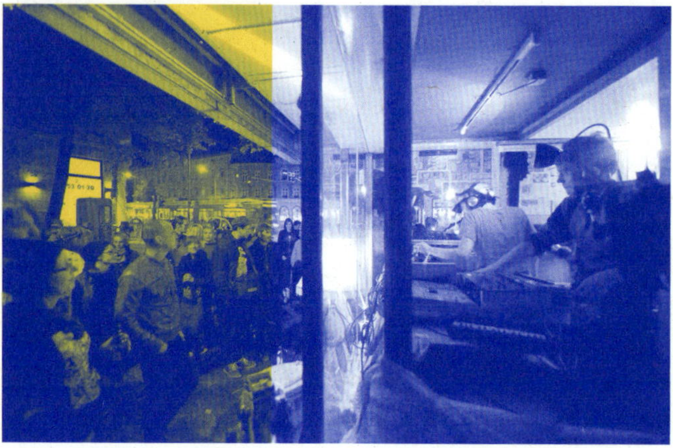

H

Auf vier Quadratmetern städtischem Freiraum in Halle (Saale) betreibt der Verein hr.fleischer seine Schaubude. Der ehemalige Zeitungskiosk dient seit sechs Jahren als Kommunikationsplattform zwischen der Stadt, Künstlern und Designern. An exponierter Stelle, dem belebten Knotenpunkt Reileck, versucht hr.fleischer, den Kunstbegriff der Bevölkerung zu erweitern. Die Ausstellungen, Veranstaltungen und Aktionen laden die Passanten ein, spontan teilzunehmen, beispielsweise beim jährlichen Radio Kiosk Konzert: Vorbeigehende können innehalten und über ihre Handys an der Live-Übertragung im Kiosk teilhaben. 2015 rief der Verein dazu auf, gemeinsam ein Aquarium zu häkeln, das nun den Kiosk mit wollenen Wassertieren und -pflanzen schmückt. In gemeinsamen Häkelaktionen am Kiosk und an anderen Orten in der Stadt entstand dadurch ein reger Austausch zwischen Künstlern, Designern und Liebhabern der Handarbeit. Als kleine Attraktion am Wegesrand weckt hr.fleischer neugierige Blicke bei den Fahrgästen, Radfahrern und Fußgängern an der Ampel. Die Verknüpfung verschiedener künstlerischer Sparten an diesem Ort lässt das Publikum immer wieder gespannt sein, welche spontane und ungewöhnliche Präsentation als nächstes folgt. Hin und wieder trifft man sogar den stadtbekannten Vorbesitzer des Kiosks, der gerne zu einer Partie Schach herausfordert.

www.herrfleischer.blogspot.com

Kiosk am Reileck
Händelstraße 1a
06114 Halle (Saale)

24/7

hr.fleischer • gmx.de

2009

RAUSCHICKERMANN
Plattform für Junge Kunst

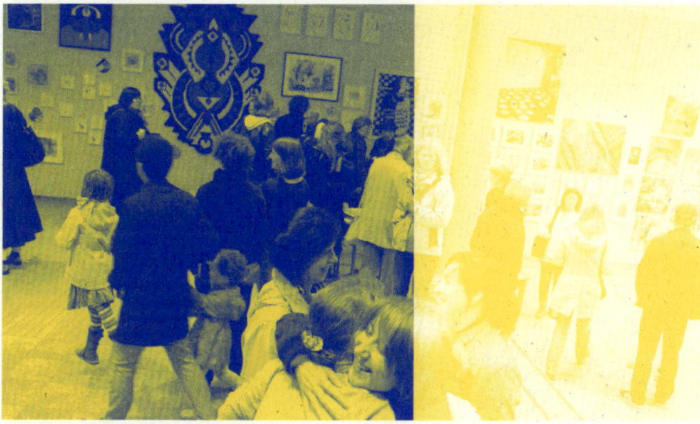

Das von den Künstlern Rebekka Rauschhardt und Björn Hermann im Jahr 2011 initiierte Netzwerk von jungen Künstlern und Designern aus Halle hat zum Ziel, durch Gemeinschaftsprojekte und Ausstellungen die künstlerische Präsenz der einzelnen Akteure zu stärken und zu fördern. Das wohl populärste Projekt der Plattform ist der Kunstraum RAUSCHICKERMANN: In leer stehenden Gewerbeeinheiten in Halles Innenstadt werden temporäre Werkschauen verbunden mit Kulturveranstaltungen. Vom Sommer 2011 bis zum Winter 2014 wurde der Kunstraum achtmal bespielt. An den Großausstellungen auf Flächen von 160 bis 1.500 Quadratmetern nahmen über 120 verschiedene Künstler und Designer teil. Die Besonderheit am Kunstraum, der immer nur für wenige Wochen geöffnet hat, ist zum einen die Vielfalt an künstlerischen Genres und zum anderen die wechselnden Standorte in der Innenstadt.

H

www.fb.com/rauschickermann

2011

Je nach Ausstellung

rauschickermann • gmx.de

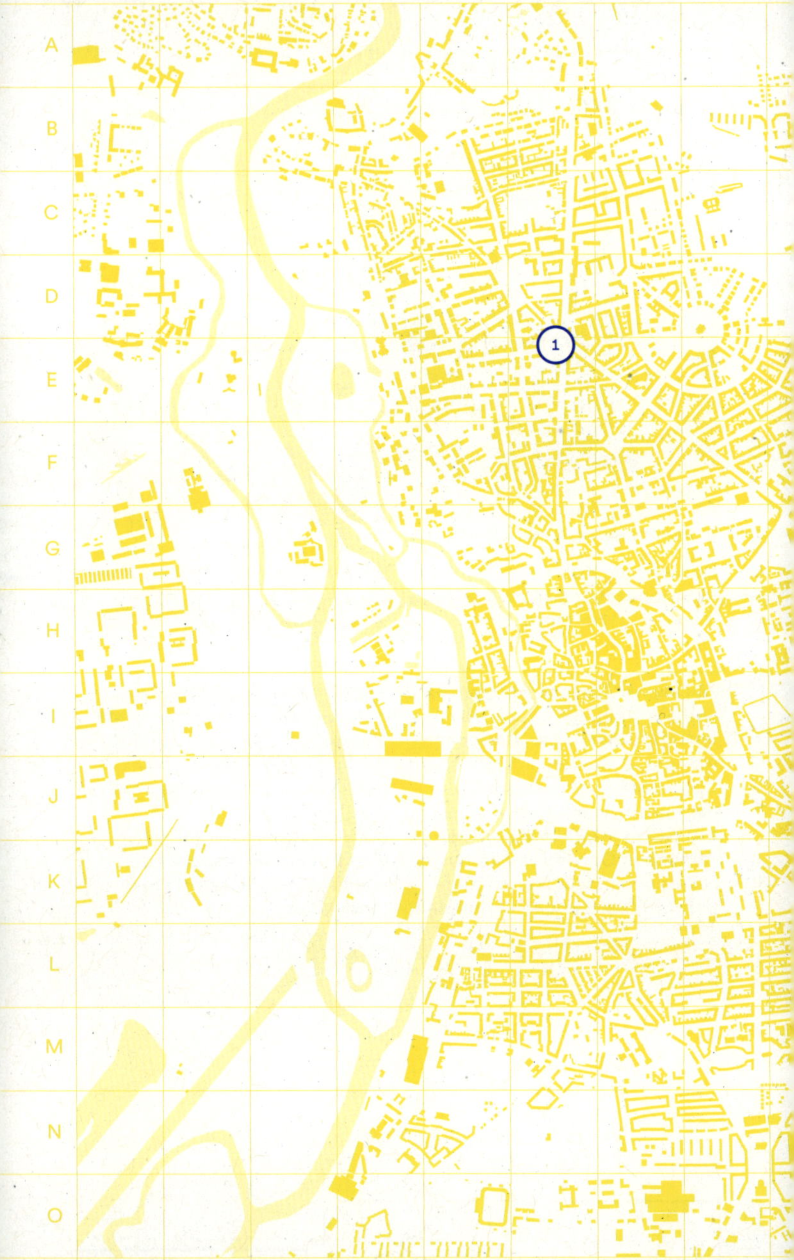
A
B
C
D
E
F
G
H
I
J
K
L
M
N
O
1
2
3
4
5
6
7
8
1

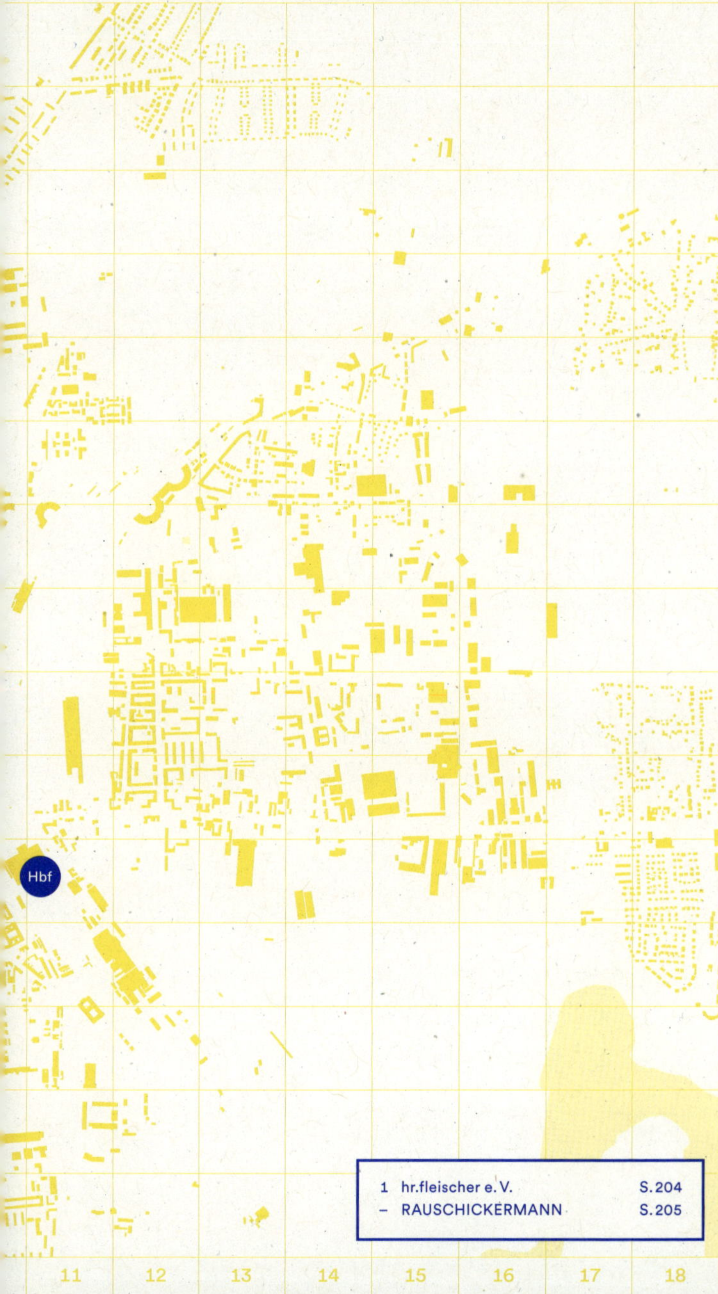
Hbf
H
1 hr.fleischer e.V. S.204
– RAUSCHICKERMANN S.205
11
12
13
14
15
16
17
18

Hamburg

2025 Kunst und Kultur e. V.

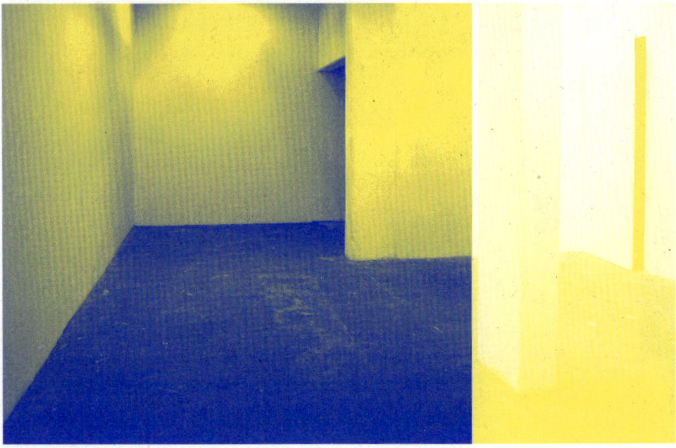

H

Der seit 2009 bestehende 2025 Kunst und Kultur e. V. initiiert seit 2014 ein neues Ausstellungsformat: AKTION. Jeden Freitag wird der Ausstellungsraum für drei Stunden zum Aktionsraum und öffnet sich für Künstler unterschiedlichster Sparten. Dabei setzt AKTION auf das ephemere Moment, ist Experiment, lustvolles Scheitern frei vom Marktgeschehen, l'art pour l'art. Das Projekt wird von einer Arbeitsgruppe bestehend aus Künstlern des 2025 Kunst und Kultur e. V. kuratiert. Die Möglichkeit, durch einen wöchentlichen Wechsel der AKTIONen direkt auf aktuelles Geschehen zu reagieren, erlaubt es, Kunst im Moment, noch unvollendete Positionen und Ideen im Prozess zu zeigen. Die AKTIONen werden zeitnah und fortlaufend auf der eigenen Website dokumentiert.

www.2025ev.de

Ruhrstraße 88, Hinterhof
22761 Hamburg

Fr
20–23 Uhr

2025ev • gmx.de

2009

Âme Nue

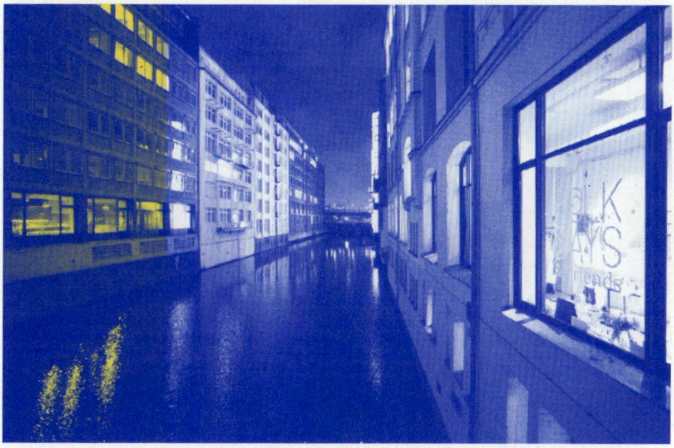

Âme Nue ist ein unabhängiger deutsch-französischer Projektraum, der eine Plattform für Ausstellungen, Live-Performances, kulturelle Veranstaltungen und Magazin-Release-Events bietet. Basierend auf dem interkulturellen Austausch und der Zusammenarbeit von Künstlern und Kulturschaffenden beider Länder, verfolgen die Macher mit ihrem Raum am Rande des Hamburger Kontorhausviertels ein umfassend experimentierfreudiges Konzept, das in unregelmäßigen Abständen völlig unterschiedliche Positionen und Genres zeitgenössischer Kunst präsentiert.

www.ame-nue.com

H

2015

Schaarsteinwegsbrücke 2
20459 Hamburg

Auf Anfrage

info•ame-nue.com

Die Bedürfnisanstalt

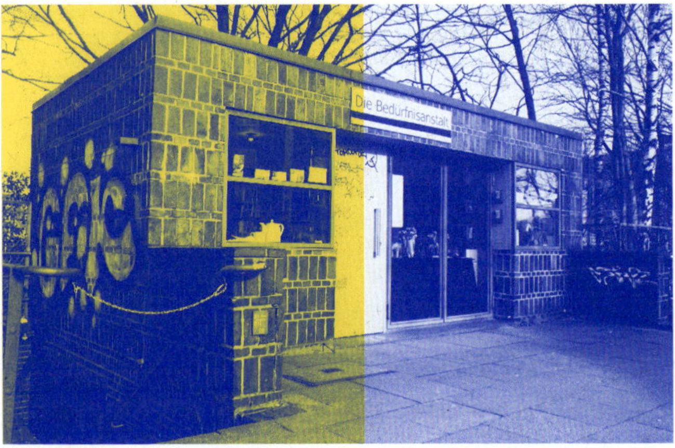

H

Der Oelsner-Pavillon an der Ecke Bleickenallee/Hohenzollernring in Hamburg-Altona wurde 1927 von dem Architekten und Namensgeber Gustav Oelsner als Wartehäuschen für die Verkehrs-Aktiengesellschaft Altona (VAGA) entworfen. Der 1928 errichtete und inzwischen denkmalgeschütze Pavillon war bis zur Stilllegung der Straßenbahn in den 1970er Jahren Wartehalle, öffentliches WC und Kiosk. Nach der Schließung des Kiosks in den 1980er Jahren war er lange Zeit dem Verfall überlassen. 2001 wurde er saniert, zu einem Atelierraum umgebaut und unter Denkmalschutz gestellt. In den ersten Jahren nach der Sanierung wurde der Pavillon von Studenten der Hochschule für bildende Künste Hamburg genutzt. Nach erneutem Leerstand schrieben das Bezirksamt Altona und die Lawaetz-Stiftung einen Wettbewerb aus. Den Zuschlag bekam das Konzept „Die Bedürfnisanstalt“, das eine nicht kommerzielle Nutzung des Raumes vorsah und die 34 Quadratmeter seit 2008 für Kunstprojekte aller Art zur Verfügung stellt. Ob Ausstellung, Installation, Vortrag oder Lesung – hier gibt es Raum für Möglichkeiten.

www.diebeduerfnisanstalt.de

Bleickenallee 26a
22763 Hamburg

post • diebeduerfnisanstalt.de

2008

EINSTELLUNGSRAUM e. V.

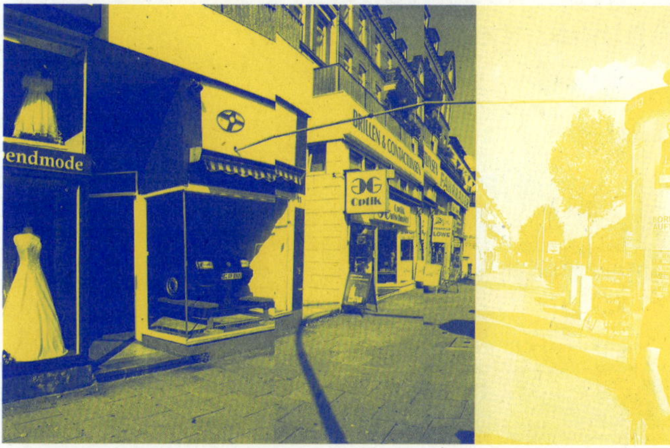

Der EINSTELLUNGSRAUM ist eine Initiative von Künstlern, die es sich zum Ziel gesetzt haben, eine interessierte Öffentlichkeit über die Kunst und Kultur der Gegenwart zu informieren. Im Besonderen widmet sich der Verein der Automobilität und sucht, deren Phänomene zu ergründen. Dazu realisiert er Projekte, die zwischen Autofahrern und Fußgängern vermitteln sollen.

www.einstellungsraum.de

2001

Wandsbeker Chaussee 11
22089 Hamburg

Do–Fr
17–20 Uhr

info • einstellungsraum.de

FRISE
Künstlerhaus Hamburg e. V. und Abbildungszentrum e. V.

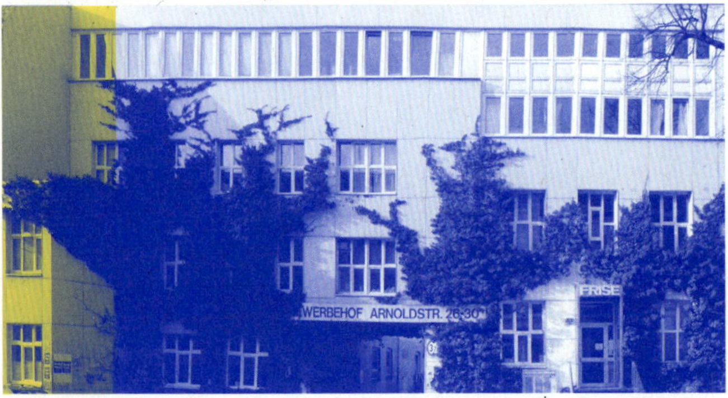

FRISE ist aus den Vereinen Künstlerhaus Hamburg (seit 1977) und Abbildungszentrum (seit 1994) hervorgegangen. 2003 fanden sie ihren Platz im ehemaligen Friseurinstitut in der Arnoldstraße in Hamburg-Ottensen. Seit 2008 befindet sich das Haus auf 36 Jahre im Besitz der FRISE Genossenschaft. Produktion, Austausch, Ausstellung – die Gründungsmotive des Künstlerhauses gelten heute wie damals. In Einzel- und Gruppenateliers arbeiten ca. 40 Künstler aus unterschiedlichen Bereichen der medialen und konzeptuellen Auseinandersetzung in direkter Nachbarschaft. Der Austausch geschieht nicht nur untereinander, sondern mit Gästen und Kunsteinrichtungen in Stadt, Land und weltweit, mit Partnern u. a. in Frankreich, Japan, Finnland und den USA. Das Gastatelier beherbergt Kunstschaffende aus In- und Ausland. Im Erdgeschoss werden in wechselnden Programmen Ausstellungen gezeigt, meist von einem Vortrags- und Filmprogramm begleitet.

www.frise.de / www.abbildungszentrum.de

Arnoldstraße 26–30
22765 Hamburg

info • frise.de

kontakt • abbildungszentrum.de

2003

Galerie 21 im Künstlerhaus Vorwerkstift

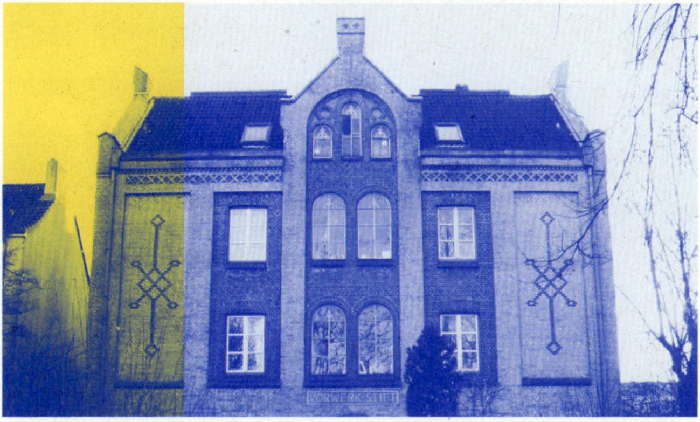

Die Galerie 21 ist räumlich wie konzeptionell Teil des Künstlerhauses Vorwerkstift und dessen Schnittstelle zur regionalen, nationalen und internationalen Kunstszene sowie zur Öffentlichkeit im Allgemeinen. Der laufende Betrieb wird von einem Team der Bewohner des Hauses organisiert. Das Programm umfasst Einzel- und Gruppenausstellungen zeitgenössischer bildender Künstler aus dem In- und Ausland. Des Weiteren werden Konzerte, Lesungen, Vorträge u. Ä. veranstaltet. Die meisten Ausstellungen finden mit externen Künstlern statt, die Galerie steht aber auch den Bewohnern des Hauses sowie den jeweils bis zu drei Monate im Haus lebenden Gastkünstlern aus dem In- und Ausland offen. Die ausstellenden Künstler gehören überwiegend, nicht ausschließlich, zur jüngeren Generation bis Anfang 30 und befinden sich in den unterschiedlichsten Stadien der Etablierung. In der Programmentwicklung wird Wert darauf gelegt, eine große Bandbreite und ausdrücklich auch Raum für experimentelle und nicht etablierte Ansätze zu schaffen. Immer wieder ist die Galerie Festivalstandort, z. B. für City-Link 2014, eine Kooperation mit Kopenhagener Künstlern und Gruppen, oder im Rahmen des Comicfestivals Hamburg. 2015 war erstmals das unabhängige Filmfestival Cinema Libre zu Gast, das 2016 wieder im Vorwerkstift stattfindet. Neben den deutschlandweiten Kontakten bestehen auch Verbindungen u. a. in die Türkei, nach Frankreich, Skandinavien, Österreich und England.

1990

Vorwerkstraße 21
20357 Hamburg

galerie•vorwerkstift.de

Galerie der Schlumper

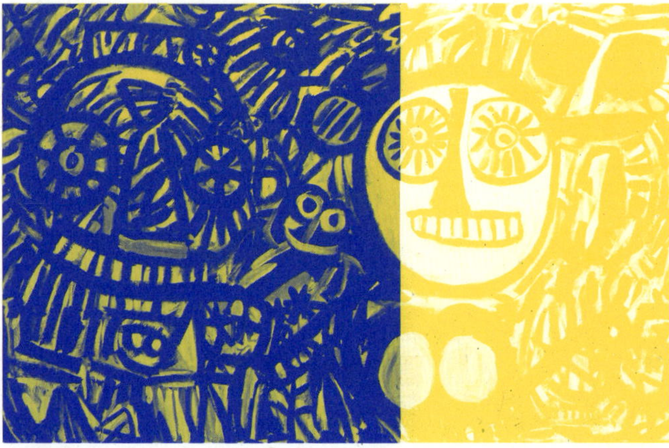

H

Die neue Galerie der Schlumper an der Marktstraße 131 ist neben dem Atelier der Schlumper (Neuer Kamp 30) und der Schule der Schlumper (Thedestraße 99) das dritte Standbein der Ateliergemeinschaft. Dazu hat der Verein Freunde der Schlumper zusammen mit der Hans-Kauffmann-Stiftung die gemeinnützige GmbH Galerie der Schlumper – Forum für Kunst und Inklusion gegründet. Die Galerie hat das Ziel, in wechselnden Ausstellungen aktuelle Arbeiten der Ateliergemeinschaft wie auch das Werk einzelner verstorbener Künstler der Schlumper zu präsentieren. Außerdem finden Ausstellungen in Gemeinschaft mit anderen Künstlern mit und ohne Behinderung statt.

www.schlumper.de

Marktstraße 131
20357 Hamburg

Mi–Fr 16–19 Uhr
Sa 11–17 Uhr
So 14–17 Uhr

post • schlumper.de

2014

ISLAND

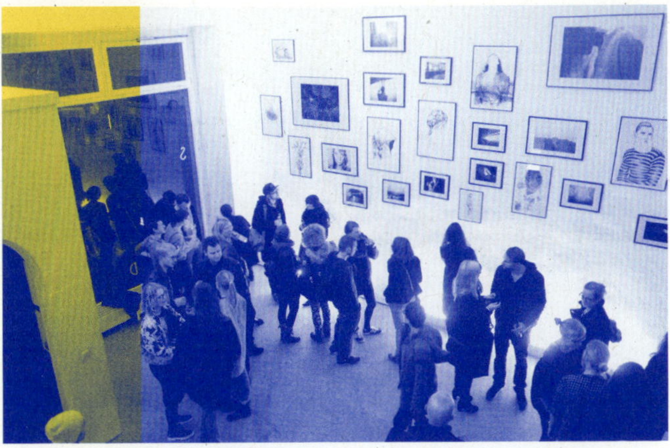

„Das ISLAND ist Location, Galerie, Studio und experimenteller Ort für uns und andere. Seit August 2012 organisieren wir Ausstellungen, Feten und temporäre Stores, laden Freunde ein und arbeiten hier.“

H

www.mynewisland.com

2012

Banksstraße 2a
20097 Hamburg

Unregelmäßig, siehe Website und Facebook

hello • mynewisland.com

nachtspeicher23 e. V.

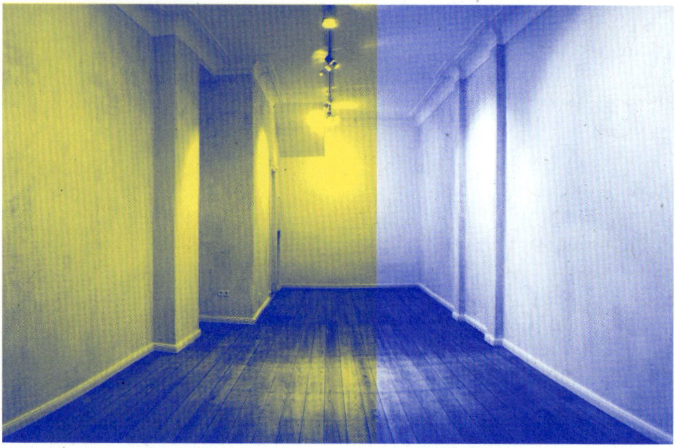

H

Der nachtspeicher23 e. V. ist ein Ausstellungsort im Stadtteil St. Georg, der seit seiner Gründung 2008 von Künstlern, Kunsthistorikern, Kulturwissenschaftlern, Studenten und Menschen aus anderen Berufsfeldern als Offspace-Galerie betrieben wird. Sein Anliegen ist es, zeitgenössischer Kunst einen Raum zu geben, Schwellenängste abzubauen und Interessierten die Möglichkeit zum Austausch über Kunst zu bieten. Dazu wird für jedes Ausstellungsjahr ein thematisches Konzept entwickelt, das während des Jahres durch die künstlerischen Positionen beleuchtet wird. Jeder Ausstellung geht eine zweiwöchige „work in progress"-Phase voraus, in der die Künstler die Gelegenheit haben, mit Ideen und Arbeiten zu experimentieren. Außerdem können Künstler und Besucher in dieser Phase in Dialog treten, so dass die Kunst- und Ausstellungsproduktion für das Publikum transparent und nachvollziehbar werden – auch über den Einblick durch das große Schaufenster hinaus.

www.nachtspeicher23.de

Lindenstraße 23
20099 Hamburg

Sa–So
15–18 Uhr
+ nach
Vereinbarung

info • nachtspeicher23.de

2008

Raum linksrechts

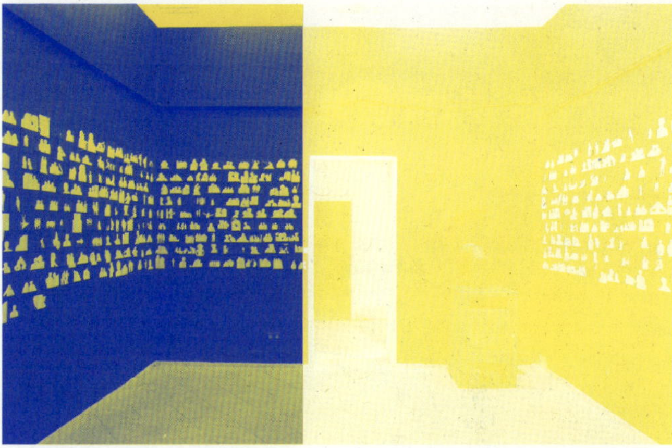

Seit seiner Besetzung 2009 entwickelt sich das Gängeviertel zu einem Ort soziokultureller Vielfalt im Herzen Hamburgs. Galerien, Ateliers, Konzerträume und Werkstätten schaffen einen Ort des kreativen und sozialen Austauschs, der allen Hamburgern sowie Besuchern der Stadt offensteht. Die Galerie Raum linksrechts verortet sich in diesem Kontext als Offspace-Ausstellungsplattform und Förderin von junger Kunst in und aus Hamburg. Sie zeichnet sich vor allem durch die Offenheit für unterschiedliche künstlerische Konzepte aus und bietet jungen Kulturschaffenden genreübergreifend Möglichkeiten, ihre Arbeiten in den öffentlichen Diskurs einzubringen. Die Galerie besteht aus zwei separaten Räumen: Der linke Raum ist weiß gehalten, der rechte schwarz. Aufgrund dieser besonderen Aufteilung haben Kunstschaffende die Möglichkeit, experimentelle Ausstellungskonzepte zu präsentieren, die Unerwartetes zusammenbringen oder traditionelle Sparten in neue Beziehungsgefüge einbetten. Raum linksrechts zeigt pro Jahr etwa acht Ausstellungen – in der Regel von Künstlern mit einer (abgeschlossenen) künstlerischen Ausbildung, die nicht länger als fünf Jahre zurückliegt. Je nach Ausstellungskonzept entwickeln die Künstler ein genreunabhängiges, raumübergreifendes, kontrastierendes und /oder sich ergänzendes Kunstgefüge. Beide Räume treten so immer in einen anregenden Dialog sowohl mit den Künstlern als auch mit den Besuchern.

www.raumlinksrechts.com

Valentinskamp 37
20355 Hamburg

Do–Sa
17–20 Uhr
+ auf Anfrage

raumlinksrechts •
das-gaengeviertel.info

xpon-art gallery

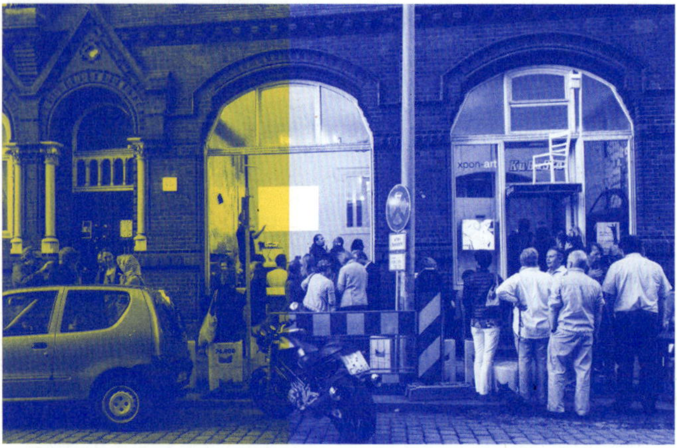

H

xpon-art gallery präsentiert vorwiegend thematische Gruppenausstellungen. Ein Schwerpunkt liegt hierbei auf Installationen, Objekten und performativen Arbeiten. Der Ort versteht sich als nicht kommerzielle Plattform, die mit ihrer Ausstellungsfläche und ihren Veranstaltungen vor allem die Kommunikation zwischen Künstlern und Kunstinteressierten sowie der Kunstschaffenden untereinander fördert. Gegründet wurde xpon-art gallery 2007 von den Künstlern Arne Lösekann und Anna Goldmund. Nachdem Lösekann die Off-Galerie zwischenzeitlich alleine betrieb, besteht das Kuratoren- und Organisationsteam inzwischen aus fünf Personen. Neben Lösekann sind dies der Kurator Stefan Dupke, der Fotograf Miroslav Menschenkind, der Bildhauer Florian Huber und die Kunsthistorikerin Anne Simone Krüger. In acht bis zehn Ausstellungen pro Jahr werden Arbeiten von jungen Kunstschaffenden, etablierten Künstlern und Quereinsteigern gezeigt.

www.xpon-art.de

Repsoldstraße 45
20097 Hamburg

Während der Ausstellungen:
Sa–Di
18–21 Uhr
+ auf Anfrage

info•xpon-art.de

2007

ZustandsZone

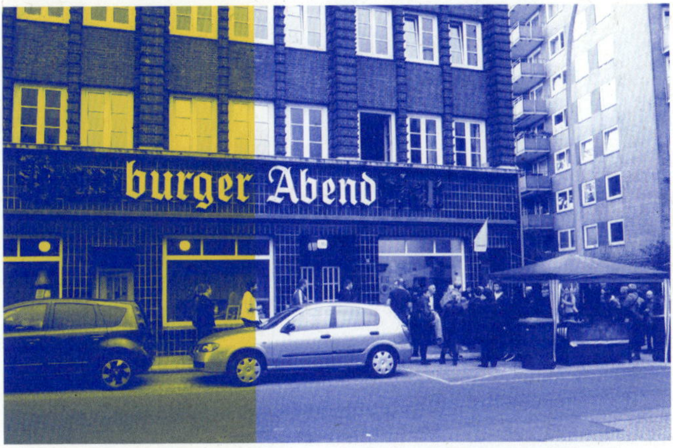

Die ZustandsZone ist der vielleicht kleinste und zugleich größte Galerie-, Projekt- und Zwischenraum in Hamburg. Am Fluss gelegen, weist die Türschwelle auf eine belebte Straße: die Königstraße, den verlängerten Arm der Reeperbahn, zwischen Drogenhandel, Partymeile, dem Weg zu IKEA oder zur Schule – rechts das arme, belebte Hamburg, links die reichen Villenbewohner. 24 Stunden von außen und donnerstagabends auch von innen zu sehen, finanziert sich die ZustandsZone bislang ausschließlich über Eigenmittel. Wenn die ausstellenden Künstler eine Arbeit verkaufen, geht der Gewinn zu 100 Prozent an sie. Die ZustandsZone ist ein Non-Profit-Projekt und wurde 2014 von Carsten Uhlig, Schreiber, Zeichner, freier Architekt und Stadtplaner, gegründet. Seit 2015 erhält er Unterstützung von der Kunstvermittlerin Angela Masoch. Der Schwerpunkt des bisherigen Programms lag darauf, möglichst unterschiedliche Darstellungsformen und Ausdrucksmittel der Kunst zu zeigen. Die Arbeiten sollten explizit nicht nur im Raum der ZustandsZone zur Wirkung kommen, sondern auch mit dem Außenraum in Verbindung treten. 2016 wird eines der Hauptthemen der ZustandsZone behandelt: die Gemeinschaft. Ausgehend von Hamburgs Ursprüngen, der Stadtbildung und -gründung, versucht das neue Programm, die Gemeinschaftsbildung durch künstlerische Ausdrucksmittel vor und in den Räumlichkeiten der ZustandsZone zu verdeutlichen.

www.zustandszone.de

H

2014

Königstraße 16
22767 Hamburg

24/7 von außen
Fr 18–20.30 Uhr
von innen
+ auf Anfrage

info • zustandszone.de

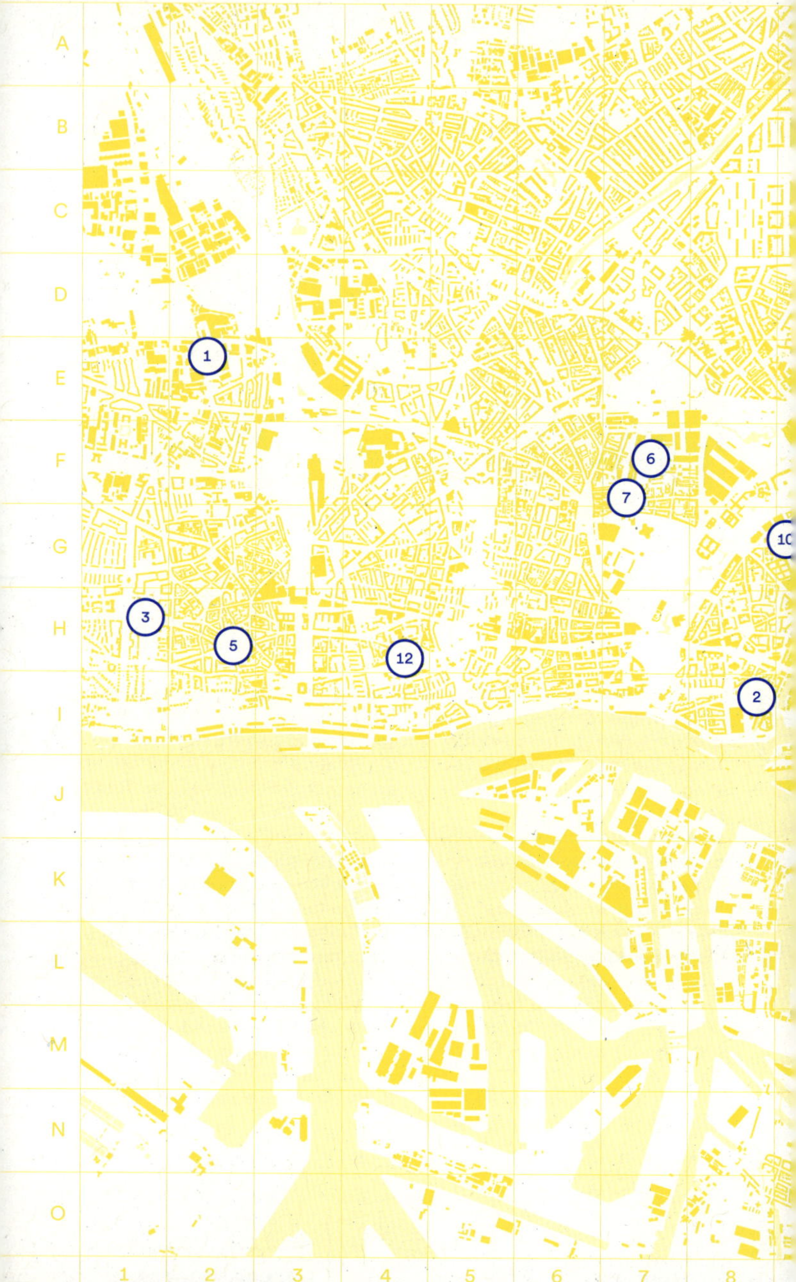
A
B
C
D
E
F
G
H
I
J
K
L
M
N
O
1
2
3
4
5
6
7
8
1
2
3
5
6
7
12

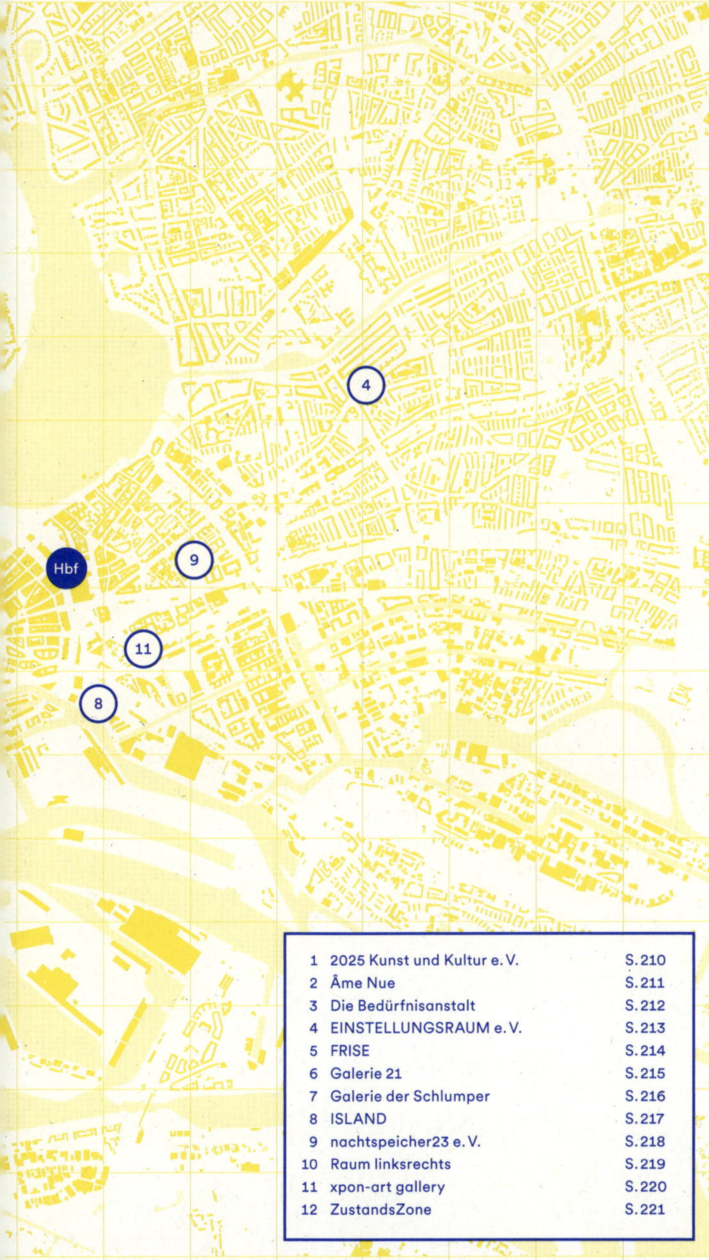

1	2025 Kunst und Kultur e. V.	S. 210
2	Âme Nue	S. 211
3	Die Bedürfnisanstalt	S. 212
4	EINSTELLUNGSRAUM e. V.	S. 213
5	FRISE	S. 214
6	Galerie 21	S. 215
7	Galerie der Schlumper	S. 216
8	ISLAND	S. 217
9	nachtspeicher23 e. V.	S. 218
10	Raum linksrechts	S. 219
11	xpon-art gallery	S. 220
12	ZustandsZone	S. 221

Hannover

j3fm

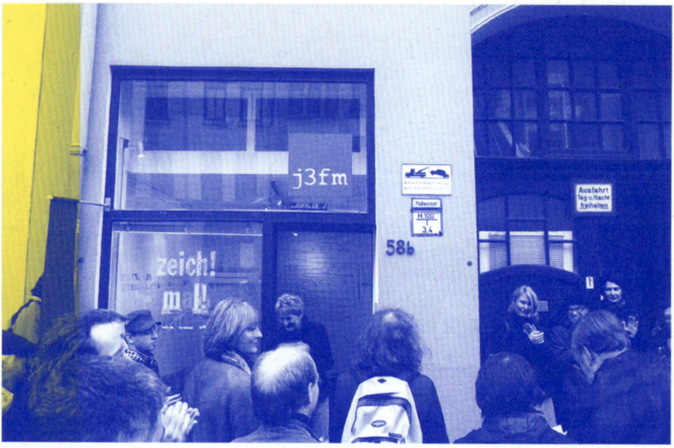

H

Seit zehn Jahren gibt es den wahrscheinlich kleinsten Kunstraum Hannovers. Kenner und Liebhaber wissen um die Herausforderung des Raumes, aber auch um die besondere Präsenz und Korrespondenz der dort ausgestellten Arbeiten. Ein gemeinnütziger Verein ist Träger des Projekts, das offen ist für alle Genres der bildenden Kunst und stets bereit zur Verteidigung seines Eigensinns. Jeden dritten Freitag im Monat eröffnet eine neue Ausstellung, daher der Name: j3fm.

www.j3fm.de

Kollenrodtstraße 58b
30163 Hannover

Fr 19–20.30 Uhr
So 14–16 Uhr

info • j3fm.de

2006

konnektor Forum für Künste

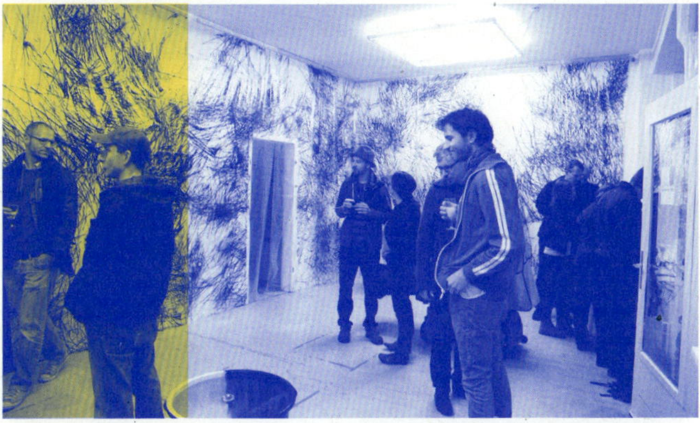

Im konnektor werden Grenzen erweitert, der unterschiedlichsten Art. Er möchte Projekte initiieren, die über die Ausstellungsfläche hinausgehen, und einen (kleinen) Raum schaffen, dessen Einfluss nicht an der Türschwelle aufhört. Dabei bezieht konnektor auch bestehende Kunstorte wie Ateliers, Galerien und Vereine in die Projekte mit ein und befördert Interaktionen innerhalb Hannovers Kunstnetzwerk. Darüber hinaus werden regelmäßig Künstler und Kuratoren aus anderen Regionen Deutschlands sowie aus dem Ausland eingeladen, um Projektideen in Kooperation zu realisieren. Das Augenmerk von konnektor liegt vorwiegend auf aktuellen Positionen der Kunst. Was die Ausdrucksformen betrifft, so ist der Projektraum offen: Es gibt keine Spezialisierung auf die eine oder andere Sparte, die klassischen Genres Malerei und Grafik sind ebenso willkommen wie Video- und Filmarbeiten, Fotografie und Klangkunst, Performance, Lesungen oder Musik.

www.konnektor-online.de

2011

Kötnerholzweg 11
30451 Hannover

Siehe Website
+ auf Anfrage

info•konnektor-online.de

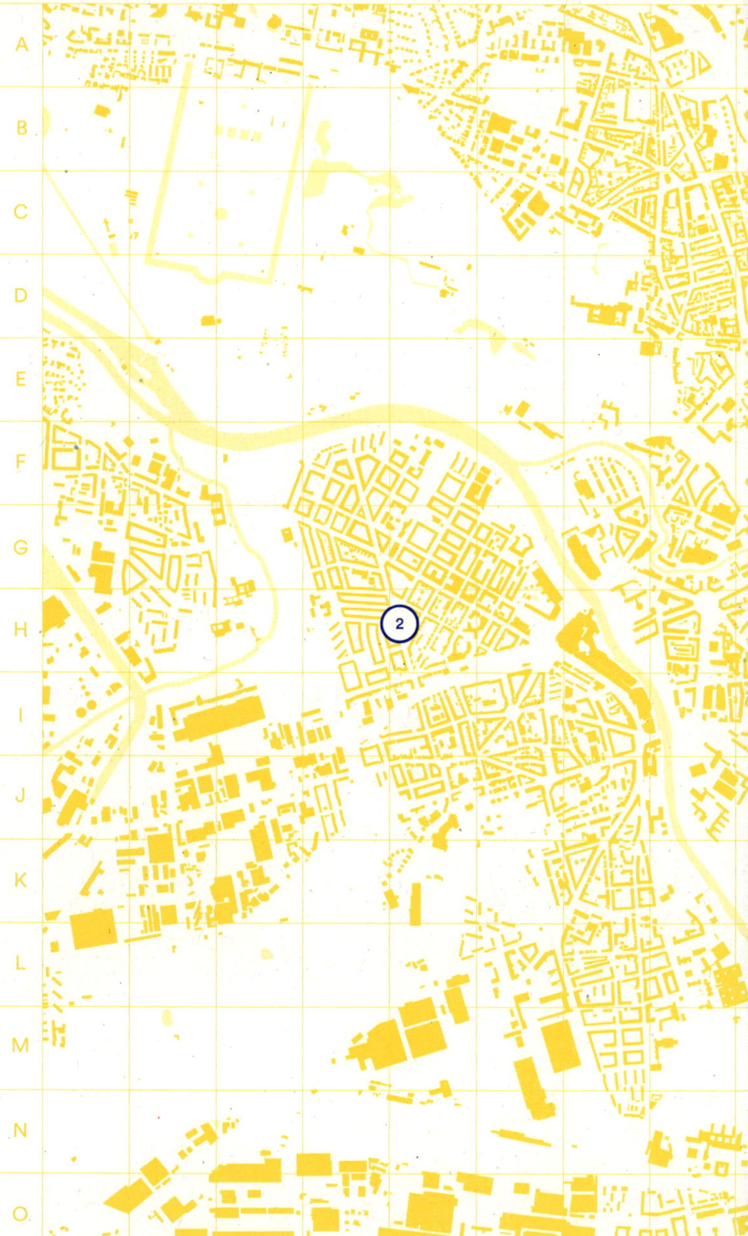
A
B
C
D
E
F
G
H
I
J
K
L
M
N
O
1
2
3
4
5
6
7
8
2

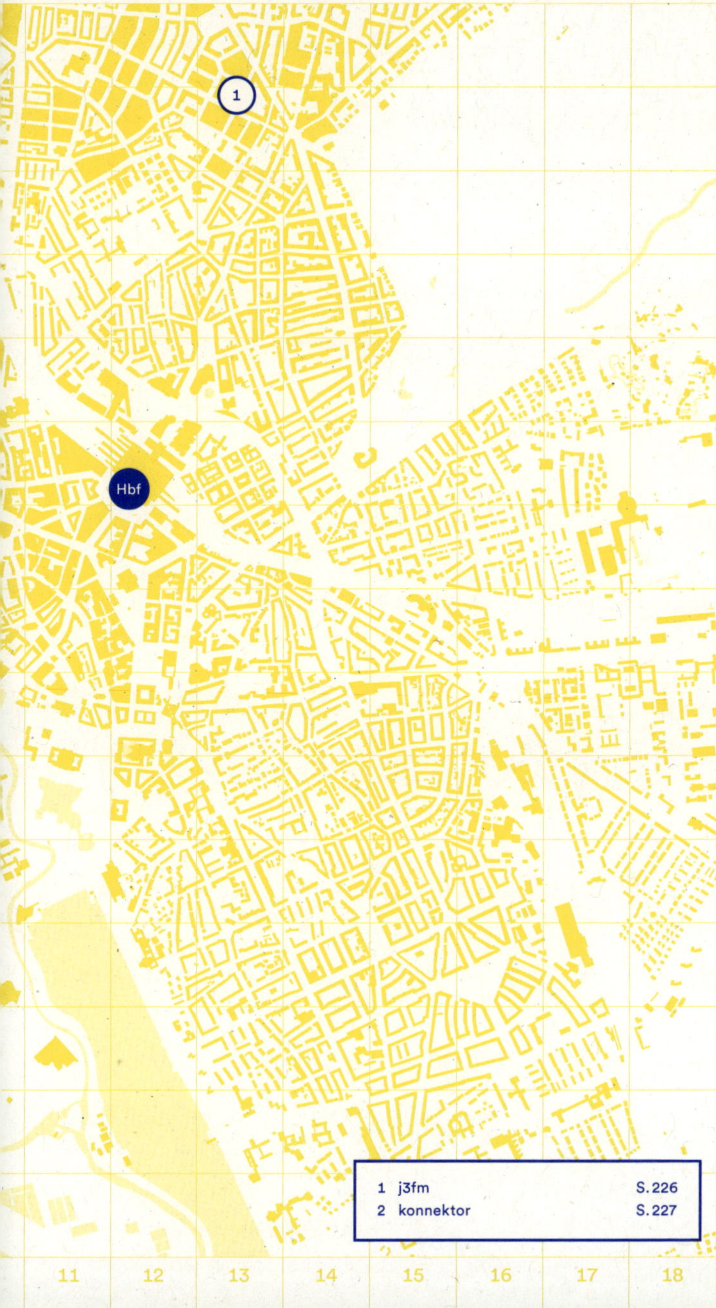
1
Hbf
1 j3fm S.226
2 konnektor S.227
11
12
13
14
15
16
17
18

Heidelberg

boeckercontemporary

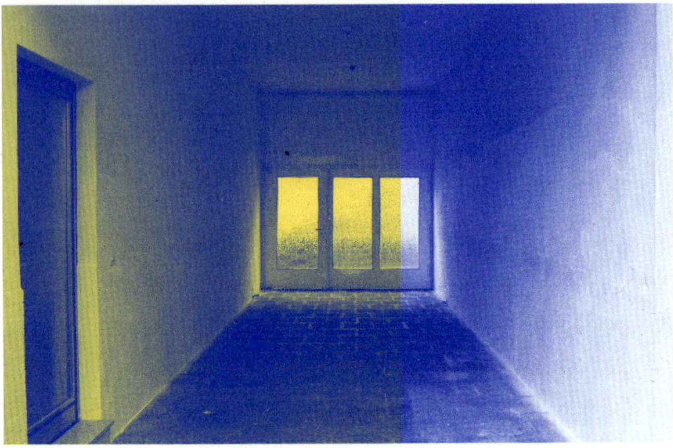

H

boeckercontemporary ist ein Kunstprojekt von Arvid Boecker. Seine Absicht ist es, ein experimentelles, international ausgerichtetes Ausstellungsforum jenseits der Kunstzentren aufzubauen und in Heidelberg einen lebendigen Ort der Begegnung mit zeitgenössischer Kunst zu schaffen. boeckercontemporary versteht sich als Knotenpunkt im Netzwerk und arbeitet weltweit mit freien Kuratoren und international agierenden Kunsträumen zusammen. boeckercontemporary zeigt pro Jahr vier bis sechs thematische Gruppenausstellungen international etablierter Positionen ungegenständlicher Malerei. Innerhalb der Stadt Heidelberg war das Interesse von Anfang an sehr groß: Der Oberbürgermeister und Mitglieder des Stadtrates gehörten zu den ersten Besuchern des Kunstraumes.

www.boeckercontemporary.de

Viktoriastraße 12
69126 Heidelberg

Di–Fr
11–15 Uhr
+ auf Anfrage

arvid_boecker•yahoo.com

2015

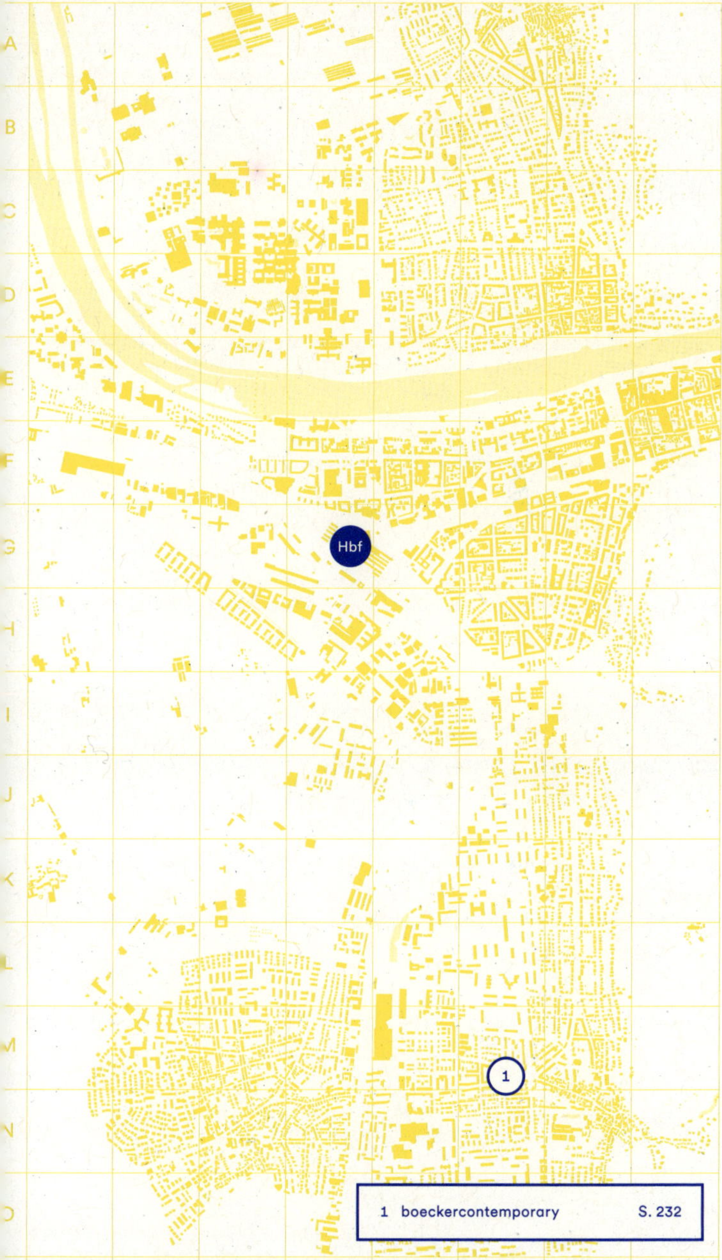
A
B
C
D
E
F
G
H
I
J
K
L
M
N
O
1
2
3
4
5
6
7
8
Hbf
1
1 boeckercontemporary S. 232

Heilbronn

Complex23

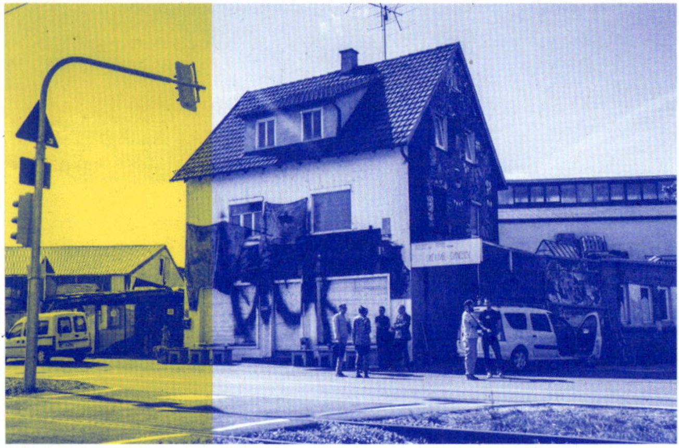

H

Complex23 ist eine Plattform für zeitgenössische Kunst, die es sich zur Aufgabe gemacht hat, die Kulturlandschaft Heilbronns mitzugestalten, zu erweitern und zu bereichern. Es geht um den Zusammenschluss einzelner Projekte zu einem komplexen Ganzen. Dazu gehören: Café & Bar Daneben (eine Plattform für Wort, Bild und Ton mit Konzerten, Lesungen, Theater, Performance und Film), die Triangel Ausstellungsflächen (mit wechselnden Ausstellungen der zeitgenössischer Kunst), RizzeRazze Kreativwerkstatt und Tattoo (für Tätowierungen, Schmuckdesign, Dekorationen, Zeichnung, Malerei und gestalterische Konzeptionen jeglicher Art) und der multimono Kaufladen (eine Verkaufsplattform für Künstler und kleine Labels sowie eigener Produktions- und Verkaufsort von Textil- und Papiersiebdrucken, Zines, limitierten Editionen von Kunst und Design und vielem mehr).

www.complex23.de

Salzstraße 23
74076 Heilbronn

mail • complex23.de

2012

Produzentengalerie B27

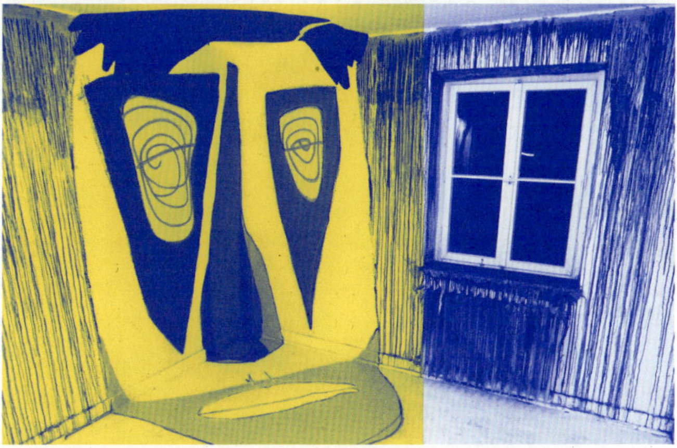

Die Produzentengalerie B27 startete 1998 und ist seit 2006 ein gemeinnütziger Verein. Auf zwei Etagen eines ehemaligen Hotels und Schlachtraumes finden pro Jahr drei bis fünf temporäre Ausstellungen statt. Hier stellen die zurzeit acht aktiven Mitglieder nationalen, internationalen, aber vor allem regionalen Künstlern und jungen Kreativen abseits des kommerziellen Kunstmarktes einen Experimentierraum zur Verfügung. Es finden Einzel- und Gruppenausstellungen, aber auch immer wieder thematische Großausstellungen statt, für die man sich bewerben kann. Die Produzentengalerie B27 ist ein Ort für alternative künstlerische Präsentation sowie für interdisziplinäre menschliche Begegnung und Auseinandersetzung.

www.produzentengalerieb27.com

H

1998

Hauptstaße 8a
74254 Offenau

Während der Ausstellungen:
So 14–18 Uhr
+ auf Anfrage

stefan • aritzona.de

ZIGARRE
Kunst- und KulturWerkHaus e. V.

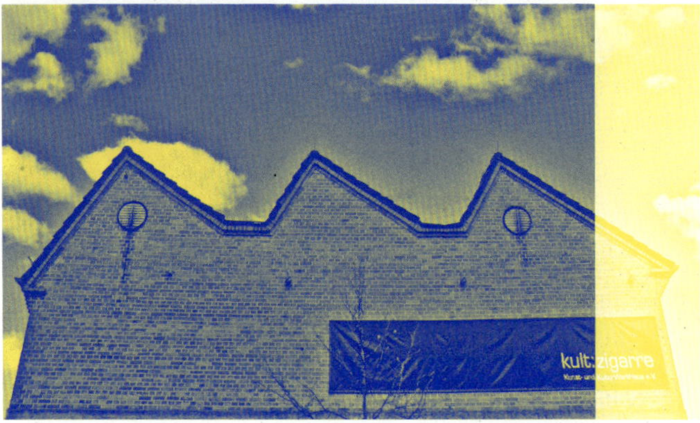

www.zigarre-heilbronn.de

H

Der ZIGARRE e. V. wird seit 2000 ehrenamtlich mit dem Ziel betrieben, die freie Kulturarbeit zu fördern. Auf 2.000 Quadratmetern befinden sich die Gaststätte/Bar K2acht, neun Ateliers, vier Musikübungsräume, zwei Veranstaltungsräume, ein Großraumatelier (OFF-Werkstatt) und die Frauenräume, in denen überwiegend frauenspezifische Veranstaltungen stattfinden. Im Laufe des Jahres werden darüber hinaus Ausstellungen sowie Konzerte, Vorträge, Theater usw. in den verschiedenen Räumen angeboten. Außerdem finden regelmäßig Tanzkurse statt. Die Vereinsräume, die Frauenräume und das K2acht können für private Veranstaltungen angemietet werden.

Achtungstraße 37
74072 Heilbronn

Siehe Website

2000

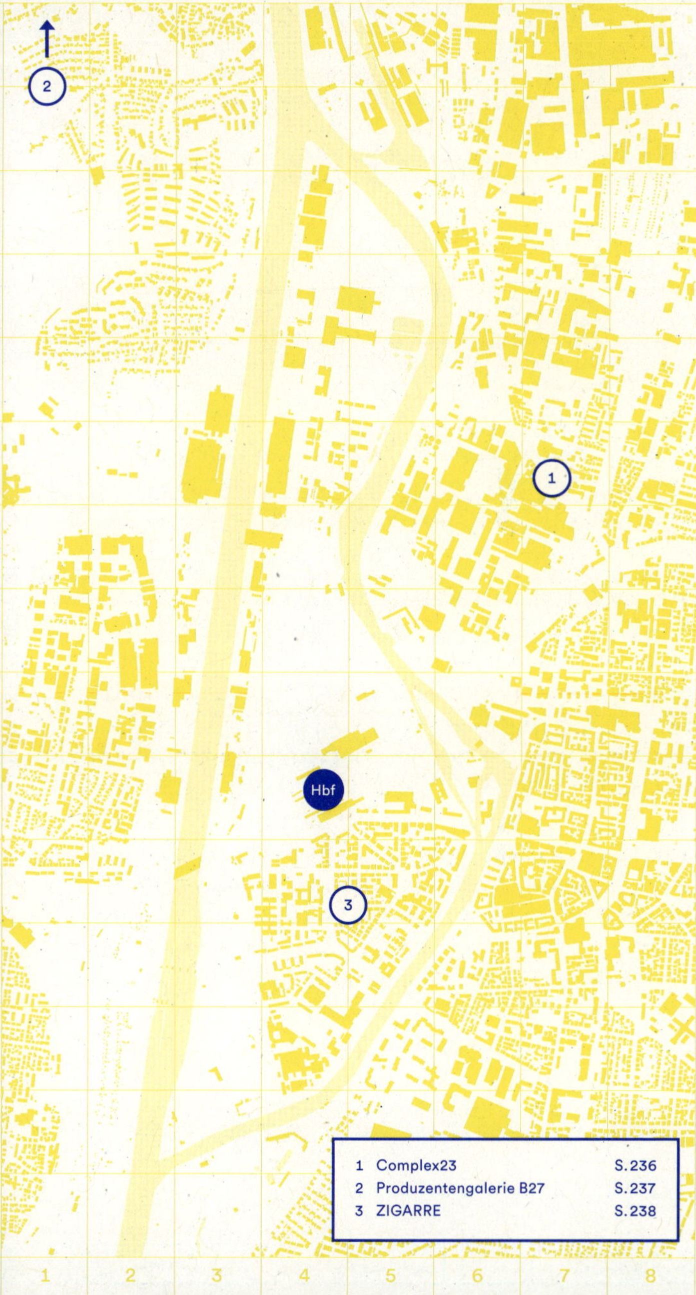
2
1
Hbf
3
1 Complex23 S. 236
2 Produzentengalerie B27 S. 237
3 ZIGARRE S. 238
1 2 3 4 5 6 7 8

Hildesheim

KUNSTRAUM 53

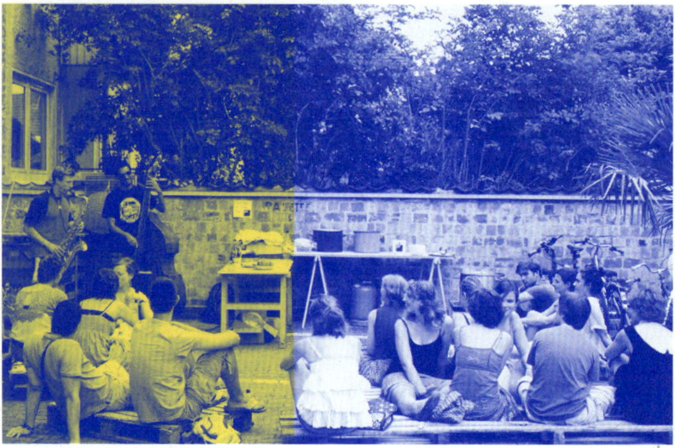

H

„The only thing that is constant is change. Frei interpretiert nach Heraklit bedeutet das: Alles fließt und nichts steht still. Das Einzige, was beständig ist, ist die Veränderung, die die Möglichkeit zum Neuanfang, zur Aktualisierung und zur ständigen Überprüfung des eigenen Blicks auf die Umwelt birgt.“ 2014 eröffnete auf eine Initiative von Master-Studierenden der Kuratorischen Praxis an der Universität Hildesheim hin der KUNSTRAUM 53. Als Labor, kreative Zelle und konstanter Behälter für unterschiedliche Positionen junger Künstler wird er zum bewussten Erfahrungs- und Reflexionsraum der vielfältigen und sich schnell verändernden Facetten der Außenwelt. Durch seine zentrale Lage bildet der KUNSTRAUM 53 zudem eine Brücke zwischen der Universität und den Hildesheimer Anwohnern. Auch dank des Projekts VOIIIADEN – ein Projekt für kreative Leerstandsnutzung – hat sich schnell ein funktionierendes, aktives Kunstnetzwerk mit viel Potential entwickelt. Auch wenn der Ausstellungsraum den transformierenden Ideen und den vielfältigen Perspektiven Platz gewährt, am KUNSTRAUM 53 selbst ändert sich nichts: „Es bleibt alles anders.“

www.kunstraum53.de

Wollenweberstraße 53
31134 Hildesheim

Mi 18–20 Uhr
So 15–17 Uhr
+ auf Anfrage

kunstraum.wws53•gmail.com

2014

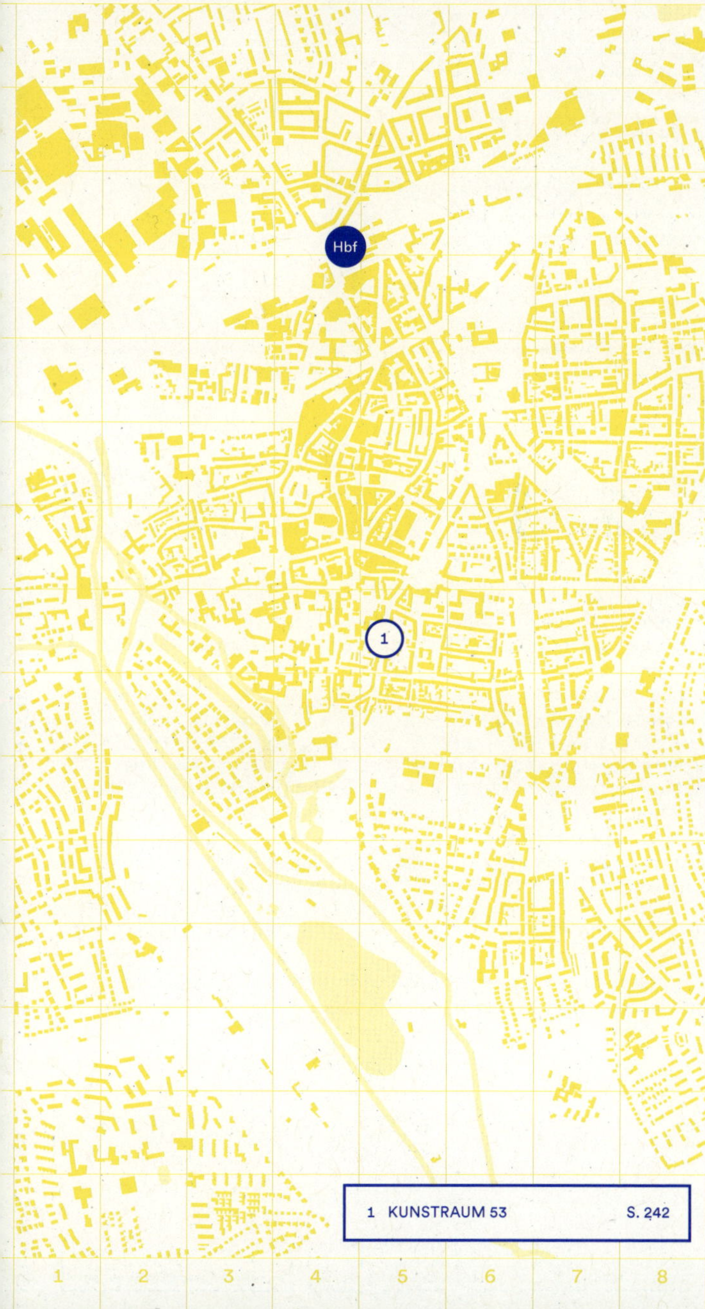

H

Karlsruhe

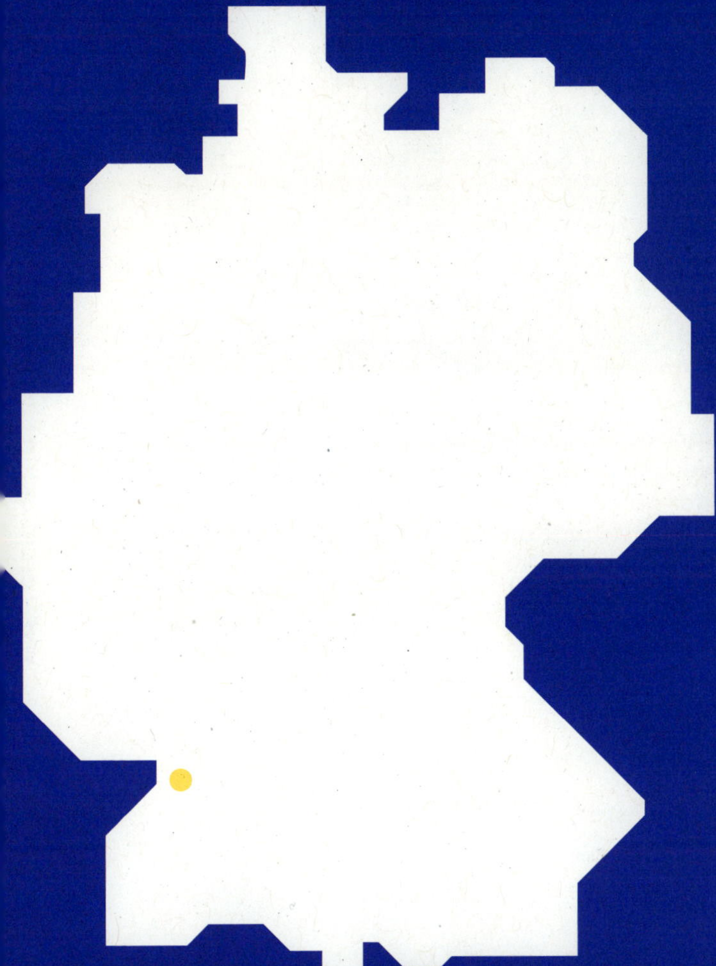

Architekturschaufenster e. V.

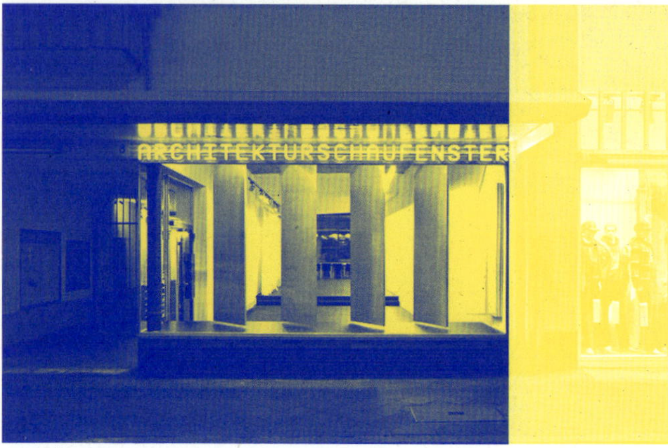

Das Architekturschaufenster e. V. will mit Ausstellungen, Tagungen, Seminaren und Informationsveranstaltungen das Bewusstsein für die Qualität der gestalteten Umwelt an der Schnittstelle von Architektur, Kunst und Design stärken.

K

www.architekturschaufenster.de

Waldstraße 8
76133 Karlsruhe

Mo–Do
9–12 + 14–16 Uhr
Fr 10–12 Uhr

info•
architekturschaufenster.de

2007

Fettschmelze

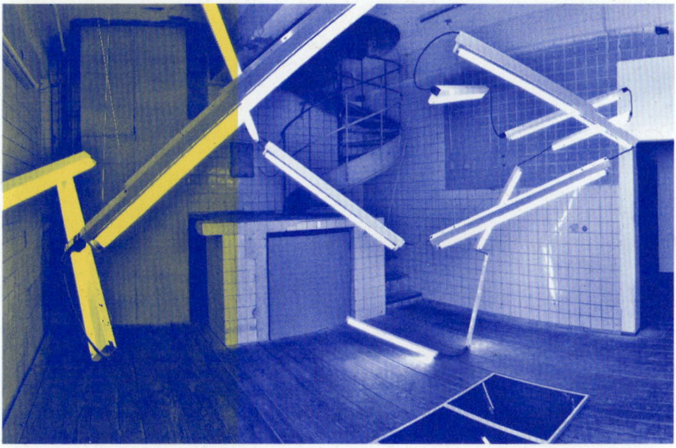

Der Projektraum befindet sich in der ehemaligen Fettschmelze auf dem Areal des Alten Schlachthofes in Karlsruhe. Das Schlachthofareal als neuer Kultur- und Kreativstandort bietet ein optimales Umfeld für den Projektraum. An den vergilbten Fließen und dem rohen Charakter der Räume erkennt man die industrielle Nutzung der Vergangenheit. Das ist für die Kunstpräsentation nicht ganz einfach, aber reizvoll. Eine Auseinandersetzung mit dem Ort ist so für Künstler und Kurator unumgänglich. Der Projektraum Fettschmelze zeigt pro Jahr drei Ausstellungen zeitgenössischer Künstler. Neben Künstlern aus Karlsruhe und der Umgebung bietet er auch internationalen Künstlern eine Plattform für Präsentation und Austausch. Der Projektraum Fettschmelze dient der Förderung zeitgenössischer Kunst und trägt zusätzlich mit Rahmenveranstaltungen zum kulturellen Angebot der Stadt bei. Auch ein wissenschaftlicher Austausch mit Vertretern der Hochschulen in Karlsruhe wird angestrebt. Die Ausstellungen stellen künstlerische Positionen und aktuelle Gegenwartsentwicklungen zur Diskussion. Ein öffentliches Gespräch mit dem Künstler ist daher ein wichtiger Bestandteil der Ausstellungen, der ggf. durch Fachvorträge, Lesungen und Konzerte erweitert wird. Die Ausstellungen werden von Maria Tanbourgi kuratiert.

www.fettschmelze.org

K

2014

Alter Schlachthof 25
76131 Karlsruhe

info • fettschmelze.org

Im Hinterzimmer

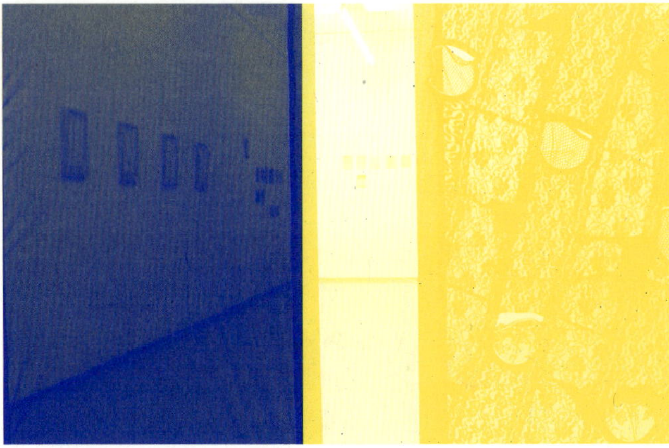

Im Hinterzimmer ist der Arbeits- und Projektraum vier junger Künstler (Christian Falkner, Simon Pfeffel, Aleschija Seibt, Sara Wahl) in Karlsruhe. Der Dialog unterschiedlicher künstlerischer Positionen bildet die Grundlage der Zusammenarbeit. Der Ausstellungs- und Projektraum Im Hinterzimmer bietet die Möglichkeit, in den kulturellen Diskurs vor Ort einzutreten. Außerdem verstehen sich die vier Künstler als Gastgeber. So funktioniert Im Hinterzimmer auch als Präsentationsplattform für andere Kunst- und Kulturschaffende sowie für eine möglichst vielfältige Palette von Projekten (z. B. Filmscreenings, Lesungen, Musik, Performance), die dadurch der Öffentlichkeit zugänglich gemacht werden.

K

www.im-hinterzimmer.blogspot.de

Kaiserstraße 61
Zugang über Waldhornstraße
HH zwischen Nr. 27 und 29
76131 Karlsruhe

im.hinterzimmer • gmx.de

2011

Kunstverein Letschebach

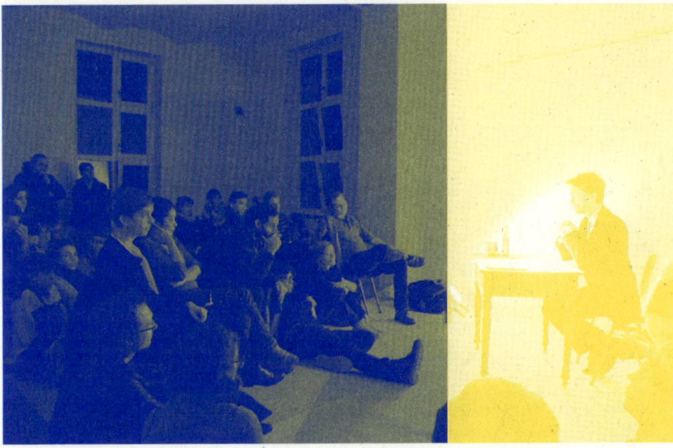

Der Kunstverein Letschebach wurde 2011 von zehn Absolventen der Kunstakademie sowie der Staatlichen Hochschule für Gestaltung in Karlsruhe gegründet. Der Projektraum ist kollektiv organisiert und wird von Sascha Brosamer und Lisa Schlenker koordiniert. Abseits von Institutionen und Tendenzen des Kunstmarkts oder etablierten Geschmacks ist der Verein eine Plattform für zeitgenössische Kunst. Diese versteht sich als heterogenes Netzwerk, das über nationale Grenzen hinaus gattungs- und medienübergreifende zeitgenössische Konzepte diskutiert und realisiert. Neben dem Basisprojekt in Karlsruhe liegt der Fokus auf internationalen, unabhängigen Pop-up-Projekten wie ELLIPTICITY (2012, China), LETSCHEBACH PROJECTS (2013, Japan), #LIP15 (2015, Türkei) oder POP M!E (2015, USA und 2016, Berlin). In den Sommermonaten organisiert der Verein außerdem ein „Artist in Residence"-Programm.

www.letschebach.de

K

2011

Blumentorstr 12
76227 Karlsruhe

kunstvereinletschebach•gmail.com

Lobby-Projekt

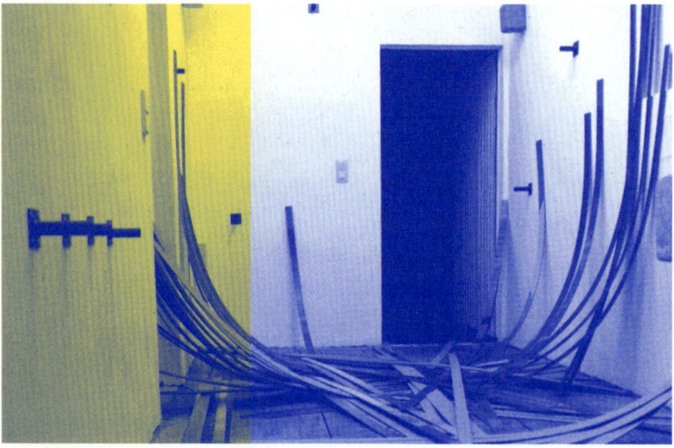

Lobby-Projekt ist eine Ausstellungsreihe, die seit 2012 im jährlichen Turnus erste Einzelausstellungen junger Künstler präsentiert. In einem Block von rund zwei Monaten finden wöchentlich unterschiedliche Ausstellungen statt, d. h. fünf bis zwölf Ausstellungen pro Jahr. Die Eröffnungen sind immer freitags. An Wochenenden wird regulär geöffnet sowie montags und dienstags auf Anfrage.

K

www.lobby-projekt.blogspot.de

Schützenstraße 9
76137 Karlsruhe

Während der Ausstellungen: Fr–So (siehe Flyer) / Mo–Di auf Anfrage

lobby-projekt • web.de

2012

V8 Plattform für Neue Kunst

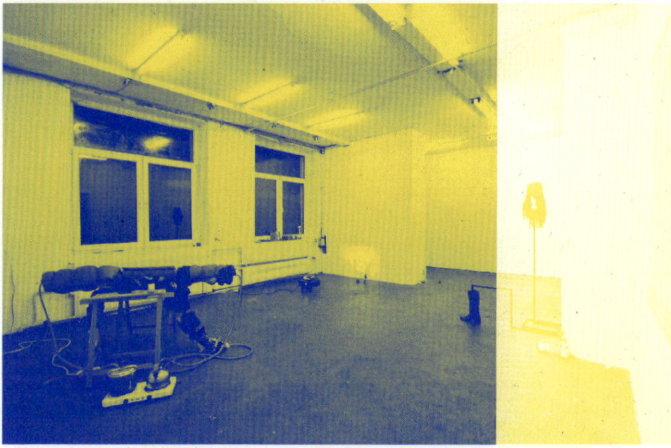

www.viktoria8.de

Die V8 Plattform für Neue Kunst wurde im Jahr 2004 von damaligen Studenten der Staatlichen Akademie der Bildenden Künste Karlsruhe gegründet und eröffnete am 5. Januar 2005 die erste Ausstellung in den Atelierräumlichkeiten der Viktoriastraße 8 in Karlsruhe. Heute kann die V8 Plattform auf eine kontinuierliche Aktivität mit über 80 Ausstellungen zurückblicken und unterstreicht damit ihre Bedeutung als einer der lebendigsten Offspaces in Karlsruhe. Oft auch als „Produzentengalerie" bezeichnet, ist die V8 Plattform keine Galerie für ihre Mitglieder, um deren Werke zu vermarkten oder auszustellen. Vielmehr sieht sich die V8 Plattform als Raumspender, um die Werke junger Künstler abseits vom Kunstmarkt oder von Institutionen einem interessierten Publikum zugänglich zu machen.

K

2005

Viktoriastraße 8
76133 Karlsruhe

Während der Ausstellungen:
Sa–Di
15–19 Uhr

info • viktoria8.de

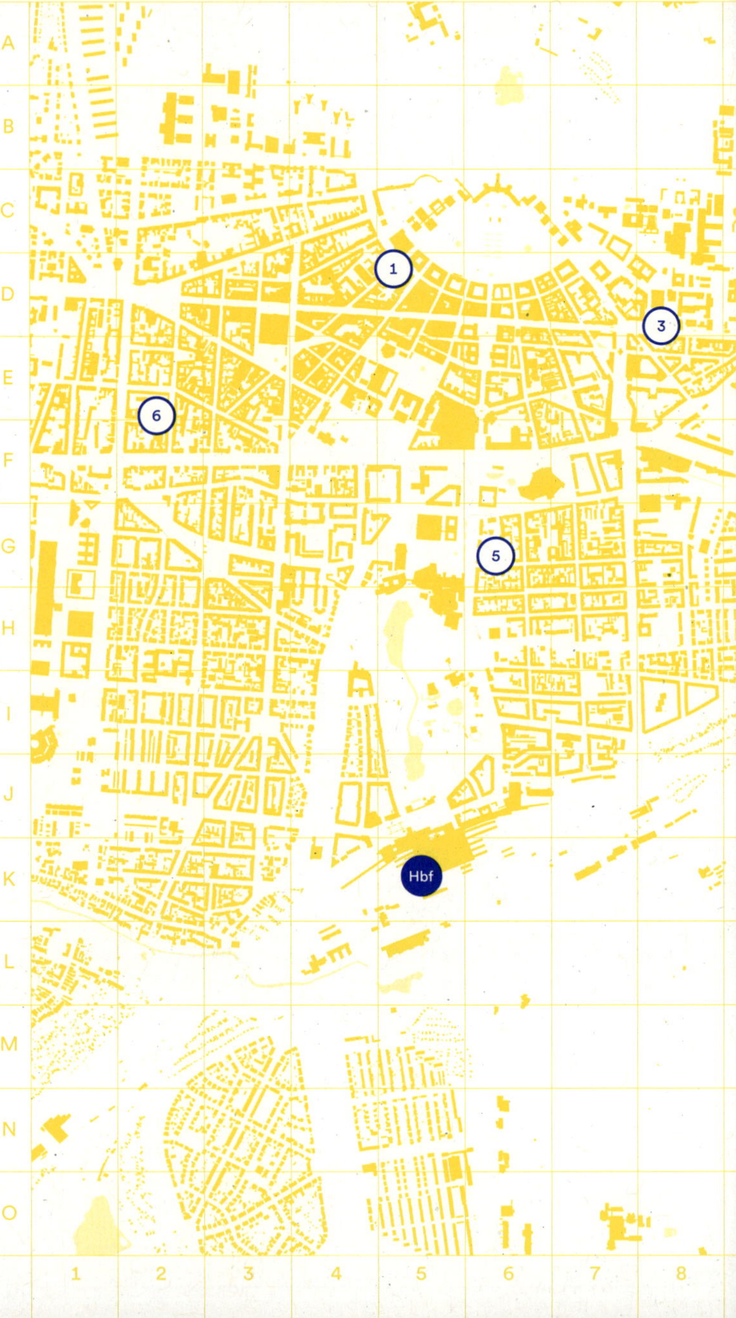
A
B
C
D
E
F
G
H
I
J
K
L
M
N
O
1
2
3
4
5
6
7
8
1
3
5
6
Hbf

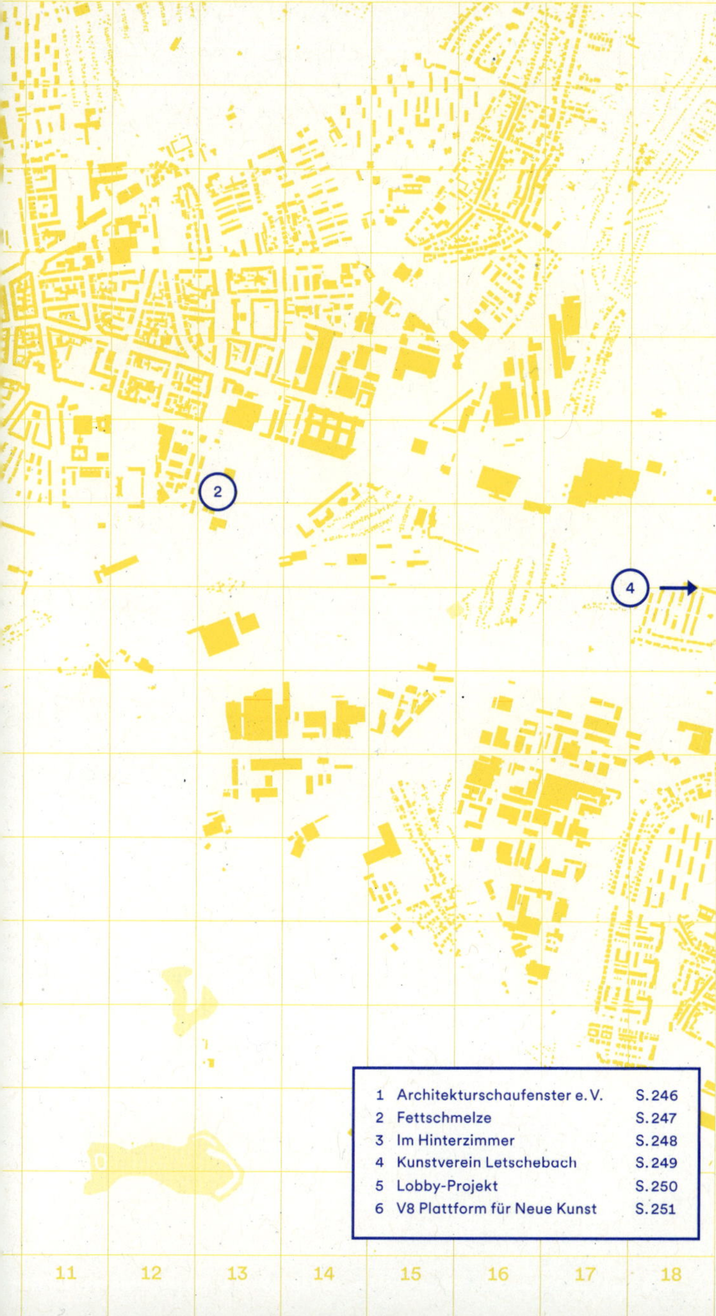

1 Architekturschaufenster e.V. S. 246
2 Fettschmelze S. 247
3 Im Hinterzimmer S. 248
4 Kunstverein Letschebach S. 249
5 Lobby-Projekt S. 250
6 V8 Plattform für Neue Kunst S. 251

Kassel

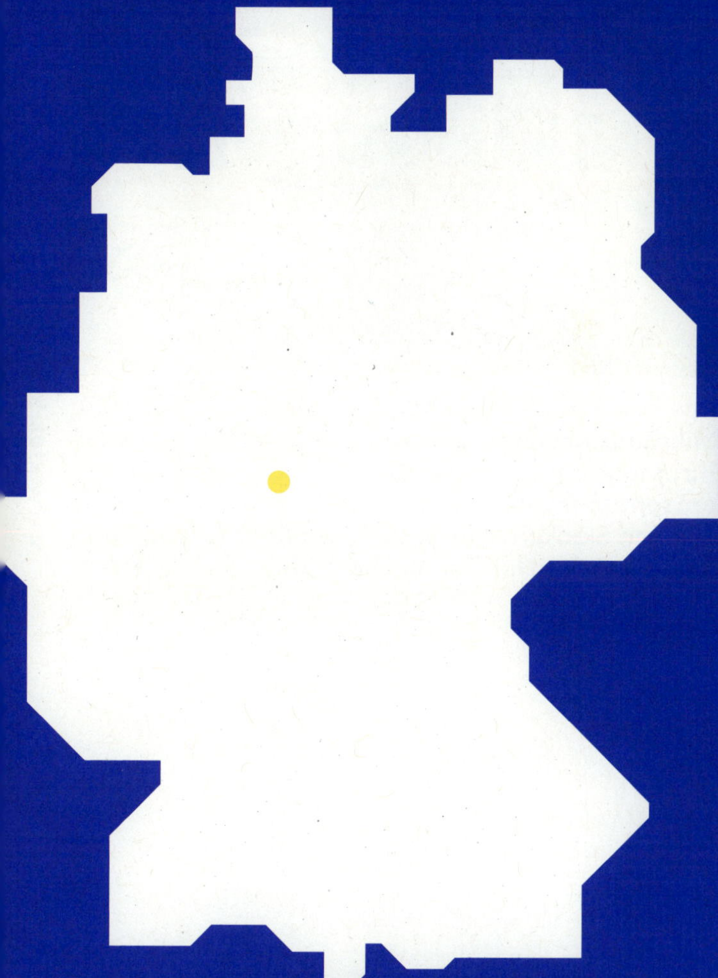

KFAK,K
Kunstfenster für aktuelle Kunst, Kassel

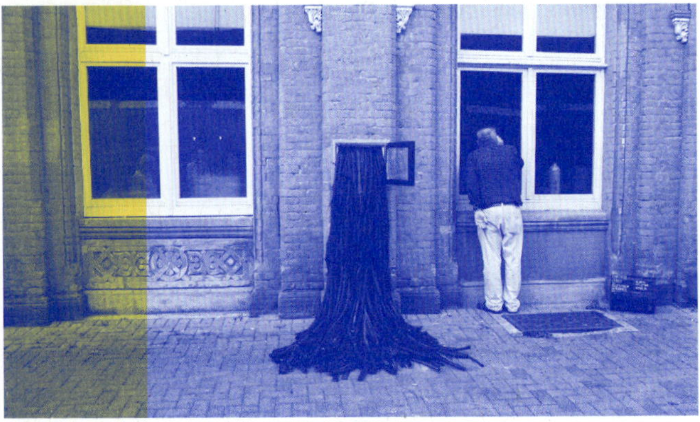

Das Kunstfenster für aktuelle Kunst, Kassel ist ein Mikroausstellungsraum am Südflügel des Kasseler Hauptbahnhofes. „Auf 30 × 40 × 8 Zentimetern präsentieren wir hier regelmäßig Pendlern, Reisenden und Slackern eine wohlgewählte Mischung aus neuen Arbeiten lokaler und internationaler Künstler."

K

www.kfak-k.de

Südflügel
Hauptbahnhof Kassel
34117 Kassel

24/7

art • kfak-k.de

2013

Kunstbalkon Kassel

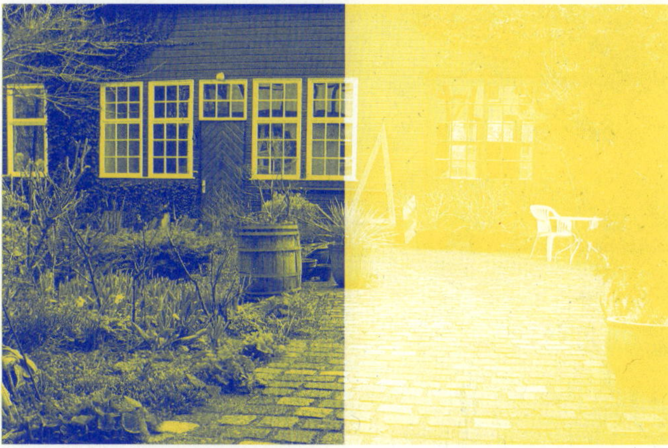

In die Räume der ehemaligen Zimmereifachschule im idyllischen Hof eines der letzten Fachwerkhäuser Kassels ist 1990 künstlerisches Leben eingezogen. Neben Atelierräumen ist hier Platz für Ausstellungen des Vereins Kunstbalkon e. V. Die Ausstellungen finden von Frühjahr bis Herbst statt. Kuratiert wird das Ausstellungsprogramm von bildenden Künstlerinnen, die in Kassel arbeiten und einen intensiven Kontakt zu Kollegen anderer Städte pflegen. Das Ausstellungsprogramm ist geprägt durch den Gedanken eines überregionalen und internationalen Austauschs mit bildenden Künstlern. So gab es bereits bilaterale Projekte in Tokio, Ashikaga, Genua, Florenz, Montes Claros in Brasilien und in vielen deutschen Städten. Die Rolle der Veranstalterinnen wechselt dabei zwischen Gast und Gastgeber. Darüber hinaus ist der Kunstbalkon e. V. für seine aktiven Mitglieder eine Plattform, um sich gegenseitig künstlerische Arbeiten vorzustellen und in einen Diskurs darüber zu treten.

www.kunstbalkon.de

K

1990

Quiddestraße 3
34121 Kassel

Während der Ausstellungen:
Do–So
18–21 Uhr

info • kunstbalkon.de

Stellwerk im Kulturbahnhof

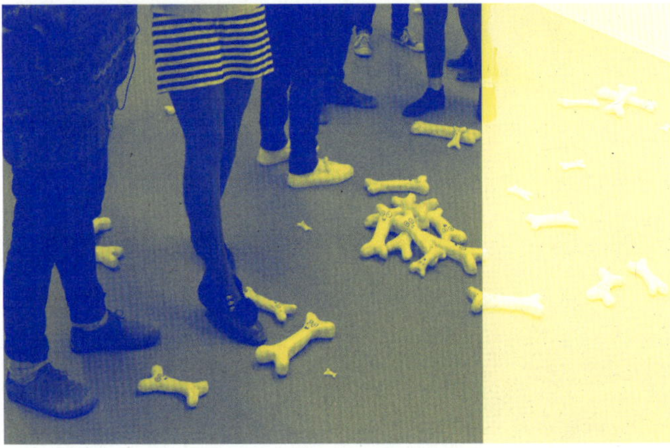

K

Das Stellwerk ist ein studentisch organisierter Ausstellungsraum der Kunsthochschule Kassel. Es versteht sich zum einen als Plattform für junge Künstler, deren Arbeiten bisher noch nicht oder nur selten gezeigt wurden. Zum anderen sollen bereits etablierte Künstler entdeckt und präsentiert werden. Außerdem wird die Vernetzung mit Künstlern in Kassel sowie Künstlern und Künstlergruppen außerhalb der Stadt gefördert. Stetig wechselnde Ausstellungen mit Vernissage in Anwesenheit der Künstler sollen das Stellwerk zu einem Anlaufpunkt für Kunstbegeisterte aus Kassel und darüber hinaus machen.

www.stellwerkprogramm.de

Rainer-Dierichs-Platz 1
34117 Kassel

Sa–Di
15–18 Uhr

stellwerkkassel • gmail.com

①⑨⑨⑤

TOKONOMA

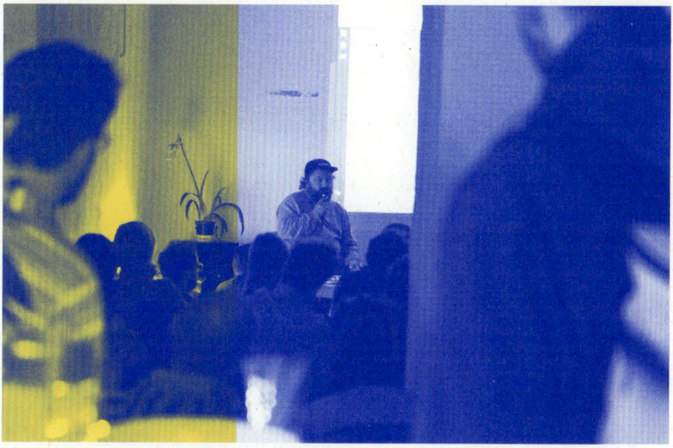

Als Plattform für junge Kunst und Clubkultur organisiert und veranstaltet TOKONOMA in Kassel Vorträge, Gespräche, Filmvorführungen, Ausstellungen und Clubnächte. Das Anliegen des jungen Vereins ist die Reflexion zeitgenössischer Themen mit seinen Gästen. Neben den Bereichen Kunst, Film und Musik werden auch Fragestellungen der Wissenschaft, Politik und Technik behandelt. Im TOKONOMA Apartment finden regelmäßig Veranstaltungen statt, die auf der Homepage und in den sozialen Medien angekündigt werden. Der Eintritt ist frei. Dazu gibt es monatlich wechselnde Ausstellungen.

www.supertokonoma.de

Frankfurter Straße 58
34121 Kassel

Siehe Ankündigungen

info • supertokonoma.de

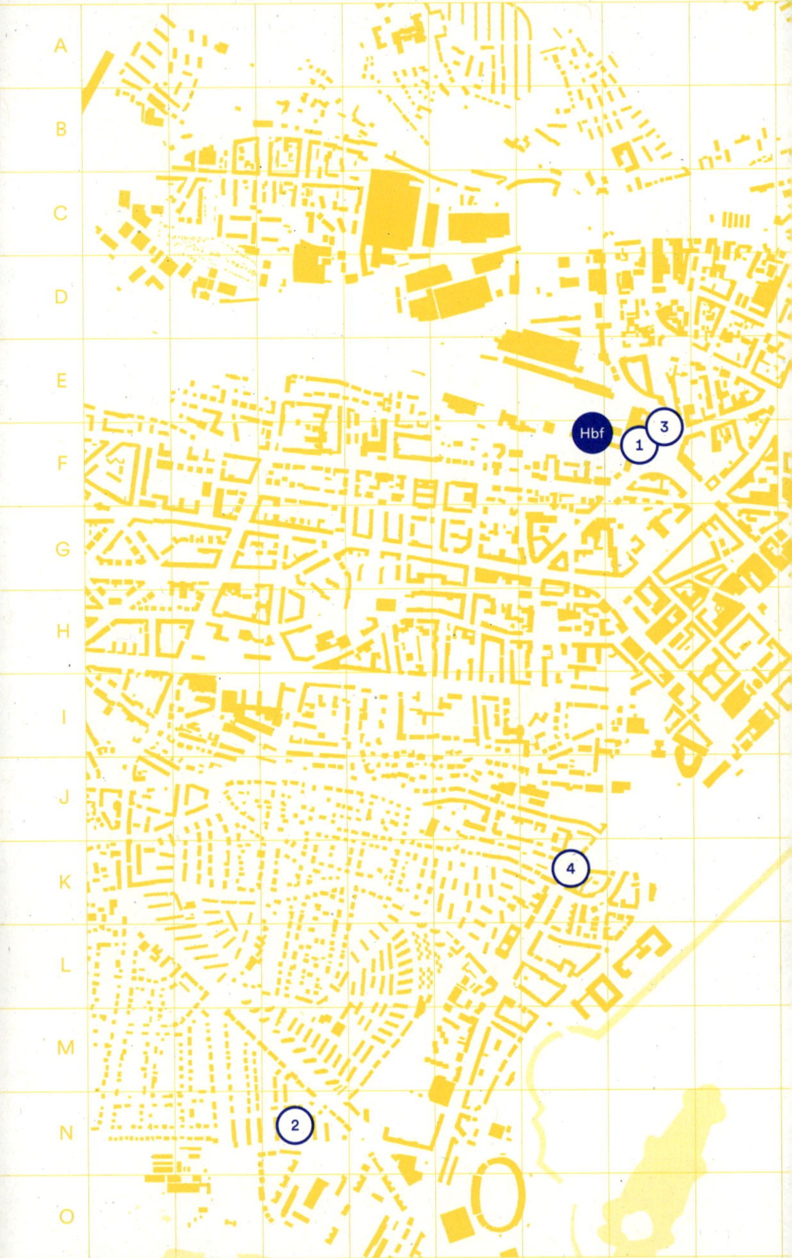
A
B
C
D
E
F
G
H
I
J
K
L
M
N
O
1
2
3
4
5
6
7
8
Hbf
1
2
3
4

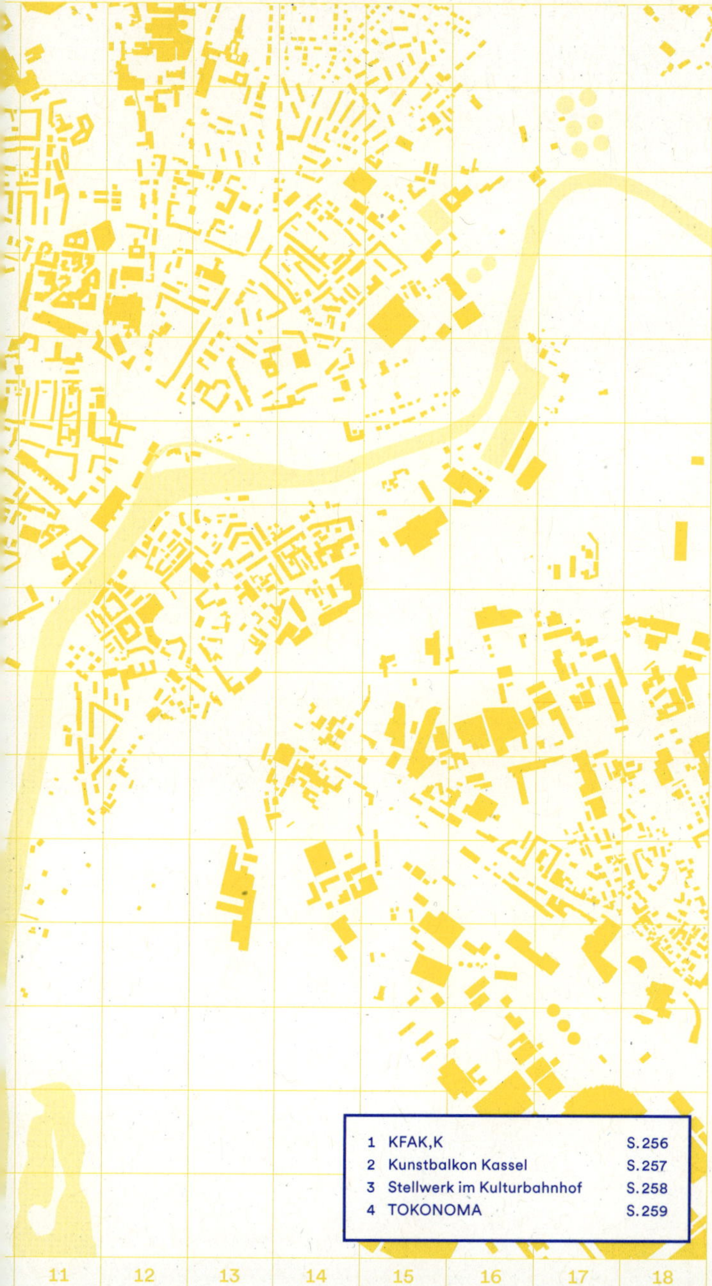

1	KFAK,K	S. 256
2	Kunstbalkon Kassel	S. 257
3	Stellwerk im Kulturbahnhof	S. 258
4	TOKONOMA	S. 259

Kiel

Galerie im ehemaligen Schlecker

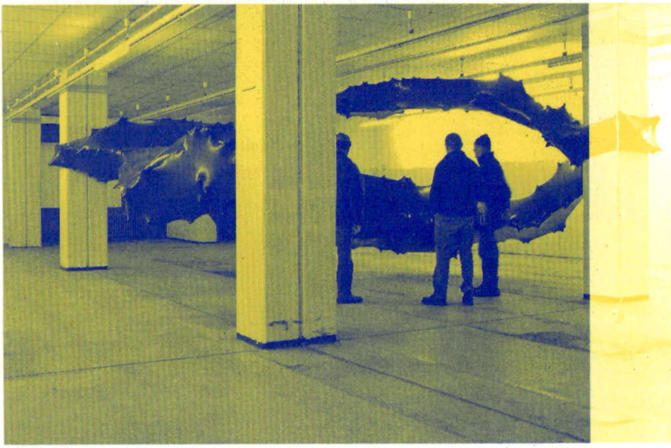

K

„Ein ehemaliger Discounter bietet uns Raum für zeitgenössische Kunst im ärmsten und lebendigsten Stadtviertel von Kiel: Arbeitslosigkeit, Drogenprobleme und eine sinkende Infrastruktur kennzeichnen unser Quartier, in dem sich aber auch Kinder, Künstler, Galeristen und Arbeitslose gemeinsam um die Kunst herumbewegen." Die Galerie realisiert experimentelle Ausstellungen, die die Ausstellungspraxis selbst thematisieren: Wo befinden sich die Grenzen zwischen Künstlern, Kuratoren und Publikum? Wie sieht Kunst im „sozialen Brennpunkt" aus? Wer bestimmt, was Kunst ist? Für die Galerie darf Kunst kein elitärer Fremdkörper sein, daher übernehmen etwa auch Künstler einen Teil der Aufsichtsarbeit. Durch den alltäglichen Austausch ist die Galerie zum Bestandteil des Viertels geworden und bringt die Ortsansässigen mit der Kieler Kunstszene zusammen: „Es entsteht eine Atmosphäre des Respekts. In unserem Viertel wohnen viele Menschen mit Migrationshintergrund, der internationale Austausch ist hier also am richtigen Ort."

www.k34.org

Elisabethstraße 68a
24143 Kiel

Di–So
15–18 Uhr

info • k34.org

2013

Prima Kunst Container c/o Stadtgalerie Kiel

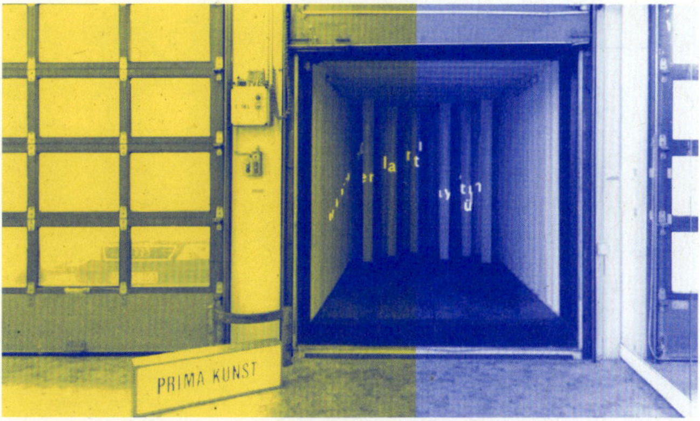

Die Prima Kunst besteht schon seit 1986. Sie wird bis heute von Studenten und Alumni der Muthesius Kunsthochschule weitergeführt. Der Prima Kunst Container an der Stadtgalerie Kiel ist seit 2002 das Zuhause der Prima Kunst. Sie eröffnet dort fünf Ausstellungen im Jahr, synchron zu den Eröffnungen der Stadtgalerie Kiel. Der Prima Kunst Container ist ein alternativer Projektraum für junge, aufstrebende Künstler aus Deutschland und dem Ausland. Zweck der Institution ist es, die junge Kunstszene der Region zu beleben, unetablierte zeitgenössische Künstler zu fördern und regionale, überregionale und internationale Netzwerke aufzubauen und zu pflegen.

K

www.primakunst.info

① ⑨ ⑧ ⑥

Andreas-Gayk-Straße 31
24103 Kiel

Di+Fr 10–17 Uhr
Mi–Do 10–20 Uhr
Sa–So 11–17 Uhr
Mo geschlossen

mail • primakunst.info

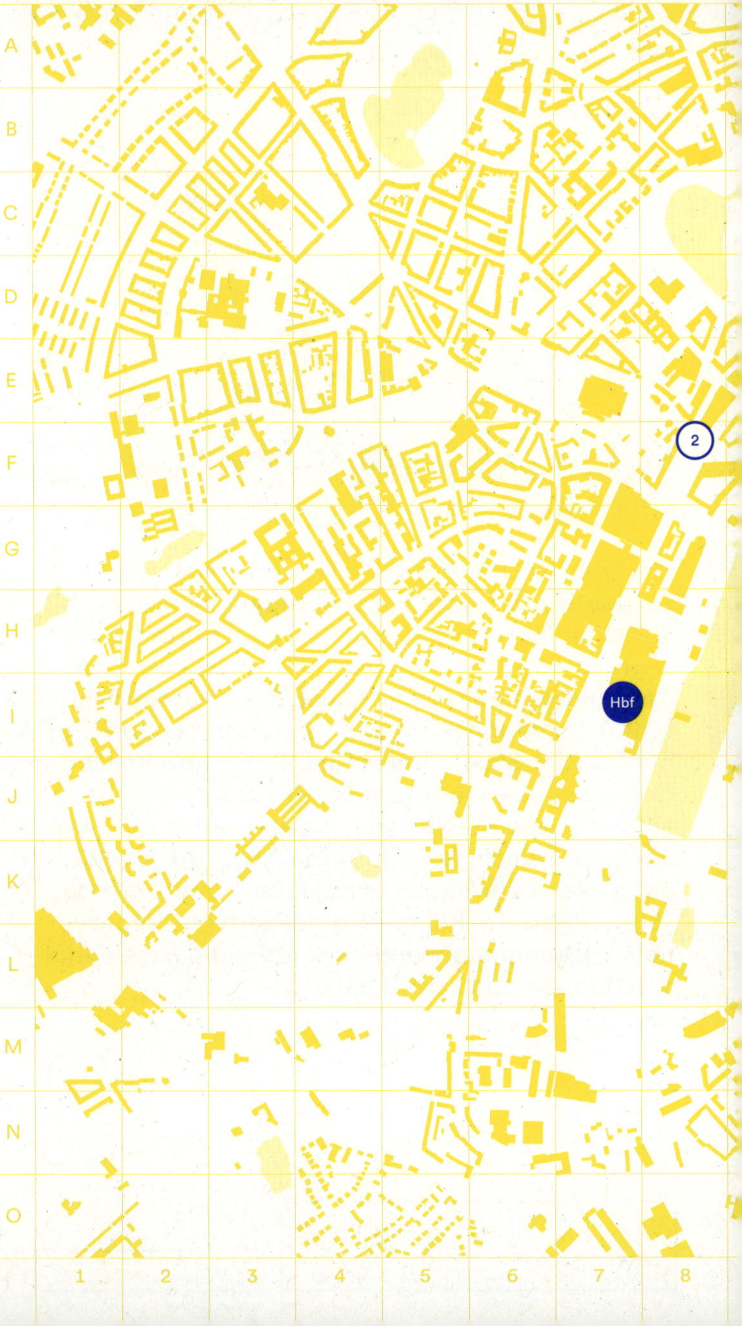
A
B
C
D
E
F
G
H
I
J
K
L
M
N
O
1
2
3
4
5
6
7
8
2
Hbf

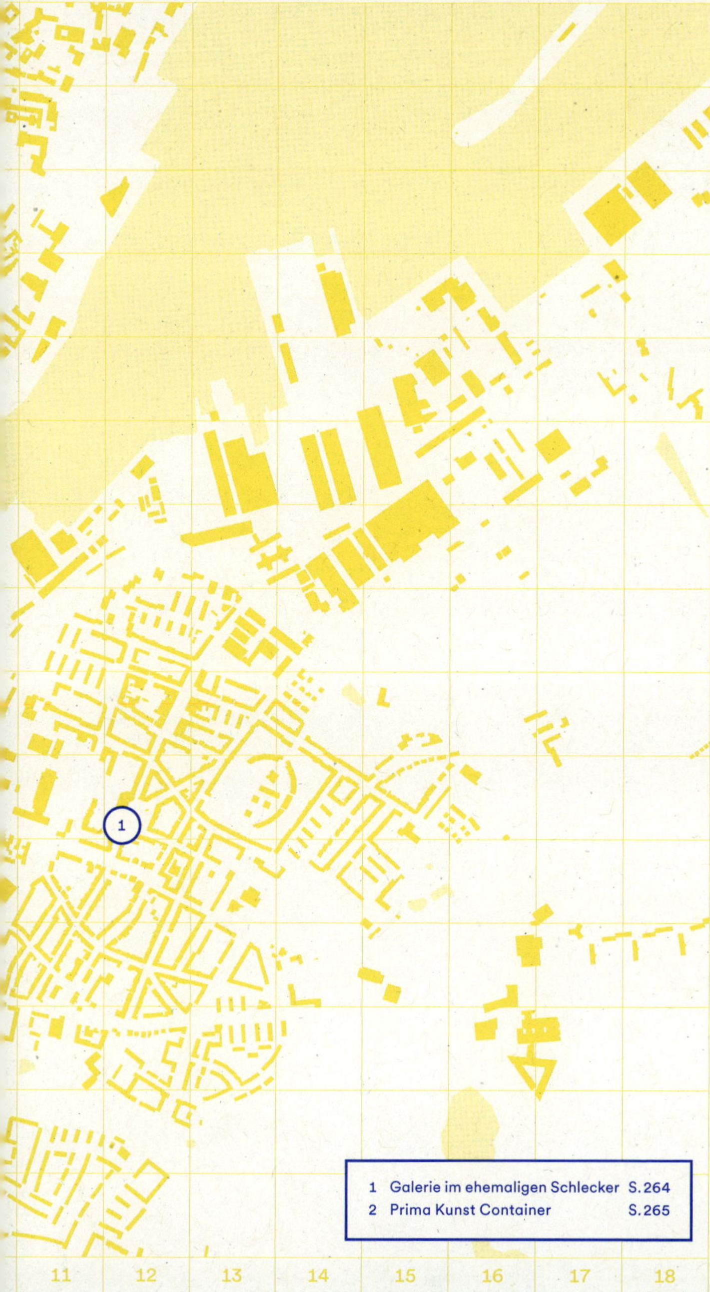

1 Galerie im ehemaligen Schlecker S. 264
2 Prima Kunst Container S. 265

Köln

≈5

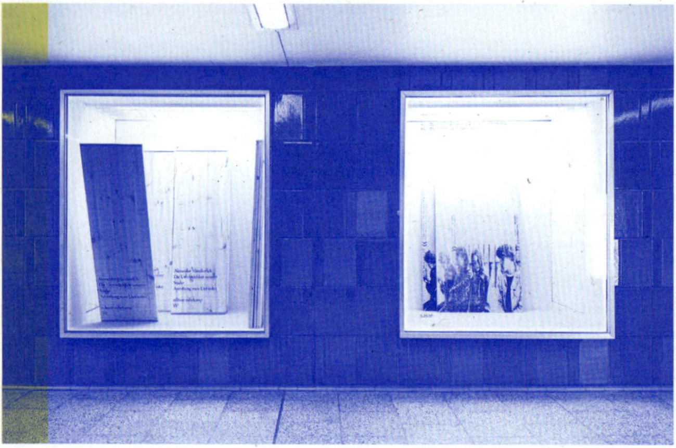

www.ung-5.com

K

≈5, ehemals 5,26 m³, ist ein potentieller Ausstellungsraum, verteilt auf zwei eigentlich kommerziell genutzte Schaufenster, die sich in einer der Unterführungen am Ebertplatz in Köln befinden. Hier wird Kunst hinter Glas museal präsentiert, jedoch im öffentlichen Raum gezeigt. Der daraus resultierende Diskurs über das Werk korreliert direkt mit dem sozialen Umfeld in der Durchgangszone. Im monatlichen Wechsel werden hier radikale und junge Positionen zeitgenössischer Kunst gezeigt. ≈5 bezieht sich in seinem Konzept auf Anh-Linh Ngo und Stephan Redeker, die in der ARCH+ schrieben: „Man könnte den Text hier beenden und ein Loblied auf die durchgentrifizierte ‚Europäische Stadt' singen. Interessant wird die Geschichte jedoch, wenn diese dysfunktionalen NichtOrte, die geradezu aus der ökonomischen Verwertung herausgefallen sind, in der kommerzialisierten, privatisierten Stadt, in der jeder Quadratmeter Boden dem Verwertungsdruck ausgesetzt ist, zu Möglichkeitsräumen werden, die abweichendes Verhalten zulassen. Statt sie zu homogenisieren und in eine weitere glatte, herausgeputzte, konsumorientierte Umgebung zu verwandeln, kann man sie durch Aneignung für die Subkultur aktivieren."

Haltestelle Ebertplatz
Zwischenebene, Ausgang
Turiner Straße/Eigelstein
50668 Köln

24/7

hermes • ung-5.com

vincent • ung-5.com

2014

10qm

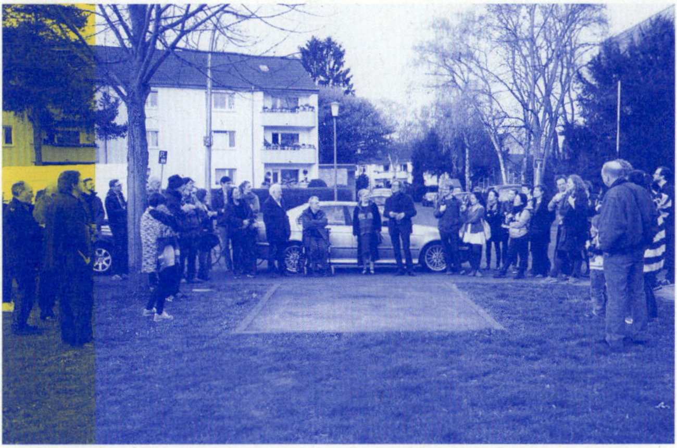

www.10qm.de

Im Herbst 2011 wurden im Park an der Florastraße Ecke Kuenstraße in Köln-Nippes neue Parkbänke und Papierkörbe aufgestellt sowie eine kleine Fläche, angrenzend an den Gehsteig, asphaltiert. Die Stadt konnte keine Auskunft über die Funktion dieser Fläche geben. Aus der Frage nach dem Sinn entwickelte die Künstlerin Stefanie Klingemann 10qm – ein Kunstprojekt im öffentlichen Raum: „Das ist eine Stelle, an der ich jeden Tag mit dem Kinderwagen vorbeigelaufen bin – und auf einmal gab es diese asphaltierte Fläche. Es geht darum, wie man als Künstler im Alltag durch seine Stadt geht. Und diese Gegend mit dem kleinen Park, dem Kiosk, den Wohnhäusern und dieser absurden Asphaltfläche ist ein wunderbarer Ort, um Fragen in den Raum zu stellen. Ein Park ist für die Öffentlichkeit da: Wir spielen hier mit unseren Kindern, joggen, gehen mit dem Hund spazieren. Da liegt es doch nahe, mit ein paar Quadratmetern Asphalt auch frei umzugehen. Wir machen hier Kunst!“ In Zusammenarbeit mit der Künstlerin Diane Müller wurden ab April 2012 monatlich Künstler angefragt, Arbeiten für den Ort zu konzipieren. Seit 2013 werden die künstlerischen Beiträge im Team mit dem Künstler Frank Bölter begleitet.

K

2012

Florastraße
Ecke Kuenstraße
50735 Köln

24/7

mail • 10qm.de

ACADEMYSPACE

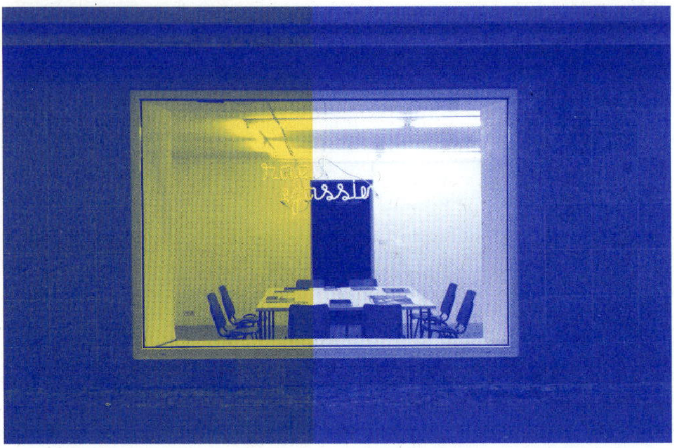

K

Seit Mai 2015 ist der ACADEMYSPACE ein fester Ort für Veranstaltungen der Akademie der Künste der Welt. Die Akademie wurde 2012 von der Stadt Köln gegründet. Sie ist ein loses Kollektiv von Kulturschaffenden – bildenden Künstlern, Musikern, Tänzern, Autoren, Filmemachern, Kuratoren – mit unterschiedlichen Hintergründen und von verschiedenen Kontinenten. Sie ist sowohl Kultureinrichtung als auch Produktionsplattform und setzt sich mit den globalen Bedingungen des Post- und Neokolonialismus auseinander. Sie hat den Anspruch, Hierarchien und Hegemonien innerhalb des Kulturfeldes aufzulösen und den Dialog über kulturelle und politische Machtdynamiken zu fördern. Zweimal im Jahr organisiert die Akademie eine Reihe von Veranstaltungen verschiedenster Art mit dem Titel PLURIVERSALE. Diese finden vorrangig im ACADEMYSPACE, statt und reichen von Performances und Workshops über Filmvorführungen und Ausstellungen bis hin zu politischen Diskussionen. Die dritte Ausgabe der PLURIVERSALE eröffnete im Herbst 2015, z. B. mit einer Lecture-Performance der Künstlerin Hito Steyerl. In der Gruppenausstellung „Phone Calls from the Cemetery and Other Stories" setzten sich ukrainische und russische Künstler mit dem ‚verdeckten Krieg' in der Ostukraine auseinander. Die Akademie vergibt Stipendien an Künstler, Theoretiker und Kuratoren, die sich mit nicht-westlichen und nicht-europäischen Ländern und Perspektiven beschäftigen.

Herwarthstraße 3
50672 Köln

Auf Anfrage

info • academycologne.org

artothek
Raum für junge Kunst

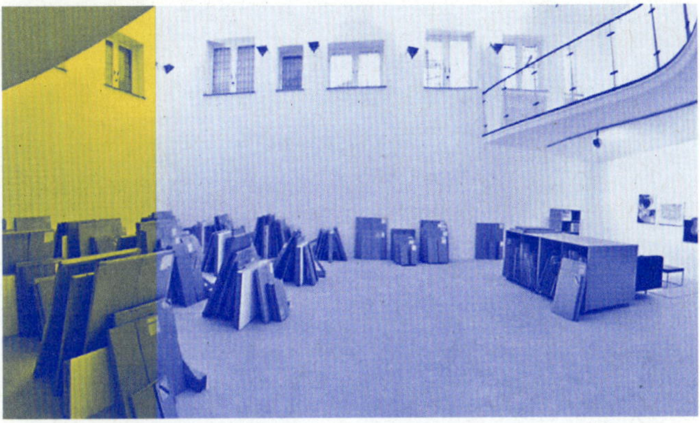

Die artothek – Raum für junge Kunst zeigt Ausstellungen junger Künstler und schafft Möglichkeiten zum Experimentieren. Alle zwei Monate wechseln die Ausstellungen mit aktuellen Positionen Kölner Künstler und internationaler Gäste. Sie reichen von Malerei, Zeichnung, Skulptur und Fotografie bis zu Videoinstallationen, raumbezogenen Arbeiten und Performances. In Kooperationen mit der Art Cologne und der Stadt Köln finden Förderpreisträger der bildenden Kunst in der artothek ein Forum für ihre Präsentationen. Neben den Ausstellungen bietet die artothek die Möglichkeit, Werke aktueller Kunst auszuleihen. Aus ihrer 1.400 Arbeiten umfassenden Sammlung, in der bekannte Künstler wie Andy Warhol, Gerhard Richter, Martin Kippenberger und viele Nachwuchskünstler vertreten sind, können Kunstwerke unkompliziert ausgesucht und für wenig Geld ins persönliche Umfeld mitgenommen werden. In Wohnung oder Büro lassen sich so Qualität und Inhalt der Kunstwerke über einen Zeitraum von zehn Wochen auf einzigartige Weise erleben.

www.museenkoeln.de/artothek

K

① ⑨ ⑦ ③

Am Hof 50
50667 Köln

Di–Fr 13–19 Uhr
Sa 13–16 Uhr

artothek • museenkoeln.de

artrmx e. V.
Atelierzentrum Ehrenfeld

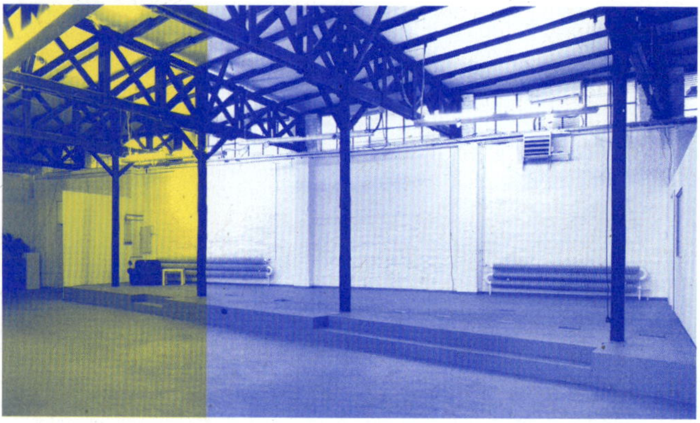

K

Der Kölner Kunstverein artrmx e. V. wurde 2006 gegründet und eröffnete 2013 in den Räumlichkeiten einer alten Kartonagenfabrik das Atelierzentrum Ehrenfeld (AZE). Auf über 500 Quadratmetern beherbergt das Zentrum elf Ateliers und Büroeinheiten, temporäre und flexible Arbeitsplätze sowie eine Ausstellungshalle. In seiner industriell geprägten Architektur, in der noch bis 1990 Kartonagen produziert wurden, hat sich seitdem ein lebendiges Künstler- und Kreativquartier mit regelmäßigem Ausstellungsprogramm entwickelt, in dem Synergieeffekte und Vernetzungen für gemeinsame Projekte genutzt werden. So arbeiten im AZE inzwischen 17 Künstler, Kreative und junge Start-up-Unternehmen unterschiedlicher Genres neben- und miteinander. Rund um das Atelierzentrum befinden sich weitere Räume für kreatives Schaffen. In den Innenhöfen der alten Fabrik arbeiten zahlreiche Musiker, Architekten, Designer, Fotografen, Kommunikationsberater und Künstler in fruchtbarem Austausch. Neben seinem ständigen Ausstellungsprogramm im AZE veranstaltet der artrmx e. V. seit 2011 das internationale Urban Art Festival CityLeaks und entwickelt darüber hinaus unterschiedliche Kulturvermittlungsangebote wie Workshops und Stadtteilführungen, die vor allem ein junges und weniger erfahrenes Kunstpublikum ansprechen sollen.

www.artrmx.com

Hospeltstraße 69
50825 Köln

Auf Anfrage

space • artrmx.com

2013

August Produzentengalerie

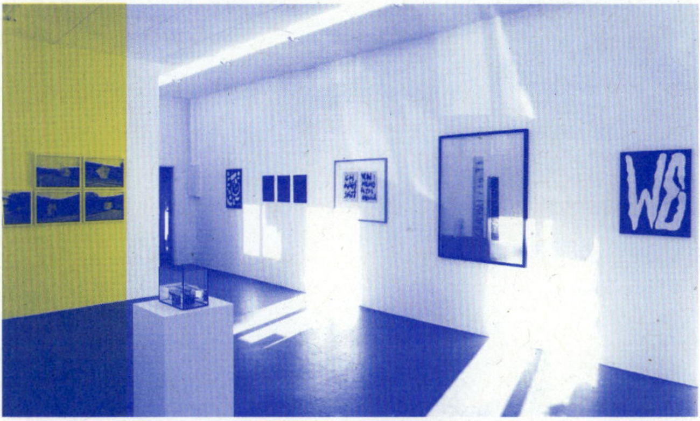

Die August Produzentengalerie konzentriert sich auf aktuelle Kunst mit den Schwerpunkten Fotografie, Illustration sowie benachbarte Disziplinen. August möchte den interdisziplinären Austausch und Diskurs fördern, nationale wie internationale Künstler im Rahmen von Projekten und Ausstellungen präsentieren und einen Raum für Atelierarbeit bieten. Damit stellt August eine qualitative Ergänzung zu den professionellen Galerien und Kulturangeboten im Raum Köln dar. Den Kern der Produzentengalerie bilden Daniel Angermann, Frauke Schneider und Timo Schmidt.

www.august216.de

2015

Deutz-Mülheimer Straße 216
51063 Köln

Do–Fr
15–18 Uhr
+ auf Anfrage

mail•august216.de

Bruch & Dallas

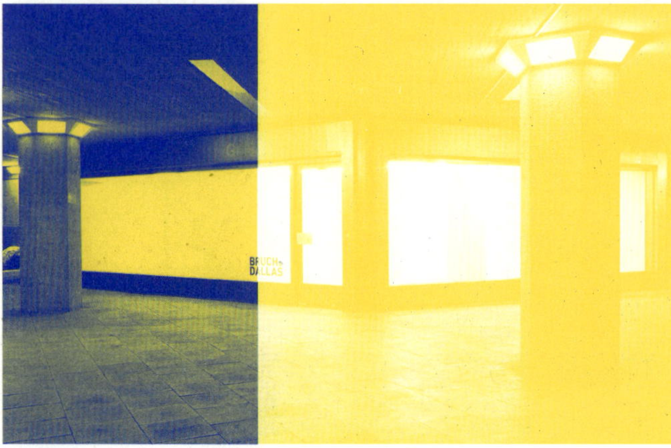

K

Bruch & Dallas ist ein Ausstellungsraum für zeitgenössische Kunst, der 2009 von Künstlern am Kölner Ebertplatz als unabhängiger und freier Projektraum gegründet wurde. Zielsetzung des Raumes ist es, aktuelle, innovative und aufstrebende künstlerische Positionen zu zeigen, mit oftmals orts- und raumbezogenen Arbeiten. Bruch & Dallas wird zurzeit von den drei Künstlern Linda Nadji, Martin Plüddemann, Elisabeth Windisch und der Kunsthistorikerin Samira Yildirim ehrenamtlich und selbstverwaltet geführt. Mit Blick auf den lokalen Kontext diskutiert Bruch & Dallas seine programmatische Linie in unterschiedlichsten Formaten und schafft so mit regelmäßigen Ausstellungen, Performances und Aktionen einen lebendigen Ort der Präsentation und eine Begegnungsmöglichkeit mit zeitgenössischer Kunst. Bruch & Dallas ist ein nicht kommerziell geführter Raum, der sich als Plattform an eine junge Kunstszene richtet und in dem das Medium der Kunst zum reflexiven Kristallisationspunkt werden soll.

www.bruchunddallas.de

Ebertplatzpassage
50668 Köln

Fr–Sa
16–19 Uhr
+ auf Anfrage

mail • bruchunddallas.de

2009

Büro für Brauchbarkeit Ausstellungsraum

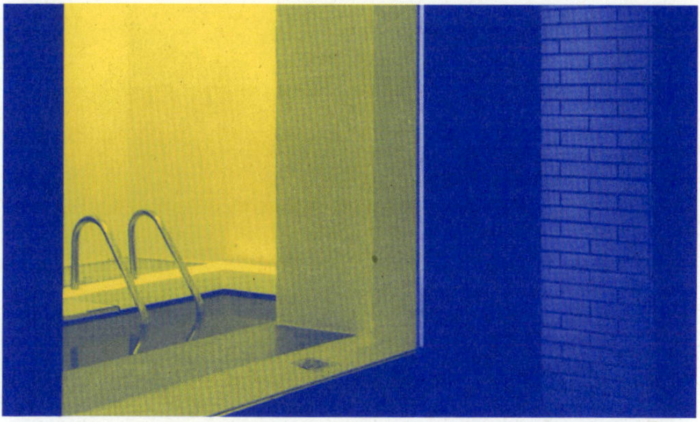

Im Ausstellungsraum des Büros für Brauchbarkeit können junge künstlerische Positionen aus dem In- und Ausland erfahren und diskutiert werden. Der Raum wird von Bernd A. Hartwig, Martina Höfflin, Florian Müller und Julius Terlinden, einzeln und im Kollektiv, kuratiert. Das Ausstellungsprogramm mit primär raumbezogenen Arbeiten aus den Bereichen Installation, Skulptur, Fotografie, Malerei und Medienkunst wird um Performances, Künstlergespräche und Konzerte zeitgenössischer Musik ergänzt. Jährlich wird im Sommer ein einmonatiges „Artist in Residence"-Programm für internationale Künstler veranstaltet. Die besondere multinationale Bevölkerungsstruktur des Standorts mitten im sozialen Brennpunkt der Stadt ist für die Betreiber Herausforderung und Chance zugleich. Neben dem typischen Ausstellungs- und Galeriepublikum aus Kulturmachern und Kunstkonsumenten werden Menschen, die wenig oder gar keinen Zugang zu Kunst haben, zum aktiven Dialog über den zeitgenössischen Kunstbegriff, die Wirkung, die Sinnhaftigkeit und die Relevanz von aktuellen künstlerischen Positionen eingeladen. Der Ausstellungsraum hat sich in diesem Spannungsfeld zu einem in Köln einzigartigen Kulturort entwickelt, der Impulse für die gesamte Kulturlandschaft setzt.

www.brauchbarkeit.de/ausstellungsraum

K

2
0
1
3

Trimbornstraße 7
51105 Köln

Sa
12–18 Uhr
+ auf Anfrage

ausstellungen•
brauchbarkeit.de

CAT Cologne e. V.

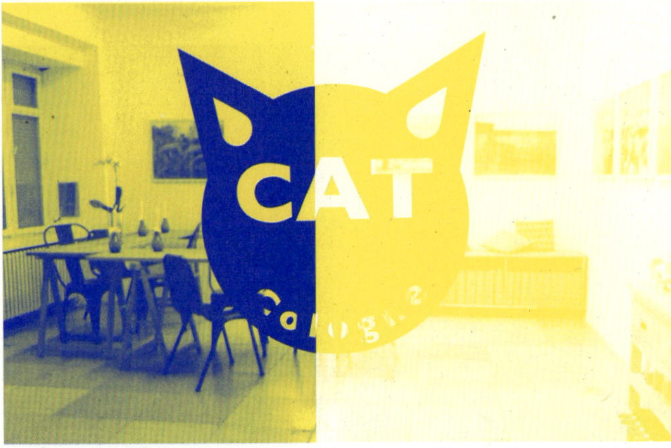

K

Der gemeinnützige Verein CAT Cologne e. V. („Community Art Team") vergibt seit 2010 Aufenthaltsstipendien an internationale Künstler, die mit einer Abschlusspräsentation und einem Katalog einhergehen. CAT fördert dabei solche Projekte, die das lokale Umfeld einbeziehen und aktiv den Dialog mit diversen Gemeinschaften aller Altersgruppen in Köln suchen. Auf diese Weise möchte CAT Hürden abbauen und einer breiten Öffentlichkeit Zugang zu Kunst und Kunstproduktion ermöglichen. Künstlerisches Engagement, das ursprünglich als „community-based art" bezeichnet wurde, hat inzwischen auch unter Begriffen wie „Ästhetischer Aktionismus" Eingang in den zeitgenössischen Kunstbetrieb gefunden und liefert Antworten auf Fragen der Nachhaltigkeit und Relevanz von Kunst – auch für soziopolitische Bereiche –, indem Themen verhandelt werden, die die Gemeinschaft unmittelbar betreffen. Die Projekte selbst haben zum Ziel, die Bürger zu eigenem konstruktiven Aktionismus anzuregen, indem sie intelligente und kreative Mittel zur Beteiligung bereitstellen.

www.catcologne.org

Venloerstraße 24, HH
50672 Köln

Do–Sa
16–19 Uhr
+ auf Anfrage

info • catcologne.org

2010

Fotoraum Köln e. V.

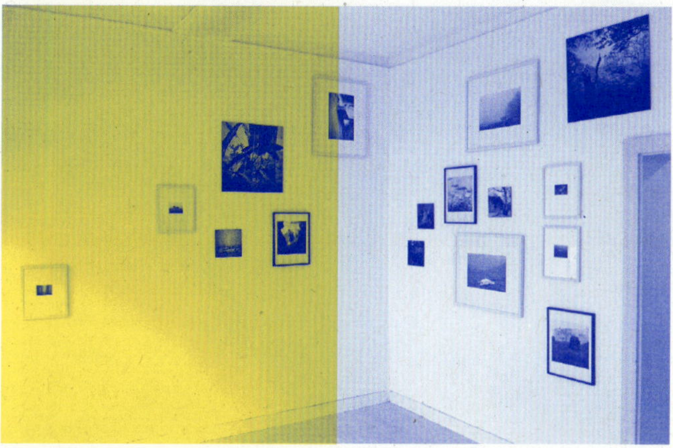

www.fotoraum-koeln.de

Der Fotoraum Köln e. V. ist eine Arbeits- und Ausstellungsplattform für zeitgenössische künstlerische Fotografie und interdisziplinäre Projekte. Der Verein formierte sich 2015 aus der 13-jährigen Ausstellungspraxis des Fotoraums, dessen Mitglieder – alle selbst Künstlerinnen – sich in den Bereichen bildende Kunst und Musik seit Jahren mit künstlerischen Projekten, Ausstellungen, Buchpräsentationen oder Portfoliosichtungen engagieren. Ziel des Fotoraum Köln e. V. ist es, einen unabhängigen Ort für internationale Gegenwartsfotografie zu schaffen und Künstler frei vom Kunstmarktgeschehen zu fördern. Junge Dokumentarfotografie und Fotojournalismus gehören ebenso zum breiten Spektrum der präsentierten Kunst wie Landscape, experimentelle, inszenierte und konzeptionelle Fotografie. Der Verein fördert den Dialog zwischen Künstlern verschiedener Sparten sowie zwischen Künstlern und Publikum. In der Ausstellungsreihe „Wir haben Gäste“ werden interdisziplinäre Projekte aus den Bereichen Fotografie, visuelle Medien und Musik präsentiert. Herzstück der Veranstaltung ist die Konfrontation und der Austausch zweier Künstler aus unterschiedlichen Sparten am Eröffnungsabend einer mehrwöchigen Ausstellung.

K

Der Fotoraum ist „ein über die regionalen Grenzen hinaus anerkannter und wahrgenommener Off-Space, an dem interdisziplinärer Dialog zu Fragen und Themen der zeitgenössischen Fotografie gepflegt wird.“

(Markus Weckesser in PHOTONEWS)

2001

Herderstraße 88
50935 Köln

Während der Ausstellungen:
So 16–18 Uhr
+ auf Anfrage

info • fotoraum-koeln.de

FUHRWERKSWAAGE Kunstraum e. V.

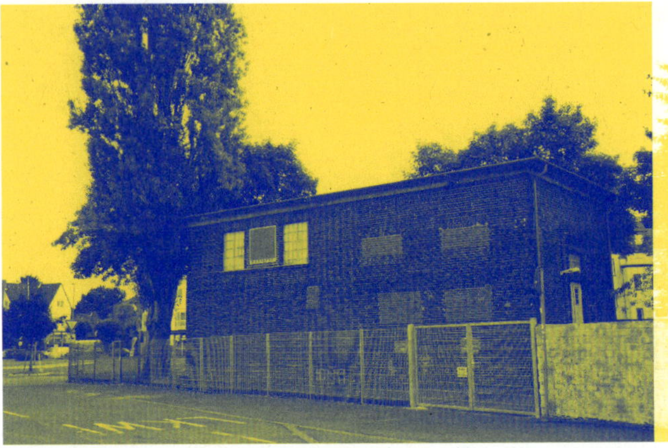

www.fuhrwerkswaage.de

K

Der FUHRWERKSWAAGE Kunstraum wurde 1978 gegründet, ist nicht kommerziell orientiert und versteht sich als private Kunsthalle, getragen von einem Förderverein. Ziel ist es, sowohl Arbeiten von jungen, unbekannten als auch von älteren, teilweise bereits international bekannten Künstlern auszustellen. Ein besonderer Schwerpunkt bildet die Installation. In den meisten Ausstellungen wurden bislang Arbeiten präsentiert, die eigens für die Halle konzipiert wurden. Der FUHRWERKSWAAGE Kunstraum ist darüber hinaus Realisierungszentrale für eigene Ausstellungsprojekte im öffentlichen und privaten Raum sowie Initiator und Veranstalter von new talents – biennale cologne, dem Festival zur Förderung junger Absolventen aus den Bereichen bildende Kunst, Medienkunst, Film, Komposition, Design und Choreografie.

Bergstraße 79
50999 Köln

Während der Ausstellungen:
Mo–Fr 17–19 Uhr
So 14–17 Uhr

info • fuhrwerkswaage.de

① ⑨ ⑦ ⑧

GOLD + BETON

www.goldundbeton.de

Das Projekt GOLD + BETON am Kölner Ebertplatz ist eine unabhängige Plattform für nationale wie internationale aufstrebende und innovative Künstler. Damit sollen vielversprechende Künstler gefördert und die Kunstszene von morgen nach Köln geholt werden. Die Gründer des Projekts verfügen über ein ausgedehntes, internationales Netzwerk, das Nachwuchs für die Kunstwelt verspricht. 2013 von Meryem Erkus, Vera Drebusch und Andreas Rohde gegründet, wurde GOLD + BETON schnell zum vielseitigen kulturellen Treffpunkt mit abwechslungsreichen Veranstaltungen wie Lesungen, Performances, Livemusik u. Ä., die den regulären Ausstellungszyklus ergänzen. 2015 wurde GOLD + BETON von Meryem Erkus und David Lichter geleitet.

K

2013

Ebertplatzpassage
Unter dem Ebertplatz
Südlich der Metallskulptur
50668 Köln

Fr–Sa
16–19 Uhr
+ auf Anfrage

info • goldundbeton.de

Jagla Ausstellungsraum

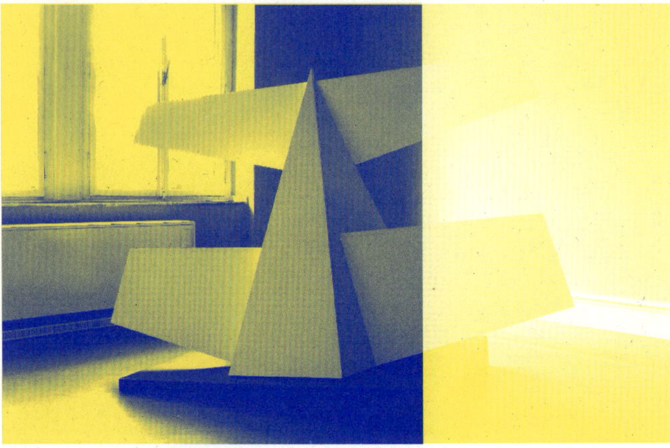

Der Jagla Ausstellungsraum präsentiert am Kölner Hansaring zeitgenössische Positionen, die zum aktuellen Kunstdiskurs beitragen.

K

www.jagla-ausstellungsraum.de

Hansaring 98
50670 Köln

Do–Fr 15–18 Uhr
Sa 13–16 Uhr

ujb •
jagla-ausstellunsgraum.de

2008

kjubh Kunstverein e. V.

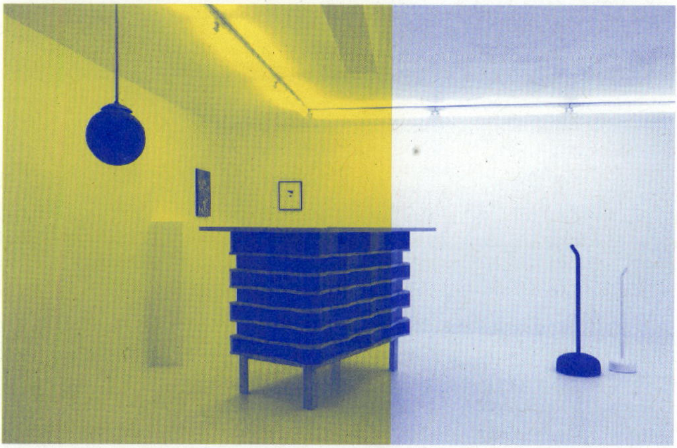

Der kjubh Kunstverein e. V. ist eine nicht kommerzielle Ausstellungsinitiative, die eine Nische zwischen Institutionen und freier Szene in Köln besetzt. Seit dem Gründungsjahr 2000 stellen verschiedene Kuratoren in Kooperation mit dem kjubh aktuelle Kunst vor. Leiter größerer Kunstvereine sowie renommierte freie Kuratoren haben hier einzelne Ausstellungen realisiert oder das Programm über einen längeren Zeitraum betreut. Mit einer produktiven Mischung aus jungen lokalen und internationalen Positionen vermeidet der kjubh bewusst jede programmatische Festlegung. Der Verein versteht sich als offenes, lebendiges Podium für eine breit gefächerte Varianz an Medien und Ausdrucksformen. Der Ausstellungsraum hat sich als Treffpunkt gut informierter Besucher etabliert, die kulturelle Aktivitäten im Rheinland und darüber hinaus interessiert verfolgen. Dank seiner Flexibilität, auch ältere bzw. randständige Positionen zu zeigen, zieht der kjubh stets ein neues Publikum an.

www.kjubh.de

2000

Dasselstraße 75
50674 Köln

Do 18–20 Uhr
Sa–So 16–18 Uhr

kjubhk•gmail.com

Kunstraum Anakoluth

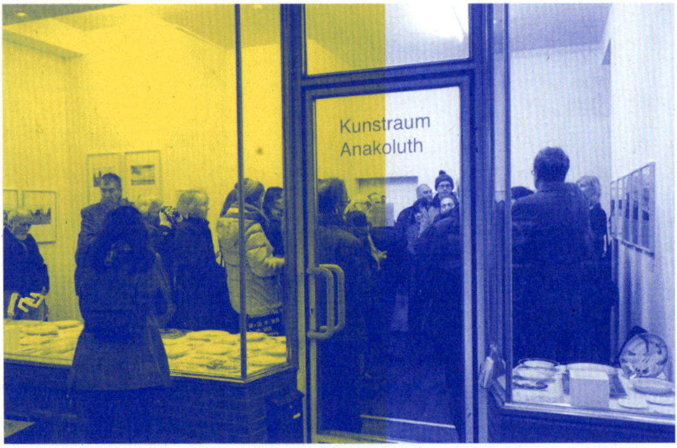

K

Der Kunstraum Anakoluth wurde 2014 von der Kölner Künstlerin Birgit Rüberg im Stadtteil Sülz gegründet. Leitgedanke des Programms ist die gemeinsame Präsentation von bildender und angewandter Kunst. Im kleinen, feinen Ladenlokal aus den 1950er Jahren mit raumbreiter Schaufensterfront werden wechselnde Ausstellungen regionaler und überregionaler Künstler gezeigt.

www.kunstraum-anakoluth.de

Hermeskeiler Platz 14
50935 Köln

Mi–Do
16–18.30 Uhr
Sa 12–14 Uhr

mail •
kunstraum-anakoluth.de

LABOR
Projektgalerie

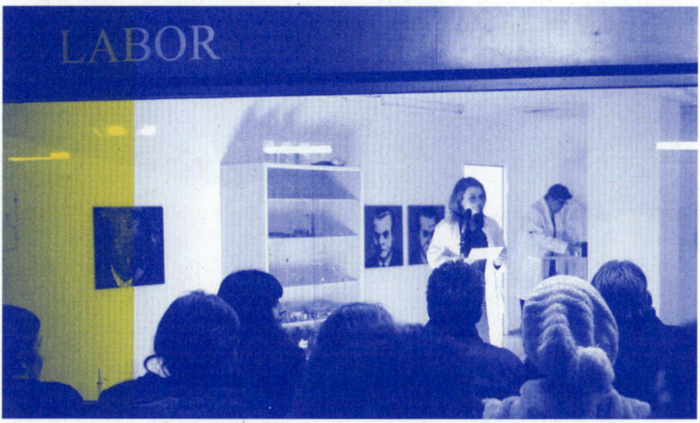

Die Projektgalerie LABOR befindet sich in der Ebertplatzpassage, die sich zu einem der interessantesten Kunstorte Kölns entwickelt hat. Die Künstler Michael Nowottny und Gerd Mies waren die Ersten, die die Passage 2005 für die Kunst entdeckten. Von Beginn an wurden Kunstveranstaltungen realisiert und unter Einbeziehung des Schaufensters als Ausstellungsfläche einem breiten Publikum zugänglich gemacht. Anfang 2013 wurden die dort ebenfalls ansässigen Künstlerateliers verlegt und so zusätzlicher Ausstellungsraum für zeitgenössische Kunst geschaffen. Durch die Aufnahme neuer Künstler ins Team wurde das Spektrum um Fotografie, Musik und Performance erweitert. Es entstand eine vielfältige und offene Bandbreite an genreübergreifenden Ausstellungsformaten, die das LABOR (und die Ebertplatzpassage) zur Bühne machen, auf der experimentiert werden darf und soll. Zu den Ausstellungen gibt es meist ein intensives Rahmenprogramm mit Performances, Lesungen oder Musik-Workshops. Darüber hinaus nimmt die Projektgalerie an jährlich stattfindenden namhaften Veranstaltungen in Köln teil, etwa der Internationalen Photoszene, an der Architekturveranstaltung plan, den Passagen (Interieur Design Week) sowie an einer Kooperation mit dem Sommerblutfestival. Des Weiteren stellt das LABOR in Kooperation mit renommierten Hochschulen – u.a. der Hochschule für bildende Künste Dresden, der Folkwang Universität Essen, der Köln International School of Design – Nachwuchskünstlern die Räumlichkeiten als Ausstellungsplattform zur Verfügung. Die großflächigen Fenster bieten rund um die Uhr Einblick.

www.labor-ebertplatz.de

K

2005

Ebertplatzpassage 5
50668 Köln

Fr–Sa
16–19 Uhr
+ auf Anfrage

Siehe Website

MATJÖ
Raum für Kunst

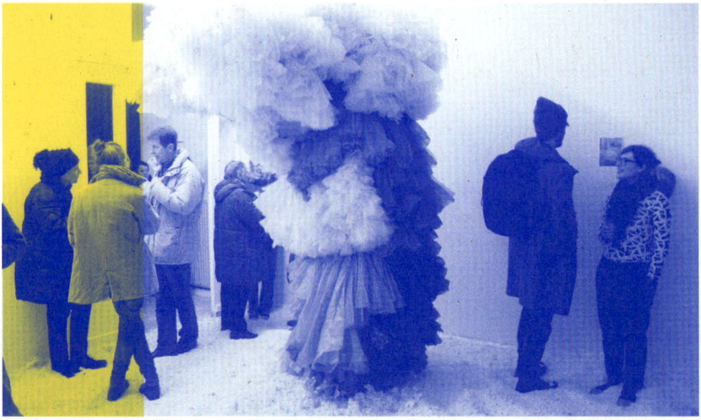

K

Hinter dem Namen MATJÖ – Raum für Kunst verbirgt sich der Projekt- und Ausstellungsraum des gemeinnützigen Kulturwerks des Berufsverbandes Bildender Künstler Köln e. V. MATJÖ ist ein zentraler und unabhängiger Ort für Experimente und Diskurse sowie für berufsspezifische Informationen und Dienstleistungen. Das Team und der Vorstand zeigen kulturpolitische Präsenz und stehen hinter der Interessenvertretung von Künstlern durch den BBK. Um das große künstlerische Potential der Stadt sichtbar zu machen, liegt seit November 2013 der Fokus des jungen und experimentellen Ausstellungsprogramms bewusst auf der Kooperation mit lokalen Künstlern. Dies bedeutet nicht, dass ausschließlich Kölner Künstler ausgestellt werden, sondern dass die Initiative und ihr Engagement von Köln ausgehen. Neben den eigenen Positionen im Programm gibt es weitere, die aus verschiedenen Kooperationen mit anderen international vernetzten Institutionen hervorgehen, um den interkulturellen künstlerischen Austausch aktiv zu fördern und zu unterstützen.

www.matjoe.de

Mathiasstraße 15
50676 Köln

Di–Do
15–18 Uhr
+ auf Anfrage

info • matjoe.de

MÉLANGE

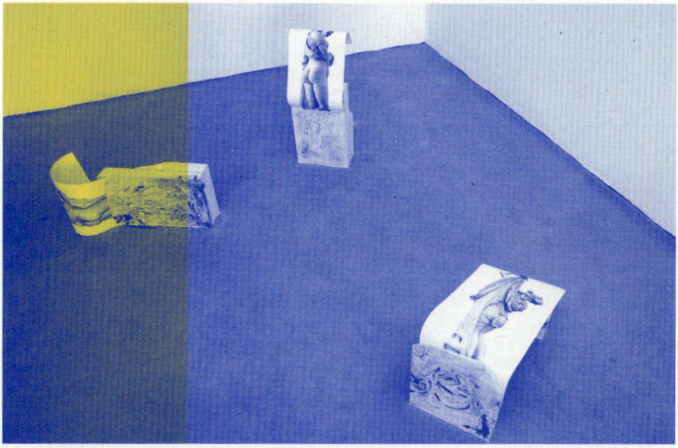

MÉLANGE ist ein Ausstellungsraum in Köln, der sich künstlerischen Einzelpräsentationen und der Befragung kuratorischer Praxis verschrieben hat. Dafür werden in regelmäßigen Intervallen internationale Künstler und Ausstellungsmacher eingeladen, sich mit dem Ort auseinanderzusetzen. Bisher wurden Arbeiten von Silke Albrecht, Jessica Gispeert und HM Montoyas „PAPA JOHN'S PROJECTS" gezeigt.

www.megamelange.com

2015

Nonnenwerthstraße
Ecke Sülzgürtel 2–4
50937 Köln

Do
16–18 Uhr
+ auf Anfrage

mail • megamelange.com

neues kunstforum e. V.

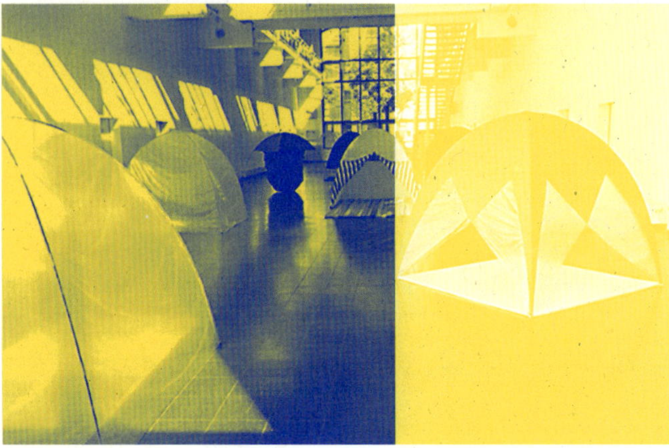

Das Atelierhaus wurde 1991 in einem gemeinsamen Akt der Stadt Köln, der stadteigenen Grund und Boden Immobiliengesellschaft und der Kulturförderung der Gothaer Versicherung errichtet. Es beherbergt 20 Künstlerateliers und eine 400 Quadratmeter große Ausstellungshalle, in der Arbeiten nationaler und internationaler Künstler gezeigt werden. Das Ausstellungsprogramm wird von allen Künstlern im Haus des Neuen Kunstforums ausgewählt. 2004 wurde innerhalb des Hauses der Verein neues kunstforum e. V. gegründet. Er strebt den Austausch zwischen Künstlern der bildenden und darstellenden Künste sowie die Zusammenarbeit mit anderen kulturellen Institutionen an. Der Ausstellungsschwerpunkt liegt auf Medienkunst und raumbezogenen Arbeiten, die sich möglichst mit der Architektur und der sozialen Situation in der Ausstellungshalle auseinandersetzen. Hausinterne Künstler werden nur in Ausnahmefällen gezeigt. Die interdisziplinäre Ausrichtung des Neuen Kunstforums schafft einen stetig wachsenden Austausch zwischen den hausinternen und den ausstellenden Künstlern und knüpft darüber hinaus ein Netzwerk von Kontakten zu verschiedenen regionalen und internationalen Kultureinrichtungen. Dazu hat das Kulturamt der Stadt Köln zwei Gastateliers angemietet, die für auswärtige Künstler zur Verfügung stehen. Außerdem ist das Neue Kunstforum offen für Konzerte, Lesungen, Theater sowie für turnusmäßig wiederkehrende, stadtübergreifende Kulturereignisse.

K

www.neues-kunstforum.com

Alteburger Wall 1
50678 Köln

Do–So
15–18 Uhr

kuenstler•
neues-kunstforum.com

1991

OPEKTA ATELIERS e. V.
Gastatelier & Projektraum

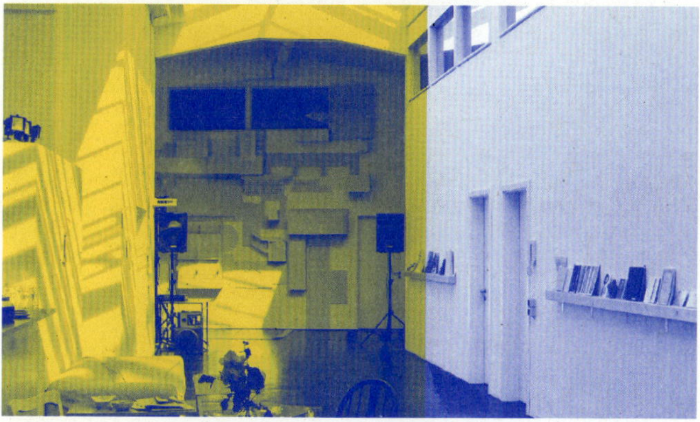

Die im Kölner Stadtteil Nippes gelegenen OPEKTA ATELIERS sind eine lebendige Infrastruktur aus Ateliers, einer pragmatischen Selbstverwaltung, realen Netzwerken und – mit ihrem Herzstück, dem Projektraum – ein künstlerisches Gesamtprojekt. Dieses soll eine oft übersehene Lücke schließen und zwischen Lokalem und Globalem, der örtlichen Kunstszene und internationalen Gästen und Institutionen moderieren. Durch umfangreiche Umbauarbeiten haben acht Kölner Künstler im obersten Stockwerk einer ehemaligen Pektin-Fabrik („OPEKTA" steht für Obstpektin aus dem Apfel) einen großräumigen Projektraum, ein Fotolabor und 14 Künstlerateliers geschaffen, die im Mai 2010 eröffnet wurden. Zurzeit arbeiten dort 25 Künstler in diversen Arbeitsfeldern wie Malerei, Fotografie, Bildhauerei, Videokunst, Medienkunst, Klangkunst, Experimental- und Trickfilm. Die OPEKTA-Künstler sind Teil des wechselnden ehrenamtlichen Organisations- und Kuratorenteams. Seit 2012 werden kontinuierlich ein- bis dreimonatige Aufenthaltsstipendien an internationale Künstler vergeben, die in Köln ein Projekt in Zusammenarbeit mit OPEKTA ATELIERS oder mit externen Kooperationspartnern, Institutionen und weiteren Off-Räumen realisieren. Im lichtdurchfluteten Projektraum finden Ausstellungen und Projektpräsentationen, Künstlergespräche und Workshops sowie die Veranstaltungsreihen OPEKTA CINEMA und OPEKTA GOES MUSIC statt.

www.opekta-ateliers.de

K

2010

Xantener Straße 99h
Hinterhof
50733 Köln

Auf Anfrage

info • opekta-ateliers.de

PiK – Projektraum im Kunstwerk

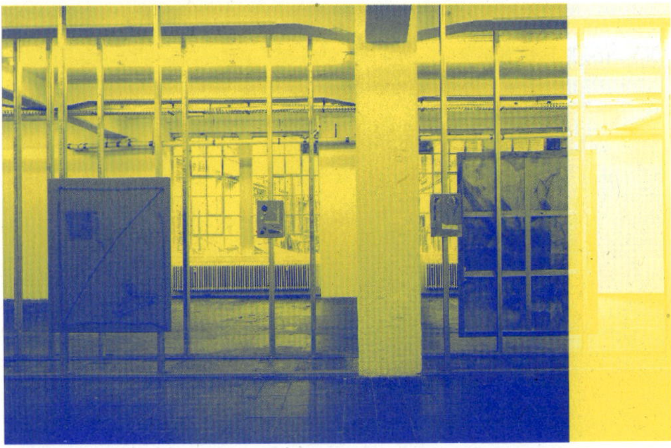

PiK – Projektraum im Kunstwerk ist ein nicht kommerzieller Ausstellungsort für zeitgenössische Kunst in Köln-Deutz. Er ist Teil des KunstWerk Köln e. V. und wurde mit der Neueröffnung der 300 Quadratmeter großen Ausstellungshalle im Jahr 2012 gegründet. PiK wird durch einen unabhängigen Ausstellungsausschuss geleitet. Dieser bietet ein professionelles Ausstellungsprogramm, indem er Künstlern und Kuratoren Raum für eigene Projekte zur Verfügung stellt.

K

www.projektraumimkunstwerk.tumblr.com

Deutz-Mülheimer Straße 127
KunstWerk Köln e. V.
51063 Köln

Do 16–20 Uhr
Sa 15–19 Uhr

kultur • kunstwerk-koeln.de

2012

Q18
Quartier am Hafen

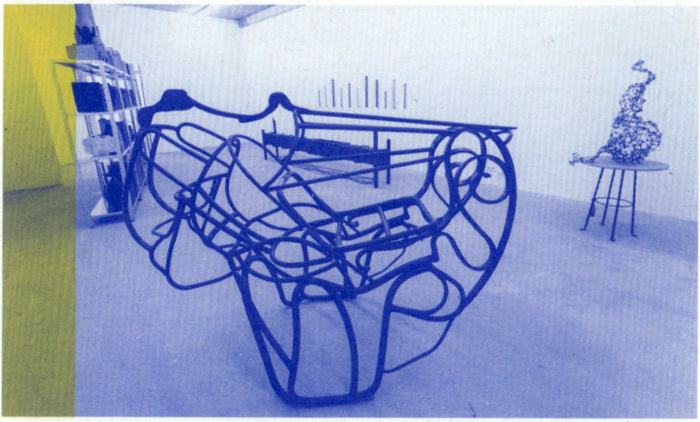

Das Atelierhaus Quartier am Hafen zeigt vierteljährlich kuratierte Einzel- und Gruppenausstellungen eingeladener Künstler verschiedener Sparten. Um den künstlerischen Austausch im Quartier zu stärken, soll das Ausstellungsprogramm ausschließlich externe Künstler zeigen. Außerdem gibt es jungen, sich etablierenden Kuratoren die Möglichkeit, sich im Laufe des Jahres zu entwickeln und zu positionieren. Dies passiert innerhalb des Kuratorenförderprogramms, das jährlich neu ausgeschrieben wird. Außerhalb des Programms steht das Q18 den Künstlern im Haus für eigene Ausstellungen zur Verfügung.

www.quartieramhafen.de

2011

Poller Kirchweg 78–90, EG
51105 Köln

Auf Anfrage

info • quartieramhafen.de

raum13

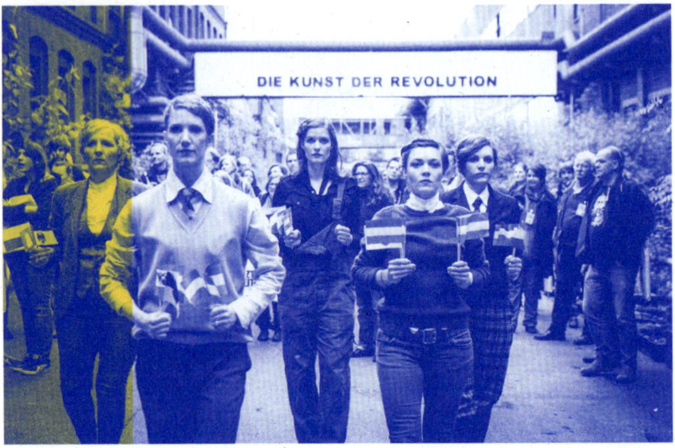

raum13 versteht sich als rhizomatischer Ort experimenteller und politischer Kunst und wurde 2007 von Anja Kolacek und Marc Leßle gegründet. Die beiden arbeiten transdisziplinär an der Schnittstelle von Schauspiel, Tanz, Musik und bildender Kunst und ermöglichen durch die Wahl der künstlerischen Mittel systemreflexive, unabhängige und unkonventionelle Interaktionsebenen. Seit 2011 steht das ehemalige Verwaltungsgebäude des einstigen Weltkonzerns KHD (Klöckner-Humboldt-Deutz) für eine mehrjährige Zwischennutzung zur Verfügung. Durch die unbewussten Hinterlassenschaften des Konzerns entsteht ein Charme des Zufälligen, durch den künstlerische Prozesse regelrecht provoziert werden.

Mit ihren Aktionen erweckt das Künstlerduo die alte Industriebrache zu neuem Leben und macht sie so zu einer der aufregendsten Kulturstätten Kölns. raum13 bezeichnet jedoch nicht nur diese Räumlichkeiten, sondern vor allen Dingen einen Ort, an dem Räume erst ausgehandelt und im sozialpolitischen Sinne produziert werden. Das Anliegen besteht gerade darin, Räume zu reorganisieren, ihre Struktur zu dekonstruieren und von dort künstlerische Prozesse freizusetzen. Eine theoretische Grundlage für die künstlerische Arbeit ist Henri Lefebvres Verständnis der Produktion(en) von sozialen Räumen. Lefebvre folgend ist Raum vor allem gesellschaftlicher Raum und damit ein gesellschaftliches Produkt.

K

www.raum13.com

Deutz-
Mülheimer Straße 147–149
51063 Köln

Siehe Website

info • raum13.com

2007

Schlosspark Stammheim
KRR Initiative KulturRaumRechtsrhein

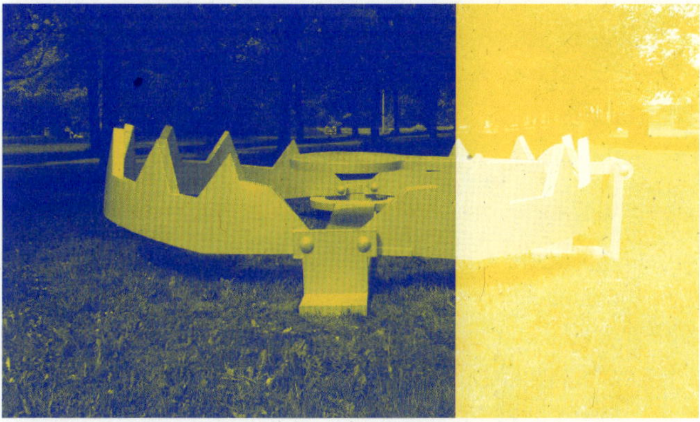

Seit 14 Jahren in Folge finden im Schlosspark Stammheim schon die Skulpturenausstellungen mit zeitgenössischer bildender Kunst statt, organisiert durch die Initiative KRR. Mittlerweile hat der Skulpturenpark längst seine regionalen Grenzen verlassen: Kunstschaffende aus ganz Deutschland, aus der Schweiz, den Niederlanden und den USA sind mit ihren Werken im Park vertreten. Die jährliche Neupräsentation, die jeweils am Pfingstsonntag und -montag mit großem Rahmenprogramm, kostenlosen Führungen, Künstlergesprächen, Musik und Performances gefeiert wird, sorgt regelmäßig für eine Überfüllung des 80 Hektar großen Parks. Grundsätzlich stellen die Künstler ihre Arbeiten für ein Jahr zur Verfügung – es sei denn, es handelt sich um eine temporäre Installation, die von der Natur im Laufe des Jahres wieder zurückerobert wird. Der Schlosspark Stammheim ist ein einmaliger Skulpturenpark: eine historische Parkanlage in direkter Rheinlage mit unaufdringlich sich einpassenden Skulpturen, Plastiken und Objekten, die ganzjährig und ganztägig bei freiem Eintritt für jedermann geöffnet ist. Hier gibt es Kunst und Natur zum Anfassen und Begreifen.

www.schlosspark-stammheim.com

K

2001

Stammheimer
Hauptstraße 67
51061 Köln

24/7

Siehe Website

Simultanhalle
Raum für zeitgenössische Kunst

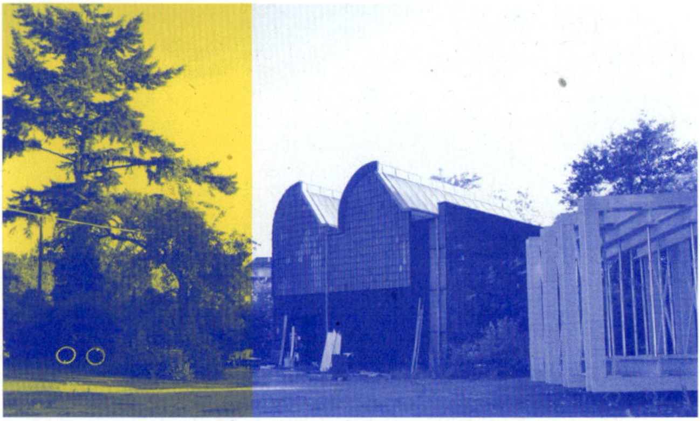

Die Simultanhalle – Raum für zeitgenössische Kunst ist ein unabhängiger Ausstellungsort in Köln-Volkhoven. 1979 zunächst als originalgetreues Architekturmodell für das Kölner Museum Ludwig errichtet, organisierte die Künstlerin Eva Janoskova bereits ab 1983 Atelierausstellungen in dem zu diesem Zeitpunkt vom Abriss bedrohten Gebäude. Infolgedessen konnte nicht nur das Kulturamt der Stadt Köln als offizieller Träger eingebunden werden, zugleich etablierte sich auch die Struktur eines ehrenamtlichen Kuratoriums, das in einer wechselnden Besetzung von zwei bis drei Jahren das künstlerische Programm betreut. Seit 1989 wurden dabei mehr als 150 vorwiegend junge künstlerische Positionen präsentiert, die sich analog zum Modellcharakter der Simultanhalle mit den Prinzipien von Entwurf und Experiment beschäftigten.

K

www.simultanhalle.de

Volkhovener Weg 209–211
50765 Köln

Während der Ausstellungen:
Sa–So 14–18 Uhr
(ca. April–Sept.)

info • simultanhalle.de

1983

SSZ Sued

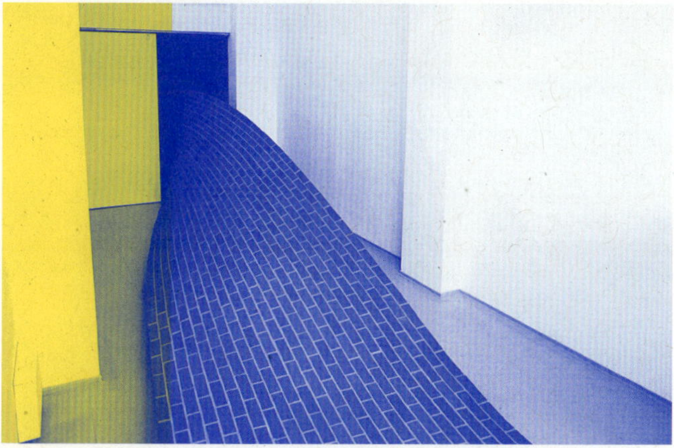

Das SSZ Sued, gegründet 2011 vom Kölner Künstler Alexander Basile, ist eine Off-Galerie am Südbahnhof im Kölner Zentrum, die ihren Fokus auf junge zeitgenössische Kunst richtet. Das Programm konzentriert sich vornehmlich auf Absolventen der nationalen und internationalen Kunstakademien. Die stark räumlich-konzeptuell ausgerichteten Einzelausstellungen werden begleitet von Sonderveranstaltungen wie Booklaunches, Fanzine Shows und Kunstfilmscreenings.

www.ssz-sued.de

2
0
1
1

Otto-Fischer-Straße 5
50674 Köln

Do–Sa
14–18 Uhr

info • ssz-sued.de

Tiefgarage Ebertplatz

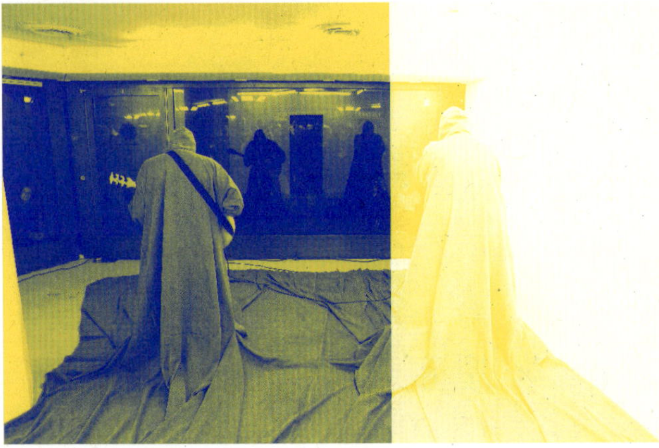

K

Tiefgarage Ebertplatz widmet sich der raumbezogenen Objektkunst, die von kommerziellen Strategien und dem Kanon des Kunstmarkts befreit agiert. Bildende Künstler, die die Nähe zu Nachbardisziplinen wie der Klangkunst oder Performance suchen, finden hier eine Plattform. Positionen, die sich mit Architektur, städtischem Raum und besonders der Passage am Ebertplatz auseinandersetzen, stellen einen weiteren Schwerpunkt des Programms dar. Tiefgarage Ebertplatz ist Mitglied des Brunnen e. V., der vom Kulturamt der Stadt Köln und der RheinenergieStiftung Kultur gefördert wird. Seit nun knapp vier Jahren diskutiert die Stadt Köln im Rahmen des Masterplans „Interventionsraum Ringe" über die Planierung des Kunstortes, an dem auch die Räume Bruch & Dallas, GOLD + BETON und das LABOR aktiv sind, wie auch über die Möglichkeit einer Tiefgarage an diesem Ort. 2011 das erste Mal in die Runde geworfen, liebäugelt der Stadtrat noch immer mit der kostspieligen Erweiterung der Anliegerflächen in der Innenstadt um bis zu 222 Parkplätze. „Vielleicht schaffen wir es, während die Machbarkeitsstudie noch läuft, 222 Künstler in der Tiefgarage zu parken und das Potential dieses Ortes würdevoll auszuschöpfen – bis dann irgendwann ab 2018 die Planierraupe kommt und diesen kulturellen Nährboden dem Boden gleichmacht", sagt Maria Wildeis, die Leiterin von Tiefgarage Ebertplatz.

www.tiefgarage.org

Ebertplatzpassage
50668 Köln

Fr–Sa
16–19 Uhr
+ auf Anfrage

visit • tiefgarage.org

TYSON

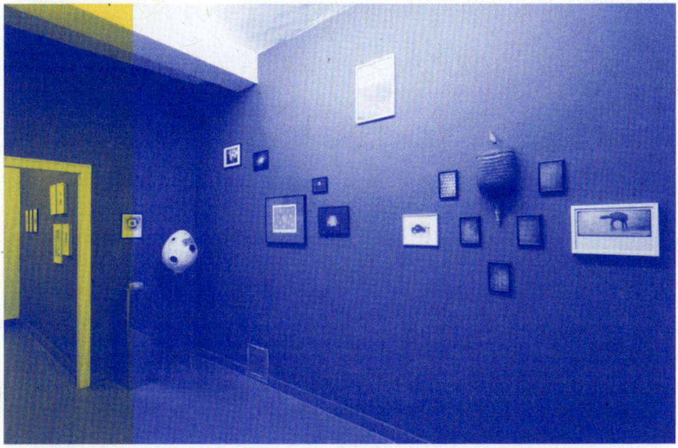

TYSON ist ein nicht kommerzieller Off-Raum in Köln-Sülz, gegründet von Daniela Löbbert, Patricia S. Schnurr, Janine Tobüren und Sebastian Walther. Seit Januar 2014 finden in losen zeitlichen Abständen Ausstellungen konzeptioneller bis experimenteller Positionen mit zeitgenössischer Kunst, Performances, Konzerten und Vorträgen statt. TYSON will eine Umgebung für kreative Arbeitsprozesse schaffen, die unabhängig von kommerziellen Bedingungen konzeptuelle und ästhetische Diskurse und Anliegen unserer Zeit spiegeln. Die markante Nachkriegsarchitektur des Ausstellungsraumes bietet Künstlern zudem die Möglichkeit, ortsspezifisch zu arbeiten. Neben ca. fünf bis sechs Ausstellungen pro Jahr lädt TYSON mit der Reihe „Carte blanche" andere nationale und internationale Räume zu kuratierten Projekten ein.

www.tyson-raum.de

K

2014

Marsiliusstraße 55
50937 Köln

Auf Anfrage

post • tyson-raum.de

UNION
Atelier und Projektraum

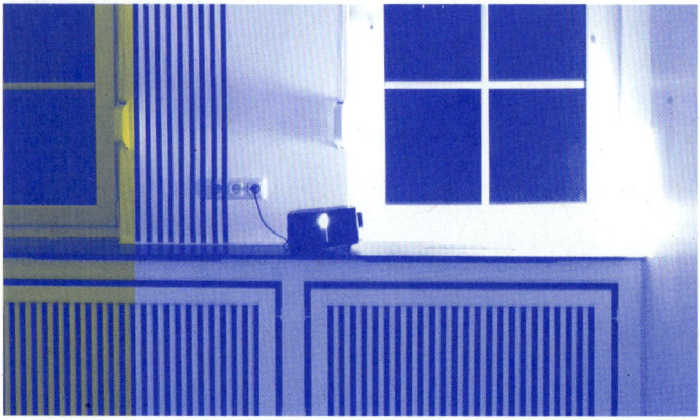

K

UNION ist eine temporäre Vereinigung von Menschen, die sich mit Kulturproduktionen in vielfältigsten Formen auseinandersetzen möchten. UNION ist auch eine kollaborative Arbeitsgemeinschaft, ein Raum der Partizipation, ein Verbindungsstück zwischen Innen- und Außenraum, ein offener Diskursraum. „UNION ist ein Anschlussstück oder eine Schraubmuffe: ein Raum zur Teilhabe an künstlerischen Prozessen – rezeptiv und produktiv“, sagen die Betreiber. Der Atelier- und Projektraum ist zugleich Denk- und Arbeitslabor, Werkstatt, Versuchsanordnung und Diskursplattform. Seine Identität ist abhängig von seiner Nutzung. Hier wird künstlerisch gearbeitet, werden Texte produziert und überdacht, wird gesprochen, ausgetauscht, zurückgezogen – und sich geöffnet für unterschiedliche Formen der künstlerischen und diskursiven Kollaboration. UNION, das sind Katja Hoffmann und Florian Schmitt, die beide in der Kunstpraxis, -theorie und -vermittlung tätig sind. Künstlerische Prozesse sind der Ausgangspunkt ihres Denkens und führen zur Beschäftigung mit Fotografie, Film und Video, aber auch mit multimedialen Installationen und Bildernetzwerken, Praxen des Remix und Found Footage. „Wir gehen mit der globalisierten und digitalisierten Pluralität von Bildern in einer postmodernen Gesellschaft um, mit deren Wahrnehmung, deren medialer Vernetzung, deren Geschichten.“

www.union60sechs.de

Sechzigstraße 6
50733 Köln

Auf Anfrage

info • union60sechs.de

2014

VORGEBIRGSPARKSKULPTUR

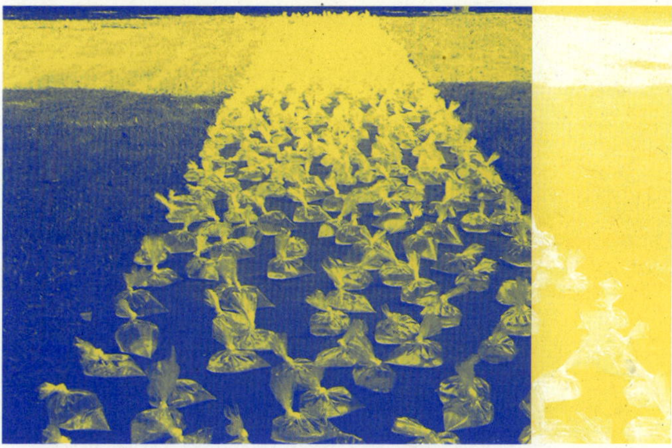

Das Projekt VORGEBIRGSPARK-SKULPTUR hat das Ziel, in einer historischen öffentlichen Grünanlage der Stadt Köln, dem Vorgebirgspark in Zollstock, zeitgenössische Kunst temporär zu präsentieren. Die jeweils vier oder fünf geladenen Künstler sollen auf das Charakteristische dieser Grünanlage gestalterisch Bezug nehmen – alle Kunstwerke, Installationen und Aktionen werden für diesen speziellen Ort geschaffen. Vorhandene Kunstwerke werden nicht ausgestellt. Die Veranstaltung findet seit 1999 an einem Sonntag im Spätsommer/Herbst statt und wurde immer wieder von Sponsoren finanziell unterstützt. Organisiert und durchgeführt wird sie von der Interessengemeinschaft Kunst im Park, die aus sechs bis acht Kunstinteressierten besteht, darunter verschiedene Kunstexperten sowie aktive und ehemalige Mitglieder der Kölner Stadtverwaltung. Die Kuratoren unterbreiten jährlich Vorschläge für die Auswahl der einzuladenden Künstler. Für jeden Künstler wird ein gesonderter Ordner erstellt, aus dem der Lebenslauf ersichtlich wird und in dem die Arbeiten ausführlich beschrieben und erklärt werden. Die Künstler sind am Veranstaltungstag vor Ort anwesend und können somit auch persönlich zu ihren Kunstwerken Stellung nehmen.

www.vorgebirgsparkskulptur.eu

K

1999

Vorgebirgspark
Eingang: Kreuznacher Straße
50969 Köln

24/7

Siehe Website

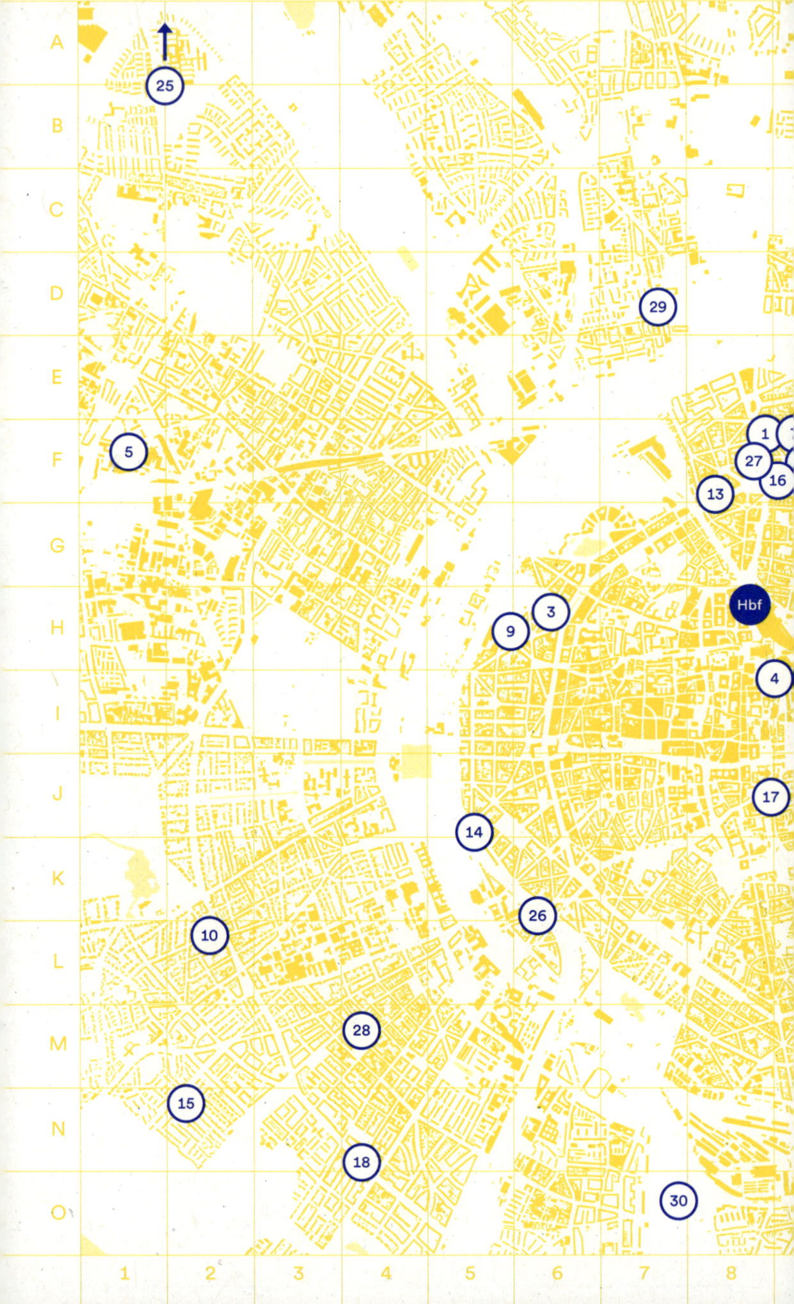
A
B
C
D
E
F
G
H
I
J
K
L
M
N
O
1
2
3
4
5
6
7
8
25
29
1
27
16
5
13
Hbf
3
9
4
17
14
26
10
28
15
18
30

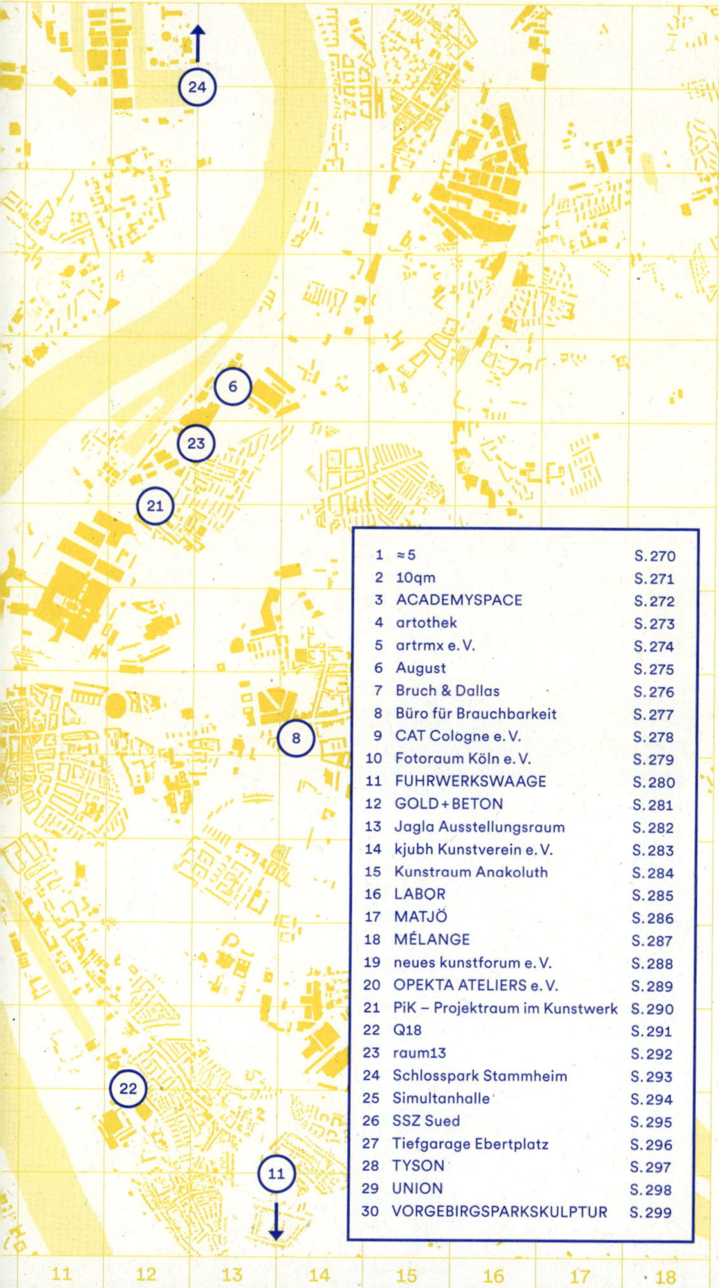

1	≈5	S. 270
2	10qm	S. 271
3	ACADEMYSPACE	S. 272
4	artothek	S. 273
5	artrmx e. V.	S. 274
6	August	S. 275
7	Bruch & Dallas	S. 276
8	Büro für Brauchbarkeit	S. 277
9	CAT Cologne e. V.	S. 278
10	Fotoraum Köln e. V.	S. 279
11	FUHRWERKSWAAGE	S. 280
12	GOLD + BETON	S. 281
13	Jagla Ausstellungsraum	S. 282
14	kjubh Kunstverein e. V.	S. 283
15	Kunstraum Anakoluth	S. 284
16	LABOR	S. 285
17	MATJÖ	S. 286
18	MÉLANGE	S. 287
19	neues kunstforum e. V.	S. 288
20	OPEKTA ATELIERS e. V.	S. 289
21	PiK – Projektraum im Kunstwerk	S. 290
22	Q18	S. 291
23	raum13	S. 292
24	Schlosspark Stammheim	S. 293
25	Simultanhalle	S. 294
26	SSZ Sued	S. 295
27	Tiefgarage Ebertplatz	S. 296
28	TYSON	S. 297
29	UNION	S. 298
30	VORGEBIRGSPARKSKULPTUR	S. 299

Leipzig

Alabama, Sir

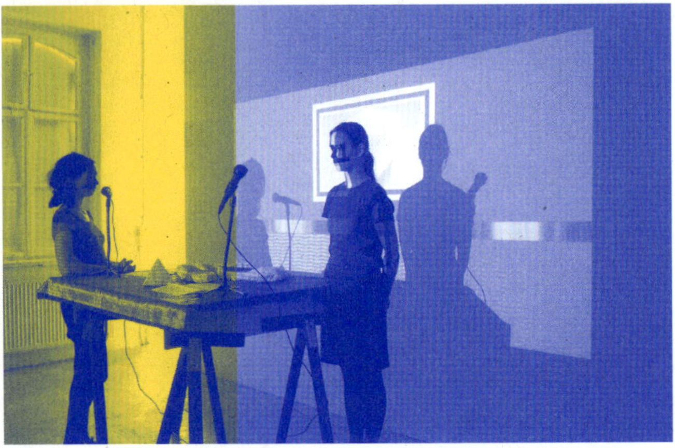

Alabama, Sir ist ein nicht kommerzieller Kunstraum, der von den in Leipzig lebenden Künstlerinnen Zora Berweger (Schweiz), Rebekka Gnädinger (Schweiz) und Karen Oostenbrink (Niederlande) im April 2012 gegründet wurde. Bis Mai 2015 nutzten die Betreiberinnen Räumlichkeiten im Bahnhof Plagwitz und realisierten dort Einzel- und Gruppenausstellungen sowie Lesungen, Gesprächsabende und Performance-Tage. Eingeladen wurden bildende Künstler aus dem In- und Ausland. Seit Mai 2015 ist Alabama, Sir in der Halle 20 auf dem Gelände der Baumwollspinnerei beheimatet. Ziel des Projektes ist es, einen Ort zu schaffen, an dem die Besucher der Kunst offen und konzentriert begegnen können. Das Programm wird von den Betreiberinnen zusammengestellt und kuratiert.

www.alabama-sir.de

L

Spinnereistraße 7
Halle 20, 1. OG
04179 Leipzig

info • alabama-sir.de

2012

BSMNT

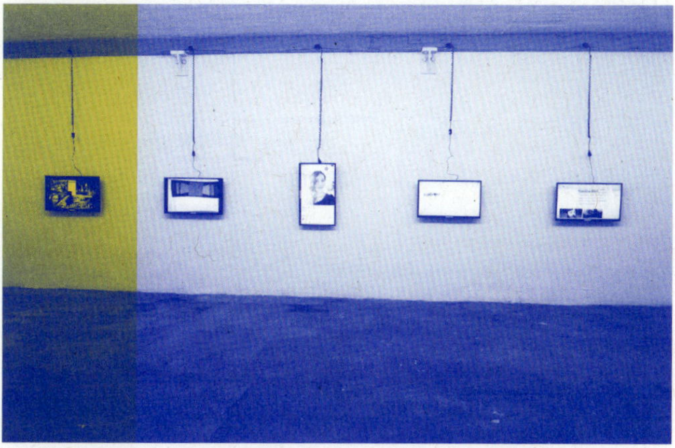

BSMNT ist ein nicht kommerzieller Kunstraum, der im Mai 2014 von dem Leipziger Künstler Ronny Szillo in einem Kellerraum auf dem Gelände der Baumwollspinnerei ins Leben gerufen wurde. BSMNT ist auf digitale Kunst spezialisiert und zeigt vorwiegend Videos sowie Arbeiten im GIF- und JPEG-Format. In dem über 100 Quadratmeter großen Raum werden diese Ausstellungen auf mehreren Flachbildschirmen als Solo- und Gruppenshows präsentiert. Termine und Dauer der jeweiligen Ausstellungen orientieren sich an denen der ansässigen kommerziellen Galerien, ihre Besichtigung ist nur nach Vereinbarung möglich.

www.bsmnt.info

2014

Spinnereistraße 7
Halle 18
04279 Leipzig

Auf Anfrage

info • bsmnt.info

charlotte13 Raum für Kunst & Literatur

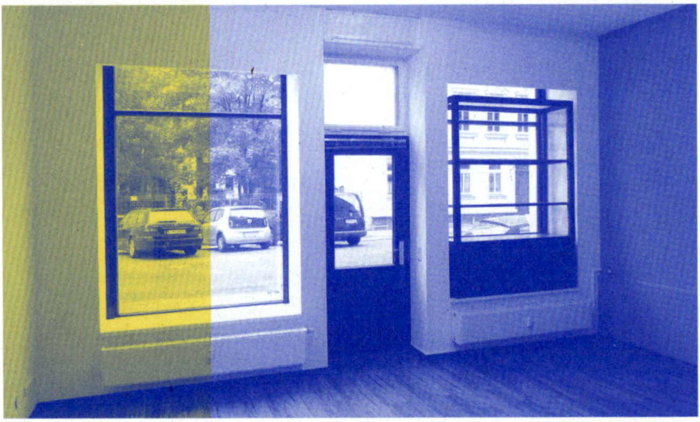

charlotte13 ist ein Raum für Kunst und Literatur. Zeichnungen und Werke auf/aus/mit Papier bilden den Mittelpunkt der Ausstellungen und stehen im Dialog mit zeitgenössischer deutsch- und fremdsprachiger Literatur. Hier werden Einzelausstellungen, Performances, Lesungen und Gesprächsrunden veranstaltet wie auch regelmäßige Peer-to-Peer-Treffen für bildende Künstler und Autoren. „Bildende Kunst und Literatur sind Praktiken, die dadurch leben, dass sie gelebt werden. Es zählt, was existiert." Andere Künstler und Autoren einzuladen, ihre Werke mit dem Publikum zu teilen, versteht Stephan Weitzel, Autor und Künstler, als eine Erweiterung seiner eigenen Praxis. Deshalb widmet er mit charlotte13 einen Teil seines Ateliers den Begegnungen von Werken und Menschen. Dabei soll charlotte13 ein Ort des Austauschs und der Vernetzungen sein, eine Tür nach Leipzig und Deutschland für Kunst und Literatur, die woanders herkommt, sowie ein Fenster in die Welt für Leipzig und die Leipziger. charlotte13 befindet sich im aufstrebenden Leipziger Osten, dem neuen Standort für Kunst und Kreativwirtschaft, nur zehn Minuten vom Stadtzentrum entfernt, direkt neben dem Lene-Voigt-Park in Reudnitz.

L

www.charlotte13.de

Charlottenstraße 13, EG
04317 Leipzig

Do–Fr 17–20 Uhr
Sa 11–14 Uhr
+ auf Anfrage

info • charlotte13.de

D21 Kunstraum

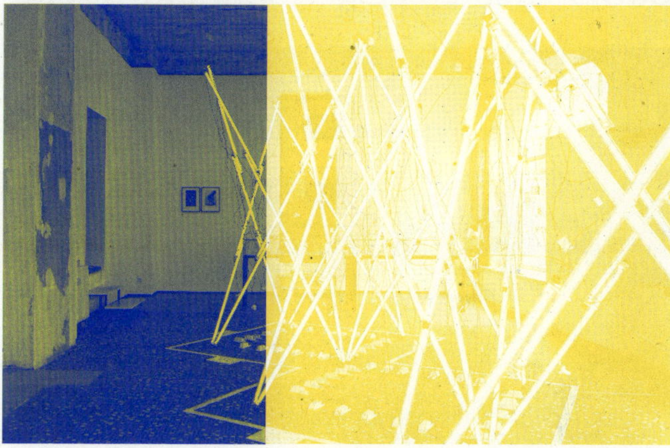

www.d21-leipzig.de

Seit 2006 befindet sich der D21 Kunstraum im Leipziger Westen. Der Kunstverein zeigt ein internationales Ausstellungsprogramm zeitgenössischer Kunst, vor allem aus den Bereichen Neue Medien, Installation, Fotografie und Performance. Der D21 Kunstraum versteht sich als Plattform und Experimentierfeld für Künstler und Ausstellungsmacher. Neben regelmäßigen thematisch kuratierten Ausstellungen, die kritisch auf Zeitfragen Bezug nehmen, bietet das Format D21/LAB ein Forum für Künstler, die eigene Projekte verwirklichen und kuratieren. Das Kuratoren LAB wiederum richtet sich an Ausstellungsmacher aus der ganzen Welt. Außerdem präsentiert die „Window Display Show“ Werke von Künstler in den Schaufenstern des Kunstraums und wendet sich so direkt an die Passanten. Das Ausstellungsprogramm wird ergänzt durch Experimentalfilmreihen und -festivals, Symposien, Workshops, Lesungen und Konzerte. Im D21 Kunstraum engagieren sich Freiberufler, Kulturarbeiter, Sozialarbeiter, Wissenschaftler und Studierende.

2006

Demmeringstraße 21
04177 Leipzig

Fr–So
15–19 Uhr

office • d21-leipzig.de

Galerie ALLES MÖGLICHE Betriebsteil Leipzig

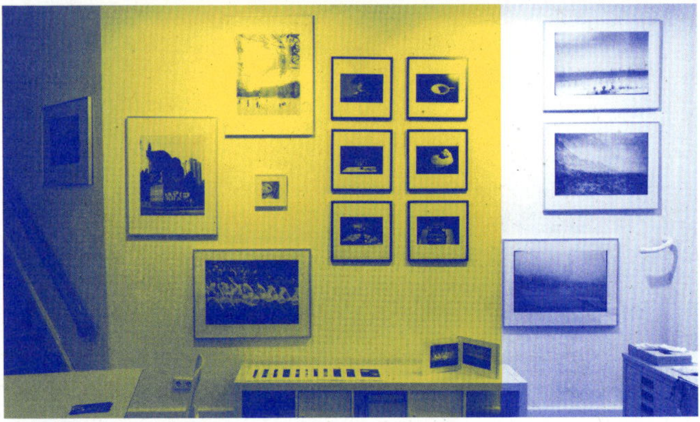

ALLES MÖGLICHE zeigt in Leipzig Malerei und Grafik. Der Betriebsteil Berlin konzentriert sich auf zeitgenössische Fotografie zum Thema Mensch, wobei die große Höhe des Raumes vor allem für installative Anordnungen von Vorteil ist. Pro Jahr werden vier bis fünf Ausstellungen mit einer Vernissage eröffnet.

L

www.alles-moegliche.com

Bornaische Straße 51
04277 Leipzig

Sa
16–18 Uhr
+ auf Anfrage

pawlitzkyfelix • gmx.de

Galerie ARTAe Leipzig

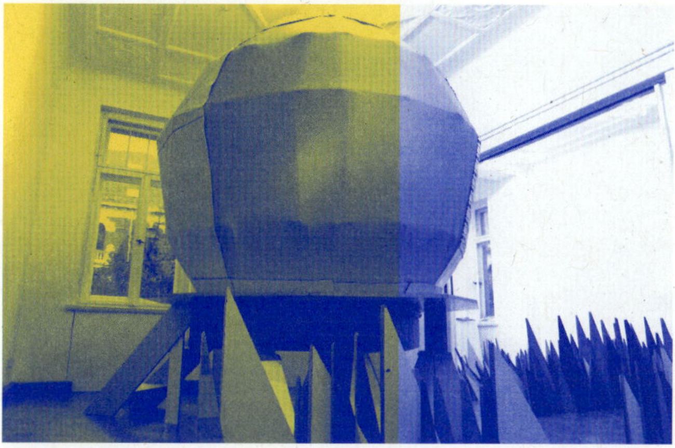

www.artae.de

„Authentizität, Lebendigkeit, Sinnlichkeit und hohe Qualität sind Anspruch und Philosophie unserer Galeriearbeit." Mit viel Mut, guter Kunst und fundiertem Wissen wurde die Galerie ARTAe 2004 noch ohne Räume gegründet. Seit 2006 in Leipzig ansässig, arbeitet sie beharrlich-ambitioniert mit einem festen Künstlerkollektiv partnerschaftlich zusammen. Unbeirrt von Moden präsentiert die Galerie zeitgenössische, internationale und deutsche Künstler der Genres Malerei, Grafik, Skulptur und Video. Gesellschaftsrelevante, soziale Projekte sowie kuratorische Aufgaben gehören ebenso zum Programm.

L

2006

Gohliser Straße 3
1. OG (bitte klingeln)
04105 Leipzig

Mi–Sa
15–19 Uhr
+ auf Anfrage

info • artae.de

Galerie bipolar

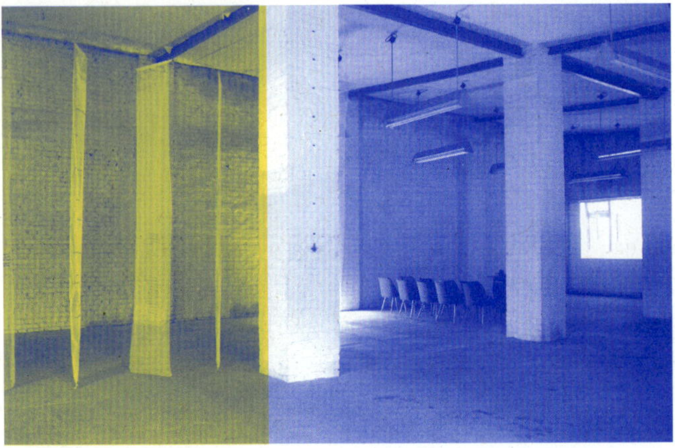

Die Galerie bipolar besteht seit Juni 2015 und befindet sich im Leipziger Norden. Auf dem MONOPOL-Gelände in der Haferkornstraße haben die Betreiber, eingebettet in einer Art kulturellen Diaspora, die ideale Möglichkeit gefunden, fernab von den Epizentren des Kunstbetriebs einen 150 Quadratmeter großen Ausstellungsraum zu bespielen. Der Raum verfügt über Tageslicht und Deckenbeleuchtung, die Raumhöhe beträgt, bedingt durch das Schrägdach, zwischen vier und sechs Metern. Neben diesem Ausstellungsraum im ersten Obergeschoss steht ein doppelt so großer Eingangsbereich zur Verfügung, der für Konzerte, Installationen, Projektionen u. Ä. genutzt wird. bipolar möchte den ausstellenden Künstlern größtmögliche konzeptionelle und kuratorische Autonomie ermöglichen, ohne die Verantwortung aus dem Blick zu verlieren, die mit der Präsentation von Kunst einhergeht. Die Galerie ist an einem spannungsvollen Dialog zwischen den Exponaten und den Rezipienten interessiert und organisiert daher in erster Linie Doppel- und Gemeinschaftsausstellungen. Dabei ist es ihr wichtig, formal und inhaltlich mit größtmöglicher Konsequenz vorzugehen, die sich in der ganzen Bandbreite zwischen Stimmigkeit und Gegensätzlichkeit ausdrücken soll. So werden etwa konträre künstlerische Positionen einander gegenübergestellt, um beim Besucher die Entwicklung einer eigenen Haltung anzustoßen.

L

www.galerie-bipolar.com

Haferkornstraße 15
MONOPOL-Gelände, Haus 5
04129 Leipzig

Do–Sa 17–20 Uhr
So 16–19 Uhr
+ auf Anfrage

galerie-bipolar • gmx.de

2015

Junger Künstlerverein Šiška Offenes Atelier / Kreativlabor

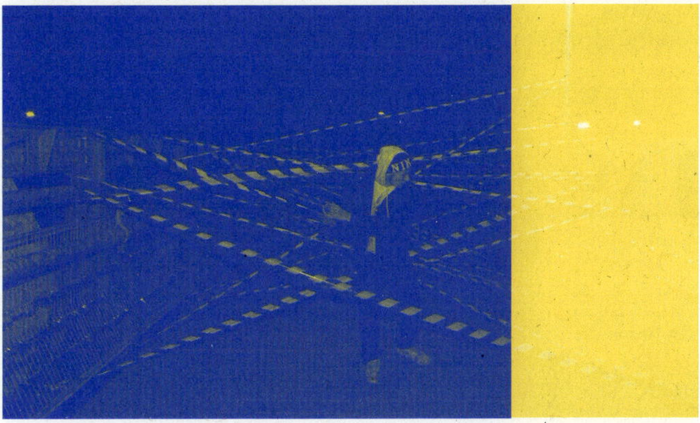

Der Junge Künstlerverein Šiška, gegründet 2014, ist ein pluralistischer Verein von kunstschaffenden Einzelpersonen. Während sich der Verein zu Beginn durch einige Sammel- und Einzelausstellungen sowie durch die Beteiligung seiner Mitglieder an anderen Ausstellungen vor allem in der Oberpfalz verorten lies, breitete sich der Šiška-Dunstkreis im Jahr 2015 auf ganz Deutschland aus. So besteht seitdem beispielsweise das offene Atelier von Christian Kölbl in der Zollikoferstraße 7 in Leipzig als Kreativlabor des Künstlervereins. Dieses ist meist geöffnet und kann nach Rücksprache per E-Mail besichtigt werden. Der feste Kern, der aus freischaffenden Künstlern und Kunststudenten besteht, versteht seinen Verein als kreative Plattform. Immer wieder werden außenstehende Künstler eingeladen, Projekte des Vereins zu bereichern und mitzugestalten und Arbeiten aus den Bereichen Malerei, Druckgrafik, Fotografie, Kurzfilm und Installation beizutragen. Šiška ist somit eine Gemeinschaft von Künstlern, die unter dem Label „Verein" gemeinsam Projekte erarbeiten und diese in unterschiedlichen Städten präsentieren.

www.fb.com/kunstvereinsiska

L

2014

Zollikoferstraße 7
04315 Leipzig

Auf Anfrage

siska-j.kuenstlerverein • web.de

Kunstraum PING·PONG
Fotografie im Leipziger Westen

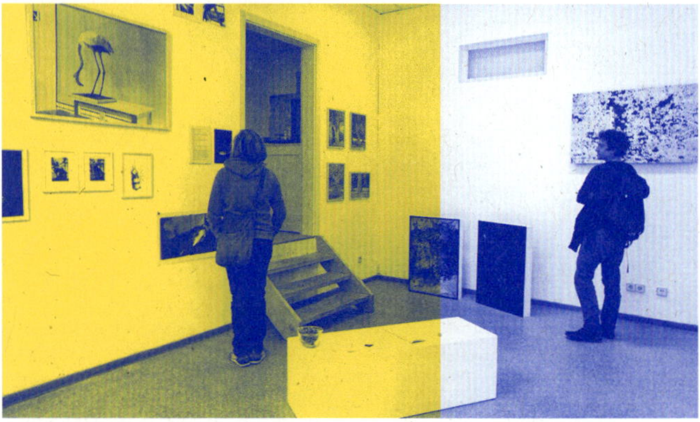

Der Kunstraum PING·PONG wurde im März 2014 von Marcel Noack, freischaffender Künstler, Fotograf und Dozent im Bereich Fotografie/Bewegtbild, gegründet. Unterstützt wird er von der Künstlerin Sandra Schubert. Der Kunstraum PING·PONG liegt inmitten der Offspaces des Leipziger Westens in Plagwitz/Lindenau in unmittelbarer Nähe zu den größeren Kunst- und Kulturräumen Tapetenwerk und Westwerk. Es finden wechselnde, vom Betreiber kuratierte Ausstellungen, Filmscreenings sowie Fotoworkshops statt. Vorrangig werden Positionen der zeitgenössischen künstlerischen Fotografie gezeigt. Oft sind die Künstler zu den Ausstellungen selbst anwesend; außerdem werden Kataloge und Editionen produziert. PING·PONG dient somit als Austauschplattform für Künstler, Kunstraumbetreiber und Publikum.

www.pingpong-leipzig.de

Helmholtzstraße 1
Zugang Endersstraße
04177 Leipzig

Auf Anfrage

mail • pingpong-leipzig.de

2014

Kunstverein gegenwart e. V.

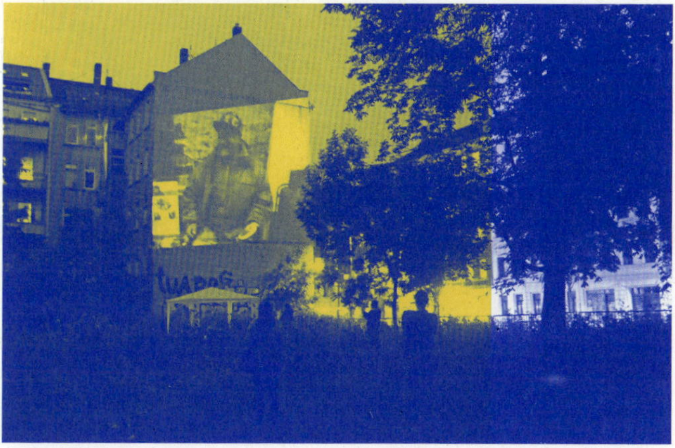

Der Kunstverein gegenwart e. V. wurde im August 2012 als gemeinnütziger Verein von Leipziger Studierenden der Kunstgeschichte gegründet. Seitdem hat sich die Besetzung geändert, doch die Ziele und das Engagement sind die gleichen geblieben. Ein besonderer Fokus liegt auf der kulturellen Bereicherung und der Kooperation mit Akteuren im Leipziger Osten, einem Stadtteil, der durch viele Diversitäten geprägt ist. Der Verein bespielt keinen festgesetzten Ort, sondern ist immer auf der Suche nach neuen interessanten Räumlichkeiten für ihre Aktionen und Ausstellungen sowie nach Kooperationen mit Künstlern, Nachbarn und anderen Vereinen. Das Jahreskonzept wird von einem kuratorischen Team gemeinsam erdacht und umgesetzt. Dabei soll kein starres Konzept über die Werke gestülpt oder eine bestimmte Deutung vorgegeben werden. Das Anliegen des Vereins ist es, Kunst zu zeigen, Hemmschwellen abzubauen und Hilfestellung bei der individuellen Erschließung der Werke zu geben. 2016 steht das Thema Enttäuschung/Scheitern als künstlerische Strategie, als mögliche Quelle neuer Ideen sowie als rezeptorische Praxis im Mittelpunkt der Veranstaltungen. Der Verein organisiert außerdem Gruppenausstellungen, Tagungen, Künstlergespräche, Atelierbesuche, Führungen und beteiligt sich an Stadtteilfesten.

www.kunstverein-gegenwart.de

L

2012

Ohne feste Adresse
(Leipzig-Ost)

info•
kunstverein-gegenwart.de

Praline

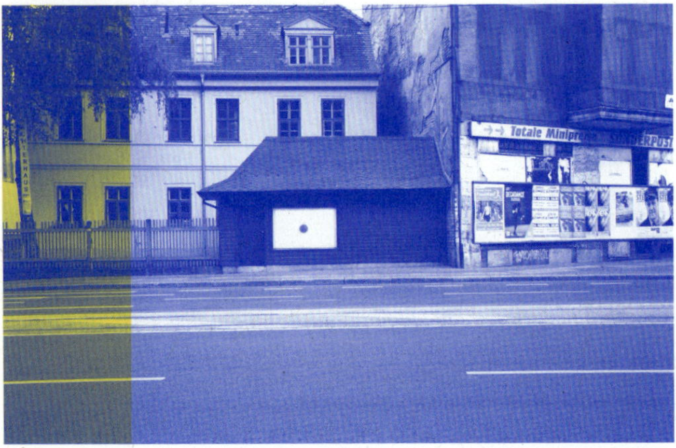

In der Praline in Leipzig gibt es: „etwa 10 Quadratmeter Bodenfläche, ein 2,3 Quadratmeter großes Schaufenster, ein Spitzdach aus Dachpappe, Holzpaneelen innen und außen, einen geliehenen Elektroradiator, kein fest geplantes Programm, ein konstantes Laufpublikum, regelmäßig Hundehaufen vor und Graffitis auf dem Haus, Pralinen zur Eröffnung."

L

www.praline-leipzig.de

Lützner Straße 39
04177 Leipzig

webmaster • praline-leipzig.de

2008

Raum.Weisz

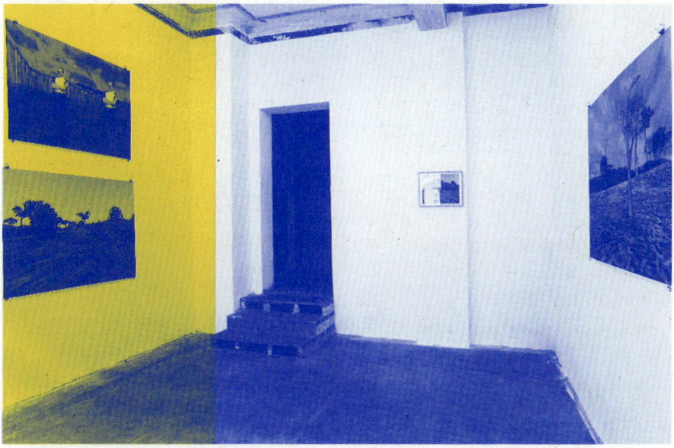

„‚Und während die letzte Erinnerung aus seinem Bewusstsein schwindet, erinnert er sich vielleicht an eines von Robert Rauschenbergs White Paintings, oder an die weißen Wände einer Kunstgalerie, und wünscht sich, er könnte sich erinnern, wie sie aussahen.' So endet eine Erzählung von W. J. T. Mitchell, in der er beschreibt, was passierte, würden wir unsere Bilder verlieren. Dies erscheint in unserer Gesellschaft unmöglich, da jeden Tag neue Bilder entstehen. Diese Bilderflut hat ein Publikum erzeugt, welches es den Bildproduzenten schwer gemacht hat, in den Köpfen der Betrachter zu bleiben. Die Menschen vergessen Bilder, weil sie anderen weichen müssen. Genau dies will der Raum.Weisz verhindern, indem er die Leere füllt. Verschiedene Kunstlaboranten gestalten und verwandeln mit ihren Ausstellungen den Raum. Dabei steht die Schreibweise auch für die programmatische Ausrichtung: Alternativen finden für tradierte Formen. Die Ausstellungen präsentieren immer progressive Denkweisen, die an klassische Modelle anknüpfen. Daher liegt ein leichter Schwerpunkt auf den neuen Techniken und Medien, die aber immer mit Altbewährtem, wie der Malerei, in Verbindung treten. Vervollständigt werden diese Werke erst mit der Öffnung für das Publikum. Denn der Betrachter bestimmt, welche Bilder Bestand haben, welche wieder verschwinden und welche vielleicht sogar die Jahrhunderte überdauern."

www.fb.com/Raum.Weisz

L

2012

Idastraße 36b
04315 Leipzig

Sattler & Pötzsch

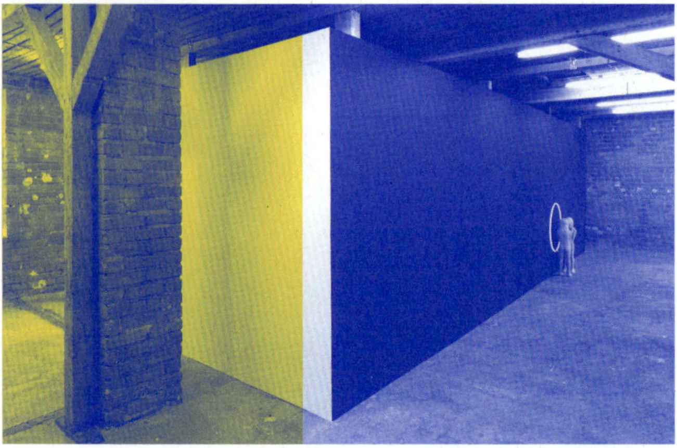

„Wir laden Personen ein, Ausstellungen gemeinsam mit einem/einer Partner/Partnerin freier Wahl zu realisieren. Der Fokus liegt auf einem überregionalen Austausch."

www.sattlerpoetzsch.de

Engertstraße 10–12, HH
04177 Leipzig

Auf Anfrage

mail • sattlerpoetzsch.de

the Museum

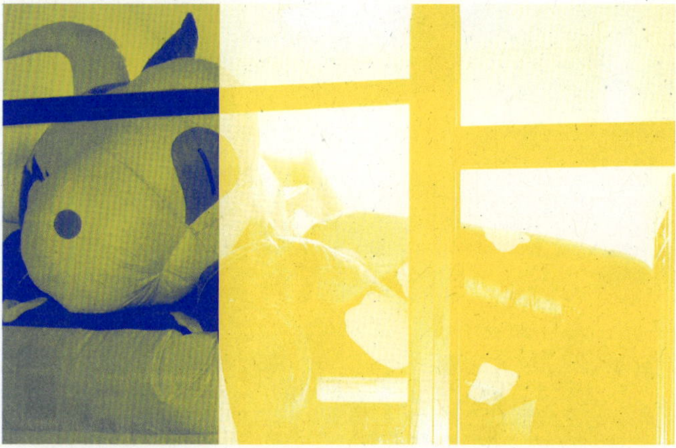

„… she was maybe one of the most beautiful girls I had ever seen in my whole life that morning …“

Kuratoren: Anne Fellner, Burkhard Beschow
Direktor: Martin Lytke

L

www.museum-lytke.com

Zschochersche Straße 2b
04177 Leipzig

director • museum-lytke.com

Westpol A.I.R. Space

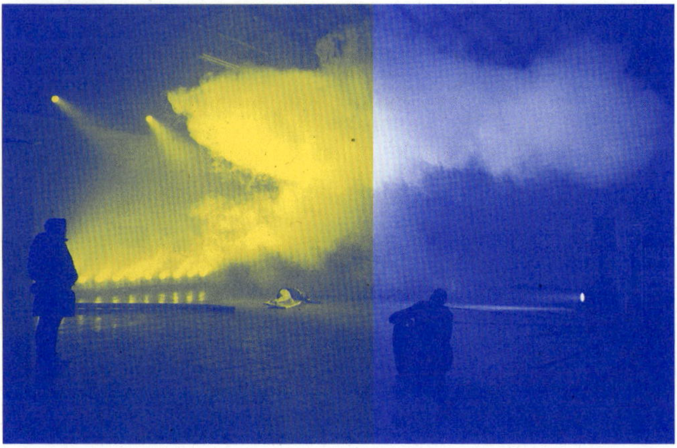

Der Westpol A.I.R. Space wurde im September 2011 gegründet und versteht sich als ein offenes Netzwerk von Künstlern und kulturellen Akteuren, für die „Raum" als konstitutiver Bestandteil, Ausgangs- oder Fluchtpunkt der eigenen kreativen Praxis fungiert. Der Raum des Westpols bietet ihnen die Möglichkeit, ihre künstlerisch-kreative Auseinandersetzung nicht nur theoretisch, sondern praktisch vor Ort und über einen längeren Zeitraum hinweg zu führen. Der genre- und grenzübergreifende Dialog der Künste erlaubt es, eine Vielfalt an Perspektiven und Fragestellungen in Bezug auf Raumkunst und Kunsträume zu entwerfen. Der Westpol ist im klassischen Sinne ein Offspace: Er möchte einen Raum für die Künste schaffen sowie Kunst für den Raum fördern und dieses Angebot stetig weiterentwickeln. Der Kooperationspartner Westwerk ermöglicht es, durch wechselseitiges Vertrauen und gegenseitige Unterstützung den Standort Westpol/Westwerk langfristig als Grundpfeiler und Impulsgeber der freien Kunstszene in Leipzig zu etablieren. Die enge Vernetzung mit den umliegenden Kunsträumen erweist sich dabei als Voraussetzung für die Arbeit des Westpols. Das Quartier Plagwitz/Lindenau ist durch Offenheit, Interesse und Kooperationsbereitschaft gekennzeichnet. Diese Lebendigkeit und Diversität bedarf der langfristigen Pflege und soll durch gemeinsames Engagement erhalten bleiben. In diesem Kontext situiert sich die Arbeit des Westpols und seiner Akteure aus inzwischen über zehn Ländern.

www.westpol-air-space.de

L

Karl-Heine-Straße 85
Hof A / 2. OG (Pferdestall)
04229 Leipzig

Unterschiedlich,
meistens Do–Sa
16–20 Uhr
+ auf Anfrage

westpol-bureau • gmx.de

2011

Бükü – Büro für kulturelle Übersetzungen

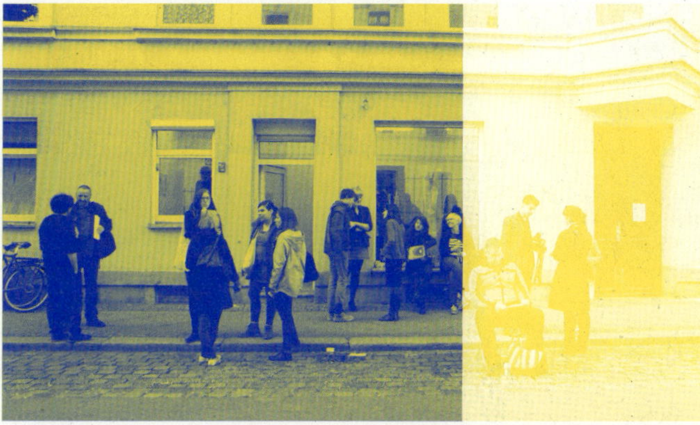

Бükü – Büro für kulturelle Übersetzungen setzt sich zum Ziel, die zeitgenössischen künstlerischen Positionen aus dem post-sowjetischen Raum mit seinen Einflüssen, Differenzen und Verbindungen für Verhandlungen zu öffnen und sich ihnen gemeinsam mit einem engagierten Publikum anzunähern, emanzipiert seine Meinung zu äußern und im gegenseitigen Austausch die hybride Natur der Kultur auszuleben. Die Aktualität dieses Projekts sehen die Organisatoren in der kulturellen Übersetzung selbst, die sie als eine politisch wirksame Praxis verstehen. Es geht dabei nicht um das Übersetzen eines Originals als fixierte und dauerhafte Kategorie, sondern vielmehr um die Vergegenwärtigung der ständigen Veränderung. Durch die Praxis der kulturellen Übersetzungen sollen politische Grenzen als internalisierte Konstruktionen entlarvt und die gleichzeitige Existenz vieler ineinander verwobener, gleichberechtigter Kulturen vor Augen geführt werden. Die Frage, wie man kulturelle Übersetzung sichtbar machen kann, ist zentral für die Organisatoren. So wird Бükü zum Ort der Produktion, Präsentation und Diskussion in Form von diskursiven Veranstaltungen, Residenzen und kuratierten Ausstellungen mit zeitgenössischen künstlerischen Positionen. Dem Zeigen und Sprechen wird die Möglichkeit geben, den „dritten Raum" (Homi K. Bhabha) zu öffnen und das Ausgestellte an das aktuelle Zeitgeschehen und die (gemeinsame) Vergangenheit anzubinden.

Aurelienstraße 48
04177 Leipzig

Do–Sa
17–20 Uhr

info•buekue.eu

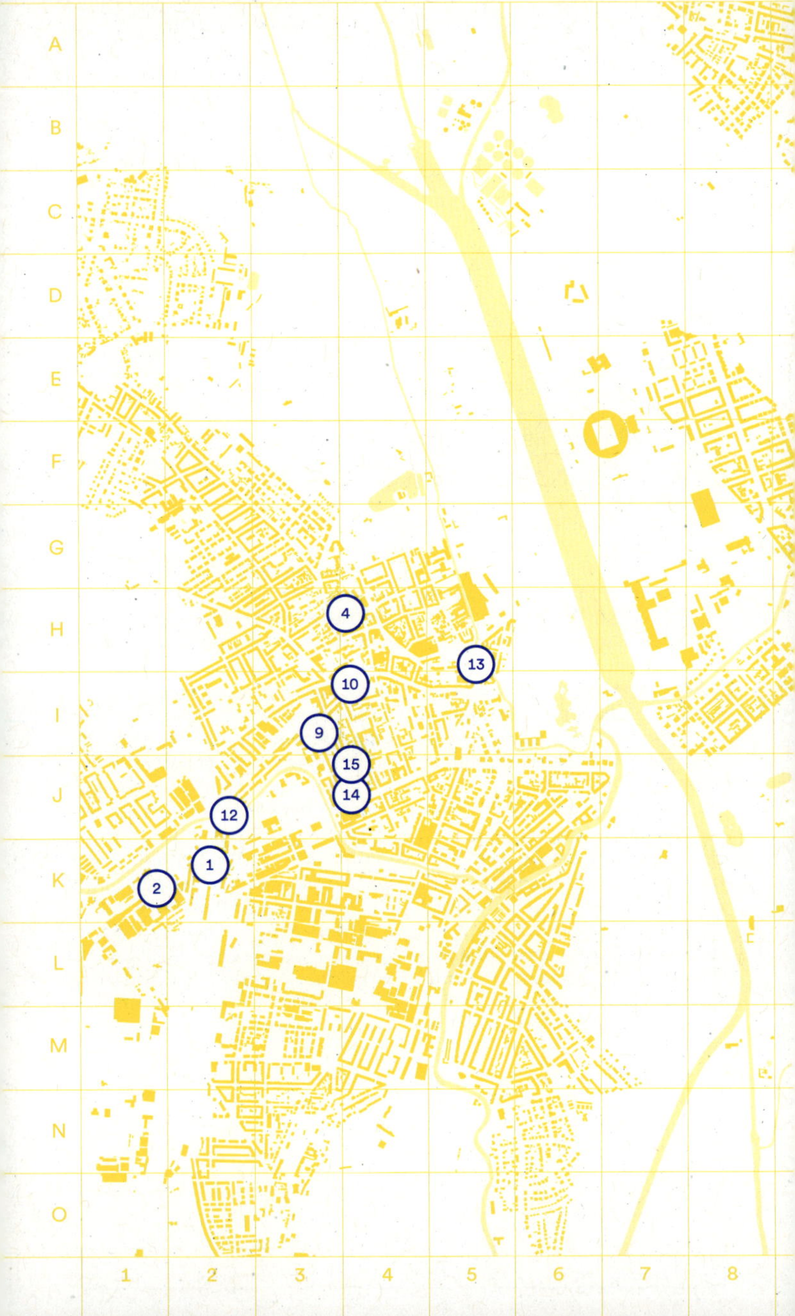
A
B
C
D
E
F
G
H
I
J
K
L
M
N
O
1
2
3
4
5
6
7
8
4
13
10
9
15
14
12
1
2

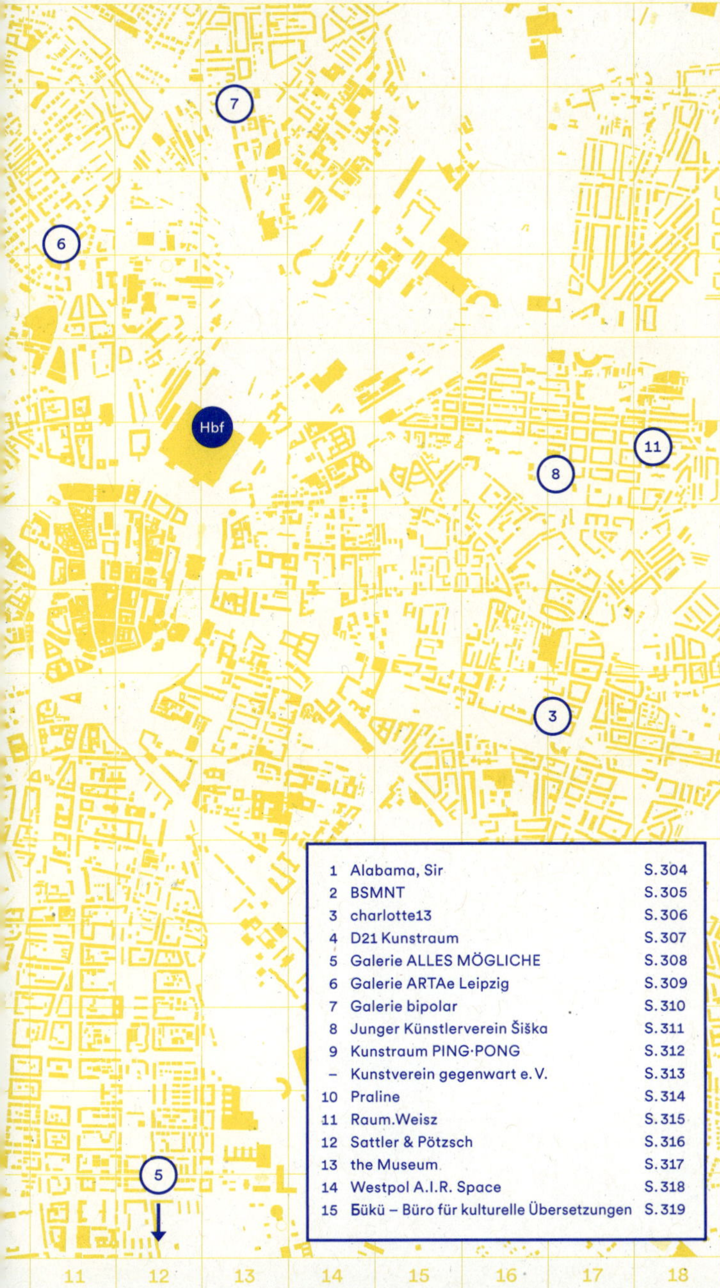
7
6
Hbf
11
8
3
5
L
11
12
13
14
15
16
17
18

Mainz

allez

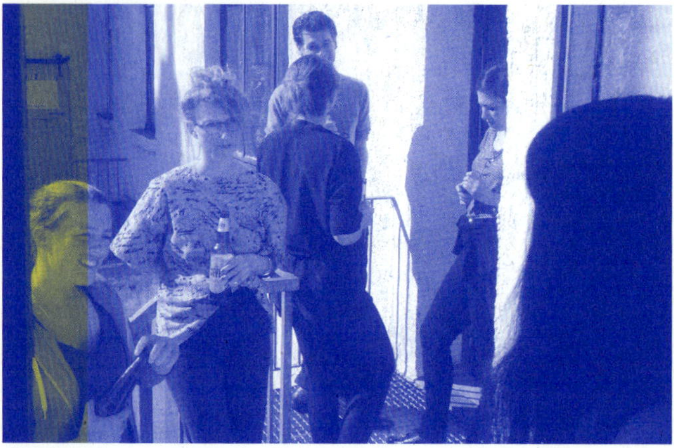

allez ist ein intimer Atelierplatz und offen für neue Kollaborationen, die weiterführende Zusammenarbeit anregen sollen. In unregelmäßigen Abständen finden Ausstellungen und Vorträge eingeladener Künstler statt, die mit frischen Ideen im aktuellen künstlerischen Diskurs hantieren: „Wir Atelierpartnerinnen träumen von einer schaumig frischen Konsistenz, entfernt vom einsamen Künstlerschweiß. Dabei ist es uns wichtig, dass der Atelierraum sowohl den Austausch unter Künstlern außerhalb von Mainz als auch unter interessierten Besuchern aus direkter Nachbarschaft anregt. Zwischen der Rheinallee und dem Rhein, nah zur Stadt und zu anderen Mainzer Kulturinstitutionen gelegen wollen wir zusammen mit geladenen Gästen und Besuchern einen eigenen Strom in dieser Stadt erzeugen. Deswegen ‚allez', eine Bewegung kraftvoll in ihrer eigenen Zeitlichkeit ausgeführt, die andere mit auf die Reise nimmt." Vorträge zur eigenen künstlerischen Arbeit von Alex Wissel und Felicitas Rhoden waren im Rahmen des Seminars „Alternative Exhibition Spaces" von Jessica Gispert an der Kunsthochschule Mainz zu hören. Den Anfang der Ausstellungen machte das performative Projekt von Mareike Buchmann „Sprich sage ich zum Tisch und der Tisch spricht Ich" im Zuge der „Tischtransaktion Rheinland-Pfalz" von Karin Meiner. Es folgten zwei Meisterschülerausstellungen, „Lovesong" von Anne-Louise Hoffmann und „Classmates" von Brit Meyer, die sich beide mit den Bedingungen von Zusammenarbeit und Partizipation auseinandersetzten.

M

www.fb.com/allezkunstraum

Rheinallee 28
55118 Mainz

Zu Ausstellungen
+ auf Anfrage

allezkunstraum•gmail.com

2014

pad – performance art depot

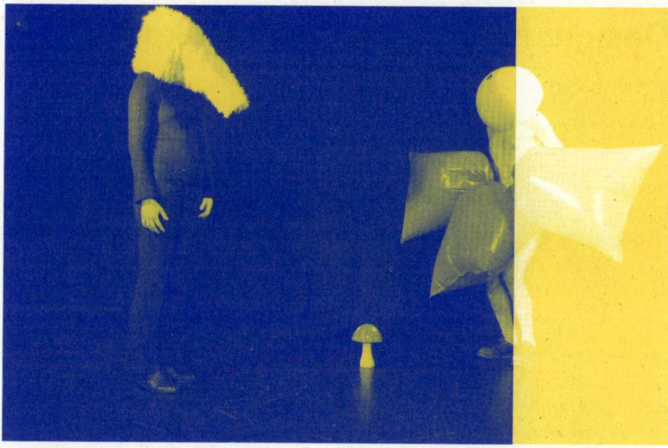

Das pad bietet ausgewählten Ensembles die Möglichkeit, eigene Produktionen zu erarbeiten. Auch die Leiter des pad, Nic Schmitt und Peter Schulz, inszenieren als Künstlerteam Schmitt&Schulz regelmäßig eigene Performances zur Präsentation im pad. Die Eigenproduktionen werden durch regionale, überregionale und internationale Gastspiele ergänzt. Seit 2010 veranstaltet das pad einmal jährlich im Rahmen des Kultursommers Rheinland-Pfalz das „Internationale Performance Festival" mit sechs bis acht Gastspielen an vier Tagen. Neben oder parallel zu den Performances bietet das pad ein Begleitprogramm aus Installationen, Ausstellungen, Lesungen, Konzerten, Talk-Abenden, Bandauftritten u. Ä.

Bei der kuratorischen Gestaltung des Hauptprogramms liegt der Schwerpunkt auf künstlerischer Qualität und Innovation, unabhängig von Rang und Bekanntheitsgrad der Künstler. Die präsentierten Produktionen orientieren sich inhaltlich an aktuellen gesellschaftlichen Fragestellungen und ästhetischen Tendenzen der Gegenwart. „Wichtig ist uns auch eine kontinuierliche Zusammenarbeit mit verschiedenen Künstlern und Gruppen, um das Erscheinungsbild des pad nachhaltig zu prägen. Wir möchten performative und andere innovative Formen der Darstellung einem möglichst breiten Publikum nahebringen und betten daher alle Veranstaltungen in einen kommunikativen und feierlichen Rahmen ein."

www.pad-mainz.de

M

2007

Leibnizstraße 46
55118 Mainz

Siehe Website

info • pad-mainz.de

PENG
Gesellschaft zur Förderung von Design, Kunst und Kommunikation e. V.

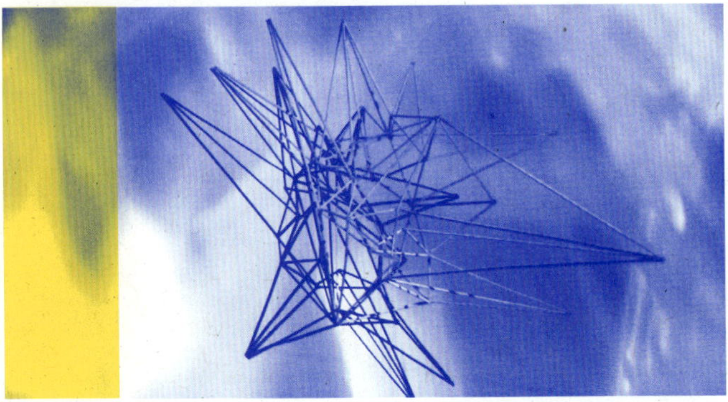

www.pengland.de

M

PENG fördert seit 2006 Design, Kunst und Kommunikation in Mainz. Dabei definieren die Künstler das PENG ständig selbst neu. Nach dem Motto „PENG ist, was Du draus machst“ gibt der Verein nichts vor und lässt den Akteuren freie Hand, den Raum PENG – das „Pengland“ – immer wieder neu zu erfinden. PENG fungiert als Wohnzimmer, Treffpunkt, soziales Netzwerk, Arbeitsraum, Ausstellungsraum, Spielwiese, Werkstatt etc. Hier finden Diskurs und Reflexion statt, die einen kritischen Zeitgeist fördern. Hier werden Menschen warmherzig aufgenommen und eingeladen, sich mit ihren Werken zu zeigen. Die Künstler, die hierher kommen, um ihre Arbeiten zu zeigen, haben die verschiedensten Hintergründe. Junge Studierende zeigen ihre Arbeiten oft erstmals einer Öffentlichkeit außerhalb der Unis, etablierte Künstler, die ihren Lebensunterhalt mit Kunst bestreiten, nutzen den Freiraum, den PENG bietet, um Neues zu probieren, ohne dass PENG Provisionen kassiert oder galerieähnliche Vertragsverhältnisse anstrebt. Im PENG kann Malerei, Fotografie, Skulptur und Installation ebenso genossen werden wie Musik, Literatur, Theater und Performance. PENG hat den Auftrag, Design, Kunst und Kommunikation zu fördern. Diese Förderung ist möglich durch Spenden, Vereins- oder Fördermitgliedschaften – und eines ist sicher: „Bisher hat dieses Experiment allen Beteiligten riesigen Spaß gemacht, so dass wir mit Optimismus, Tatkraft und Kreativität in die Zukunft blicken.“

Weisenauer Straße 15
55131 Mainz

Siehe Website

2006

ruelle

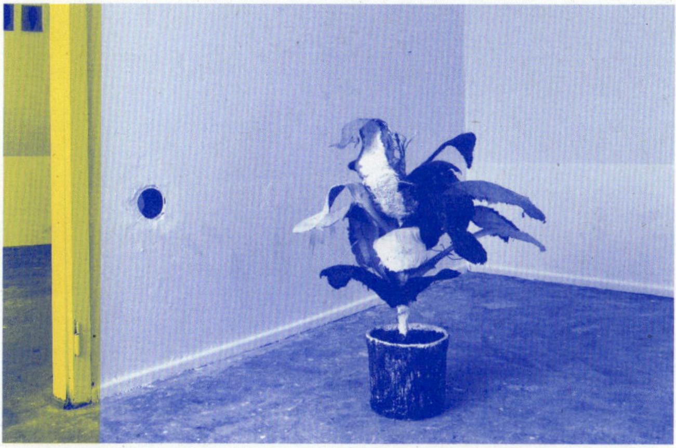

ruelle ist ein Raum zum Zeigen und Sehen junger Kunst. Der französische Name bedeutet wörtlich so viel wie „Sträßchen", wird aber auch für ungenutzten Platz verwendet: zwischen Bett und Wand, zwischen Häusern, zwischen Türen ... Auch der im Frühjahr 2015 von vier Kunststudentinnen gegründete Verein versteht sich als Möglichkeit zum Denken zwischen dem Festgelegten: „eine Ritze, ein Freiraum zwischen Bild und Bowle, Show und Schulung ..." Hauptsächlich kuratiert die ruelle regelmäßig eigene kleine Ausstellungen, beteiligt sich wie ein Label aber auch an anderen Projekten im Umfeld. Vernetzung soll dabei nicht nur innerhalb des künstlerischen Bereichs stattfinden, sondern auch zu Berührungspunkten mit anderen diskursfähigen Disziplinen führen.

www.ruelle-raum.de

2015

Ohne feste Adresse

mail • ruelle-raum.de

Walpodenakademie

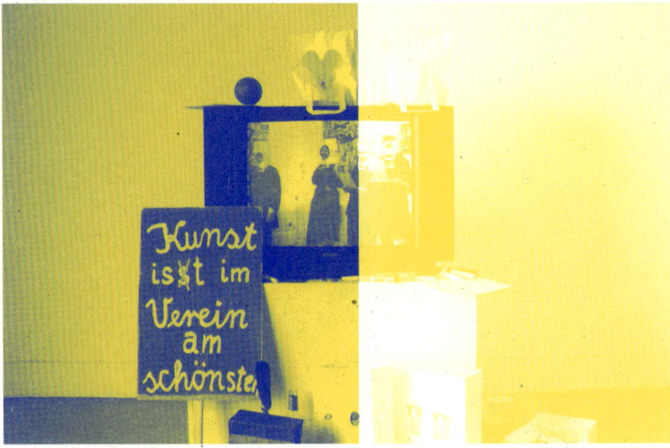

Mit mehrtägigen, wilden Partys in einem unterirdischen Gewölbekeller fing alles an, bevor sich 1999 aus einem freien Kulturprojekt der Mainzer Kunstverein Walpodenstraße 21 e. V. gründete. Er sieht sich als offenes Forum für zeitgenössische Kunst mit experimentellem und interdisziplinärem Ansatz zwischen Fluxus und soziokulturellem, partizipatorischem Anspruch. 2004 rief der Verein das alljährlich stattfindende „KunstZwerg Festival" mit Musik, bildender Kunst, Literatur, Performance und Film ins Leben, das inzwischen auf den idyllischen Rinckenhof in Zweibrücken umgesiedelt ist. 2008 eröffnete er vor dem Neubrunnenbad im zentralen Bleichenviertel die Walpodenakademie („Wir bilden uns ein wir bilden aus") mit mehreren Galerieräumen, Ateliers, Schaukasten und Schaufenster, wo seitdem die Veranstaltungen sowie das internationale „Walpoden Artist Residence Programm" (W.A.R.P.) nur fünf Minuten vom Hauptbahnhof entfernt stattfinden. Der Kunstverein hat derzeit 45 Mitglieder, ist gemeinnützig und arbeitet nicht profitorientiert, weshalb er auf freiwillige Spenden oder öffentliche Projektförderung angewiesen ist. Die aktuellen Termine findet man auf der Website, im Newsletter, auf Facebook und im „Lehrplan", der vor der Neubrunnenstraße 8 aushängt.

www.kunstzwerg.net

M

Neubrunnenstraße 8
55116 Mainz

kunstzwerg • arcor.de

2008

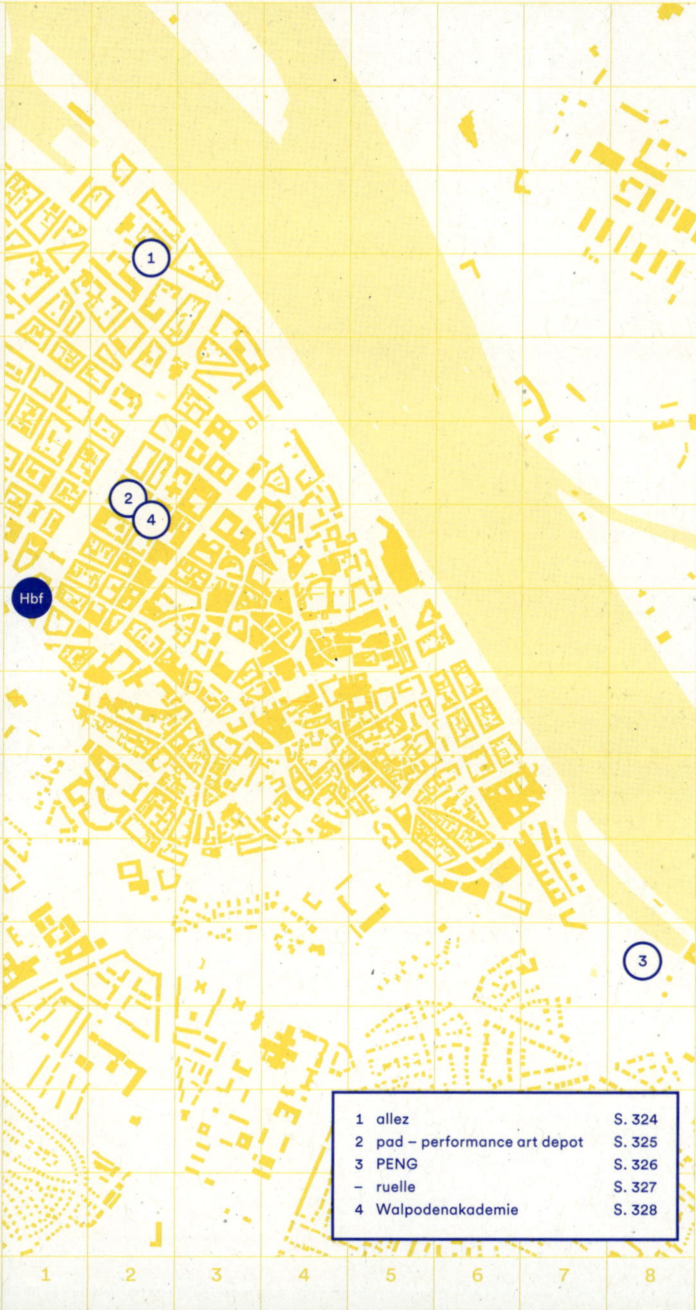

1 allez S. 324
2 pad – performance art depot S. 325
3 PENG S. 326
– ruelle S. 327
4 Walpodenakademie S. 328

Mannheim

EINRAUMHAUS C/O MANNHEIM

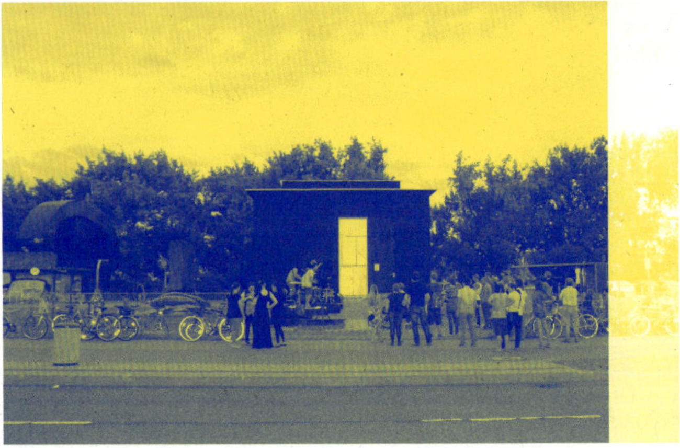

Das EINRAUMHAUS C/O MANNHEIM ist eine begehbare Skulptur, ein Kommunikations- und Ausstellungsort für zeitgenössische Kunst. Seit 2012 hat das Haus einen festen Standort am Neckarufer in Mannheim. Es versteht sich als eine einzigartige soziale Plastik für Kunstinteressierte, Sammler, Künstler und Neugierige. Die Vernetzung unterschiedlicher Ebenen in der Auseinandersetzung mit bildender Kunst ist Ausgangspunkt dieses Konzepts: im Sinne der Abkürzung c/o (care of). Der kleine Satellit, das temporäre EINRAUMHAUS C/O EUROPE, kann in jeder Stadt verwirklicht werden und reiste bereits nach Stuttgart, Tirana in Albanien, Freiburg und Solothurn.

www.einraumhaus.com

Dammstraße 1
68167 Mannheim

philipp.morlock • einraumhaus.com

myriam.holme • einraumhaus.com

2010

RAW
Contemporary Photography

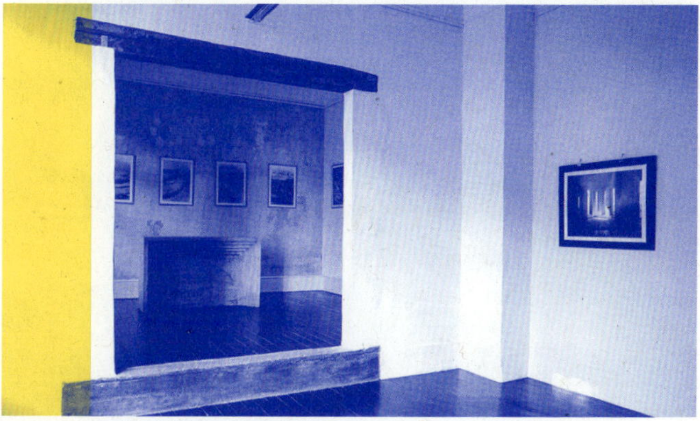

www.raw-works.com

Die RAW Galerie wird von den Fotografen Marco Vedana, Erdogan Cetin und Michael Jagla betrieben. Die Räumlichkeiten mit integrierter Kaffeebar („Rawbusta") sind Treffpunkt für Fotografie- und Kunstinteressierte. Die Galerie befindet sich in der Schwetzinger Vorstadt in Mannheim und hat die Schwerpunkte Design und Fotografie. Workshops, Lesungen und monatlich wechselnde Ausstellungen sind Teil des Programms.

2014

Heinrich-Lanz-Straße 44
68165 Mannheim

Di–Fr 9–19 Uhr
Sa 10–18 Uhr

contact • raw-works.com

Strümpfe
The Supper Artclub

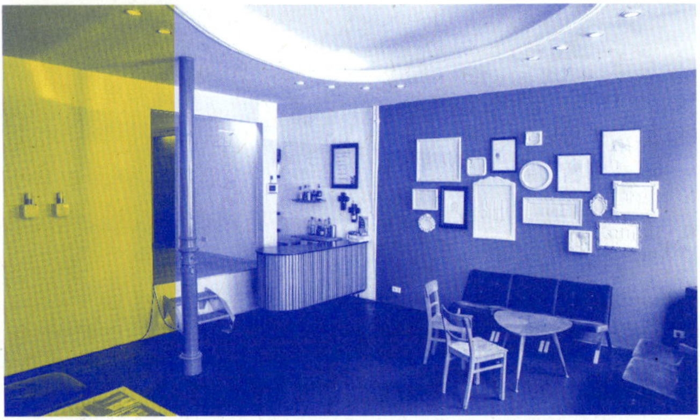

Eric Carstensen und Andreas Zidek betreiben die Mannheimer Nachtgalerie Strümpfe, die sich als Ort spartenübergreifender Kunst-Kultur-Kommunikation versteht. Seit 2009 zeigen sie jährlich in elf Ausstellungen Künstler, die regional und überregional agieren und bekannt sind, sowie junge regionale Künstler, die besondere Projekte bei ihnen vorstellen. Viele Künstler nutzen Strümpfe als Plattform für Erstpräsentationen ihrer neuesten Arbeiten. „Wichtig ist uns, das besondere Potential zeitgenössischer Künstler in Mannheim und Umgebung aufzuzeigen und mit außergewöhnlichen, eigenartigen, spartenübergreifenden Positionen überregionaler Künstler aus den Bereichen Fotografie, Malerei, Schmuck, Skulptur und Videokunst zu präsentieren." Die beiden suchen auch den Dialog mit Projekten aus der darstellenden Kunst, z. B. mit speziellen Lesungen oder musikalisch-filmischen Experimenten wie der Lesungsreihe „Unrein" mit Claudius Kaboth und Gästen, dem Kurzfilmfestival „Goldener Hirsch" oder mit kleinen Konzerten (Das Mannheimer Violinduo, Dutch Gold, KK Sings). Bislang kam es zu Projektkooperationen mit der Kunststiftung Baden-Württemberg, dem Oberwelt e. V. Stuttgart, dem Kunstraum Poly Karlsruhe, dem zeitraumexit Mannheim und dem „Jetztmusik Festival" Mannheim.

M

www.struempfe-jungbusch.de

Jungbuschstraße 3
68159 Mannheim

Während der Ausstellungen:
Mi–Do 14–19 Uhr
Fr 20–2 Uhr

info•
struempfe-jungbusch.de

2009

zeitraumexit

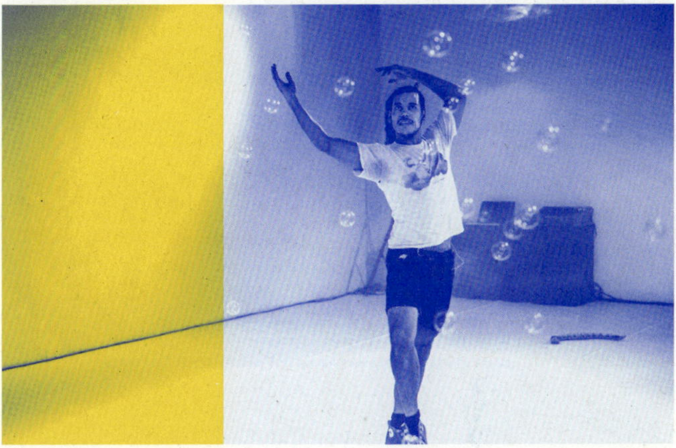

zeitraumexit steht für außergewöhnliche Positionen der bildenden und darstellenden Kunst, für Experiment und Wagnis, für Diskurs und Austausch. Die gezeigten Arbeiten sind häufig nicht einem bestimmten Genre zuzuordnen, sondern loten Grenzbereiche zwischen Tanz, Performance, Live Art, Musik, bildender Kunst und Videokunst aus. zeitraumexit ist sowohl Produktionsstätte und Gastspielhaus als auch Ausstellungsort. Das freie Theater und soziokulturelle Zentrum fällt vor allem durch seine medienübergreifenden Projekte auf, etwa durch das internationale Festival „Wunder der Prärie" und die Nachwuchsplattform „frisch eingetroffen".

www.zeitraumexit.de

M

2001

Hafenstraße 68
68159 Mannheim

info • zeitraumexit.de

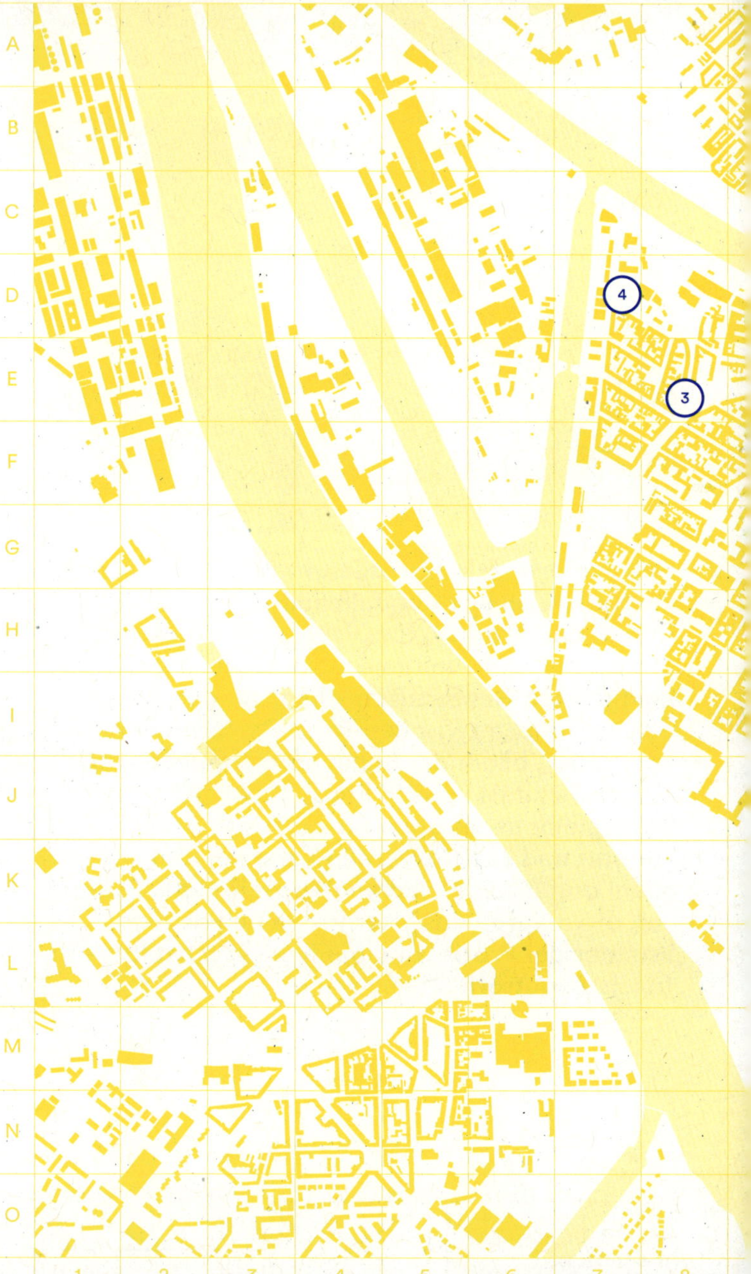
A
B
C
D
E
F
G
H
I
J
K
L
M
N
O
1
2
3
4
5
6
7
8
4
3

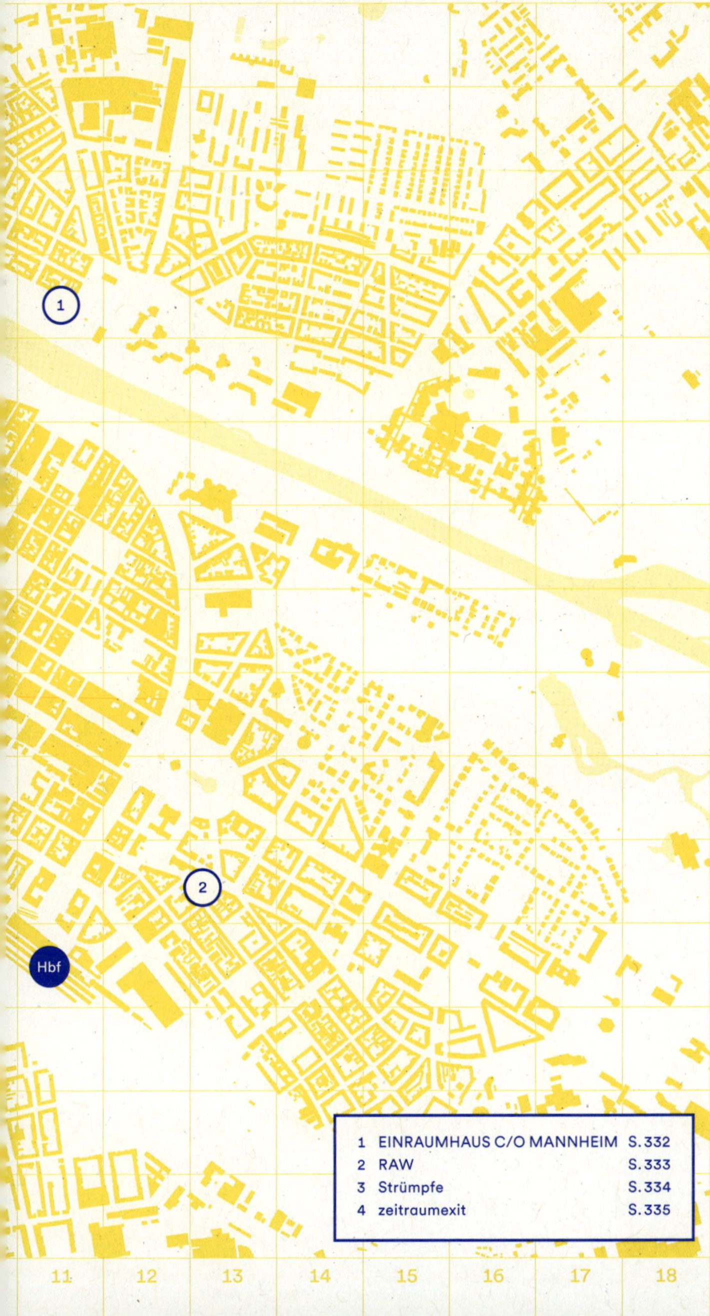
1
2
Hbf
1 EINRAUMHAUS C/O MANNHEIM S.332
2 RAW S.333
3 Strümpfe S.334
4 zeitraumexit S.335
11
12
13
14
15
16
17
18

Marburg

Atelier | Zwischen den Häusern |

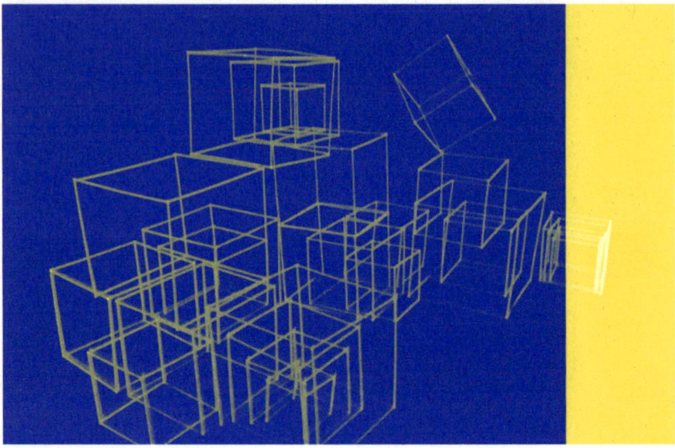

Im Atelier | Zwischen den Häusern | werden Projekte kollaborativ, kooperativ und interdisziplinär entwickelt und ausgestellt. Der Kunstraum unterstützt sowohl die temporäre Zusammenkunft von Künstlern als auch die Integration unterschiedlicher Wissensbereiche in den Ausstellungskontext. Das Programm umfasst experimentelle und prozessuale Ansätze und offenbart in der Auseinandersetzung mit dem Raum, dem Umfeld und den unterschiedlichen künstlerischen Praktiken das Gemeinsame der Künstler. Dabei soll ein künstlerisches Netzwerk im Sinne von freien Interessensgemeinschaften gestärkt werden. Durch das Engagement der Künstler getragen, ist das Atelier | Zwischen den Häusern | ein lebendiger Ort für Performances, Installationen, Objekte, Malerei, Lesungen, Musik, Konzerte und Straßenfeste.

M

www.atelier-zh.de

Zwischenhausen 7–8
35037 Marburg

Auf Anfrage

info • atelier-zh.de

2002

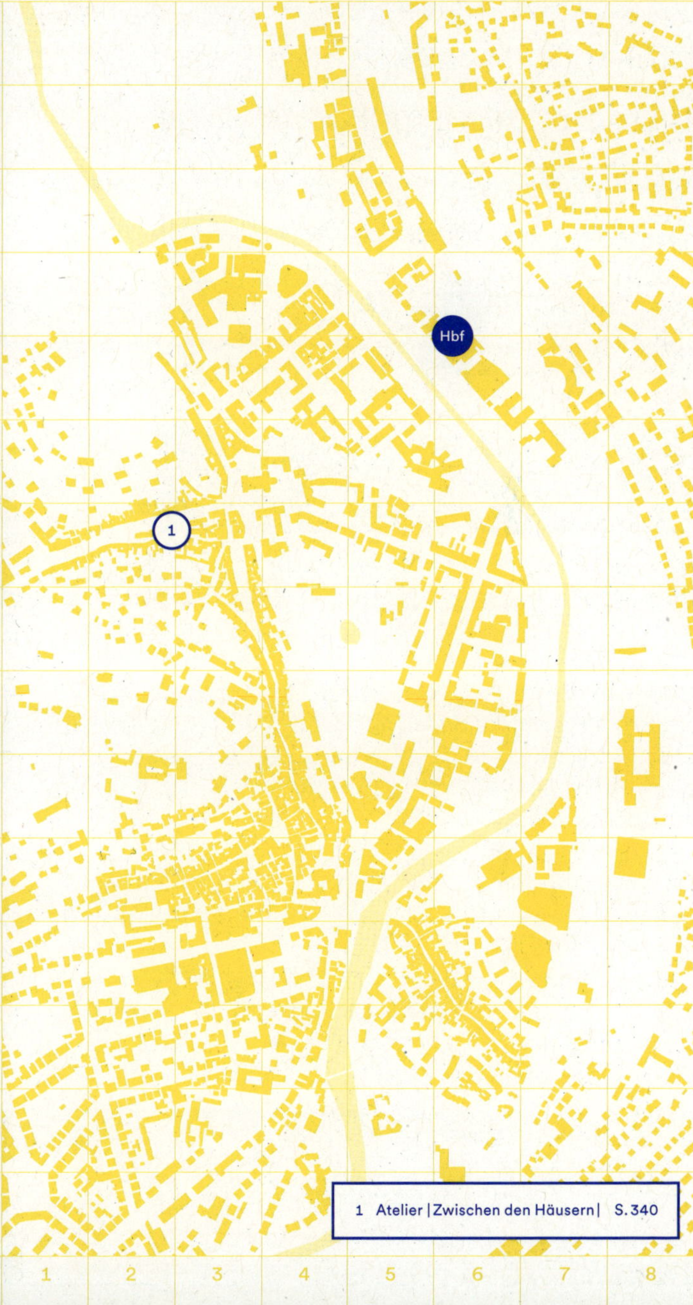

1 Atelier | Zwischen den Häusern | S. 340

M

München

Das KloHäuschen Maßnahmen zur Beseelung des Klohäuschens an der Großmarkthalle

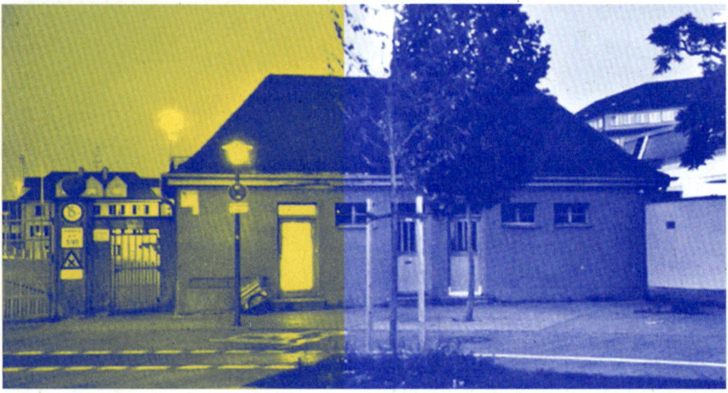

Normalerweise erklärt das KloHäuschen, wenn es sich vorstellen soll, zuerst einmal, dass es weder Offspace noch Ausstellungsraum, weder Galerie noch kleinstes Museum Münchens ist. Sondern? „Der Raum des KloHäuschens ist ein besonderer Raum. Klohäuschenraum. Die Wände bis fast unter die Decke vanillegelb gekachelt. Sechs geschwungene Pissoirs, deren Stil an ihre Geburtsstunde vor genau 100 Jahren erinnert. Und eine Sichtschutzwand aus transparenten Glasbausteinen (zwischen all den transparenten auch zwei gelbe und ein blauer). Und sechs Löcher, die in den Boden gehen, im Unbekannten enden. Und immer fließend Wasser inklusive. Denn das KloHäuschen ist der kleine Raum vorne im Eck im Klohäuschenhaus am Westeingang der Großmarkthalle München. Im KloHäuschenhaus befinden sich öffentliche Toiletten für Kunden und Angestellte des Großmarkts. Und das KloHäuschen ist das ehemalige Herrenpissoir. Anders als die anderen Toiletten ist es nur von außen zugänglich. Und seit den 1990er Jahren war es zugesperrt.“ Seit dem 1. Januar 2009 mietet das realitaetsbüro den ungefähr acht Quadratmeter großen Raum. Mit den Maßnahmen zur Beseelung des Klohäuschens an der Großmarkthalle nimmt es den Raum wieder in Gebrauch und lädt Gäste ein, das KloHäuschen in seiner natürlichen Schönheit zu sehen, in Interaktion mit ihrer eigenen Arbeit zu erkennen und zusammen einen immer neuen Raum sichtbar zu machen.

M

www.das-klohaeuschen.de

Thalkirchner Straße 81
Ecke Oberländerstraße
81371 München

24/7

kh • das-klohaeuschen.de

2009

easy!upstream

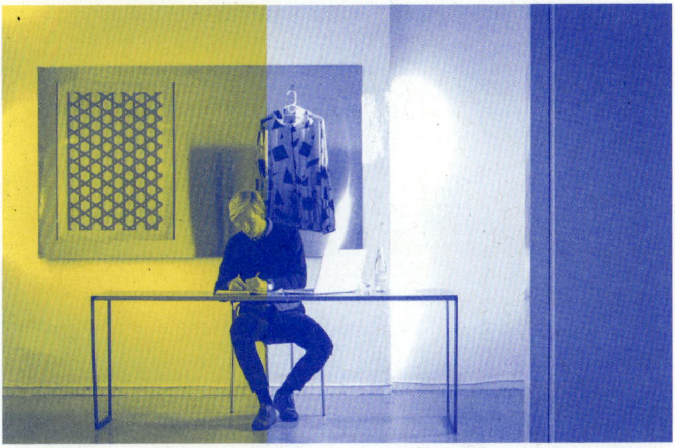

easy!upstream ist ein neuer Projektraum für zeitgenössische Kunst in der Münchner Innenstadt. Im Fokus steht das Aufzeigen von zeitgenössischen Tendenzen und deren Verhandlung innerhalb eines neuen Raumkonzepts.
Die 140 Quadratmeter große Ausstellungsfläche wird durch eine Window Bar im vorderen Bereich ergänzt. Vorträge, Performances, Buchpräsentationen und Playlist-Abende ergänzen den konzeptuellen Ausstellungskalender. Das Team des easy!upstream besteht aus den beiden jungen Münchner Künstlern Niko Abramidis & NE und Susi Gelb sowie den Kunsttheoretikern Moritz Engelke und Quirin Brunnmeier. Das Ausstellungs- und Veranstaltungsprogramm wird von den vier Partnern gemeinsam geplant und organisiert. Ihr internationales Netzwerk und die spezielle Perspektive als Künstler ermöglichen es dem Team, die Ausstellungen in ihrem „artist-run space" anders zu kuratieren, als es Kunsthistoriker vielleicht tun würden. Als Künstler gehen sie weniger von einem kuratorischen Konzept aus als vielmehr von der eigenen Arbeitsweise.

Türkenstraße 67
80799 München

Mo–Fr 11–16 Uhr
Do–Sa 16–20 Uhr

info • easyupstream.com

Haus der kleinen Künste

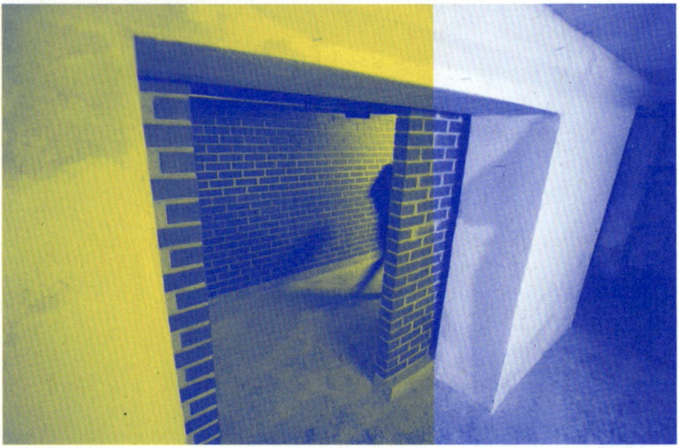

Der Verein fördert mit Ausstellungen, Lesungen, Performances, Konzerten, Theater und anderen Events die lebendige Kultur im Münchner Gärtnerplatzviertel und verhilft talentierten, aber noch unbekannten Künstlern zu mehr Öffentlichkeit. Damit Kunst sich frei entfalten kann, statt sich an profitabler Vermarktung auszurichten, sorgen Mitglieder und Förderer des Hauses für den nötigen finanziellen Hintergrund. Mit dem „Keller der kleinen Künste" kann der Verein eine ungewöhnliche Räumlichkeit bespielen, die den Events eine besondere Atmosphäre verleiht.

M

www.hausderkleinenkuenste.de

Buttermelcherstraße 18
80469 München

Mi–Fr 11.30–19 Uhr
Sa 11.30–16 Uhr

mail • hausderkleinenkuenste.de

2007

Kunstraum München e. V.
Verein für aktuelle Kunst und Kritik

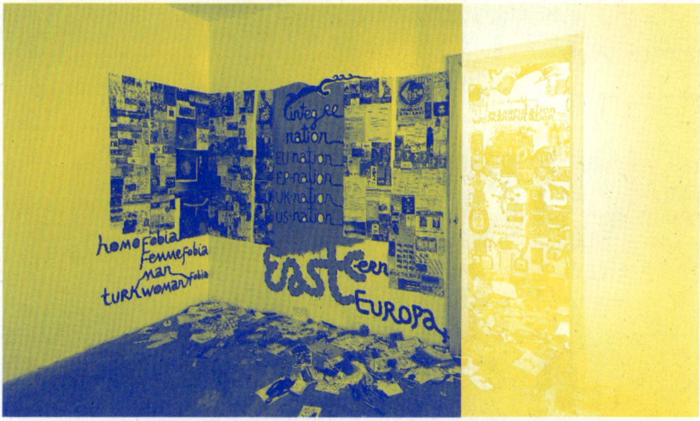

Der Kunstraum München e. V. wurde 1973 als gemeinnütziger Kunstverein zur Ausstellung und Dokumentation zeitgenössischer Kunst gegründet. Er ging aus dem bereits 1926 gegründeten Verein Freunde der bildenden Kunst hervor. Heute hat der Verein ca. 300 Mitglieder. Die inhaltliche Konzeption und organisatorische Umsetzung des Programms trägt der ehrenamtlich tätige Vorstand, unterstützt von freien Mitarbeitern. Der Kunstraum versteht sich als Plattform für junge zeitgenössische Kunst. Der Schwerpunkt liegt auf der Ausstellung von Werken internationaler wie regionaler Künstler und der Veröffentlichung von begleitenden Katalogen und Editionen.

www.kunstraum-muenchen.de

M

①⑨⑦③

Holzstraße 10
80469 München

Mi–So
14–19 Uhr

info•
kunstraum-muenchen.de

Lot62
Künstlerprojekt

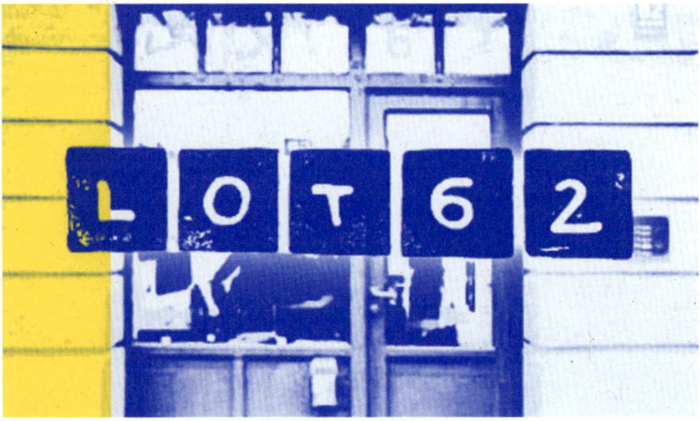

www.lot62.de

M

Das Künstlerprojekt Lot62 wurde 2010 ins Leben gerufen. Die Idee der Künstlerinnen und Betreiberinnen der Produzentengalerie bestand darin, im Herzen des Museumsviertels in der Münchner Maxvorstadt eine künstlerische Plattform abseits des Mainstreams der Galerieszene zu bieten. Das Lot62 ist ein unabhängiger Ausstellungsraum für aktuelle Kunst. Künstlerischer und gestalterischer Ausdruck – sei es in Bildern, Skulpturen, Installationen, Mixed Media oder Videos – soll einem breiten Publikum zugänglich gemacht werden. Im Laufe der Zeit hat sich das Projekt verändert und entwickelt. Neue Mitglieder kamen dazu, andere verließen die Gruppe. Seit gut zwei Jahren bilden Liz Walinski, Elke Reis und Verena Friedrich ein festes Team, das gemeinsam Ausstellungskonzepte entwirft und in Einzel- oder Gruppenausstellungen umsetzt.

Schleißheimer Straße 62
80333 München

Siehe Website

kuenstlerprojektlot62•
gmail.com

2010

Prince of Wales

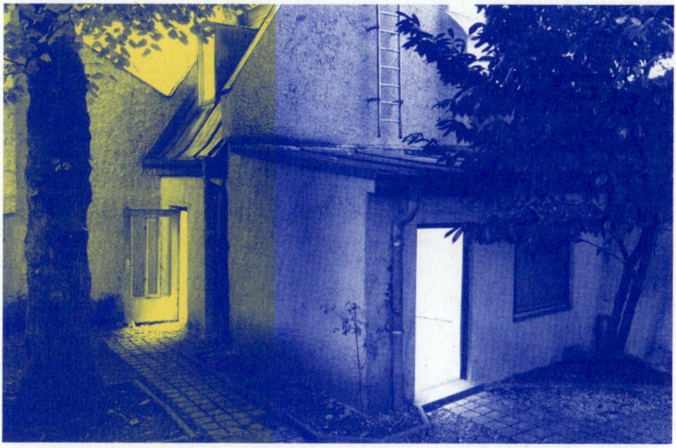

Prince of Wales wurde im Frühjahr 2011 von vier Kunststudenten als „Waschküche für Kunst, Ästhetik und Poesie" gegründet. Im kleinen freistehenden Haus im Hinterhof der Ohlmüllerstraße 17 in München wurden seitdem zahlreiche Ausstellungen, Performances, Konzerte und Lesungen organisiert, Reden und Seminare gehalten und Publikationen sowie Kooperationsprojekte mit Kuratoren, Verlagen, anderen Ausstellungsräumen und Galerien realisiert. Prince of Wales versteht sich als unabhängiger Raum der Kunstproduktion. Das Programm wird von der Leitung zusammengestellt, die Ausstellungen und Veranstaltungen werden gemeinsam mit den Künstlern erarbeitet. Die Finanzierung des Raums trägt das Team selbstständig, seit 2014 wird das Programm projektweise vom Kulturreferat der Stadt München unterstützt.

2011

Ohlmüllerstraße 17
Kleines Haus im Hof
81541 München

Do–Sa
16–19 Uhr

info • princeofwales.de

rstr#

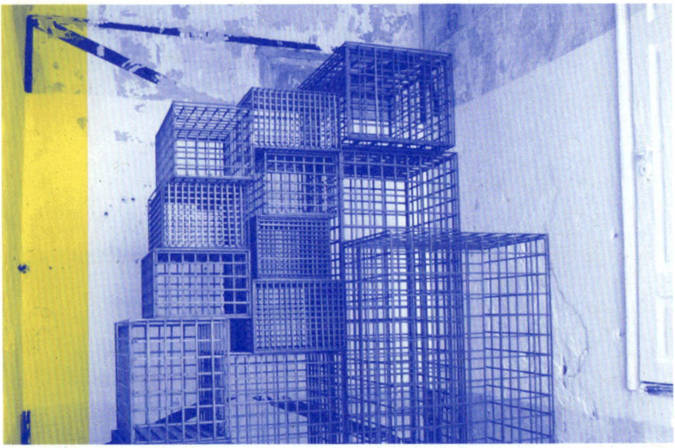

Das Projekt rstr# wurde im Januar 2009 gegründet. In den von außen einsehbaren Raum in der Milchstraße 4 werden Künstler aus München und ganz Europa eingeladen, raumbezogene Arbeiten und Installationen zu schaffen und zur Diskussion zu stellen. Im Zeitraum 2009 bis 2012 wurden insgesamt 29 Projekte von internationalen Künstlern ausgestellt. 2015 wurde diese Tätigkeit erneut aufgenommen, wobei es nun primäres Anliegen ist, Projekte von nicht in München lebenden Künstlern zu zeigen. Auf diese Weise sollen sowohl Diskussionsimpulse für die lokale Szene als auch neue Verbindungen zu Künstlern aus anderen Städten geschaffen werden. Internationale Vernetzung, Intermedialität und Interdisziplinarität sowie die Vermischung verschiedener Münchner Szenen sind der Anspruch der Programmtätigkeit des Projektraums rstr#.

www.rstr4.net

M

Milchstraße 4
81667 München

Auf Anfrage

kontakt • rstr4.net

2009

WELTRAUM

www.weltraum26.de

Der WELTRAUM in der Rumfordstraße zählt zu den aktivsten Projekträumen in München mit einer hohen lokalen Ausstellungsfrequenz: 100 Künstler in 3 Jahren. Das heißt auch: Alle zwei Wochen eine neue Ausstellung, jeden zweiten Freitag Eröffnung. Darunter Münchner Künstler und Designer, aber auch aus anderen Städten und Ländern. Dazu gibt es Vorträge, Diskussionen und vieles mehr. Die Betreiber des WELTRAUMS sagen: „Eine Stadt ist immer nur so gut wie die Menschen, die in ihr leben. Gleiches lässt sich auch über die Kunstszene einer Stadt sagen: Deren Lebendigkeit und Qualität ist vor allem von der Aktivität ihrer Protagonisten bestimmt, d. h. von den Künstlern und Kuratoren vor Ort, den Sammlern, Galeristen und Kritikern. Dabei sind es nicht zuletzt die unabhängigen Projekträume und Offspaces, die das spezifische künstlerische Klima einer Stadt prägen und ausmachen. In München halten – nach einer doch spürbaren Galerienabwanderung nach Berlin – derzeit vor allem die Projekträume die Fahne hoch, indem sie ein durchaus professionelles und internationales junges Programm jenseits von städtischer Förderung, staatlicher Subventionierung oder kommerziellen Vermarktungsinteressen zeigen.“

M

①⑨⑨⑦

Rumfordstraße 26
80469 München

Auf Anfrage

info • weltraum26.de

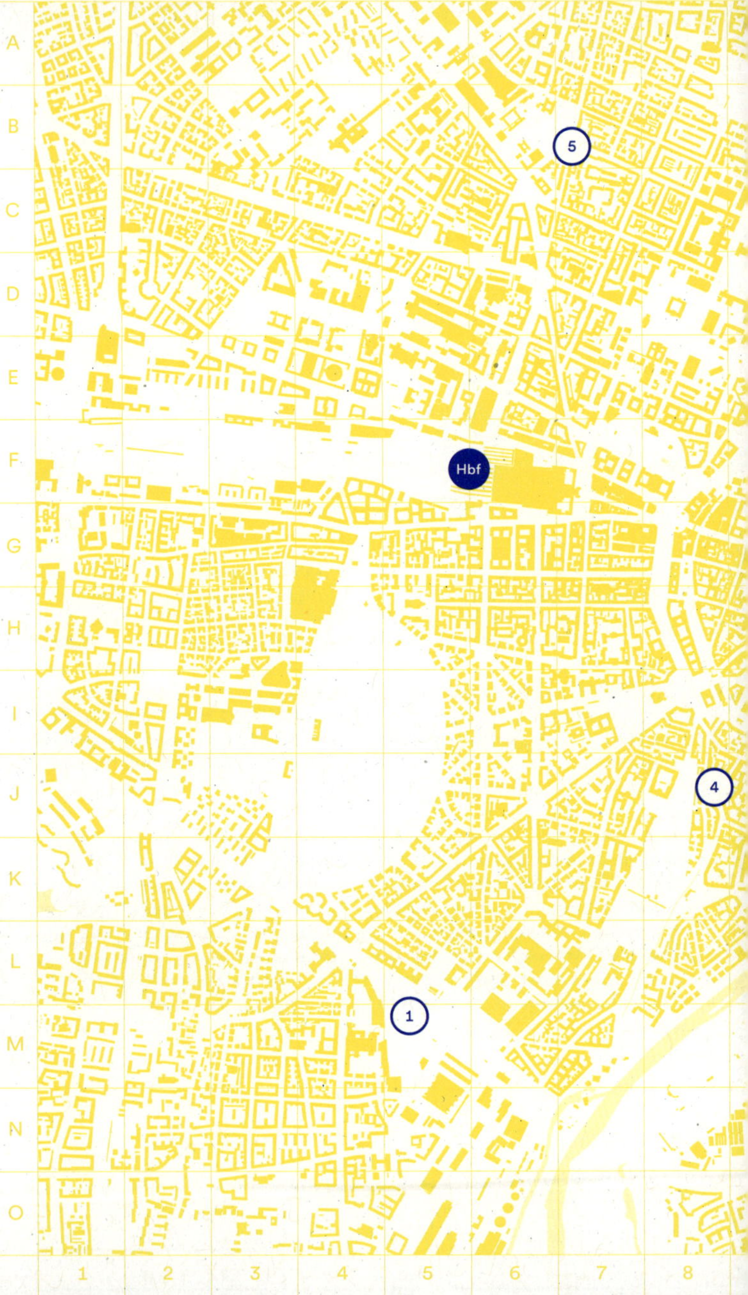
A
B
C
D
E
F
G
H
I
J
K
L
M
N
O
1
2
3
4
5
6
7
8
Hbf
5
4
1

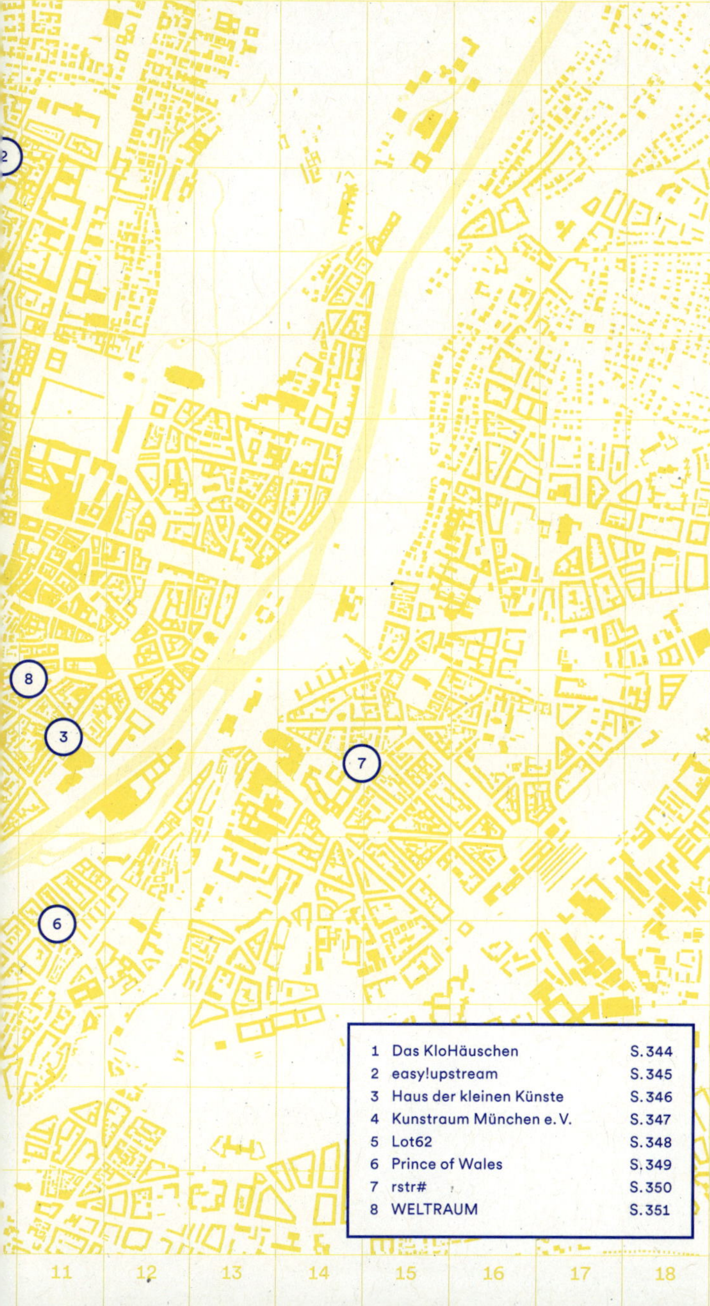

1	Das KloHäuschen	S. 344
2	easy!upstream	S. 345
3	Haus der kleinen Künste	S. 346
4	Kunstraum München e. V.	S. 347
5	Lot62	S. 348
6	Prince of Wales	S. 349
7	rstr#	S. 350
8	WELTRAUM	S. 351

Münster

DEPOT4.9

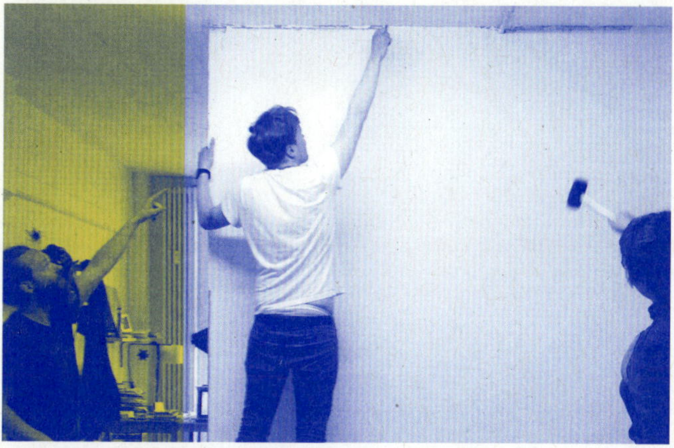

Das DEPOT4.9 wurde 2012 als Off-Raum im Atelier 4.9 des Speichers II in Münster gegründet und organisiert seitdem regelmäßig Ausstellungen. In neuer Zusammenstellung arbeitet das Team 2016 erstmals ohne feste Räumlichkeiten mit ausgewählten Künstlern zusammen. Die jeweilige Suche nach einem spezifischen Ort bzw. nach einer entsprechenden Arbeit für den Ort wird Teil der künstlerischen Auseinandersetzung. Für DEPOT4.9 stehen dabei die Kontexte der Entstehung und Rezeption künstlerischer Produktion im Vordergrund: Anstatt fertige Arbeiten zu präsentieren, werden Künstler eingeladen, ihre Arbeiten vor Ort zu entwickeln. In diesem Arbeitsprozess werden sie durch das Team von DEPOT4.9 unterstützt.

www.fb.com/DEPOT4.9

M

2011

Auf Anfrage unter 0178/8631661

depot4.9•gmx.de

Nürnberg

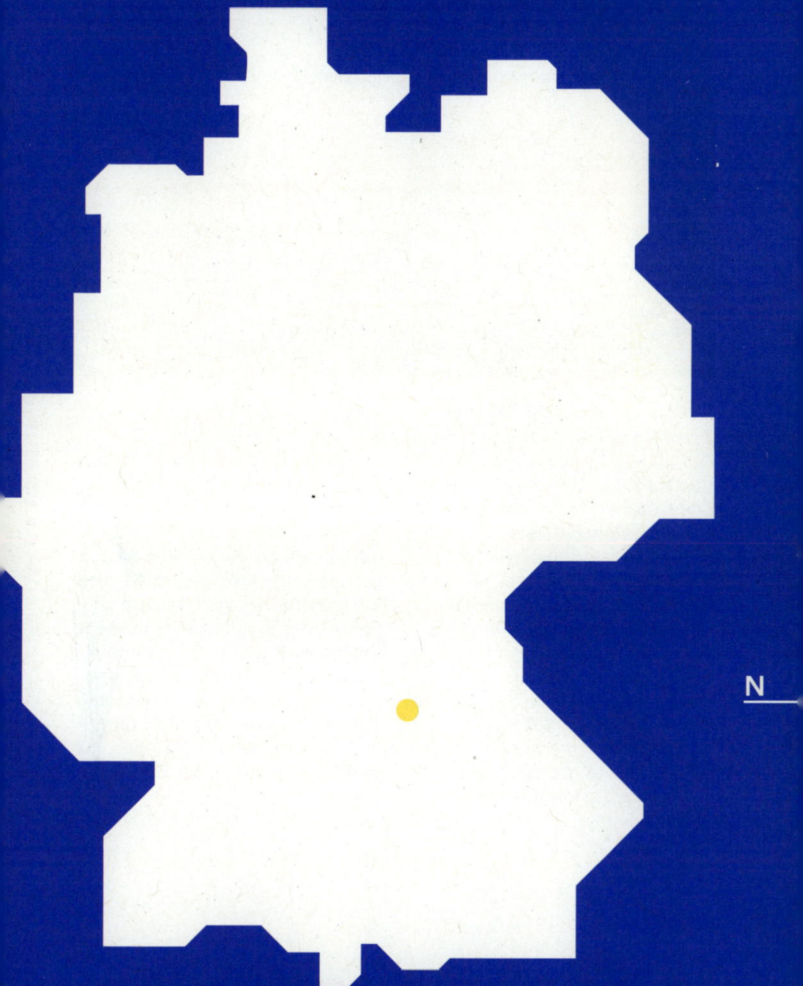

„Heute:"
Raum für Kunst & Kultur

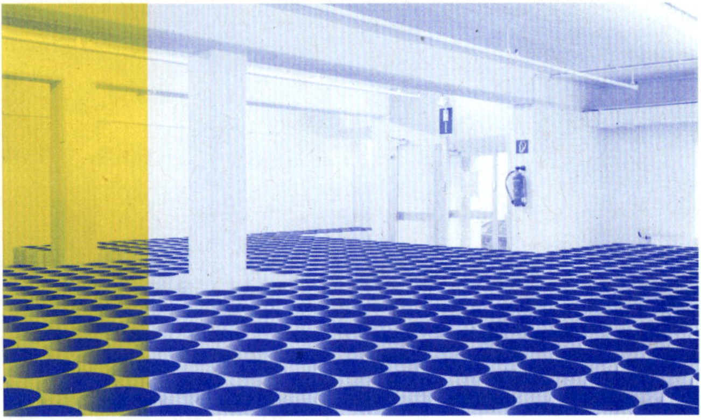

Auf dem ehemaligen Quelle-Areal ist mit dem „Heute:" ein Möglichkeitsraum für Kunst und Kultur entstanden. Auf 400 Quadratmetern werden dort im ein- bis zweiwöchigen Wechsel verschiedene künstlerische Positionen präsentiert. Durch Einzel- oder Gruppenausstellungen unterschiedlichster Medien wie Performance, bildender Kunst und Design ermöglicht der Off-space „Heute:" dem Nürnberger Publikum ein breites Spektrum an Erfahrungen – in unterschiedlichen Ausstellungen, aber auch z. B. in Konzerten. Die Gesamtgestaltung der Räume ändert sich stetig und changiert zwischen klassischem White Cube, Museum der Zukunft, Industriebrache, Unterwasserwelt, Café, Club, Bar oder Wohnzimmer. Auch die Klänge der Konzertveranstaltungen sind verschieden: Ob Jazz, klassisches Konzert, House-Party oder Spiel und Experiment mit einer tönenden Tischtennisplatte – die Grenzen verlaufen hier nicht entlang abgesteckter Genres, sondern lediglich entlang der Wände des Raumes und der Wahrnehmung der Zuhörer.

N

www.raumheute.de

Quellegebäude
ggü. Adam-Klein-Straße 175
90431 Nürnberg

Do–Fr 19–23 Uhr
So 16–20 Uhr
+ siehe Website

info • raumheute.de

2014

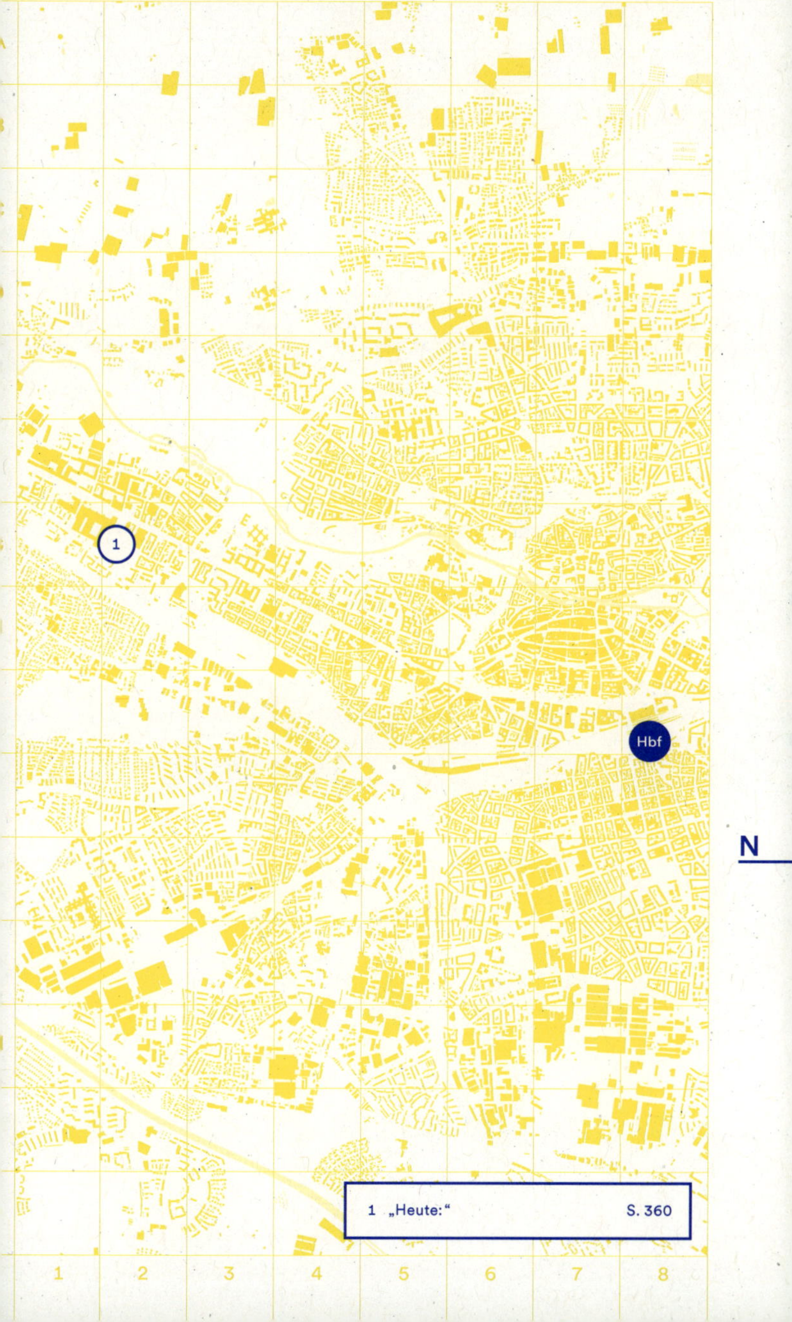
1
Hbf
N
1 „Heute:“ S. 360
1
2
3
4
5
6
7
8

Nürtingen

SCHAURAUM

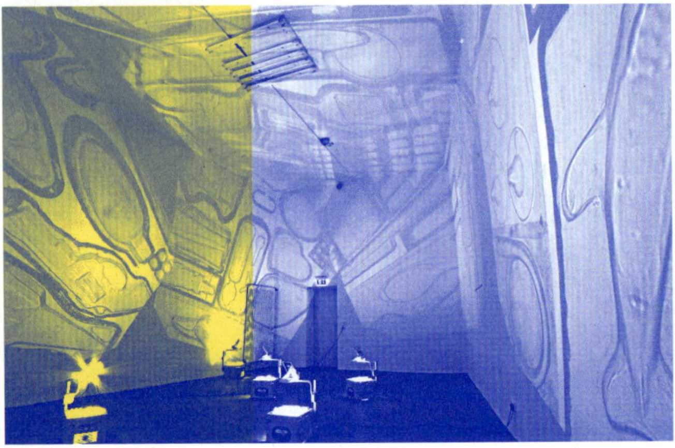

Der SCHAURAUM ist der Ausstellungsraum des Kulturvereins ProVisorium e. V. Nürtingen. Seit 1989 ist das ProVisorium im Souterrain der Stadthalle Nürtingen untergebracht und hat neben einer Bar und einem Konzertsaal auch einen eigenen Ausstellungsraum. Dieser liegt angrenzend an den Konzertsaal im Untergeschoss des Gebäudes. Die Einbindung dieses Kunstortes in den Kontext einer Kulturinitiative mit einem umfassenden Kulturprogramm von experimenteller Musik und soziokulturellen Projekten über Disko und Bar ermöglicht es, ein bunt gemischtes Publikum zu erreichen. Daraus ergeben sich immer wieder Gelegenheiten, spannende Cross-over-Events zu realisieren. Schwerpunkt der Ausstellungsarbeit ist die experimentelle und nicht etablierte zeitgenössische Kunst, wobei Performances, Installationenen und Projektionen im Mittelpunkt stehen. Der SCHAURAUM hat architektonisch einen sehr spezifischen Charakter: Als fensterloser Raum im Untergeschoss mit annähernd kubischem Format und keinem rechten Winkel auf der Bodenebene spielt er mit dem „Idealort" des White Cube und führt diesen zugleich als einen Ort vor, der kontextspezifisch funktioniert. Die ausgewählten Künstler sind angehalten, sich mit dieser Ortsspezifik auseinanderzusetzen. Der SCHAURAUM sieht sich als Plattform für aktive Künstler. Im Jahr werden vier bis acht Ausstellungen/Aktionen realisiert. Kuratiert wird der Raum derzeit von Andreas Mayer-Brennenstuhl, Carla Mausch und Josephine Bonnet.

N

www.provisorium-nt.de

Heiligkreuzstraße 4
72622 Nürtingen

Siehe Website

schauraum•provisorium-nt.de

1989

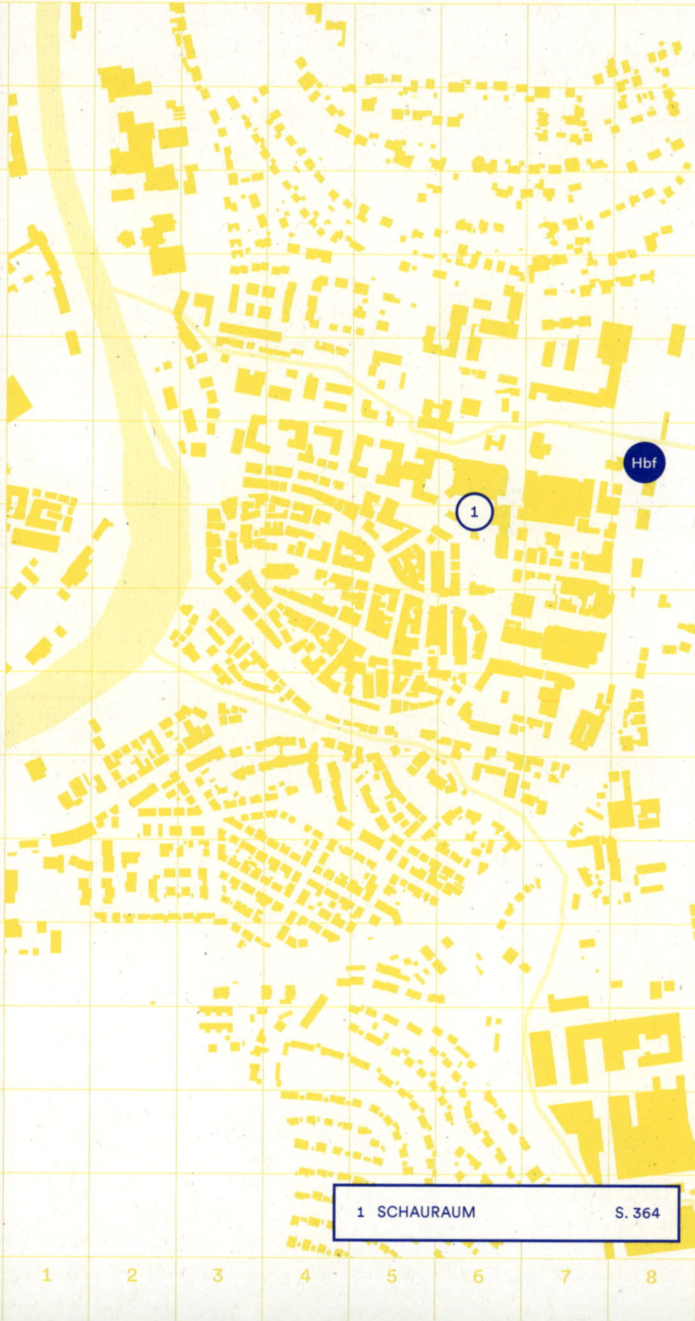

1 SCHAURAUM S. 364

Osnabrück

Intervision-Studio

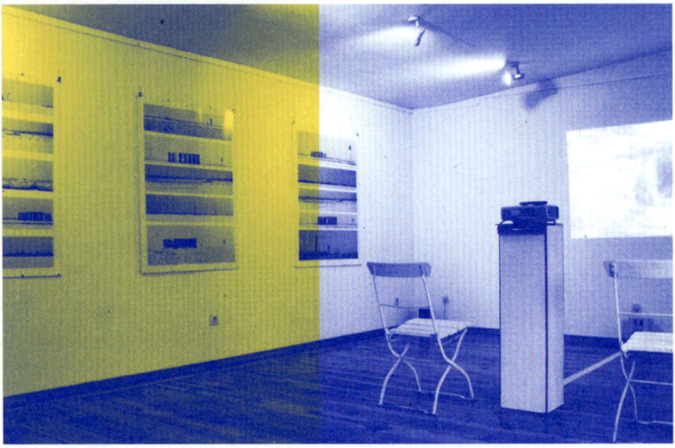

www.intervision-net.de

In einem Hinterhaus im Grünen einer ehemaligen Elektrowerkstatt in der Altstadt, nahe der Kunsthalle Osnabrück, befindet sich seit 2004 das Intervision-Studio mit 50 Quadratmetern Ausstellungsfläche. Die temporäre Galerie für Fotografie und angrenzende Richtungen zeigt zwei bis vier Ausstellungen pro Jahr professioneller und semiprofessioneller Künstler. Bisher gab es 33 Gruppen- und Einzelausstellungen; einige zeigten hier ihre erste Ausstellung. Ein Schwerpunkt liegt auf der experimentellen Fotografie. Außerhalb der Ausstellungen wird das Intervision-Studio als Projektraum für kulturelles Leben genutzt.

O

Lohstraße 58, HH
49074 Osnabrück

Auf Anfrage

info • intervision-net.de

2003

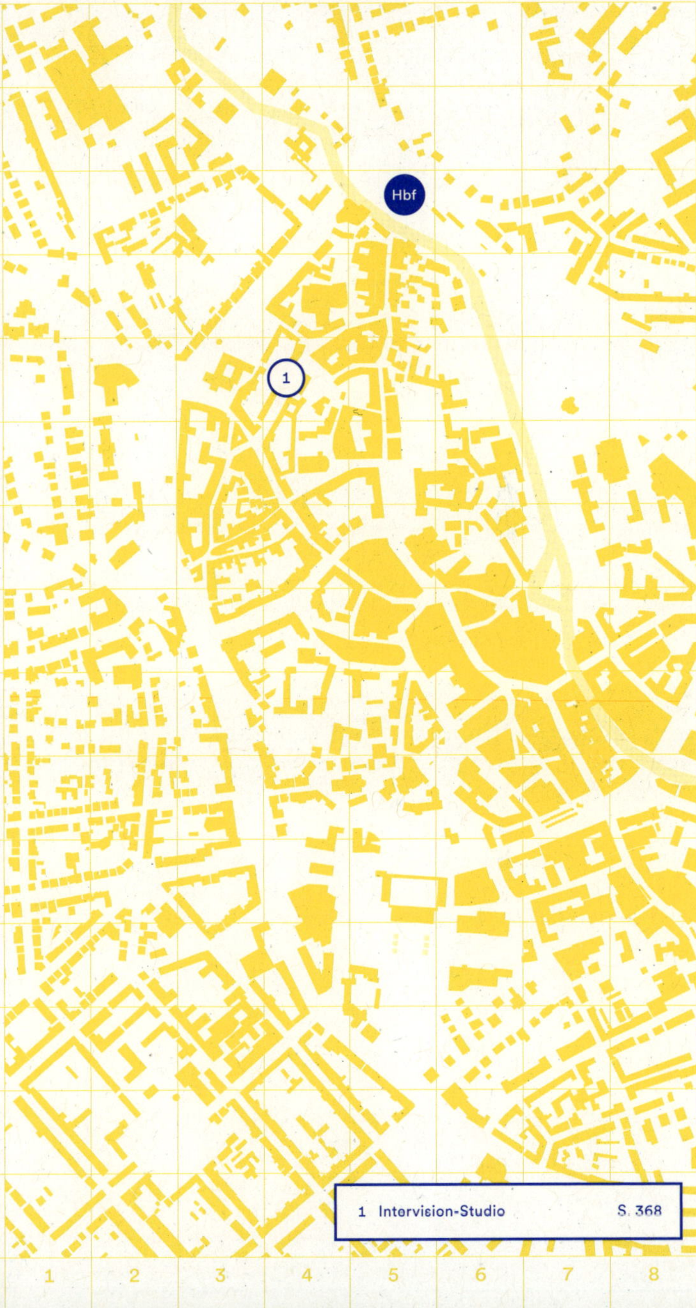
Hbf
1
1 Intervision-Studio S. 368
1 2 3 4 5 6 7 8

Pforzheim

LAF – Leerstand als Freiraum e. V.

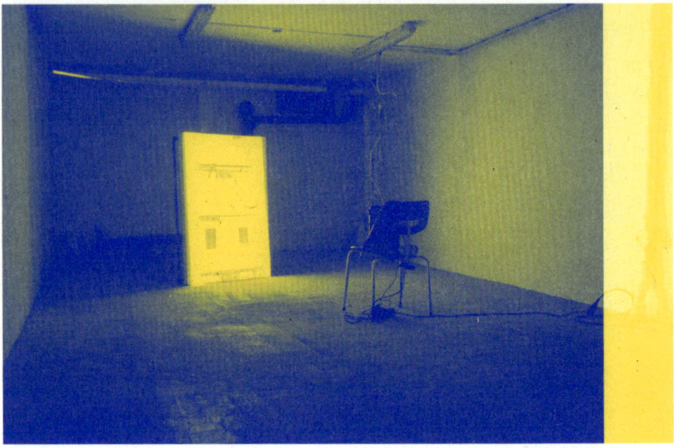

LAF – Leerstand als Freiraum e. V. ist ein gemeinnütziger Verein aus Studierenden und jungen Absolventen der Fachbereiche Design, Kunstwissenschaft, Philosophie, Architektur und Computergrafik. Sie setzen sich für kulturelle (Lebens-)Räume in Pforzheim ein und initiieren Projekte, die sich im Spannungsfeld von Kunst, Architektur und Gesellschaft bewegen. Hierfür nutzen sie leer stehende Räume der Innenstadt als experimentelle Ausstellungsplattform. Verwaiste Räume – bisher Sinnbild des Mangels und der ungenutzten Möglichkeiten – werden durch Ausstellungen, Diskussionen und verschiedene Veranstaltungen zu Freiräumen. Ziel ist es, eine Brücke zwischen gesellschaftlichem, künstlerischem und architektonischem Raum zu schlagen und in einen offenen Dialog über kunst-, zeit- und stadtrelevante Themen zu treten. LAF hat, neben der regelmäßig wechselnden Leerstandsnutzung, vorerst seine Basis in der Östlichen Karl-Friedrich-Straße 7. Bis zum geplanten Abriss des gesamten Gebäudekomplexes „Östliche 3–11“ betreibt die Initiative dort einen Ausstellungs- und Projektraum – einen Ort für zeitgenössische, genreübergreifende Kunst.

www.laf-ev.de

P

Östliche
Karl-Friedrich-Straße 7
75175 Pforzheim

post • laf-ev.de

2015

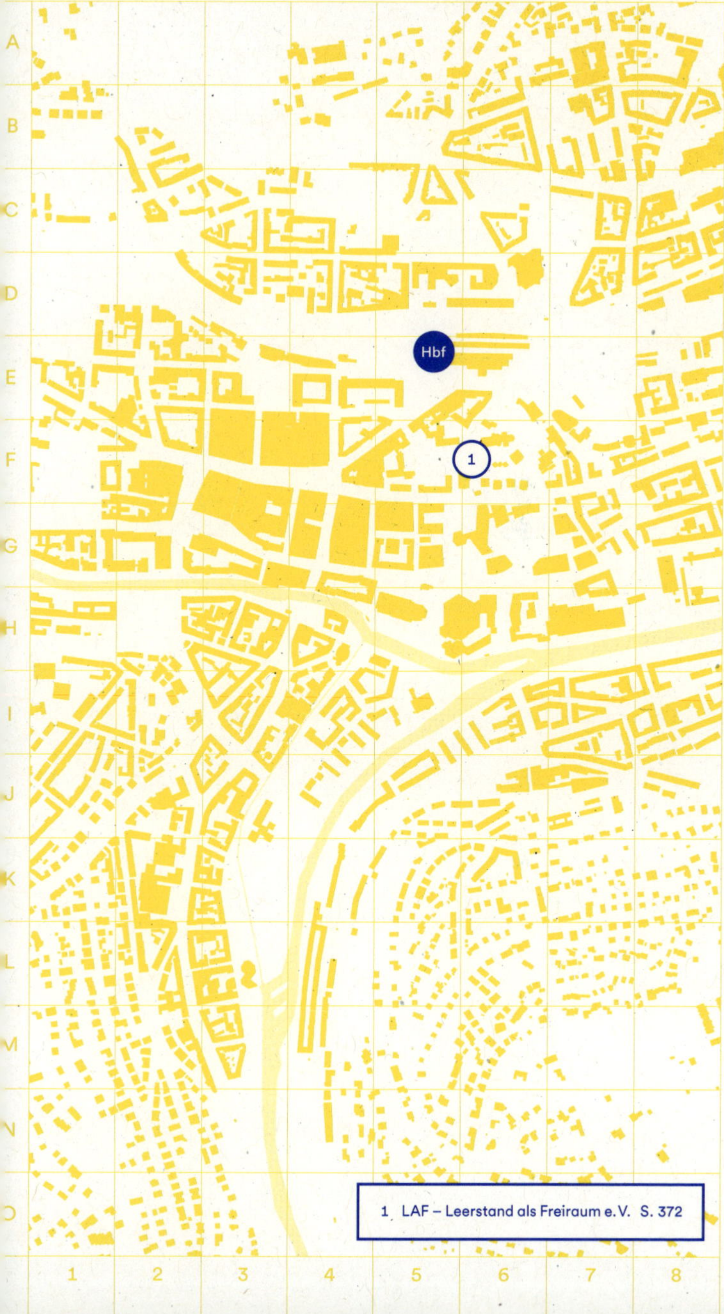

1 LAF – Leerstand als Freiraum e.V. S. 372

P

Rostock

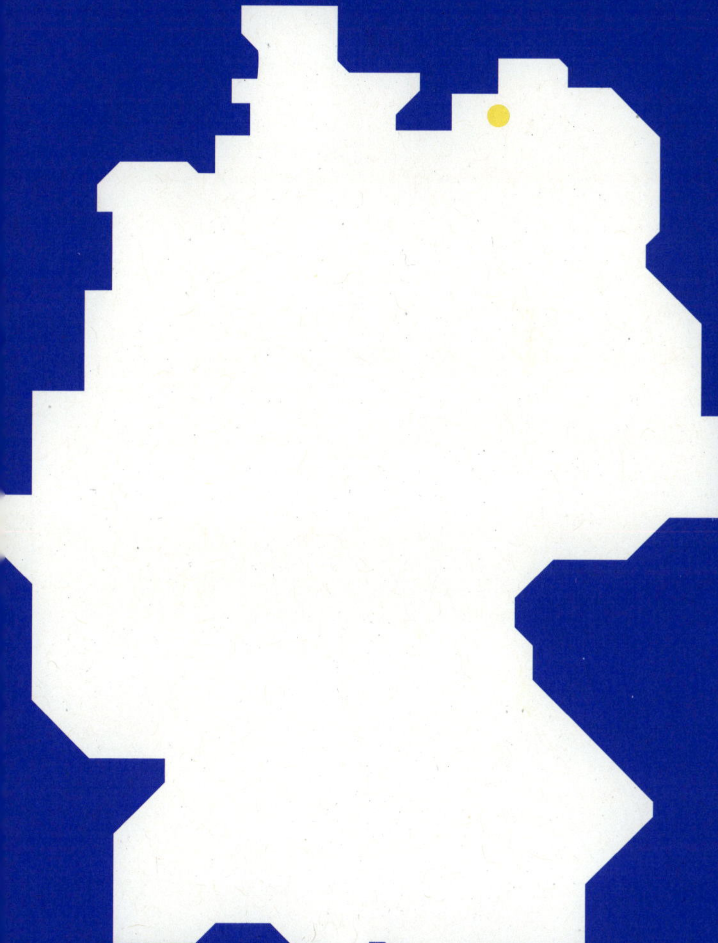

Galerie auf Zeit

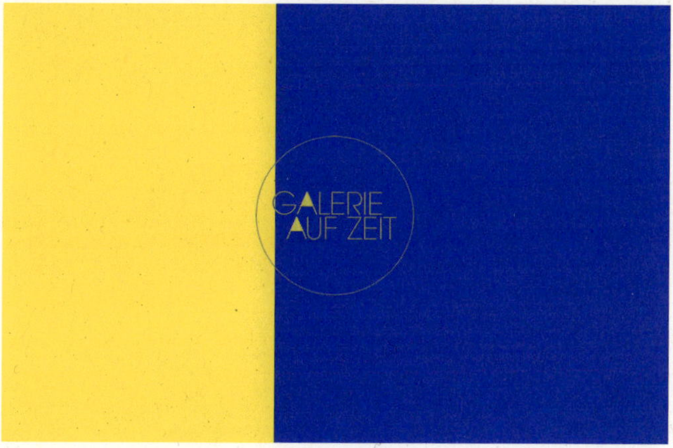

www.galerieaufzeit.blogspot.de

Was?

„Die Galerie auf Zeit will Freiräume innerhalb des Stadtgebietes Rostock kreativ nutzen. Zum einen organisieren wir themenbezogene Gemeinschaftsausstellungen, zum anderen stellen wir, wenn möglich, einen Laden- und Veranstaltungsraum für bildende und angewandte Kunst und Events zur Verfügung. Ziel ist es, Künstlern und Kulturinteressierten durch gemeinsames Arbeiten die Möglichkeit zu geben, Netzwerke zu bilden oder zu erweitern, sich auszutauschen und Synergien zu nutzen. Ein Maximum an Freiraum ist dabei sehr wichtig. Ganz ohne Regeln geht es natürlich auch bei uns nicht. Die Meinung und die Grenzen anderer werden hier immer respektiert!"

Wer?

„Grundsätzlich ist hier JEDER willkommen, egal, ob es nur darum geht, sich einmal umzusehen oder aktiv an unserer Idee mitzuwirken. Der Kern der Gruppe besteht jedoch aus sieben Künstlern/Aktivisten, die sich für viele Dinge rund um den Galeriebetrieb verantwortlich zeigen."

R

2010

Keine festen Räume
(Altstadt Rostock)

galerieaufzeit62b•gmail.com

Stuttgart

AK2

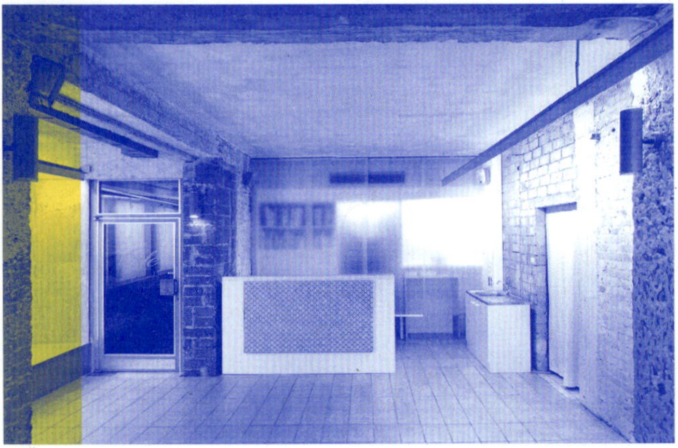

Die GALERIE AK2 ist ein Projektraum für zeitgenössische Kunst in der Stuttgarter Alexanderstraße (Ecke Lorenzstaffel). In den meist ortsbezogenen Ausstellungen, Performances und Events stehen Grenze, Schnittstelle und Übergang im Zentrum der Auseinandersetzung. Ausgehend von der bildenden Kunst werden Überschneidungen, Zwischenräume und Diskussionsfelder mit Musik, Architektur, Fotografie, Film, Theater und anderen künstlerischen Disziplinen ausgelotet. Fragen nach kulturellen Grenzen und Klischees schwingen dabei stets mit. Die inhaltliche Ausrichtung hat ihren Ursprung in Lage und Struktur des Kunstraums selbst. An der Grenze zwischen Innenstadt und Wohngebiet gelegen, ist auch das Innere von zwei sehr unterschiedlichen Räumen geprägt: Sie lassen noch die ursprüngliche Nutzung als Bäckerei / Konditorei und Café erkennen. Der einstige Verkaufsraum empfängt den Besucher heute mit seinem rohen Charme aus unverputzten Wänden und nacktem Beton. Großflächige Schaufenster ermöglichen das Ineinanderfließen des öffentlichen Raums und des Ausstellungsraums. Das behutsam restaurierte ehemalige Café aus den späten 1950er Jahren mit seiner warmen, geschützten Atmosphäre hingegen bietet sich für Gedankenaustausch und ein diskursives Programm an, aber auch für ungewöhnliche installative Formate.

Kuratorisch betreut wird die GALERIE AK2 von Andreas Körner (Fotodesigner), Jan Löchte (Künstler) und Winfried Stürzl (Kunsthistoriker).

www.galerie-ak2.de

S

Lorenzstaffel 8
70182 Stuttgart

Mo–Fr
10–18.30 Uhr
+ auf Anfrage

info•galerie-ak2.de

2013

BrightZeit
Büro für Tightarbeit

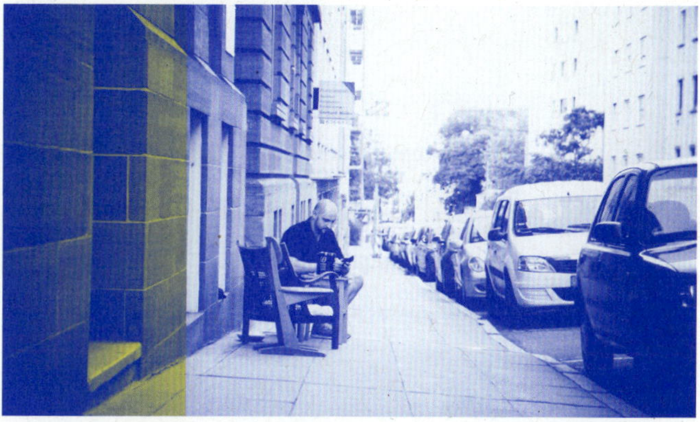

www.brightzeit.de

Die BrightZeit im Stuttgarter Westen ist Galerie ohne Sektempfang, Agentur ohne Designer und Laden ohne Öffnungszeiten. Der Raum im Souterrain eines Wohnhauses dient sowohl als Agentur und Werkstatt für grafische Arbeiten wie auch als Treffpunkt für Kreative, Gleichgesinnte und Nachbarn. Zudem werden in wechselnden Zeiträumen Künstler und Arbeiten präsentiert, die den Ort menschlich und künstlerisch ergänzen, erweitern oder herausfordern.

S

2014

Breitscheidstraße 106
70176 Stuttgart

Donnerstagabends, wenn Licht an ist

info • brightzeit.de

Ebene 0
Projektraum Züblin-Parkhaus

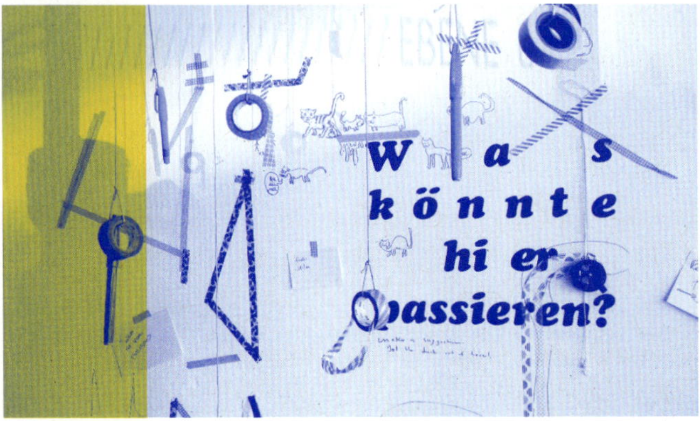

Der temporäre Projektraum initiiert künstlerische Arbeiten und stellt vorhandene Positionen aus, die um die Themen Stadt, urbanes Lebensgefühl oder den konkreten (Projekt-)Raum der Ebene 0 kreisen und diese aus neuen, unerwarteten Perspektiven betrachten, untersuchen und hinterfragen. Die Ebene 0 bietet insbesondere jungen Kreativen eine Plattform, um sich und ihre Arbeiten der Öffentlichkeit zu präsentieren und den Projektraum im Parkhaus immer wieder neu zu inszenieren. Ob Fotografie, Malerei, skulpturale Arbeiten oder Video- und Musikinstallationen, Gespräche, Lesungen, Filmabende, gemeinsame Experimente oder ganz neu zu entwickelnde Formate: Es ist immer der unerwartete Blick auf den Raum, die Stadt oder das vielfältige Leben im städtischen Kontext, der den inhaltlichen Schwerpunkt der Ebene 0 bildet. Der Projektraum dient mit seinen unterschiedlichen Veranstaltungen als Kommunikationsort. In der Ebene 0 soll ein urbanes Lebensgefühl zelebriert, aber ebenso aufgedeckt und hinterfragt werden, so dass neue Gedanken und Ausblicke für die Stadt und das Leben in ihr entstehen können.

www.ebene0.de

S

Lazarettstraße 5
70182 Stuttgart

hallo • ebene0.de

2012

ITO

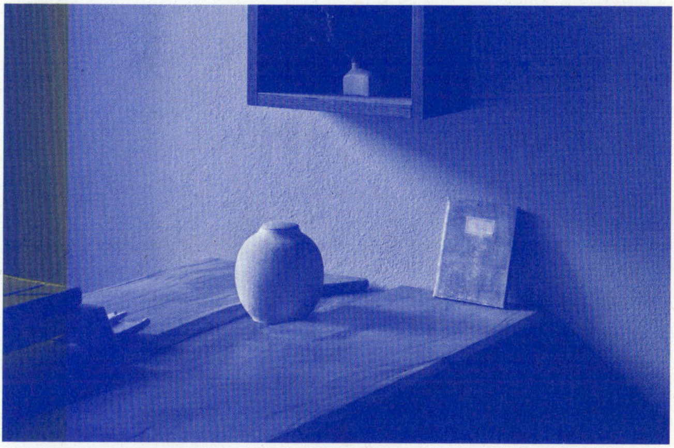

www.ito-raum.de

Der freie Projektraum ITO experimentiert mit unüblichen Ausstellungsformaten und -formen sowie mit künstlerischen Positionen, die um Themen wie Zeit, Leere, Natur, Dasein und Bewusstsein kreisen. „Ito" ist das japanische Wort für Faden. Peter Granser und Beatrice Theil verknüpfen an diesem Ort zeitgenössische Kunst mit dem Genuss von Tee. Ein- bis zweimal die Woche bereitet Peter Granser für angemeldete Gäste hochwertigen japanischen, taiwanesischen und chinesischen Tee zu. ITO bietet Zeit und Ruhe, ermöglicht die Konzentration auf den Moment und lässt dennoch Raum für Kommunikation.

S

2015

König-Karl-Straße 27a
Remise
70372 Stuttgart

Fr–Sa
13–18 Uhr

info•ito-raum.de

Kunstverein Gästezimmer e. V.

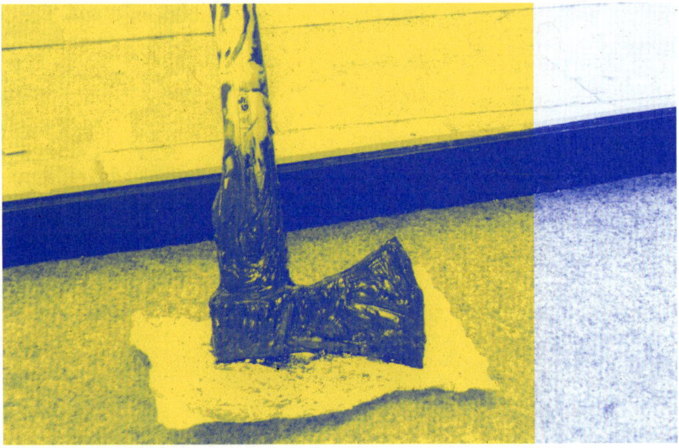

Der von Künstlern organisierte Kunstverein hat in den letzten 16 Jahren unterschiedlichste Formen und Stationen der Präsentation durchlebt: Angefangen hat alles in einem 12-Quadratmeter-Raum in einem alten Straßenbahndepot. Schließlich expandierte man auf 70 Quadratmeter eines ehemaligen Boxtrainingsraumes im Westen der Stadt, um dann völlig auf einen festen Ort zu verzichten und temporär innerhalb und außerhalb der Stadt interessante Räume und Plätze zu bespielen.

Seit 2011 wurde wieder eine dauerhafte Bleibe in einer ehemaligen Lederfabrik in Stuttgart-Möhringen gefunden. Neben der Präsentation der eigenen Mitglieder werden entweder thematische Ausstellungen oder Einzelausstellungen mit Künstlern, die eine interessante und unkonventionelle Arbeit verfolgen, realisiert. Kennzeichnend für die Arbeitsweise des Gästezimmers ist die Flexibilität im Umgang mit Situationen und Rahmenbedingungen.

www.kunstvereingaestezimmer.de

S

Vaihinger Straße 140
70567 Stuttgart

Je nach Projekt
(siehe Website)

kv-gaestezimmer•gmx.de

2000

Kunstverein Neuhausen e. V.

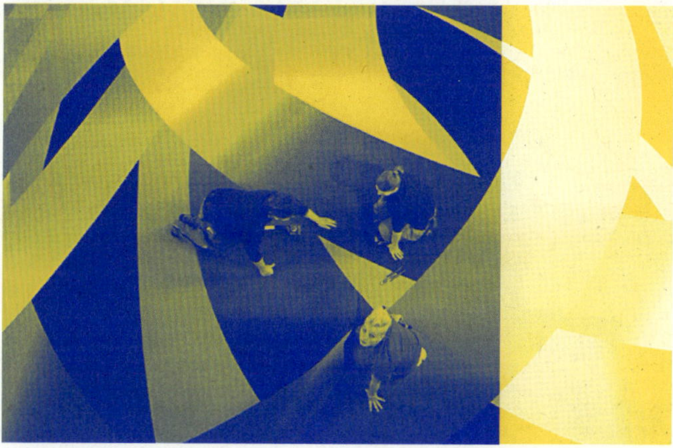

Der Kunstverein Neuhausen wurde 1995 zur Förderung und Vermittlung zeitgenössischer Kunst und ihrer Diskurse gegründet. Schwerpunkt der Ausstellungstätigkeit sind konzeptuelle und interdisziplinäre sowie orts- und situationsbezogene Projekte, in denen die Zusammenarbeit mit unterschiedlichen Zielgruppen angestrebt wird. Aufgrund seiner experimentellen Arbeitsweise wurde der KVN von der Arbeitsgemeinschaft deutscher Kunstvereine (AdKV) im Jahr 2007 zusammen mit sieben anderen Kunstvereinen nominiert. Die Ausstellungstätigkeit des KVN wird begleitet von Vorträgen, Workshops sowie Atelier- und Ausstellungsbesuchen, in denen die Beziehungen der bildenden Kunst zu anderen Bereichen der Gesellschaft thematisiert werden. Seit 2011 ist der Verein Partner des Work-ART Fellowship Programms des Minneapolis College of Art and Design, der University of Minnesota und des AdKV, Berlin. Nachdem der KVN in den zurückliegenden Jahren immer wieder neue Orte in öffentlichen, halböffentlichen oder privaten Räumen für seine Projekte auswählte, arbeitet er seit Sommer 2009 in einer ehemaligen Jesuitenkapelle in Neuhausen/Fildern. Parallel dazu finden externe Projekte im öffentlichen Raum bzw. in Kooperation mit anderen Institutionen statt. Im Geflecht der Museen und Ausstellungsinstitutionen des Großraums Stuttgart bietet der Kunstverein Neuhausen eine Plattform für die Präsentation, Vermittlung und Förderung von zeitgenössischer Kunst.

S

www.kvnneuhausen.wordpress.com

1995

Rupert-Mayer-Kapelle
Rupert-Mayer-Straße 68/70
73765 Neuhausen a. d. Fildern

Sa–So
14–18 Uhr
+ auf Anfrage

kv.neuhausen • gmail.com

LOTTE
Land Of The Temporary Eternity

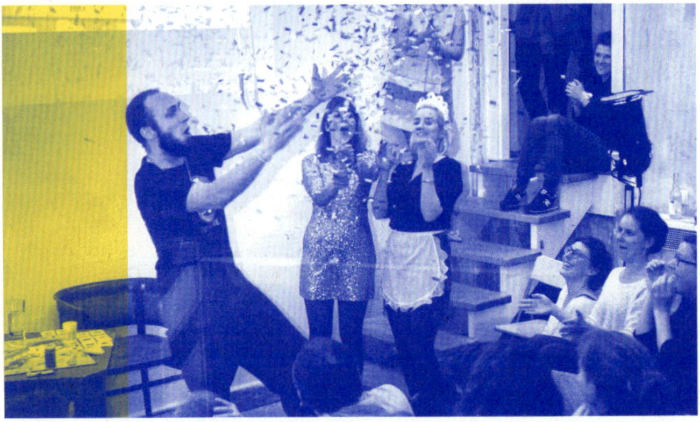

Das „Land der begrenzten Ewigkeit“ befindet sich am letzten Zipfel der Hochkulturmeile inmitten der Baustelle von Stuttgart 21. In einem ehemaligen Secondhand-Geschäft für Elektrogeräte finden seit 2012 Performances, Talks, Screenings, Ausstellungen und Konzerte statt. Zu sehen gab es bereits: eine Zeichentrickfilm-Maschine, ein Einmann-Ballett, ein Netzpolitik-Büro oder Filme von Nachwuchsregisseuren. Ein kleines Team aus den Bereichen Philosophie, Film, Architektur, Literaturwissenschaft, Kunstgeschichte und bildende Kunst organisiert und realisiert die Veranstaltungen und zeigt kritische Positionen, neue Betrachtungsweisen oder alternative Lebensentwürfe: „Das kann alles Mögliche sein oder alles Unmögliche werden.“

www.projektraum-lotte.de

S

Willy-Brandt-Straße 18
70173 Stuttgart

info • projektraum-lotte.de

2011

Neue Kunsthalle Stuttgart

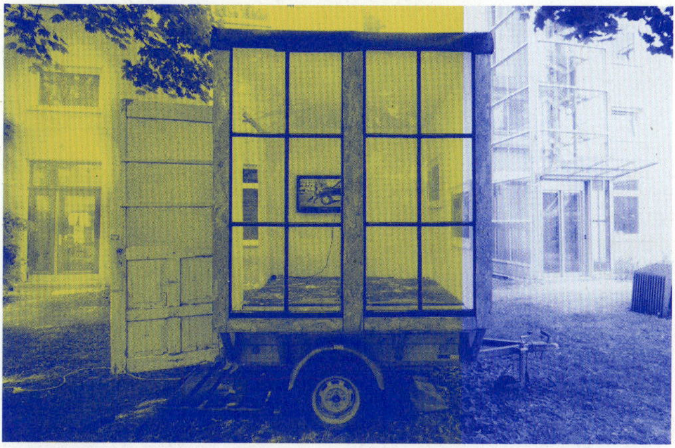

Die Neue Kunsthalle Stuttgart ist ein Anhänger mit würfelförmigem Aufbau, einem Pultdach und einer Fensterfront. Architektonisch nimmt sie Bezug auf die Kunsthalle als typischen Austragungsort von Gegenwartskunst im deutschsprachigen Raum: eine umgenutzte Industriehalle mit nach Norden ausgerichtetem Sheddach. Die Qualität des gebrochenen von Norden einfallenden Lichts ist fast museal, der Schauplatz selbst dagegen wirkt oft roh, wie aus privater Initiative ohne viele Mittel gegründet. Diese in der Architektur begründete Widersprüchlichkeit wird in der Gestaltung wie in der Benennung der Neuen Kunsthalle Stuttgart auf die Spitze getrieben. Die Neue Kunsthalle Stuttgart ist einerseits Ausstellungsraum, Plattform für kuratorische und künstlerische Versuche. Andererseits ist sie eine arbeitende Skulptur, deren integraler Bestandteil die darin gezeigten Ausstellungen sind.

www.neue-kunsthalle-stuttgart.de

S

2013

Am Weißenhof 1
70191 Stuttgart

Auf Anfrage

kontakt•
neue-kunsthalle-stuttgart.de

Oberwelt e. V.

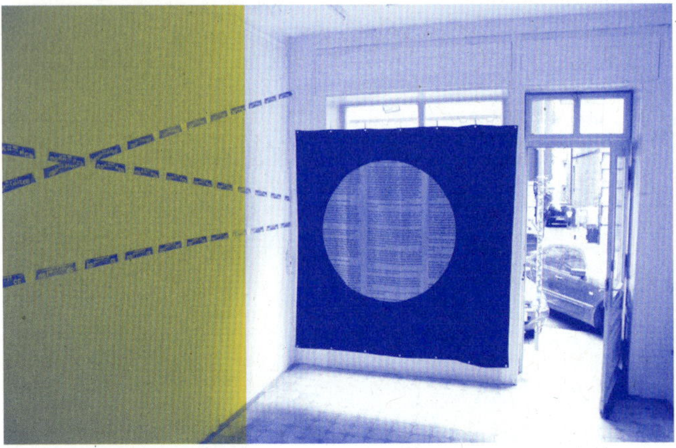

„Oberwelt e. V. ist ein von Künstlerinnen und Künstlern betriebener Ausstellungs- und Veranstaltungsraum in Stuttgart. Der Verein besteht unter wechselnden Namen seit 1978 und wird von unterschiedlichen Gruppen und Einzelpersonen organisiert. Die Oberwelt führt Veranstaltungen in Form von Ausstellungen, Projekten, Events sowie Vorträgen, Seminaren und Diskussionen durch. Ein weites Spektrum gegenwärtiger Kunst- und Präsentationsformen sowie künstlerischer Aktions- und Existenzformen wird vermittelt und produziert. Die Hinterfragung gängiger Kunstbegriffe und Kunstformen aus den Grenzbereichen der Kunst spielen eine wesentliche Rolle. Themen aus Kunsttheorie, Soziologie, Politik und der künstlerischen Alltagspraxis werden diskutiert. In Zusammenarbeit mit anderen selbstorganisierten Ausstellungsräumen und Gruppen werden alternative Möglichkeiten der Kunstpräsentation sowie des Kunstmarktes untersucht. Neben einmaligen Veranstaltungen nehmen konzeptuell zusammenhängende Reihen einen Platz im Veranstaltungsprogramm ein. Vorwiegend nicht etablierte Künstlerinnen und Künstler bzw. Künstlergruppen können ihre Ideen in der Oberwelt realisieren und einem Publikum vorstellen. Das Team der Oberwelt e. V. ist aber nicht nur als Programmveranstalter tätig, sondern produziert auch eigene kollektive Arbeiten.“ (Text: Oberwelt e. V.)

www.oberwelt.de

S

Reinsburgstraße 93
70197 Stuttgart

Mo
21.30–24 Uhr
+ auf Anfrage

kontakt • oberwelt.de

① ⑨ ⑦ ⑧

TAUT – Temporary Artists Utopia Tool Projektraum des Kunstvereins Wagenhalle e. V.

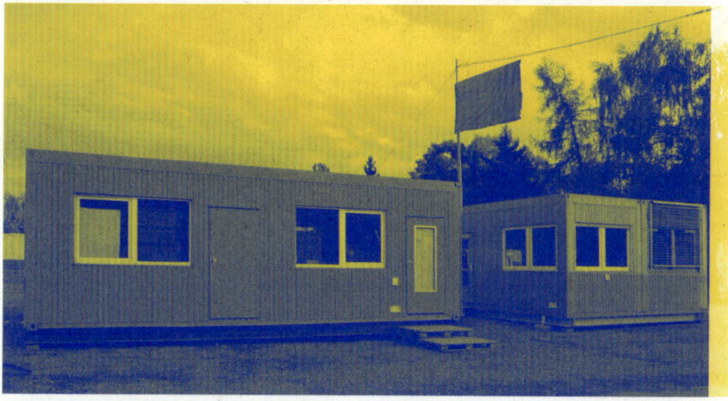

Das TAUT liegt mitten im Kunst- und Kulturareal der Stuttgarter Wagenhalle. Der Raum ist vielschichtig und nimmt verschiedene Funktionen ein – wie ein Werkzeug, das immer neu erfunden wird, je nach Situation und Bedarf. TAUT kann so Ausstellungsraum, Info-Center, Treffpunkt und Projektraum des Kunstvereins Wagenhalle e. V. zugleich sein. Einen inhaltlichen Schwerpunkt bildet die Veranstaltungsreihe „Kulturschutzgebiete“: Geladene Gäste aus der Kunstszene, Architektur, Stadtplanung, Wissenschaft und Politik – Experten und Laien gleichermaßen – sollen sich thematisch mit den Transformationsprozessen in Großstadtgefügen, in der zukünftigen Stadtentwicklung, aber insbesondere auch mit dem Standort Wagenhalle auseinandersetzen. Zudem dient das TAUT als offene Plattform für ansässige und geladene Künstler. Es finden Ausstellungen, Vorträge, Symposien, Konzerte, Filmvorführungen und Workshops statt, die von Mitgliedern des Kunstvereins sowie von externen Künstlern organisiert werden. Neben Vereinssitzungen finden hier auch die Nutzertreffen zur architektonischen und städtebaulichen Entwicklung der Wagenhalle gemeinsam mit Vertretern der Stadt Stuttgart statt. Das TAUT möchte Einfluss nehmen auf seine Umgebung, Nutzer und Gäste. Es will den Ort, die Stadt und vielleicht auch die Region verändern. Benannt ist es nach Bruno Taut, dem Stadtplaner, Architekten und Utopisten (1880–1938), der vom Kunstverein Wagenhalle e. V. zum virtuellen Schirmherrn auserkoren wurde.

www.taut-now.de

S

2015

Innerer Nordbahnhof 1
70191 Stuttgart

Auf Anfrage

projektraum • kunstverein-wagenhalle.de

TRANSITION
Ausstellungsreihe im Rahmen des Kunstprojekts Klett-Passage

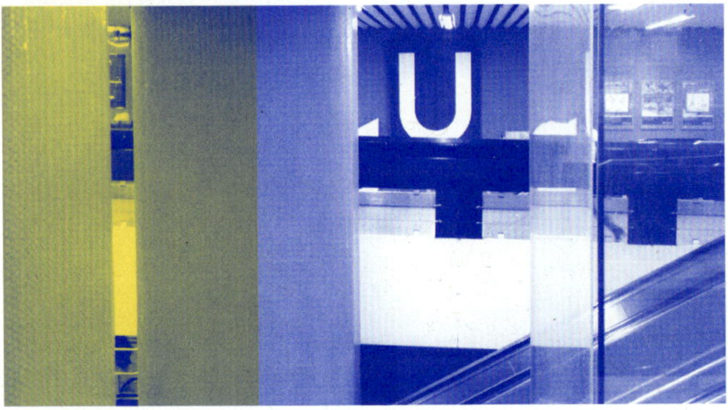

Seit November 2013 zeigt die von Winfried Stürzl kuratierte Ausstellungsreihe TRANSITION in der Klett-Passage im halbjährlichen Wechsel ausgewählte künstlerische Positionen von Alumni der Staatlichen Akademie der Bildenden Künste Stuttgart. Genutzt werden vier große transparente Kuben über den Abgängen zur Stadtbahn. Die Arbeiten entstehen in Auseinandersetzung mit der spezifischen Situation vor Ort und greifen gesellschaftliche Themenfelder ebenso auf wie Fragen der Präsentation von Kunst und ihrer Wahrnehmung im öffentlichen Raum. Die einzelnen Ausstellungen haben jeweils einen inhaltlichen Schwerpunkt. Der Titel der Reihe verweist auf die Übergangsfunktion des unterirdischen Verkehrsbauwerks Klett-Passage wie auf den äußeren und inneren Wandel, dem der Ort und seine Besucher – auch dank der wechselnden künstlerischen Eingriffe – permanent unterliegen. Die Idee, in der Klett-Passage zur Auseinandersetzung mit zeitgenössischer Kunst anzuregen und dabei mit der Stuttgarter Kunstakademie zu kooperieren, wurde von der Mietervereinigung Klett-Passage gemeinsam mit der Stuttgarter Straßenbahnen AG aufgegriffen. Auch von der Landeshauptstadt Stuttgart gefördert, wurde im Jahr 2007 das Kunstprojekt Klett-Passage zunächst als Wettbewerb für Studierende initiiert.

www.klettpassage.de/html/kunst.php

S

Klett-Passage, Hbf.
70173 Stuttgart
Bei den Abgängen
zur Stadtbahn
(Richtung Königstraße)

24/7

info • pepperandsalt.de

2007

Zero Arts e. V.

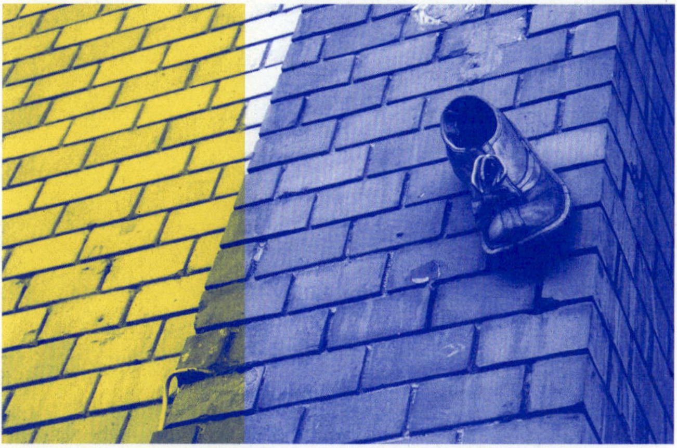

Zero Arts wurde 2001 als Galerie des Künstlers Georg Zaiß gegründet. 2006 erfolgte die Umwandlung in den gemeinnützigen Verein Zero Arts e. V., dem Georg Zaiß bis 2013 vorstand. Seit 2014 leiten ihn Jim Zimmermann und Boris Musper mit einem Team. Zero Arts fördert zeitgenössische Kunst und ihre Entwicklung. Die Jahresprojekte bestehen aus ca. sechs Ausstellungen von vorwiegend experimentellen künstlerischen Positionen.

www.zeroarts-stuttgart.com

2001

Ostendstraße 16
70190 Stuttgart

Geöffnet zu
Vernissage und
Showdown
+ auf Anfrage

jz • zeroarts.de

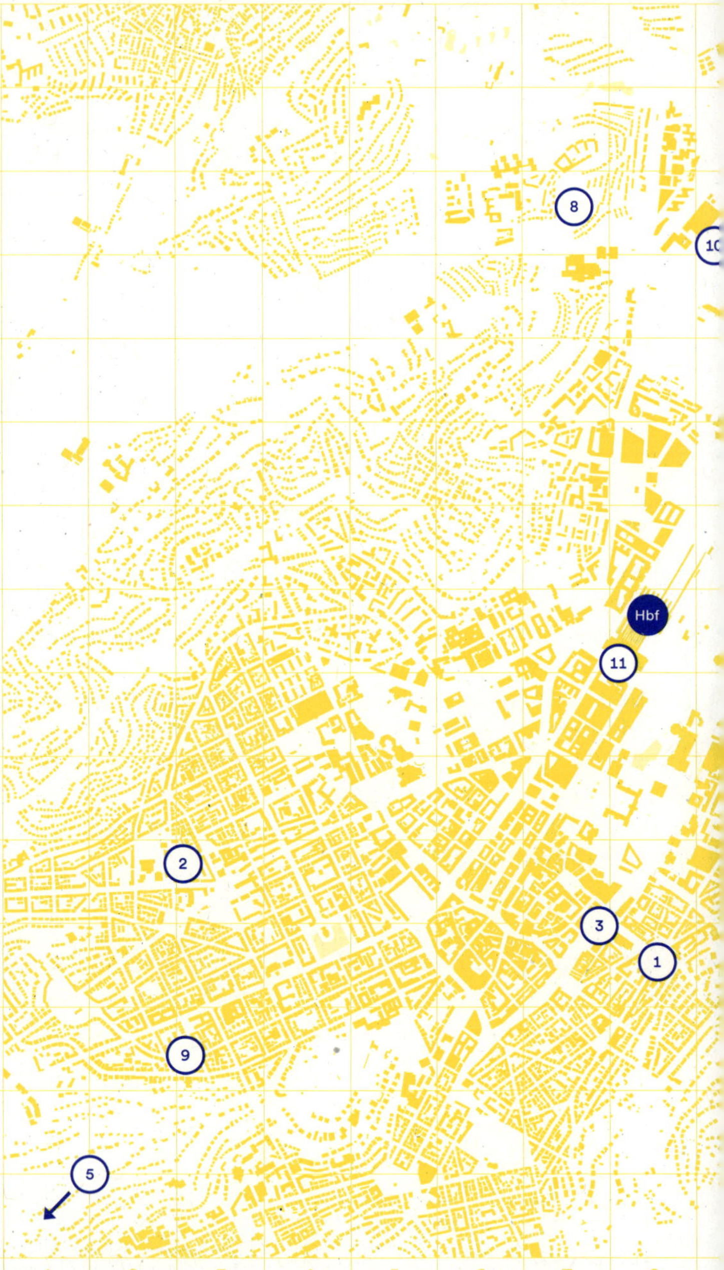
A
B
C
D
E
F
G
H
I
J
K
L
M
N
O
1
2
3
4
5
6
7
8
Hbf
1
2
3
5
8
9
10
11

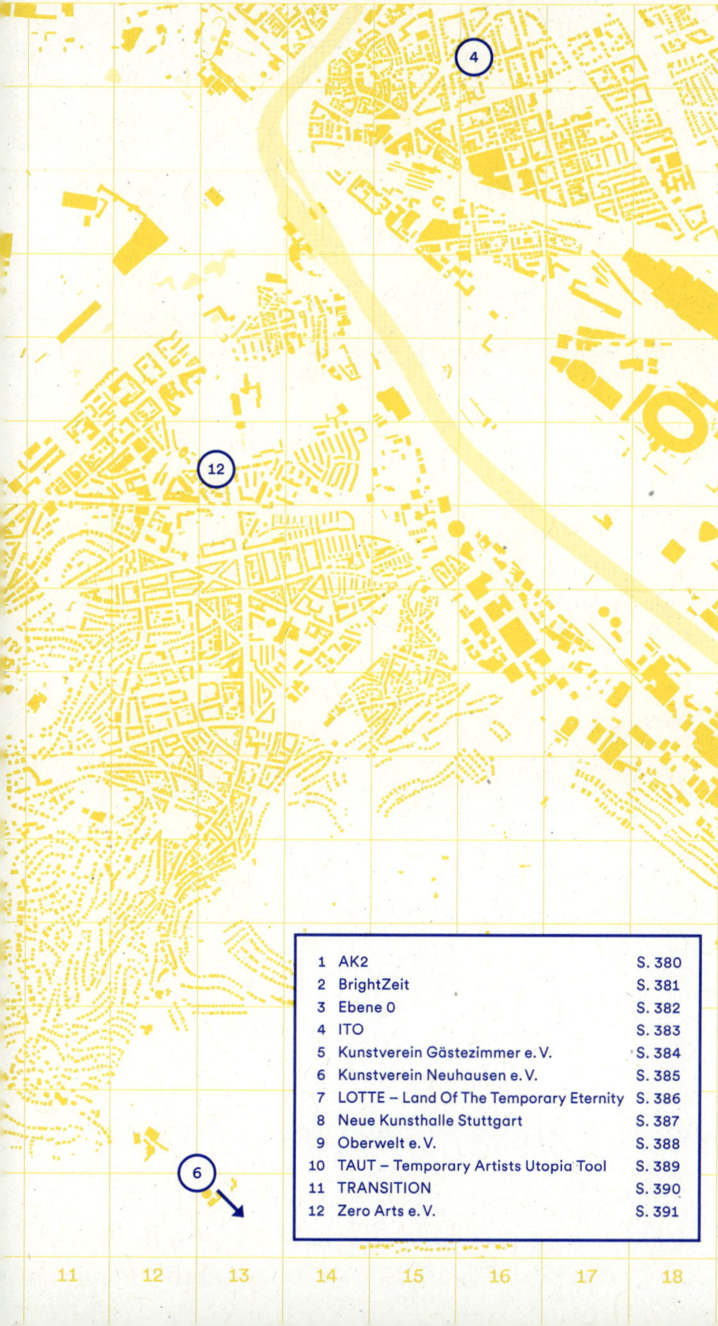
4
12
6
1 AK2 S. 380
2 BrightZeit S. 381
3 Ebene 0 S. 382
4 ITO S. 383
5 Kunstverein Gästezimmer e. V. S. 384
6 Kunstverein Neuhausen e. V. S. 385
7 LOTTE – Land Of The Temporary Eternity S. 386
8 Neue Kunsthalle Stuttgart S. 387
9 Oberwelt e. V. S. 388
10 TAUT – Temporary Artists Utopia Tool S. 389
11 TRANSITION S. 390
12 Zero Arts e. V. S. 391
11
12
13
14
15
16
17
18

Ulm

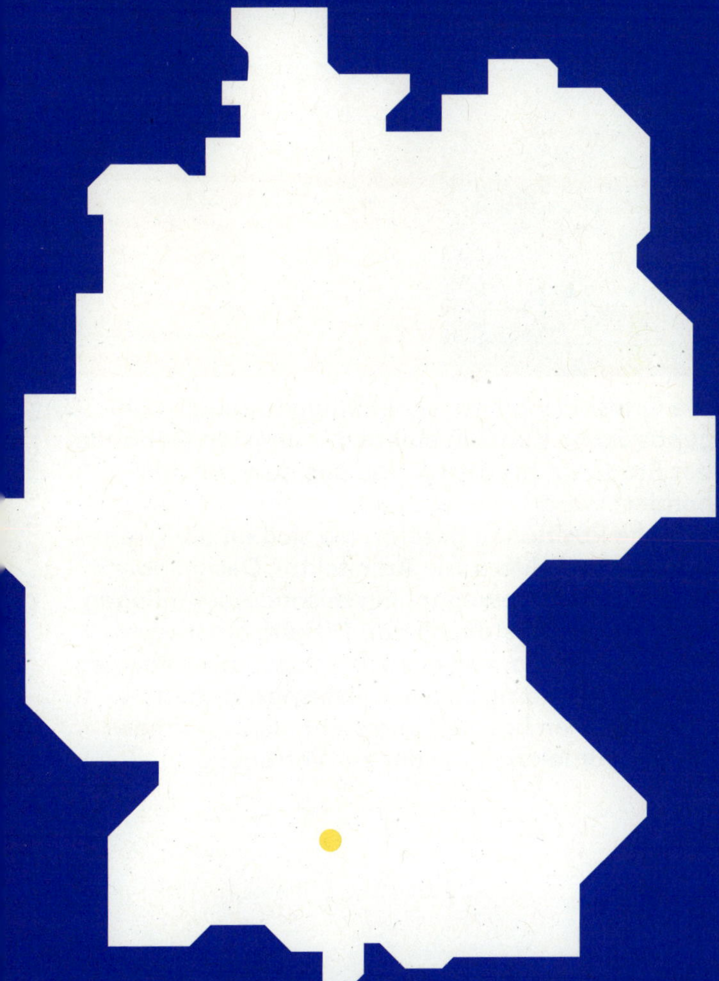

Griesbadgalerie

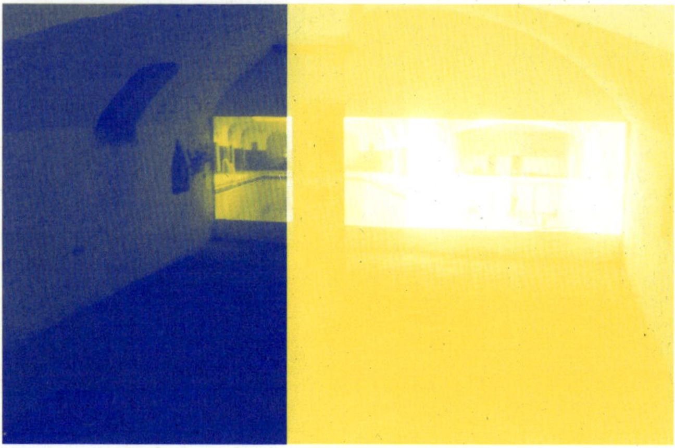

Die Griesbadgalerie ist ein Raum für junge zeitgenössische Kunst in einem der ältesten Gebäude der Stadt. Im Kreuzgewölbe aus dem 16. Jahrhundert werden konzeptuelle Arbeiten und künstlerische Positionen gezeigt, die sich an der Grenze zu anderen Feldern wie Architektur, Design oder Wissenschaft bewegen. Ein besonderes Anliegen ist es dabei, Austausch und Diskurs anzuregen. Dazu dienen u. a. begleitende Salonveranstaltungen. Der Keller wird parallel mit ortsspezifischen Installationen bespielt und steht als Experimentierfeld für lokale Künstler zur Verfügung.

www.griesbadgalerie.de

U

Seelengraben 30
89073 Ulm

Fr 17–21 Uhr
Sa–So 13–18 Uhr

mail • griesbadgalerie.de

2013

Stiege Ulm

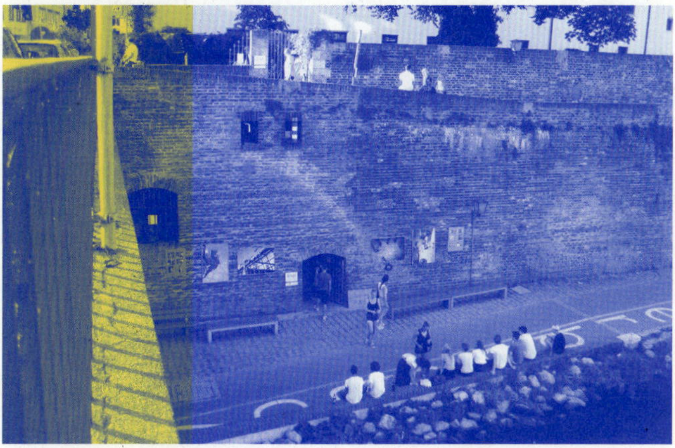

www.stiege-ulm.de

Die Stiege befindet sich direkt an der Donau in einem ehemaligen Treppenabgang mit öffentlicher Toilette. Die Initiatoren verstehen sie als Projekt zur (Re-)Aktivierung von öffentlichem Raum. Jedes Jahr wird ein Künstler eingeladen, der den Ort mit einer Installation neu erfahrbar macht. Darüber hinaus finden Ausstellungen, Lesungen, Konzerte u. Ä. statt. Kernthema ist Kunst im städtischen Raum und urbane Intervention. In die Stiege ist eine Bar integriert, die zur (Re-) Aktivierung beiträgt und das Budget für die nicht kommerzielle künstlerische Bespielung generiert.

②⓪①③

Donaustraße zum
Rosengarten 1 (fiktiv)
An der Herdbrücke
89073 Ulm

Mo–Sa 17–23 Uhr
So 14–23 Uhr

mail • stiege-ulm.de

Tat-Gallery
Tête-à-Tête, Antik, Design, Kunst

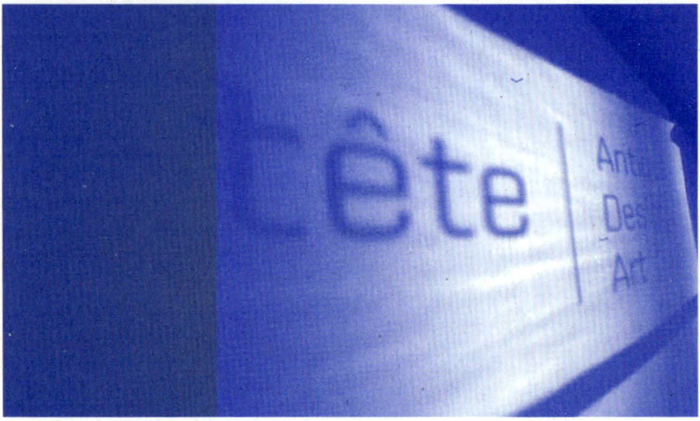

Die Tat-Gallery ist ein ehemaliger Notladen in exponierter Lage und nur als Schaukasten nutzbar, dafür neun Quadratmeter groß. Sie dient als Plattform für möglichst verschiedene Objekte, Ideen und Verrücktheiten.

www.tat-gallery.de

U

Insel 7
89231 Neu-Ulm

Auf Anfrage

m.peter • tat-gallery.de

2015

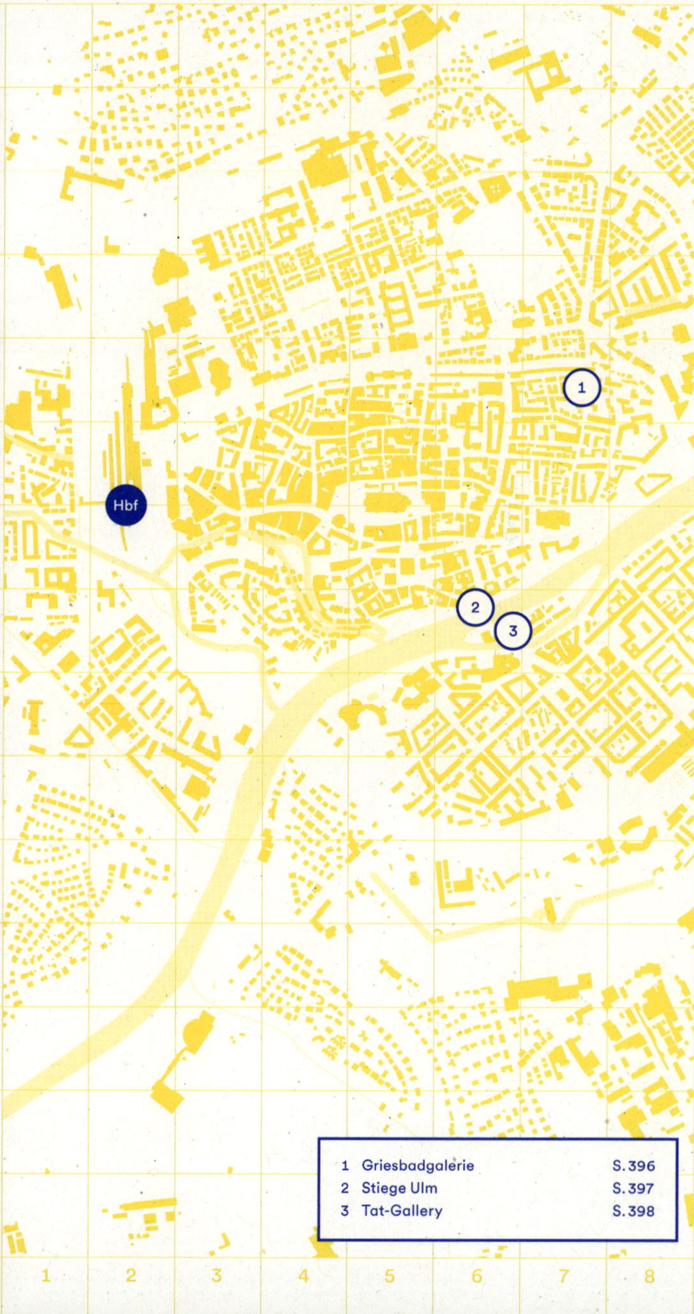

1	Griesbadgalerie	S. 396
2	Stiege Ulm	S. 397
3	Tat-Gallery	S. 398

Mobile Räume

black egg

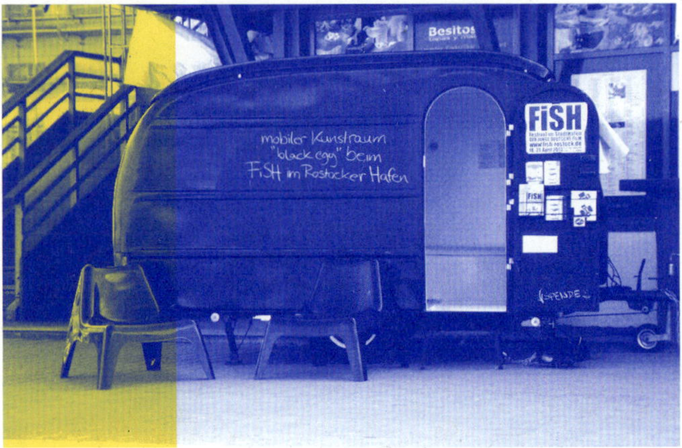

„Ein zum multimedialen Kunst-/Aktions- oder, allgemeiner, Präsentationsraum umgebauter DDR-Wohnwagen – das black egg – zwingt sich seinen Passanten auf und macht sie so zu Besuchern. Es nutzt ihre Unvoreingenommenheit aus und bereichert ihre Alltagsgedanken ganz plötzlich, ohne Vorwarnung, um seinen Inhalt und die Botschaft des Gezeigten. Je öfter es den Standort wechselt, desto mehr Passanten werden verbesuchert. Ob das black egg einen Offspace darstellt, hängt davon ab, wo und in welchem Kontext es aufgestellt wird: Eingesetzt als Erweiterung einer Ausstellung in einer fest als Kunstraum renommierten Immobilie verstehen wir es weniger als Offspace. Wird es jedoch als alleiniger Raum, ortsungebunden verwendet, kann man eher von einem Offspace reden. Die Komplexität, die aus der Mobilität und der Fülle an Verwendungsmöglichkeiten entsteht, versetzt das Objekt black egg in ein Zwischenstadium zwischen off und on. Im Rahmen von FLUX-tours (2014), einer ausstellungserweiternden Aktion des Staatlichen Museums in Schwerin (www.flux-tours.de), zeigte sich sein ganzes Potential: Eroberung öffentlicher Räume, Ausgangspunkt und Präsentationsmöglichkeit der gesamten Aktion und, gemeinsam mit seinem größeren Bruder, klammerndes Sinnbild der auftretenden Künstlergruppe – eine wandernde Kirmes im Namen der zeitgenössischen Kunst. Durch seine Mobilität erreicht es alle – egal ob kunstinteressiert oder nicht. So demokratisiert es den Rezipientenstatus."

www.black-egg.de

Gebaut in Greifswald, lebt nun in Rostock und fährt von dort aus überall hin

Je nach Aktion, siehe Website

black-egg • gmx.de

2012

Kunst-Imbiss

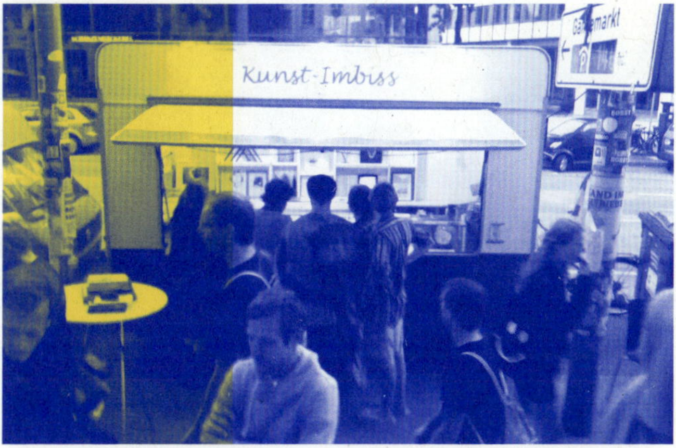

www.kunst-imbiss.de

„Bereits Albrecht Dürer verkaufte Drucke auf dem Nürnberger Marktstand. Der britische Künstler Banksy bot seine Werke im Oktober 2013 in New York durch einen Straßenhändler an. Das Ausscheren aus der Teilöffentlichkeit des Kunstmarktes generiert nicht erst heutzutage ein Dilemma mit vielen Fragen: Gibt es ‚Kunst fürs Volk'? Kann Vermittlung auch ästhetische Praxis sein?" Diese Fragen stellt sich das Projekt Kunst-Imbiss seit seinen Anfängen 2005.

2005

Keine festen Räume

Je nach Standort, nur im Sommer

unterwegs • kunst-imbiss.de

Wandersalon

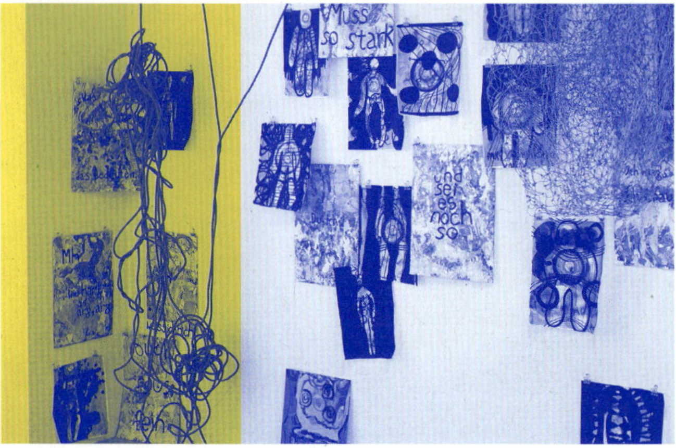

Der Wandersalon ist Resultat des Wunsches nach überregionaler Vernetzung und Präsentation künstlerischer Positionen. Von den Initiatorinnen gezielt angefragte Künstlerinnen aus verschiedenen Städten werden eingeladen, an dem Wandersalon-Projekt teilzunehmen. Jede Teilnehmerin ist für die Organisation einer Ausstellung in ihrer eigenen Stadt zuständig. Anders als bei herkömmlichen Wanderausstellungen wird die Auswahl der Werke durch die jeweiligen räumlichen Bedingungen sowie durch kuratorische Interessen vor Ort verändert. Ziel ist es, die künstlerischen Arbeiten immer wieder neu in Beziehung zu setzen und sowohl formalen als auch inhaltlichen Berührungspunkten nachzuspüren.

www.wandersalon.net

Auf Anfrage

info • wandersalon.net

2014

X.position mobile

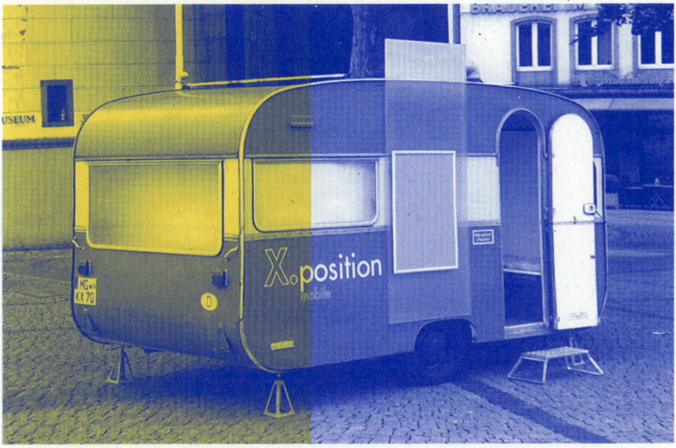

X.position mobile ist ein kleiner, aber feiner mobiler Ausstellungsraum mit allem, was man braucht: sechs Quadratmeter Innenfläche, Beleuchtung, Klimagerät und Stromanschlüsse. Es handelt sich um einen zum mobilen Ausstellungsraum umgebauten Wohnwagen, mit dem die Kunst zum Publikum fahren und an gewöhnlichen und ungewöhnlichen Orten präsentiert werden kann. Die Konzeption und Mitarbeit bei Ausstellungsprojekten gehören zu den Arbeitsschwerpunkten des Betreibers. Themenberatung und die Auswahl der Exponate stehen dabei im engen Zusammenhang zu den großen und kleinen Ausstellungskontexten. Ausstellungsarchitektur und -gestaltung sind genauso Bestandteil wie die inhaltliche Aufarbeitung mit Texten und die Vermittlung an das Publikum.

www.kunst-x.net

2013

Auf Anfrage

post • kunst-x.net

123

A

B

C

D

E

F

G

K

L

M

N

O

P

Q

R

INTRO
S. 6–8 Raum.Weisz, Leipzig: „Obacht" © Katarína Dubovská

AUGSBURG
S. 13 fotodiskurs © Ulrich Wirth

BERLIN
S. 18 A TRANS: A trans inside © Ekkehart Keintzel 2015
S. 19 AGORA © Franz Brück, www.franzbrueck.de
S. 20 AgvA © Sim&Nic 2010
S. 21 alpha nova-kulturwerkstatt & galerie futura, „DisemBody" von Moran Sanderovich, © alpha nova & galerie futura
S. 22 another vacant space., Anton Varga, Daniel Kupferberg, David Medalla, 2014, © Adam Nankervis
S. 24 © Archive Kabinett
S. 25 Baeckerei: Ansicht Kunstraum Baeckerei; Ausstellungsansicht Erik Steinbrecher, Fotograf: Hans-Wulf Kunze © Baeckerei
S. 26 BERLIN-WEEKLY, window 67 by Max Frisinger, © Stefanie Seidl
S. 28 Centrum, Installationsansicht Sylvain Baumann, „a Climate of Trust", 2015
S. 29 Club Real © Marianne Ramsay-Sonneck
S. 30 die raum © Jan Windszus
S. 32 © Endmoräne e. V.
S. 34 exp12 / exposure twelve, © Ina Schoenenburg
S. 35 Experimetalsystem © Marta Profumo
S. 36 © G.A.S-station Berlin
S. 37 Galerie ALLES MÖGLICHE Betriebsteil Berlin © Eric Pawlitzky
S. 38 Galerie Axel Obiger, © Axel Obiger
S. 40 Gitte Bohr, „1work/1room 1night/Teil 2", Sofia Bempeza & Vana Kostayola, September 2012, © Eva May
S. 41 Green Hill Gallery © Isaac Gee 2015
S. 42 Group Global 3000, Außenansicht des Raumes, © Tom Albrecht
S. 43 grüntaler9 © Teena Lange
S. 44 HilbertRaum: „Jokes, Lies and Prophesies", Maria Bajt, Kuno Ebert, 2015, © HilbertRaum
S. 45 IMPORT Projects, Quayola, Captives (1), 2013, Sequence of 3 Sculptures, High-Density EPS – CNC Milling, 205 × 140 × 68 cm
S. 46 insitu, Maria Anwander „Untitled (Not All Art Will Go Down In History)" (2012), Ausstellungsansicht „Episode 3: cézanne beats pollock", insitu, Berlin, 2013, insitu e. V.
S. 48 Kleine Humboldt Galerie, „Reception of Reception", © Sebastian Peter
S. 49 Kotti-Shop, © Stefan Endewardt
S. 50 Kreuzberg Pavillon, Performance „Talking to Ghosts" von Doris Duhm, © Jörn Burmester
S. 51 KUNSTHALLE am Hamburger Platz: Ausstellung UTA, 2014 © Julia Brodauf / KUNSTHALLE am Hamburger Platz
S. 52 Kunstverein Neukölln, © Dirk Schamuhn
S. 53 Kurt-Kurt, Via Lewandowsky, „Doch doch", © Pfelder/Zaugg
S. 56 LAGE EGAL: Ausstellungsansicht: Temporary Artist's Book Shop #TABS, JAN – FEB 2015 © Paula G. Vidal
S. 57 LOGE, © Martin Mlecko
S. 58 m3 Kunsthalle: Atelierhaus Mengerzeile, © Eva Noack
S. 59 Manière Noire: Mario Asef / STATEMENTS, © Mario Asef
S. 61 mp43, © Klaus Uber
S. 62 Neue Berliner Räume: Dan Stockholm, Building Breathing, Ausstellungsansicht Neue Berliner Räume / Kunsthaus Dahlem, 2015, © Benjamin Busch
S. 63 oqbo: „If we cannot free ourselves, we can free our vision", konzipiert von Rolf Ricke
S. 64 ORi, © Oliver Parzer
S. 65 © Patrick Thomas Studio Berlin
S. 66 Platform-Berlin: Nicolas Norris JUMPIN'OFF 2nd installation
S. 67 Radicant Networks: „James Lewes – Talk & Discussion: The GI Press Project"
S. 68 Raum für drastische Maßnahmen: Team, © Raum für drastische Maßnahmen
S. 69 REH-transformer Berlin, © Joulia Strauss
S. 70 rosalux: Ansicht der Ausstellung „Scatter", Ronald de Bloeme, Anja Gerecke, Tim Stapel, Februar 2015
S. 71 Salon am Moritzplatz © Ossian Fraser
S. 73 Scotty Enterprises, Gruppenausstellung „Leider geil" (Dezember 2013), © Scotty Enterprises (Charlotte Bastian)
S. 74 SOMA Art Gallery: Red Bind © Nabi Nara
S. 75 Sonntag, Schokokuchen für Sonntag mit Miriam Steinhauser, „CONVERSATIONS WITH CORNERS", 21. April 2013, © Sonntag
S. 76 SOX Berlin, John Sparagana, „Geronimo"
S. 77 © SPEKTRUM | art science community: Event Space
S. 78 super bien! gewächshaus für zeitgenössische kunst, Installation „just a dog" von Tetsuhiro + Kiyomi Uozum 2013, Sound: Tatsumi Ryusui, © Anne Katrin Stork
S. 80 tête © April Gertler, tête 2015
S. 81 TOOLBOX: „Ungenaue Zyklizität" von Anssi Taulu
S. 83 Vesselroom Project: Anita Ackermann, Ultraviolet © Anita Ackermann, 2015
S. 84 © WW48 Studio Berlin
S. 85 Zentrum für Kunst und Urbanistik (ZK/U): Gelände © Zentrum für Kunst und Urbanistik
S. 87 zqm: Marc Geneix, The castle, 2011. Holzreste, 250 × 125 cm, Michel Bonvin 2011

BIELEFELD
S. 96 Artists Unlimited e. V. und IAb: Ausstellung „fiction in the space between" von Stefanie Leinhos, 2015

BOCHUM
S. 100 AD HOC, Christian Gode und Maximilian Rentrop, © Tim Cierpiszewski
S. 101 galerie januar: Tim Cierpiszewski © galerie januar
S. 102 © Kunstraum-unten
S. 103 Neonhalle im PORTIKUS, © Michael Korte
S. 104 raumSchau im PORTIKUS, © Michael Korte

BONN
S. 108 DAS ESSZIMMER: „Graue Passion" Michael Volkmer © DAS ESSZIMMER
S. 109 raum2810: Latinamerican Border, Fernando Rascon © raum2810

BRAUNSCHWEIG
S. 115 Flur11, © Benjamin Seidel

BREMEN
S. 120 GaDeWe e. V., © Michael Wendt
S. 121 GALERIE am schwarzen meer / Raum2, © Tilman Rothermel

CHEMNITZ
S. 126 Galerie HINTEN, Katrin Caldararu, „Tür in den Wäldern", © Mandy Knospe

DORTMUND
S. 130 Projektraum Fotografie, © Gerhard Kurtz
S. 131 Salon Atelier, „WIEDERGABESALON", Haus Frommberg, 2015 © Roland Baege

DRESDEN
S. 136 bautzner69, Vision vom Frühling, Installation für eine Fotografie, © Karen Weinert, 2003
S. 137 C. Rockefeller, Ausstellung „Verantwortung" mit Tony Franz, Clemens Reinecke, Lucie Freynhagen un Andrey Klassen, © Lucie Freynhagen
S. 138 © Co-Box
S. 139 District Museum For Contemporary Art e. V.: Konrad Henker © Robert Vanis

140 EX14, A. Nero, © Anna Erdmann
141 GALERIE TILIART © C. Brückner
142 © Galerie Ursula Walter, Stephanie Lüning, coloured space, 2015
143 geh8 Kunstraum und Ateliers e. V.: „unverhofft ins blaue" Installation von Paul Elsner © Paul Elsner, André Obermüller, Marleen Andreev
144 Haifische Dresden Süd-West e. V.: Philipp Morlock „Der Halbstarke", 2015 © Lisa Stagge (Foto), Philipp Morlock, Haifische Dresden Süd-West e. V.
145 HOLE OF FAME, © David Campesino
146 Karambolage: Noch nicht fertige Ausstellung von Georg Lisek, © Lisa Pahlke
148 MIKKY BURG: Atelier © Juliane Schmidt
150 VASISTAS: Thomas Reymann © Christian Rätsch

JISBURG
154 Hong Kong Derrick Barge © Charlotte Urbanek

JSSELDORF
158 Brause © Metzgerei Schnitzel e. V.
159 Coelner Zimmer, © Rainer Rehfeld
164 plan.d. produzentengalerie e. V., © Peter Clouth
165 reinraum e. V., © Haik Dawidjan
166 STUDIO FOR ARTISTIC RESEARCH, © Stephan Machac
168 WELTKUNSTZIMMER, Ausstellung „Soramame – Himmelsbohnen"

RFURT
172 HAMMERSCHMIDT + GLADIGAU: Ausstellungsansicht Marc Jung © HAMMERSCHMIDT + GLADIGAU

SSEN
176 Baustelle Schaustelle, Künstler: Julio Ernesto Herrera Flores, © Lukas Langguth
177 New Bretagne / Belle Air, Außenansicht

RANKFURT AM MAIN
182 ATELIERFRANKFURT, © Mara Monetti
183 EULENGASSE, © Harald Etzemüller
185 saasfee*pavillon, © Alex Oppermann, saasfee*

REIBURG IM BREISGAU
190 Kunst im Faulerbad © Konrad Wallmeier
191 Pförtnerhaus: PFH Außenansicht © Jürgen Rösch, Freiburg

RIEDRICHSHAFEN
196 VITRINE-FN: #23 © vitrine-fn

REIFSWALD
201 art-cube: Projekt Wohnzimmerkubus © art-cube Raum für zeitgenössische Kunst e. V.

ALLE (SAALE)
204 hr.fleischer e. V.: Radio Kiosk Konzert © Joerg Lipskoch
205 RAUSCHICKERMANN, © Andreas Crodel

AMBURG
210 2025 Kunst und Kultur e. V., © Isabell Kamp
213 EINSTELLUNGSRAUM e. V.: Aparatur zur Erzeugung von Abgasbildern, witterungsgesteuert, Christian Hasucha, 2006 © Elke Suhr
214 FRISE, © Torsten Bruch
215 Galerie 21 im Künstlerhaus Vorwerkstift, © Björn Gailus, 2013
216 Galerie der Schlumper, Ausschnitt aus einer Arbeit von Klara Zwick, © Freunde der Schlumper e. V.
217 ISLAND, © Sarah Bernhard, www.sarahbernhard.de
218 nachtspeicher23 e. V. © Oliver Tan
219 Raum linksrechts, Ausstellungsansicht „Ordnung im Nichts", Installation und Fotografie von Lena Oehmsen, 2012, © Lena Oehmsen

S. 220 xpon-art gallery, © Christoph Hilker
S. 221 ZustandsZone © Florian Fritsch, Hobokollektiv

HANNOVER
S. 227 konnektor, Rauminstallation von robert Schaper © Boris von Hopffgarten

HEIDELBERG
S. 232 boeckercontemporary © Arvid Boecker

HEILBRONN
S. 236 Complex 23: Normen Stoll, Fassadengestaltung im Rahmen der Ausstellung „KONTEXT", 2015 © Daniel Glaser
S. 237 © Produzentengalerie B27
S. 238 ZIGARRE Kunst- und KulturWerkHaus e. V.: ZIGARRE Heilbronn 2015 © K. Schaeffer

HILDESHEIM
S. 242 KUNSTRAUM 53: Sommerfest des KUNSTRAUM 53 und des Kunstverein Hildesheim 2014 © Franziska Harnisch

KARLSRUHE
S. 246 Architekturschaufenster e. V., © Stephan Baumann
S. 247 Fettschmelze, Titel: Admir Jahic + Comenius Roethlisberger, Self Sustained Order, © Willy Abraham
S. 248 Im Hinterzimmer, Künstler: Sara Wahl, Christian Falkner, Aleschija Seibt, Simon Pfeffel, © Sara Wahl
S. 249 Kunstverein Letschebach: Vortrag „Thomas Hecken POP – Eine Bilanz" © Kunstverein Letschebach
S. 250 Lobby-Projekt, Künstlerin: Kyra Beck, © Sara Wahl
S. 251 V8 Plattform für Neue Kunst, © Marcel Fey

KIEL
S. 264 Prima Kunst Container: Ausstellungsansicht „Export", Video-Installation und Fotografie von Yasmin Birkandan, 2014, © Yasmin Birkandan
S. 265 Galerie im ehemaligen Schlecker: „Verdacht", Detlef Schlagheck, Galerie im ehem. Schlecker, 2013, Kiel © Thomas Martin

KÖLN
S. 270 ≈5: Mike Meiré, All We Ever Wanted Was Everything All We Ever Got Was Cold Bauhaus, 1979–1983 Volume Two, 2015, © Künstler, Courtesy Ausstellungsort
S. 271 10qm: Maik und Dirk Löbbert „12,37qm" 28.03.2014, © Tim Löbbert
S. 272 ACADEMYSPACE: ACADEMYSPACE (außen) / Ausstellung Karaoke von Raed Yassin / PLURIVERSALE II Foto: Alfred Jansen © Akademie der Künste der Welt
S. 273 artothek © Foto Andreas Kaiser
S. 274 artrmx e. V. © Alexander Böhle Photography
S. 275 August © Daniel Angermann
S. 276 Bruch & Dallas, © Martin Plüddemann
S. 277 Büro für Brauchbarkeit: Julius Brauckmann © Hartwig
S. 278 © CAT Cologne
S. 279 Fotoraum Köln e. V., Ausstellung „Hinter den Tieren"
S. 280 © FUHRWERKSWAAGE
S. 282 Jagla Ausstellungsraum © Tamara Lorenz
S. 283 © kjubh Kunstverein e. V.
S. 284 Kunstraum Anakoluth © Rainer Wieland
S. 285 LABOR, Trakl Apotheke 2014 © LABOR
S. 286 MATJÖ, Liza Dieckwisch, Julia Gruner, Klara Kayser, Palina Vetter: Silikonvalley – Ein soziales Plastik © Petra Gieler
S. 287 MÉLANGE: Die Künstlerin und MÉLANGE, 2015
S. 288 neues kunstforum e. V.: Marietta Schwarz, „Residency" 2015 © Klaus Osterwald
S. 289 © OPEKTA ATELIERS e. V.
S. 290 PiK: Dragutin Banic und David Jonas Schoeneberg und Natascha Schmitten – Ausstellung PULPO © Mareike Tocha

S. 291 Q18: „STRUMENTI" – Taka Kagitome, Michel Sauer & Christain Schreckenberger © Alessandro De Matteis
S. 292 raum13: Blick in den Innenhof, Auszug aus „Schönheit der Vergänglichkeit #3-1_Das Werk", von raum13 Kolacek &Leßle, mit: Ellen Spiegel, Kathrin Blume-Wankelmuth, Elsa Weiland, Martina Kock, Verena Bildhauer © Heike Fischer
S. 293 Schlosspark Stammheim: „Trap" Guido Weggenmann © Archiv der Initiative Kultur Raum Rechtsrhein (KRR)
S. 295 SSZ Sued: Bastian Hoffmann, HOW TO, 2015 © SSZ Sued
S. 296 Tiefgarage Ebertplatz: Malte Struck & Mark Wehrmann – DEATH METAL PERFORMANCE, 1. Oktober 2015 © Michael Schaab Photography
S. 297 TYSON: „Alles über Alles", 17.1.–30.1.2014 © TYSON Raum, Köln
S. 298 © UNION
S. 299 VORGEBIRGSPARKSKULPTUR: „Grünfläche", Claudia Schmacke, 2007

LEIPZIG
S. 304 Alabama, Sir, Lecture Performance Day / Börne & Worst (Helene Hellmich und Veronica Wüst): Werkzeuge
S. 305 BSMNT: Groupshow © Ronny Szillo
S. 306 © charlotte13
S. 307 D21 Kunstraum: „Obliadooh" © Michael Moser
S. 308 Galerie ALLES MÖGLICHE Betriebsteil Leipzig © Eric Pawlitzky
S. 310 © Galerie bipolar
S. 311 Junger Künstlerverein Šiška: Arbeiten von Šiška-Mitgliedern © Junger Künstlerverein Šiška
S. 312 Kunstraum PING·PONG © Marcel Noack
S. 313 Kunstverein gegenwart e. V.: Simon Pfeffel „Busker" – Freiraumfestival 2015, Leipzig © Kunstverein gegenwart e. V.
S. 314 Praline: IS THERE ANYBODY OUT THERE von Andreas Schuster © Andreas Schuster
S. 315 Raum.Weisz, © Katarína Dubovská
S. 316 Sattler & Pötzsch: „Ying Yang 2", Heike Kabisch und Klara Kayser © Sattler & Pötzsch
S. 318 Westpol A.I.R. Space: „Nacht Und Träume", Theaterinstallation © Sylvia Doebelt
S. 319 © Бükü

MAINZ
S. 325 pad – performance art depot, © Mirko Blaufuß
S. 326 © PENG
S. 327 ruelle: Pflanzenskulptur von Alexander Skorobogatov, Wandarbeit von Brit Meyer © ruelle
S. 328 Walpodenakademie, © Tanja Roolfs

MANNHEIM
S. 332 EINRAUMHAUS C/O MANNHEIM, © Archiv EINRAUMHAUS C/O
S. 333 © RAW
S. 335 zeitraumexit, © Peter Empl

MÜNCHEN
S. 344 Das KloHäuschen, Foto + Text © Anja Uhlig / realitaetsbüro
S. 345 easy!upstream: „cosmic dancers", Philipp Reitsam und Stefan Fuchs
S. 346 Haus der kleinen Künste © Florian Sellmeier
S. 347 Kunstraum München e. V.: „Fuck Golf", Babi Badalov © Kunstraum München, Foto: Thomas Splett, 2015
S. 348 © Lot62
S. 349 Prince of Wales: Außenansicht, © Prince of Wales
S. 350 rstr#: Michele Bernardi © rstr#, the artist, die/der/das fotograf

MÜNSTER
S. 357 © DEPOT4.9

NÜRNBERG
S. 360 „Heute:", Installation „S/W" von Juli Sing und Blank (Nina Gottlieb, Nina Pusch) im Juni 2014, © Juli Sing

NÜRTINGEN
S. 364 SCHAURAUM: „Die Anwesenheit der Dinge ist imaginär", Stef Stagel © SCHAURAUM 2015

OSNABRÜCK
S. 368 Intervision-Studio: Fotografien, Video Stills, Installationen und Videos von Ilka Lauchstädt, Intervision-Studio, 2008 © Michael Bolmer

PFORZHEIM
S. 372 LAF: Jan Zöller: RÜPPURR 138, 2015 © LAF

STUTTGART
S. 380 AK2, © bildhübsche Foto
S. 382 © Ebene 0
S. 383 ITO © Peter Granser
S. 384 Kunstverein Gästezimmer e. V., Arbeit von: Laurent Faulon, © Delphine Reist
S. 385 Kunstverein Neuhausen e. V.: Katja Brinkmann, Plot – Installative Malerei (Teppichbild), 2012 © KVN
S. 386 LOTTE, © Martin O. Becker
S. 387 Neue Kunsthalle Stuttgart, © Florian Model
S. 389 TAUT © Kunstverein Wagenhalle e. V.
S. 390 TRANSITION, © Winfried Stürzl
S. 391 © ZeroArts e. V.

ULM
S. 396 Griesbadgalerie: Sofia Dona, Twinning Towns © Martin Leibinger
S. 397 © Stiege Ulm
S. 398 Tat-Gallery © M. Peter

MOBILE RÄUME
S. 402 black egg, FiSH-Kurzfilmfestival in Rostock April 201 © Martha Damus
S. 404 Wandersalon: Kerstin Schaefer, „Thinkers, Feelers, Tricksters", 2015, Installation aus Tuschen, Kabeln, Collagen, Licht und Gemälde, variable Größen © Thomas Fißler
S. 405 X.Position mobile © Bernhard Jansen

Die Offspace-Szene ist sehr schnelllebig. Manche Adressen werden sich vielleicht ändern oder Räume werden geschlossen. Wenn dir etwas aufgefallen ist, das wir in der nächsten Ausgabe korrigieren sollen, schreibe uns einfach eine E-Mail. → korrektur • spaces-guide.de

Du betreibst selbst einen freien Kunstraum oder möchtest einen Raum oder ein Projekt für die nächste Ausgabe vorschlagen?
→ plus • spaces-guide.de

Wenn die Rede von „Künstlern" oder „Initatoren" ist, sind damit selbstverständlich auch „Künstlerinnen" und „Initiatorinnen" gemeint. Zugunsten einer besseren Lesbarkeit wird jedoch auf eine geschlechtsspezifische Schreibweise verzichtet.

Die Inhalte dieses Buches sind zwar sorgfältig erwogen und geprüft, dennoch kann keine Garantie auf Richtigkeit und Vollständigkeit übernommen werden.

Druck	Elbe Druckerei, Wittenberg
Bindung	Stein + Lehmann, Berlin
Lektorat	Isabel Hartwig, Deutscher Kunstverlag
Papier	Circleoffset White
Schrift	LL Circular
Schwarzpläne	www.schwarzplan.eu

Konzeption, Recherche und Gestaltung
Marina Gärtner, www.marinagaertner.de

Bibliografische Information der Deutschen Nationalbibliothek
Die Deutsche Nationalbibliothek verzeichnet diese Publikation in der Deutschen Nationalbibliografie; detaillierte bibliografische Daten sind im Internet über http://dnb.dnb.de abrufbar.

Paul-Lincke-Ufer 34
D-10999 Berlin

ISBN 978-3-422-07347-0

www.deutscherkunstverlag.de

www.spaces-guide.de